गांधी जरूरी हैं

गांधी से हम जितनी दोस्ती करेंगे,
उतने ही अच्छे इंसान बनेंगे॥

चित्रा वर्मा
मदन मोहन वर्मा

भारत में मुद्रित

IndiePress

ISBN : 978-93-7197-598-8

प्रथम संस्करण : 2025

इंडीप्रेस

नसादिया टेक्नोलॉजीज़ प्राइवेट लिमिटेड का एक प्रभाग

कोरमंगला, बैंगलोर

कर्नाटक - 560029

इंडीप्रेस

http://indiepress.in/

संपादन : लिटरेरी कनेक्ट

प्रारूपण : एम ए पी सिस्टम्स, बैंगलोर

बुक कवर डिज़ाइन - कीरतिप्रिया पी एच

पब्लिशिंग कंसलटेंट - रेचल फर्नांडेस

मुद्रण : मणिपाल टेक्नोलॉजीज़ लिमिटेड, मणिपाल

दो शब्द

मेरा परिचय करवाते समय कभी-कभी मेरे नाम के पीछे कई लोग गांधीवादी लगा देते हैं। लेकिन मैं खुद को एक गांधी-विचार का सामान्य कार्यकर्ता मानता हूँ। हमने पिछले छः दशकों में गांधीजी और उनके विचारों का जो अध्ययन किया या उसी राह पर चलते हुए जो कुछ काम करने का मौका मिला और उससे मैंने जो ज्ञान व समझ हासिल की, वह समुद्र से पानी की कुछ बूंदें इकट्ठा करने जैसा ही है। अगर गांधीवाद का मतलब अटल व अपरिवर्तनीय जैसे कुछ नीतिवाक्य है, तो यह कहा जा सकता है कि भले ही किसी को गांधीवादी कहा जाये, लेकिन उस अर्थ में गांधीजी खुद गांधीवादी कभी नहीं थे।

महात्मा गांधी ने स्वतंत्र भारत का आरम्भ तो देखा, परन्तु आजादी के बाद के भारत और उसका विकास, समृद्धि, असमानता व वर्णित समस्याओं को वे नहीं देख सके। उनके जीवन का व्रत और लक्ष्य सभी को देशभक्ति, ग्राम-विकास, रचनात्मक कार्य, संयम और आत्मबल विकसित करने के लिए प्रेरित करना था। गांधीजी के जीवनकाल में जो समस्याएँ थीं, वह आज भी भारत सहित मौजूदा विश्व में कायम ही नहीं, बल्कि कई गुना बढ़ी हुई हैं और जटिल रूप ले ली हैं। ऐसे समय में हमें यह देखना जरूरी है कि गांधी के दिखाये मार्ग में इन समस्याओं का कोई समाधान है या नहीं। प्रासंगिक संदर्भ में गांधीजी के बारे में विश्व विख्यात वैज्ञानिक अल्बर्ट आइंस्टीन ने कहा है कि ''आने वाली पीढ़ियां यह विश्वास ही नहीं करेंगी कि हाड़-मांस का ऐसा कोई व्यक्ति इस धरती पर चला था।''

यह उल्लेखनीय है कि महात्मा गांधी आज भी भारत ही नहीं बल्कि संपूर्ण विश्व के दबे-कुचले, शोषितों व दलितों के सजग प्रतिनिधि के रूप में सम्मानित हैं। परिणामस्वरूप दुनिया के सौ से अधिक देशों में उनके नाम पर सड़कें और प्रतिमाएँ बनी हुई हैं। विश्व प्रसिद्ध नोबेल शांति पुरस्कार विजेता मार्टिन लूथर किंग (जूनियर), जो मानवाधिकार आंदोलन के नेता रहे, साथ ही दक्षिण अफ्रीका के रंग-भेद विरोधी आंदोलन के नायक नेल्सन मंडेला सहित कई अन्य प्रसिद्ध नेताओं ने गांधीजी से प्रेरित होकर अपने-अपने क्षेत्रों में आंदोलन चलाये। श्री मदनमोहन वर्मा एवं उनकी धर्मपत्नी श्रीमती चित्रा वर्मा ऐसे विश्वव्यापी महापुरुष के जीवन-दर्शन से प्रेरित हैं। इन्होंने अथक मेहनत करके प्रस्तुत पुस्तक 'गांधी जरूरी हैं' आमजन के लिए सुलभ कराया है, जिसमें गांधीजी के जीवन में घटित छोटे-छोटे प्रसंगों का उल्लेख रोचक व प्रेरणादायी है। सच कहें तो मेरे मन में इन दोनों की छवि 'गांधी के दीवाने' के रूप में है।

श्री मदनमोहन वर्मा उच्च प्रशासनिक अधिकारी हैं। इन्होंने गांधीजी की तीन बंदरों सहित 11 मूर्तियाँ स्थापित की हैं। इतना ही नहीं आमजनों, विशेषकर छात्रों व युवाओं के बीच 'गांधीजी की आत्मकथा' भेंट करते रहे हैं। ये मानते हैं कि गांधी-विचार से ही समाज में परिवर्तन लाया जा सकता है, इसलिए समाज में लोगों को गांधीजी के बारे में अधिक से अधिक व सही जानकारी हो, ताकि लोग स्वयं, स्वयं के परिवार, समाज व देश के लिए एक सफल व सुयोग्य मानव बन सकें और मानवीयता की रक्षा कर सकें।

इस महान कार्य में न केवल श्री वर्मा बल्कि उनकी धर्मपत्नी श्रीमती चित्रा वर्मा भी पीछे नहीं हैं। गांधीजी के विचारों पर कार्य करने वालों के लिए इन्होंने सर्व सेवा संघ द्वारा प्रतिवर्ष दिये जा रहे 'गांधी पुरस्कार' की संपूर्ण राशि पिछले चार वर्षों से सहर्ष दे रही हैं। सही मायने में श्री वर्मा के परिवार को 'गांधी परिवार' कहना कोई अतिशयोक्ति नहीं होगी। आप दोनों ने 'गांधी जरूरी हैं' पुस्तक लिखकर देश की बहुत बड़ी सेवा की है। मेरा दृढ़ विश्वास है कि पुस्तक पढ़कर अधिक से अधिक लोगों के मन व मानस पर गांधीजी के जीवन-आदर्शों का प्रेरक प्रभाव पड़ेगा और गांधी-विचार को खुद के आचरण व व्यवहार में जीने की रुचि पैदा होगी।

मैं आशा करता हूँ कि विश्व तथा हमारे देश के लोग साम्प्रदायिक संकीर्णता और धार्मिक कट्टरता से ऊपर उठकर मानवतावादी दृष्टिकोण के साथ अहिंसा और शांति के मार्ग पर चलेंगे। साथ ही, अगली पीढ़ी के कल्याण की चिन्ता करने वाले उन सभी माता-पिताओं से मेरी अपील है कि वे अपने बच्चों के हाथों में 'गांधी जरूरी हैं' पुस्तक जरूर दें, ताकि वे प्रेरणा ले सकें कि उनके जीवन, संपूर्ण समाज, राष्ट्र व विश्व के लिए गांधीजी व उनके विचार क्यों जरूरी हैं।

मैं आश्वस्त हूँ, प्रस्तुत पुस्तक—'गांधी जरूरी हैं'—पाठकों, छात्रों, युवाओं सहित आमजन को बेहद पसंद आयेगी और उन्हें मानवीय जीवन मूल्यों के अनुरूप जीवन जीने में सहायक सिद्ध होगी। अंत में श्री मदनमोहन वर्मा एवं श्रीमती चित्रा वर्मा को इस समाजोपयोगी कार्य के लिए कोटिश: साधुवाद।

- चंदन पाल

अध्यक्ष, सर्व सेवा संघ

(अ. भा. सर्वोदय मंडल),

सेवाग्राम-442102, वर्धा (महाराष्ट्र)

अपनी ओर से

मुझे इस रचना के बारे में 'अपनी ओर से' लिखने में बहुत प्रसन्नता हुई है, क्योंकि इसका आधार अलग प्रकार का है। महान व्यक्तियों की जीवन यात्रा और उनके दिखाए रास्ते के बारे में विपुल साहित्य उपलब्ध है, लेकिन अधिकांशतः लेखक अपने पाठकों से अपने नायक से जुड़े प्रश्नों के बारे में संवाद की बजाय अपने नायक के कीर्तन में रम जाते हैं। श्रीमती चित्रा वर्मा एवं श्री मदन मोहन वर्मा का तरीका अलग है।

इस पुस्तक में 'गांधी जरूरी हैं' को समझाने के लिए लेखकद्वय ने अपनी सहज दृष्टि को गांधी में आस्था रखने वाले देशी-विदेशी लेखक-लेखिकाओं के प्रचारित उद्धरणों की मदद से आरोपित करने की बजाय गांधी के प्रति आलोचनात्मक रुख वालों के प्रश्नों को सामने रखकर स्पष्ट करने का सराहनीय प्रयास किया है। इतना ही नहीं इन्होंने गांधी के छोटे-छोटे प्रसंगों का अद्भुत प्रस्तुति कर पुस्तक को अति रुचिकर बनाया है। गांधीजी की आत्मकथा ('सत्य के प्रयोग') को विद्यार्थियों के बीच प्रवेशिका के रूप में वितरित करते हैं।

इस कृति में नेताजी सुभाषचंद्र बोस, बाबा साहेब अम्बेडकर और शहीद-ए-आजम भगत सिंह को प्राथमिकता देते हुए, गांधी विमर्श का एक अनूठे तरीके से परिचय कराया गया है। उनके दिखाए रास्ते में अहिंसा और उपवास की महत्ता को स्पष्ट करने के लिए अलग-अलग प्रसंगों की सराहनीय प्रस्तुति है। साथ ही पुस्तक में प्रस्तुत गांधीजी की अनुकरणीय बातें हरेक को प्रेरित करने वाली हैं।

गांधीजी को जानने और समझने के लिए लगातार रचनाएँ प्रकाशित हो रही हैं। लेकिन श्रीमती चित्रा वर्मा और श्री मदनमोहन वर्मा की इस पुस्तक में अपने अंदाज-ए-बयां के कारण एक अलग आकर्षण है। मुझे विश्वास है कि इसके जरिए गांधीजी को जानने वालों के लिए यह स्वीकार करना सहज होगा कि 'गांधी क्यों जरूरी हैं'!

8 अक्टूबर, 2025

- आनंद कुमार

प्रोफेसर, दयानंद बंदोदकर पीठ

गोवा विश्वविद्यालय, गोवा

शुभकामना

प्रस्तुत पुस्तक **"गांधी जरूरी हैं"** एक प्रेरणादायी कृति है, जो राष्ट्रपिता महात्मा गांधी के विचारों, सिद्धांतों और उनके प्रासंगिकताओं को आज के सामाजिक, राजनीतिक और नैतिक परिप्रेक्ष्य में उजागर करती है। यह पुस्तक हमें सत्य, अहिंसा और आत्मबल की शक्ति का स्मरण कराती है, साथ ही यह बताती भी है कि गांधीजी आज उतने ही जरूरी हैं, जितने स्वतंत्रता संग्राम के समय थे।

लेखक श्री मदन मोहन वर्मा राज्य की प्रशासनिक सेवा में अपर जिलाधिकारी के पद पर रहते हुए और उनकी धर्मपत्नी श्रीमती चित्रा वर्मा अपनी सारी जिम्मेदारियों का निर्वहन करते हुए जिस मेहनत के साथ सरल भाषा में गांधीजी के गूढ़ विचारों को प्रस्तुत किये हैं, वह बेहद सराहनीय और प्रशंसनीय है। लेखकद्वय की यह कृति पाठक को न केवल सोचने के लिए विवश करेगी, बल्कि उन्हें अपने आचरण में गांधीवाद और गांधीजी के विचारों को अपनाने की प्रेरणा भी देगी।

इस प्रेरक प्रयास के लिए लेखकद्वय को मेरी ओर से हार्दिक शुभकामनाएँ एवं बधाई। बेशक, आप दोनों की लेखनी समाज को जागरूक करने का सशक्त माध्यम बनी है। यह कृति न केवल पठनीय है, बल्कि आने वाली पीढ़ियों के लिए भी प्रेरणास्रोत है।

गांधी जयंती, 2 अक्टूबर, 2025 **- उमाशंकर पांडे**

बाँदा (उ. प्र.) *जल योद्धा एवं पद्मश्री सम्मान से सम्मानित,*

सदस्य, केंद्रीय कमेटी हरिजन सेवक संघ, दिल्ली

अपनी बात

प्रस्तुत पुस्तक **'गांधी जरूरी हैं'** आप सभी पाठकों के बीच प्रस्तुत करते हुए हम दोनों पति-पत्नी को अपार हर्ष की अनुभूति हो रही है। यह पुस्तक 'स्वान्तः सुखाय' के लिए लिखी गयी है। गांधीजी पर कार्य करते हुए आनन्द की अनुभूति होती है, उसी आनन्द की अनुभूति के प्रेरणास्वरूप यह पुस्तक आपके समक्ष प्रस्तुत है। गांधीजी का जीवन सामान्यजन को जितना ज्ञात है, उससे कहीं अधिक जनसामान्य के दैनिक जीवन से सरोकार बहुत से संवेदनात्मक पहलू लोगों से अछूते रह गये हैं, उन्हीं अनछुए पहलुओं को लोगों तक पहुँचाने का एक प्रयास है।

पुस्तक में गांधी जीवन के बहुत से संदर्भ जैसे एक आदमी की सेना, दिल्ली अनशन, नोआखली, कुष्ठ रोगियों की सेवा, युद्धों में गांधीजी द्वारा घायलों की सेवा करना, प्लेग जैसी महामारी में गांधीजी की अथक संवेदनात्मक मानवीय सेवा का समावेश किया गया है। उम्मीद है इस पुस्तक को पढ़ने के बाद पाठक गांधीजी की संवेदनाओं से प्रेरित होंगे और मानवीयता की तरफ अग्रसर होंगे। गांधी का जीवन ही ऐसा जीवन है, जिसको जानने के बाद कुछ अच्छा करने के लिए हमारी अंतरात्मा निश्चित रूप से बेचैन होती है। इस पुस्तक को इसी दृष्टिकोण से प्रस्तुत किया गया है। गांधीजी के जीवन के बारे में बहुत-सी भ्रांतियाँ समाज में फैली हुई हैं, प्रस्तुत पुस्तक में उनके निवारण का भी प्रयास किया गया है। आशा है इस पुस्तक को पढ़ने के पश्चात् पाठक के अंदर का ईर्ष्या, द्वेष, नफरत, अहंकार आदि नकारात्मक अवगुणों में कमी आयेगी और वे समाज के सकारात्मक पहलुओं को विकसित करने में प्रयासरत होंगे।

हम कोई लेखक नहीं हैं, विगत जीवन के अनुभव एवं गांधीजी पर पढ़ी हुई पुस्तकें, जो संदर्भ-सूची के रूप में प्रकाशित हैं, उसी के अनुसार एक सकारात्मक पहलू प्रस्तुत किये जाने का प्रयास किया गया है। जिन संदर्भित पुस्तकों से उद्धरण एवं विचार लिये गये हैं, उन सभी लेखकों एवं प्रकाशकों को धन्यवाद।

पुस्तक लिखने में प्रो. ऋषिकेश सिंह, प्रख्यात पर्यावरणविद् एवं साहित्यकार डॉ. रामसागर दुबे एवं तारकेश्वर सिंह का सहयोग अतुलनीय है। पुस्तक के संकलन एवं संयोजन में तारकेश्वर सिंह की जितनी प्रशंसा की जाय, वह कम है। पुस्तक को टाइप करने में संध्या एवं शुभम कुमार गुप्ता का भी अद्भुत योगदान रहा है।

सर्व सेवा संघ के अध्यक्ष श्री चंदनपाल ने 'दो शब्द', प्रो. आनंद कुमार ने 'अपनी बात' एवं पद्मश्री से सम्मानित श्री उमाशंकर पांडे ने पुस्तक के लिए 'शुभकामना' लिखा है, आप सभी को हार्दिक धन्यवाद। सर्व सेवा संघ के सभी कार्यकर्ताओं एवं पदाधिकारियों का सानिध्य एवं सहयोग भी पुस्तक लिखने में प्रेरणादायक रहा है।

सेवा के दौरान साथ में काम करने वाले अधिकारियों व कर्मचारियों का भी समय-समय पर सहयोग प्राप्त होता रहा है, उन सभी को धन्यवाद। अपने गांव एवं परिवार के सभी स्नेहीजनों का भी धन्यवाद।

बाँदा, उत्तर प्रदेश **-चित्रा वर्मा**
गांधी जयंती, **-मदन मोहन वर्मा**
2 अक्टूबर, 2025

अनुक्रमणिका

दो शब्द *3*

अपनी ओर से *5*

शुभकामना *6*

अपनी बात *7*

1. एक आदमी की सेना 11
2. गुरूदेव और गांधी 16
3. राष्ट्रपिता 19
4. वस्त्रों का त्याग 22
5. गांधी और अम्बेडकर 24
6. गांधी और भगत सिंह 26
7. बनारस में गांधी 33
8. धन और श्रम का महत्त्व 36
9. वसुधैव कुटुम्बकम 41
10. न्याय और वकालत 47
11. निर्लिप्त गांधी 56
12. कोई पराया नहीं 60
13. मार्मिक प्रसंग 72
14. आश्रम 78
15. गांधी : हिन्दू-मुस्लिम 82
16. शराबबंदी और गांधी 84
17. अनुकरणीय व रोचक प्रसंग 86
18. गांधी ने मुसलमानों को पाकिस्तान नहीं जाने दिया 100
19. अहिंसा 107

20. क्षमा 116
21. देश की आजादी में बापू का योगदान 126
22. गांधी और जेल 129
23. आदर्श कैदी 136
24. गांधी और सुभाष 159
25. उपवास 177
26. गांधी और 55 करोड़ 183
27. मजबूरी का नाम महात्मा गांधी ! 187
28. जलियाँवाला बाग 205
29. देश विभाजन और गांधी 209
30. नोआखली 221
31. दिल्ली अनशन 230
32. महापुरुषों का योग 240
33. संदर्भ सूची 249

❒

एक आदमी की सेना

देश की आजादी के समय माउंटबेटन ने पुलिस प्रमुखों को बुलाकर पूछा— विभाजन के समय क्या पुलिस साम्प्रदायिक दंगों को रोक पायेगी? पुलिस प्रमुखों ने कहा—साम्प्रदायिक दंगे की ताकत, पुलिस की ताकत से बहुत ज्यादा है। फिर माउंटबेटन ने यही प्रश्न सेना प्रमुखों को बुलाकर उनसे पूछा, तो सेना प्रमुखों ने भी कहा कि दंगे की ताकत सेना की ताकत से बहुत ज्यादा है।

साम्प्रदायिक दंगों को रोकने के लिए माउंटबेटन ने 55 हजार सैनिकों की एक टुकड़ी बनाई। इसमें ऐसे लोगों को शामिल किया, जो साम्प्रदायिक उन्माद से अपेक्षाकृत मुक्त थे। लगभग गोरखा सैनिकों की टुकड़ी रही और उसका नाम 'पंजाब सीमा सेना दल' रखा गया। ये सैनिक पंजाब और पाकिस्तान की सीमा पर तैनात कर दिये गये।

माउंटबेटन को फिर ध्यान आया कि कलकत्ता की सीमा पर क्या किया जाये। कलकत्ता तो अत्यधिक घनी आबादी और भीड़-भाड़ वाला क्षेत्र है। यहाँ दंगा रोकने के लिए सेना की कोई टुकड़ी काम में लाना सम्भव नहीं है। तो उन्होंने अंत में सोच-विचार कर निर्णय लिया कि गांधी ही एक ऐसे व्यक्ति हैं, जो भारत-बांग्लादेश की सीमा पर शान्ति कायम रख सकते हैं।

माउंटबेटन गांधीजी को निराश गौरैया कहते थे। उन्होंने गांधीजी से कहा कि आप ही अकेले ऐसे व्यक्ति हैं, जो अहिंसा की ताकत एवं स्वयं सेवकों की सहायता से कलकत्ता में शान्ति कायम रख सकते हैं। उन्होंने यह भी कहा कि अगर कलकत्ता में दंगा शुरू हुआ, तो हम डूब जायेंगे। वहाँ सेना की एक ब्रिगेड है, लेकिन वह ब्रिगेड दंगे के समय किसी काम की नहीं रह जायेगी।

गांधीजी का स्वभाव हमेशा यही रहा है कि जहाँ-जहाँ लोगों के सामने खतरा हो, उनकी सुरक्षा और रक्षा के लिए उनके साथ उन्हें रहना ही चाहिए।

गांधीजी कलकत्ता होते हुए, नोआखली जाने के लिए निकल पड़े। 10 अगस्त को गांधीजी कलकत्ता पहुँचते हैं। इस सूचना के मिलते ही कि गांधीजी कलकत्ता आ गये हैं, मुसलमानों के एक बहुत बड़े शिष्टमंडल ने गांधीजी को घेर लिया और कहा कि आप कलकत्ता में दो दिन के लिए रुक जाएँ। हम मुसलमानों का भी आप पर उतना ही हक है, जितना कि हिन्दुओं का। आप तो बार-बार यह कहते हैं कि आप जितने हिन्दुओं के हैं, उतने ही मुसलमानों, ईसाइयों, सिक्खों आदि के भी हैं। गांधीजी ने कहा, लेकिन हम तो नोआखली जाने के लिए निकले हुए हैं और हम वहाँ के लोगों से वादा करके आए थे कि आप लोगों पर जब संकट आयेगा, तो हम आयेंगे। मुसलमानों ने बहुत अनुनय-विनय किया कि एक-दो दिन ही रुक जाइये।

गांधीजी ने कहा कि अगर आप सब यह लिखकर दे दें कि हम यहाँ रुक जायें, तो नोआखली में कोई हिन्दू नहीं मारा जायेगा और वहाँ शान्ति बनी रहेगी। इस शर्त से मुसलमानों के शिष्ट मंडल के लोग चौंक गये। उन लोगों ने आपस में मीटिंग की और फिर गांधीजी के पास आकर बोले कि अगर आप कलकत्ता में रुक जायें, तो नोआखली में कोई हिन्दू नहीं मारा जायेगा और न ही कोई दंगा ही होगा। उन लोगों ने यह बात लिखकर दे दिया। लिखकर देने के बाद मुसलमानों के शिष्ट मंडल ने नोआखली के मुस्लिम लीग के नेताओं और 1946 के दंगाइयों के मुख्य-मुख्य लोगों को फटाफट तार भेजा और दूत के रूप में अपने कुछ आदमी भी भेजे कि बांग्लादेश में हिन्दुओं को न मारो, नहीं तो कलकत्ता में मुसलमान नहीं बचेंगे। इस शर्त पर गांधीजी कलकत्ता में रुक गए।

जब हिन्दुओं को यह पता चला कि मुसलमानों को बचाने के लिए गांधीजी कलकत्ता में रुके हैं, तो हिन्दुओं की भीड़ ने गांधीजी के घर को घेर लिया और ईंट-पत्थर चलाने लगी, खिड़कियों और दरवाजों के शीशे टूट गये। 'गांधी वापस जाओ', 'गांधी मुर्दाबाद' की भीड़ नारा लगा रही थी और कह रही थी कि 'जब हम संकट में थे, तब तो आप हमें बचाने नहीं आये, अब आप मुसलमानों को बचाने आये हैं?'

गांधीजी अंदर लेटे हुए थे। उन्होंने मनु (गांधीजी के बेटे हरिलाल की बेटी) से कहा— 'देखो, भीड़ क्या चाहती है?' मनु ने लौटकर बताया—'भीड़ आपको मारना चाहती है।'

गांधीजी घर से बाहर आये और भीड़ में घुस गये। भीड़ शांत हो गयी। भीड़ में से हिन्दू नेताओं और प्रतिनिधियों के साथ गांधीजी पुन: घर के अंदर आये और बातचीत शुरू हुई।

एक आदमी ने कहा कि जब पिछले साल मुस्लिम लीग ने 16 अगस्त को हिन्दुओं के खिलाफ सीधी कार्यवाई दिवस मनाया था, तब तो हम लोगों को बचाने के लिए आप नहीं आये और जब मुसलमानों पर आफत आयी है, तो आप उनको बचाने तुरन्त आ गये?

गांधीजी ने उन लोगों के समक्ष अपनी बात रखते हुए कहा कि भाई, मैं तो नोआखली हिन्दुओं को ही बचाने जा रहा था। वे लोग मुझे बुला भी रहे थे। पिछली बार भी तो मैं नोआखली में हिन्दुओं को बचाने के लिए गया था। मैं तो नोआखली ही जा रहा था, परन्तु मुसलमानों ने आग्रहपूर्वक हमें कलकत्ता में रोक लिया और देखो यहाँ के मुसलमानों ने यह लिखकर दे दिया है कि अगर आप यहाँ रुक जायेंगे, तो नोआखली में कोई हिन्दू नहीं मारा जायेगा और न ही वहाँ कोई दंगा-फसाद होने पायेगा। मैं कलकत्ता से ही नोआखली के हिन्दुओं को बचा रहा हूँ। मेरे यहाँ रुकने से मुसलमानों ने कहा है कि नोआखली में कोई हिन्दू नहीं मारा जायेगा। मुझे तो हिन्दू, मुसलमान, सिक्ख, ईसाई सबको बचाना है, मेरे लिए सब एक हैं। मैंने नोआखली के मुसलमानों को चेतावनी दी है कि अगर वहाँ हिन्दुओं को मारेंगे, तो आप लोग मुझे मरा हुआ पायेंगे। मैंने यह अधिकार देश में कमाया है। मैंने नोआखली के हिन्दुओं की जान बचाने की जिम्मेदारी वहाँ के मुसलमानों पर डाल दी है। यह कोई घाटे का सौदा नहीं है।

यह देखकर हिन्दुओं का प्रतिनिधि मंडल आश्चर्य में पड़ गया। एक आदमी ने कहा कि गांधीजी जादूगर हैं। कोई परेशानी आये, कोई समस्या आये, कोई न कोई समाधान गांधीजी निकाल ही लेते हैं। उपरोक्त वार्तालाप के उपरांत फिर वही भीड़ गांधीजी की जय-जयकार व गांधीजी जिन्दाबाद के नारे लगाते हुए वापस चली गयी। कलकत्ता और बांग्लादेश में चमत्कार हो गया। चारों तरफ

शान्ति होने लगी। गांधीजी को यह जानकर बड़ी खुशी हुई कि इस चमत्कार का असर बिहार प्रांत के साथ-साथ देश के अन्य भागों पर भी पड़ा।

एक दिन कलकत्ता में एक मुसलमान को किसी ने छूरा मार दिया और वह मर गया। गांधीजी उसको देखने गये और देखकर बहुत दुःखी हुए। लौटकर आये तो शाम को उन्होंने भोजन नहीं किया और बोले—कल सुबह से आमरण अनशन होगा। 'करो या मरो' का उन्होंने नारा दिया और कहा कि 'या तो हम मर जायेंगे या कलकत्ता शान्त होगा।' गांधीजी के अनशन शुरू करते ही कलकत्ता में अजीब-सी सनसनी फैल गयी। जगह-जगह चर्चा होने लगी कि गांधीजी आमरण अनशन कर रहे हैं और कह रहे हैं कि या तो कलकत्ता शान्त होगा या हम मर जायेंगे।

गांधीजी के अनुयायियों ने शहर के सभी धर्मों के प्रमुख चरमपंथियों को ढूँढ़ निकाला और कट्टरपंथियों को बताया कि नोआखली में हजारों हिन्दुओं की जान केवल इस कारण बची है कि नोआखली के मुसलमानों ने गांधीजी को वचन दिया है। अगर गांधीजी मर गये, तो नोआखली में हिन्दुओं को बचाना सम्भव नहीं होगा।

एक मुसलमान गांधीजी के पैरों पर गिर पड़ा और रोते हुए कहा—अगर आप मर गये तो कलकत्ता में मुसलमान मिट जायेंगे।

गांधीजी के अनशन का असर ऐसा हुआ कि यूनिवर्सिटी के छात्र तक शान्ति स्थापित करने के लिए अनशन करने लगे। गांधीजी के अनशन के समर्थन में पुलिस (जिसमें अंग्रेज पुलिस भी शामिल थी) अनशन करने लगी। छात्र, व्यापारी, दुकानदार, मजदूर, सफाई कर्मचारी आदि भी अनशन करने लगे। सारा कलकत्ता अनशनमय हो गया। जगह-जगह 'हिन्दू-मुस्लिम-सिक्ख-ईसाई, आपस में सब भाई-भाई' के नारे लगने लगे। शान्ति के लिए लंबे-लंबे जुलूस निकलने लगे।

4 सितम्बर को गांधीजी को अधिकारियों ने सूचना दी कि पिछले 24 घण्टे पूरे शहर में शान्ति रही। कोई दंगा-फसाद नहीं हुआ। दंगाई परेशान होने लगे, अपने हथियार ला-लाकर गांधीजी के चरणों में रखने लगे और रोते हुए कहने लगे कि हमें आप जो सजा देना चाहें, वह दें। आप द्वारा दी गयी हर सजा हमें सहर्ष स्वीकार है, लेकिन आप अपना अनशन तोड़ दें। गांधीजी ने कहा कि

मैं आप लोगों से बस यही चाहता हूँ कि जिन लोगों को आपने सताया है, उनकी बस्तियों में जाओ और उनकी रक्षा के लिए अपने को समर्पित कर दो। इस प्रकार गांधीजी ने हिन्दुओं की बस्तियों में मुसलमानों का पहरा लगवाया और मुसलमानों के मुहल्ले में हिन्दुओं का।

हिन्दू-मुसलमान, सिक्ख-ईसाई, व्यापारी, दुकानदार आदि सभी के प्रतिनिधियों और कार्यकर्ताओं ने एक शपथपत्र तैयार कर उस पर हस्ताक्षर किया कि कहीं पर कुछ भी हो जाये, पर कलकत्ता में शान्ति बनी रहेगी। गांधीजी ने सभी प्रतिनिधियों से कहा कि आपका विश्वास तो हम कर रहे हैं, लेकिन यह अच्छी तरह से समझ लीजिए कि अगर प्रतिज्ञा भंग हुई, तो हम अखण्ड उपवास शुरू कर देंगे, जिसे फिर कोई नहीं रोक पायेगा।

इस प्रकार भारत-बांग्लादेश की सीमा पर न तो कोई भगदड़ हुई और न ही कोई मार-काट। परिणामस्वरूप यह बार्डर पूरी तरह शान्त रहा। विभाजन-विभीषिका के जो भी प्रकरण और उल्लेख आते हैं, वे सिर्फ भारत-पाकिस्तान की सीमा के ही आते हैं। भारत-बांग्लादेश सीमा पूर्णतः शांत रहा। इसका कारण सिर्फ एक ही रहा और वह यह था कि गांधीजी कलकत्ता में थे।

बांग्लादेश के मुसलमानों ने हिन्दुओं को इसलिए नहीं मारा कि बांग्लादेश में यदि वे हिन्दुओं को मारेंगे, तो कलकत्ता में मुसलमान सुरक्षित नहीं रह पायेंगे और कलकत्ता में हिन्दुओं ने मुसलमानों को इसलिए नहीं मारा कि बांग्लादेश में हिन्दू सुरक्षित नहीं रह पायेंगे। इसी एक सूत्र के सहारे गांधीजी एक बार्डर शान्त करने में सफल रहे। माउंटबेटन ने उनकी इस सफलता पर गांधीजी को लिखा कि 'पंजाब में हमारे पास 55 हजार सिपाही हैं, फिर भी वहाँ पर बड़े पैमाने पर दंगे हुए हैं। बंगाल में हमारी सेना सिर्फ एक व्यक्ति की है, फिर भी वहाँ कोई दंगा-फसाद नहीं हुआ।' माउंटबेटन ने फिर याद करते हुए कहा कि 'यदि कलकत्ता में कोई गड़बड़ी होती, तो वहाँ इतना रक्त बहता, जिसकी कोई कल्पना नहीं की जा सकती। पंजाब में जो कुछ हुआ, वह उसके सामने बच्चों का खेल जैसा मालूम होता।'

गांधीजी अहिंसा के अपने इस प्रयोग से लाखों हिन्दू, मुसलमान, सिक्ख, ईसाई की जान बचाने में सफल रहे। इसमें एक उल्लेखनीय बात यह भी रही कि कलकत्ता के लोगों ने गांधीजी को जो लिखकर दिया था, उसका पूर्णतः पालन

किया और फिर वे कभी नहीं लड़े।

माउंटबेटन ने गांधीजी को 'वन मैन आर्मी' (एक आदमी की सेना) कहा। जो काम बड़ी-बड़ी सेना अपनी ताकत और हथियार के बल पर नहीं कर पाती थी, वह गांधीजी अकेले करने में सफल हो जाते थे।

एक आदमी की सेना थे—महात्मा गांधी।

गुरूदेव और गांधी

गुरूदेव रवीन्द्रनाथ टैगोर 1920 में अमेरिका गये थे। वहाँ एक साक्षात्कार के दौरान गुरूदेव ने कहा था कि ''गांधीजी को यदि भारत का सिंहासन भी दे दिया जाये, तो उस पर बैठने के बजाय वे उसमें जड़े रत्नों को बेचकर उनसे प्राप्त धन को जरूरतमंदों में बाँट देंगे।''

यदि अमेरिका की पूरी दौलत भी उनको अर्पित कर दी जाये, तो यह निश्चित है कि वह उसको उसी दशा मे स्वीकार करेंगे, यदि यह दौलत उनको मानव-उत्थान के किसी उचित कार्य में लगाने के लिए दी जा रही हो। उनका यह भी कहना था कि उनके उपर्युक्त कथन में कोई अतिशयोक्ति नहीं है। गांधीजी मुक्तात्मा हैं। यदि मेरा गला कोई दबाये, तो मैं मदद के लिए चीख-पुकार करूँगा। पर, यदि गांधीजी का गला दबाया जाए, तो वे गुहार नहीं लगायेंगे। वे गला दबाने वाले पर हँस सकते हैं और मृत्यु की नौबत आने पर वे मुस्कराते हुए ही मरेंगे।

गांधीजी के बारे में गुरूवर रवीन्द्रनाथ टैगोर ने सन् 1920 में जो घोषणा की थी, वह 1946 में नोआखली शांति मिशन के दौरान चरितार्थ हो गयी—एक व्यक्ति ने प्रार्थना सभा के दौरान इतनी जोर से गांधीजी का गला दबाया कि उनका चेहरा नीला पड़ गया, फिर भी गांधीजी मुस्कुराते रहे। अगले दिन उस व्यक्ति ने आकर गांधीजी से माफी माँगी।

गांधीजी के दक्षिण अफ्रीका से भारत लौटने पर टैगोर जी ने कहा—'भिखारी के लिबास में एक महान आत्मा लौट आई है।' गुरूदेव ने ही गांधीजी को ''महात्मा'' की उपाधि से सम्बोधित किया था।

सन् 1939 की बात है, जब गुरूदेव अस्वस्थ थे और चिकित्सकों ने उन्हें पूर्ण विश्राम की सलाह दी, इसके बावजूद भी वे अपने सारे काम नित्य नियमपूर्वक करते रहते थे। इस कारण 'शांतिनिकेतन' के कुछ सज्जनों ने बापू को तार देकर बुलाया। बापू पहुँचकर गुरूदेव से मिले। गुरूदेव बोले, 'भिक्षुक भला क्या भिक्षा दे सकता है?' लेकिन बापू थोड़ा भी टस-से-मस नहीं हुए। उन्होंने गुरूदेव को वचनबद्ध करा लिया कि 'भोजन के पश्चात् आपको एक घंटा पूर्ण विश्राम करना होगा।' गुरूदेव को विवश होकर बापू की बात माननी पड़ी।

कुछ दिनों बाद आचार्य क्षितिमोहन सेन गुरूदेव से मिलने पहुँचे। गुरूदेव ने तुरन्त भोजन किया था। वे कमरे के सारे दरवाजे बंद कर लेटे थे। हलचल से गुरूदेव ने आचार्य सेन को पहचान लिया। पूछा, ठाकुर दा हैं क्या? आचार्य सेन ने हाँ कहते हुए आश्चर्यचकित होकर उनसे प्रश्न किया- 'आप भीतर कर क्या रहे हैं?'

गुरूदेव का सहज उत्तर था—'गांधीजी को विश्राम की भिक्षा दे रहा हूँ।'

सन् 1925 में गांधीजी से शान्तिनिकेतन में मुलाकात के दौरान गुरूदेव की टिप्पणी का अंश दृष्टव्य है—''मेरी आप में अटल श्रद्धा है। आपकी एक भी वस्तु के बारे में मुझे शंका नहीं है। ईश्वर-सम्बन्धी श्रद्धा के बाद दूसरे नम्बर पर आपके ही बारे में मेरी श्रद्धा है... यह दिन आयेगा, ऐसी आशा मैंने नहीं रखी थी। देश की दशा देखकर कितने ही वर्षों से मैं लालसा रख रहा था कि कोई कर्णधार नहीं निकलेगा? मुझे भय होता था कि ऐसे कर्णधार को देखे बिना ही मुझे चले जाना पड़ेगा, परन्तु ईश्वर परम कृपालु है। आप आये और आपका समागम भी हुआ। इस काल में मैं जीवित रहा हूँ, यही मुझे बड़ा सौभाग्य लगता है। आपकी जीत ही है। ज्ञान के आगे समस्त अविद्या का नाश है। अविद्या अर्थात् आज का साम्राज्यवाद, आधुनिक साम्यवाद कहिए न! इन सब वादों के बीच में सत्य का बम पड़ते ही सब चूर-चूर हो जायेंगे, यह निश्चित मानिए। आपकी कितनी ही आलोचना हो, लोग श्रद्धा न करें, कोलाहल और हत्याकांड हो तो भी आप अटल रहेंगे, ऐसा मुझे विश्वास है। सत्य और अहिंसा उस चमत्कारी पक्षी 'फिनिक्स' की भाँति हजारों बार आग में पड़ने पर भी नित्य

नवीन-सजीव ही होते रहेंगे। वह पक्षी कभी हारकर बैठने वाला नहीं है। आपका किया हुआ क्या कभी व्यर्थ जायेगा? बुद्ध भगवान का किया हुआ व्यर्थ गया क्या? भारत में भले ही बहुत बौद्ध न हो, परन्तु बुद्ध भगवान के मंत्र तो हमारे जीवन के साथ गुँथे हुए हैं।''

हिंसावादियों की बात करते हुए गुरूदेव बोले—''इन लोगों को अंग्रेजों के तरीके से अंग्रेजों को हराना है। अंग्रेजों के ढंग से अंग्रेज कोई हारने वाले हैं क्या? आप आये और आपने नये हथियार का सृजन किया। सत्य आपका शस्त्र है, उनका नहीं। अहिंसा आपका हथियार है, उनका नहीं। चरखा भी आपका ही शस्त्र है, इन शस्त्रों के आगे उनका कुछ नहीं चलेगा।''

गुरूदेव और गांधी का दृष्टिकोण अलग था, फिर भी वे प्रेम के धागे में बँधे हुए थे। गांधीजी शांतिनिकेतन में थे, तब की बात है। सुबह-सुबह वे दोनों शांतिनिकेतन में घूमने निकलते हैं। सुबह का माहौल, प्रसन्न पक्षियों की आवाजें। उन पक्षियों की ओर इंगित करते हुए गुरूदेव जी पूछते हैं—''मधुर आवाज में गाने वाले इन पक्षियों के लिए, उनकी इस मीठी हलचल के लिए, उनके इस संगीत के लिए आपके दर्शन में क्या जगह है?''

गांधीजी कहते हैं—''आप कवि हैं, पक्षियों के इन मधुर गीतों पर आप लुब्ध हैं। वह बिल्कुल ठीक है। पर मेरी चिन्ता अलग है। इन पक्षियों को समय पर दाना-पानी मिले और उनके चारे-पानी की व्यवस्था हो। मतलब पिछली रात उन्हें ठीक से नींद आई या नहीं। इसी पर निर्भर है कि वे सुबह-सुबह गा सकेंगे या नहीं। मुझे उनकी पिछली रात की चिन्ता होती है।''

गांधीजी शांतिनिकेतन में केवल एक सप्ताह ठहरे और इस एक सप्ताह की अवधि में उन्होंने वहाँ के अध्यापकों और छात्रों को इस विचार का पक्षधर बना लिया कि हमें सारा काम अपने हाथों से करना चाहिए। इसलिए वेतनभोगी रसोइये हटा दिये गये, अध्यापक और छात्र खाना पकाने और सफाई का सारा काम खुद करने लगे।

शांतिनिकेतन रातोंरात फीनिक्स बन गया। हालाँकि वह पूरी तरह फीनिक्स के समान भी नहीं बना। कारण कि अगर एक दस्ता बर्तन धोता था, तो दूसरा दस्ता काम की नीरसता को दूर करने के लिए उनके लिए सितार बजाता था।

जब महाकवि रवीन्द्रनाथ टैगोर को इस क्रांति की खबर मिली, तो वे मुस्करा उठे और बोले—'स्वराज की कुंजी इसी प्रयोग में है।' लेकिन उनकी मुस्कान मनोविनोद और संशय से भरी थी। क्या इस उत्साह को जन्म देने वाला जादूगर उनके बीच से हट जाये, तो यह ठहर पायेगा? यह उत्साह ठहरा तो नहीं ही, और रसोइये वापस अपने काम पर आ गये। लेकिन आज तक एक प्रतीक कायम है—हर साल मार्च में शांतिनिकेतन के वासी 'गांधी-दिवस' मनाते हैं, जब रसोइयों और दूसरे सेवाकर्मियों को छुट्टी दे दी जाती है और छात्र तथा अध्यापक अपना सारा काम खुद करते हैं।

राष्ट्रपिता

गंगा नदी को भारत में जीवनदायिनी गंगा माँ के रूप में मान्यता प्राप्त है। कट्टरपंथियों की तरह प्रश्न किया जाये, तो गंगा माँ का स्वरूप बिगड़ जायेगा। गंगा को माँ के रूप में जो गीत गाया गया है कि 'मानो तो मैं गंगा माँ हूँ, ना मानों तो बहता पानी' यह भारतीय जन मानस पर अमिट है। भारतीय सभ्यता और संस्कृति में गंगा नदी को हमेशा माँ के रूप में स्वीकार किया गया है।

उदाहरण के लिए गाय को ही लें—गाय की हमेशा से भारत में गाय मात्र न मानकर 'गौ माता' के रूप में ही मान्यता रही है। लेकिन प्रश्नकर्ताओं के तर्कों के आधार पर गाय को गौ माता नहीं माना जा सकता है, जबकि भारत में सनातन काल (ई. पू.) से गाय की मान्यता हमेशा गौ माता के रूप में रही है।

भारत की 'भारतमाता' के रूप में सांस्कृतिक मान्यता चली आ रही है। इसी प्रकार 'धरती' को भी धरती न कहकर 'धरतीमाता' के रूप में मान्यता चली आ रही है। प्रश्नकर्ताओं के दृष्टिकोण से देखा जाये, तो भारतमाता और धरतीमाता की परिकल्पना ही समाप्त हो जायेगी।

जब हम चन्द्रमा को चन्दा मामा के रूप में रूपायित करते हैं, तो चाँद हमारे वास्तविक मामा का स्थान नहीं लेता है, परन्तु चन्द्रमा को भारत में श्रद्धास्वरूप चन्द्रमा न कहकर चन्दा मामा के नाम से ही सम्बोधित किया जाता है।

भारत देश में राष्ट्रपति का पद है। इसका आशय यह कदापि नहीं है कि भौतिक रूप में उस पद पर बैठा व्यक्ति राष्ट्र का पति है। देश की राष्ट्रपति जब महिला होती हैं, तो भी राष्ट्रपति का पद राष्ट्रपति ही रहता है।

राजा-महाराजाओं के समय में जब राजमाता की परिकल्पना की गयी थी, तो उसका आशय भौतिक रूप से सभी लोगों की माता के रूप में परिकल्पना नहीं की गयी थी और न ही ऐसी परिकल्पना किया जाना सम्भव था।

हमारे संविधान में राष्ट्रपति के अतिरिक्त कई शब्द जैसे कुलपति, सभापति, उपसभापति आदि का शाब्दिक अर्थ कभी नहीं लिया गया, बल्कि उनका भावात्मक पदेन अर्थ ही लिया गया है। जब किसी व्यक्ति को भारत रत्न कहा जाता है, तो उसका आशय कदापि सोने-चाँदी, हीरे, जवाहरात से नहीं होता है, बल्कि सम्मान स्वरूप कहा जाता है।

सरदार बल्लभ भाई पटेल को जब लौह पुरुष कहा जाता है, तो उसका शाब्दिक अर्थ नहीं लिया जाता है तथा जब किसी महिला को आयरन लेडी कहा जाता है, तो उसका भी शाब्दिक अर्थ नहीं लिया जाता है। गुरू रवीन्द्रनाथ टैगोर को गुरूदेव कहा जाता है। स्पष्ट है कि प्रश्नकर्ताओं के भौतिक गुरूदेव रवीन्द्रनाथ टैगोर नहीं थे, फिर भी उन्हें गुरू की उपाधि से ही सम्बोधित किया जाता है।

कबीरदास कहते हैं कि ''पाथर पूजे हरि मिले, तो मैं पूजूँ पहाड़।'' नास्तिकों ने तो ईश्वर को ही मानने से इनकार कर दिया। फिर भी, पत्थर व ईश्वर की महिमा सतत् रूप से कायम है। व्यक्ति जब समाज में निकलता है, तो वह दिन भर किसी न किसी को दादा, बाबा, भैया, बहन जी, माता जी, चाचा, अम्मा, ताऊ आदि से सम्बोधित करता रहता है, बल्कि हमारा पूरा दिन इन्हीं विभिन्न सम्बन्धों के सहारे ही व्यतीत होता है, जो सामान्य सामाजिक शिष्टाचार है।

भारत देश में तो वृक्षों और नाग को भी देवता माना गया है। ऐसे अनगिनत उदाहरण प्रस्तुत किये जा सकते हैं, जिसका भौतिक अथवा शाब्दिक अर्थ किये जाने से शब्दों का मूल भाव ही लुप्त हो जायेगा।

उपाधियाँ स्वीकार या अस्वीकार करने की स्वतंत्रता लोकतंत्र में प्रत्येक व्यक्ति को है। माँ को लोग संस्कार स्वरूप माँ मानते हैं। कोई अपनी माँ को पिता की पत्नी या पिता की प्रेमिका के रूप में नहीं देखता। प्रश्नकर्ताओं को भी गांधीजी में राष्ट्रपिता का ही प्रतिबिम्ब देखने की आवश्यकता है। भारत

के लोगों ने अपने महानायक गांधीजी को सम्मानपूर्वक और श्रद्धापूर्वक राष्ट्रपिता की उपाधि से सम्बोधित किया। यह भी उल्लेखनीय है कि गांधीजी को राष्ट्रपिता की उपाधि नेताजी सुभाषचन्द्र बोस ने दी थी।

प्रत्येक देश ने सम्मान स्वरूप अपने किसी न किसी नायक को राष्ट्रपिता की उपाधि से सम्बोधित किया है और हर देश अपने राष्ट्रपिता का सम्मान करता रहा है। सिर्फ भारत ही एक ऐसा देश है, जहाँ लोग अपने राष्ट्रपिता को भी ऊल-जलूल शब्द बोल सकते हैं, अपमान कर सकते हैं, मजाक उड़ा सकते हैं। जबकि, अन्य किसी देश में कोई भी व्यक्ति अपने राष्ट्रपिता के विरुद्ध बोलने की परिकल्पना स्वप्न में भी नहीं करता। पूरा विश्व तो यही जानता है कि भारत के राष्ट्रपिता- महात्मा गांधी हैं।

पटना रेलवे स्टेशन पर बिहार के मंत्रीगण गांधीजी से मिलने आये। गाड़ी की सीटी बजने ही वाली थी। परन्तु उनकी बातें समाप्त नहीं हुई थीं। स्टेशन मास्टर असमंजस में पड़ गया। वह सकुचाता हुआ आया। उसने पूछा, गाड़ी चलाने का संकेत दिया जाए? गांधीजी ने बिगड़कर जवाब दिया—''आप और किसी मुसाफिर के पास जाकर उससे आदेश नहीं लेते, तो फिर यह अपवाद क्यों? आपको अपने कर्तव्यों का पालन करना चाहिए और मंत्रियों से डरना नहीं चाहिए। इससे आपका और उनका भला होगा। उन्हें नियमों की अवहेलना नहीं करनी चाहिए, अन्यथा लोकतंत्र छिन्न-भिन्न हो जायेगा।''

स्टेशन मास्टर ने सादर प्रणाम किया और विदा होते-होते साहब करके कहा—''यदि आपकी तरह अनुशासन का पालन करने वाला एक व्यक्ति प्रत्येक विभाग में हो, तो सारे प्रशासन की सकल ही बदल जाय। आप नहीं जानते कि बेचारे सरकारी नौकर अपने अफसरों की इच्छानुसार काम न करें, तो उन्हें क्या कीमत चुकानी पड़ती है। 40 साल की नौकरी में यह मेरा पहला अनुभव है कि किसी ने अपने व्यक्तिगत उदाहरण द्वारा हमें निर्भय होकर कर्तव्य पालन करने का पदार्थ पाठ पढ़ाया हो। इसीलिए न केवल हम आपको राष्ट्रपिता कहते हैं, बल्कि पूरा विश्व ही आपको 'भारत का राष्ट्रपिता' कहता है।''

वस्त्रों का त्याग

दक्षिण अफ्रीका में जब पहली बार अंग्रेज़ों ने गांधीजी की माँग को स्वीकार कर लिया और उन्हें जेल से रिहा कर दिया। तत्पश्चात् गांधीजी ट्रेन से डरबन पहुँचे। प्लेटफार्म पर पहुँचते ही 'गांधी जिन्दाबाद' के नारों से प्लेटफार्म गुंजायमान हो गया। उन पर फूलों की वर्षा की गयी, आरती उतारी गयी। इतना ही नहीं, वहाँ के युवकों ने कहा कि आपकी घोड़ा गाड़ी को हम खुद ही खींच कर ले चलेंगे।

परन्तु वहाँ के सभी भारतीय यह देखकर बहुत दुःखी हुए कि गांधीजी ने अपना सिर मुड़ा लिया हैं, नंगे पैर हो गये हैं और सफेद कपड़े पहनने का फैसला कर लिया है। वहाँ उपस्थित सभा को संबोधित करते हुए गांधीजी ने कहा कि ''जब उन्होंने भारतीय हड़तालियों पर पुलिसिया गोलीबारी की खबर सुनी, तो उन्होंने अपना वस्त्र बदल दिया। जिन गोलियों ने उनके देशवासियों को छलनी किया था, उसने उनके दिल को भी छलनी किया है। इसलिए अब से वे एक गिरमिटिया मजदूर की तरह ही कपड़े पहनेंगे।''

असहयोग आन्दोलन (सन् 1921-22 के बाद) के समय मदुरई में गांधीजी मजदूरों की सभा में भाषण दे रहे थे। वे बता रहे थे कि सभी लोग विदेशी कपड़ा छोड़ दें और केवल भारत में बने हुए कपड़े ही पहनें। वह विदेशी कपड़ा जलाने की भी बात कर रहे थे। तभी सभा में से एक मजदूर उठा और बोला कि महात्मा जी, जिसके पास एक-दो ही कपड़े हैं, वह अगर जला देगा, तो फिर वह पहनेगा क्या? इतना सुनते ही गांधीजी बहुत दुःखी हुए। कुछ देर मौन रहे और उनकी आँखें डबडबा गयीं।

दूसरी सभा में जब गांधीजी गये, तो उन्होंने ऊपर का कपड़ा पहनना छोड़ दिया था। सिर्फ एक छोटी धोती पहने हुए थे। वहाँ वे सभा में बोले कि यदि आपको पूरा कपड़ा न मिल सके, तो मेरी जैसी वेशभूषा रखो, किन्तु विदेशी कपड़ा मत छुओ। इसी के साथ गांधीजी ने सिर्फ एक छोटी धोती पहनने की प्रतिज्ञा कर ली थी।

ऐसा ही एक उदाहरण उड़ीसा का है—गांधीजी ने वहाँ एक महिला को देखा, जो अपना तन बहुत मुश्किल से फटे-पुराने गंदे कपड़ों से ढंकी हुई थी।

गांधीजी ने महिला से इसका कारण पूछा, तो उसने बताया—मेरे पास दूसरा कपड़ा है ही नहीं, जिससे मैं रोज नहा सकूँ, कपड़े साफ कर सकूँ और बदल सकूँ।

गांधीजी यह सुनकर स्तब्ध रह गये। उनकी आँखों में आँसू भर आये। उन्होंने सोचा कि मैं गरीबों से प्यार करता हूँ, अपने को उनका सेवक कहता हूँ और उनकी ऐसी दशा है कि उनके पास वस्त्र बदलने के लिए कपड़े ही नहीं हैं। इसके बाद गांधीजी ने प्रतिज्ञा की कि वे जो पूरी धोती पहनते थे, उसकी लम्बाई कम करते हुए उसे घुटने तक सीमित कर दिया।

एक बार बिहार की सभा में बोलते हुए गांधीजी ने कहा कि सभी को रोज नहा कर धुले हुए साफ कपड़े पहनने चाहिए। गंदे कपड़े पहनना और सफाई से न रहना अच्छी बात नहीं है।

कुछ लोगों को बापू की यह बात खटकी और बाद में कुछ महिलाएँ बा के पास गयीं और उनसे बोलीं कि महात्मा जी ने हमको रोज नहाने और धुले कपड़े पहनने की बात कही है, लेकिन हम कैसे करें? हमारे पास तो यही एक कपड़ा है, जो हम पहने हुए हैं, और तो कोई है ही नहीं। आप महात्मा जी से कहकर हमें दूसरी साड़ी दिलवा दें, तभी हम रोज नहा सकेंगे और कपड़े बदल सकेंगे।

महिलाओं ने बा से अपनी झोपड़ी में चलने की जिद की। झोपड़ी में जाकर बा ने जो देखा, उससे उनकी आँखे फटी की फटी रह गयीं। सास-बहू के पास सिर्फ एक ही धोती थी। जो बाहर जाती थी, वह उस धोती को पहन लेती थी। बा को यह सत्य जानकर बहुत आघात लगा और सोचा कि मैं तो कम से कम चीजों में जीवन निर्वाह कर रही हूँ, फिर भी मेरे पास तीन कपड़े हैं—एक धोती हूँ, दूसरा पहनती हूँ और तीसरा कहीं आने-जाने के लिए इस्तेमाल करती हूँ। परन्तु यहाँ तो स्थिति अत्यंत चिंताजनक, अमानवीय और शर्मनाक है। कितनी गरीबी है! यह सोचकर बा की आँखें डबडबा गयीं और उन्होंने कहा कि कुछ सोचने के लिए समय दें। इस शर्मनाक स्थिति से निकलने का कोई न कोई रास्ता जरूर निकाला जायेगा। बा ने उक्त घटना को बापू को बताया। गांधीजी ने कहा कि सच जिन्दगी से ज्यादा कड़वा है। दयनीयता और मजबूरी की कोई सीमा नहीं है।

गांधीजी ने जोरदार और सशक्त शब्दों में कहा—'चरखा व खादी' ही दयनीयता का समाधान है। यही खादी आगे चलकर 'आजादी की वर्दी', ष्ट्र का दूसरा फेफड़ा', 'स्वतंत्रता का आभूषण', 'भारतीयों का बीमा' आदि शेषणों से अलंकृत हुई।

एक बार जब गांधीजी तिरुपुर गये, तब लोगों ने गांधीजी को 'खादीराजा' और अपने गाँव को 'खादी नगर' का नाम दिया था।

एक आदमी ने गांधीजी से कहा कि खादी चुभती है। गांधीजी ने कहा कि गुलामी नहीं चुभती? देश की गुलामी खादी से भी अधिक चुभती है। देश की दरिद्रता खादी से अधिक चुभने वाली है। यदि भारत के कंगालों के लिए आपके दिल में दया हो तो चरखा कातिए, कातिए, कातिए, यहाँ तक कि कातते-कातते आपके हाथ सुन्न पड़ जायें और खादी इतनी पहनिये कि खादी पहनते-पहनते पसीने-पसीने नहा लें। मैं देश से विनती करता हूँ, खादी कितनी ही महंगी या मोटी हो, तो भी हम सब पहनें, क्या यह बहुत मुश्किल बात है? यदि महंगी पड़ती हो, तो दो टुकड़े करके अपनी लाज ढंकें।

गांधी और अम्बेडकर

भारत का संविधान तैयार करने के बारे में चर्चा चल रही थी। संविधान लिखने के लिए दूसरे देशों के विशेषज्ञ सलाहकारों से अनुबंध कर लिया जाये या नहीं, नेहरू और सरोजिनी के बीच शुरू इस चर्चा पर गांधीजी हस्तक्षेप करते हैं और कहते हैं, ''इस कार्य के लिए क्या हमारे देश में कोई योग्य व्यक्ति नहीं है?''

''कौन है?'' सरोजनी नायडू ने गांधीजी के इस प्रश्न पर प्रतिप्रश्न किया। गांधीजी ने इसका जवाब देते हुए कहा कि ''डॉ. बाबासाहब अम्बेडकर''। इस तरह अम्बेडकर का चुनाव संविधान समिति में होता है।

नेहरू जी ने जब पहला मंत्रिमंडल बनाया और मंत्रियों की सूची गांधीजी को दिखायी, तो गांधीजी ने नेहरू जी से पूछा, ''यह सूची देश के मंत्रिमंडल की है या कांग्रेस के मंत्रिमंडल की!''

नेहरू जी पशोपेश में पड़ गये, उन्होंने पूछा—''क्या गलती हुई?'' गांधीजी ने कहा, ''इस सूची में अम्बेडकर का नाम क्यों नहीं है?''

गांधीजी के सवाल पर नेहरू को बड़ा ही आश्चर्य हुआ, उन्होंने कहा कि ''अम्बेडकर तो कांग्रेस विरोधी हैं, उनका समावेश मंत्रिमंडल में कैसे किया जा सकता है?''

गांधीजी ने नेहरू जी से फिर वही सवाल किया, ''आपको कांग्रेस का मंत्रिमंडल बनाना है या देश का?'' नेहरू जी निरुत्तर हुए और मंत्रिमंडल में अम्बेडकर का समावेश हो गया।

आखिरकार उपवास के दौरान अम्बेडकर ने 'पूना पैक्ट' समझौता कर गांधीजी का उपवास तोड़वाया, जिससे उनके प्राण बचे। नहीं तो शायद अपने संकल्प के प्रति तटस्थ रहने वाले बापू के प्राण को खतरा हो सकता था और देश की आजादी जैसा महानतम लक्ष्य और दूर चला जाता।

उल्लेखनीय है कि 'पूना पैक्ट' के बाद से ही गांधी हत्या का प्रयास आरंभ हुआ।

सन् 1932 में गांधीजी के 'पूना पैक्ट' उपवास ने अछूतों के साथ न्याय किया या नहीं किया, परन्तु इस उपवास ने हिन्दू मानस को निश्चय ही झकझोर दिया था। उन्होंने प्रत्येक हिन्दू पर अपने जीवन की जिम्मेदारी डाल दी थी। इसी का परिणाम हुआ कि उपवास के आरम्भ होते ही कलकत्ता का कालीघाट मंदिर और काशी का राममंदिर अछूतों के लिए खोल दिया गया। बंबई में सात बड़े मंदिरों के सामने मतदान की व्यवस्था की गयी। पूजा करने वालों से कहा गया कि वे अछूतों के लिए मंदिर प्रवेश पर मत डालें। 24797 मत पक्ष में और 445 विपक्ष में पड़े। परिणामस्वरूप वे मंदिर जिनमें हरिजनों नें कभी पाँव नहीं रखा था, सबके लिए खोल दिये गये। देश के सभी भागों में हरिजनों को मंदिर में प्रवेश मिलने लगा। इलाहाबाद में भारद्वाज मंदिर के द्वार जब हरिजनों के लिए खुले, तो जवाहरलाल नेहरू की कट्टरपंथी माता ने भंगियों के हाथ से प्रसाद लेकर खाया। गांधीजी से उन्होंने कहा—'आपकी जान बचानी थी, तो भंगी क्या, कुत्ते के मुँह से भी खा लेती।' इस प्रकार देश में सुधार, प्रायश्चित और आत्मशुद्धि की लहर दौड़ गयी। गांधीजी के इस उपवास के दिनों में आमोद-प्रमोद, यहाँ तक कि विवाह के सभी कार्यक्रम रद्द कर दिये गये थे।

उपवास के बिना क्या राष्ट्र पर यह प्रभाव पड़ सकता था? इस समस्या के राजनीतिक और संवैधानिक पक्ष से कहीं अधिक महत्त्वपूर्ण था इसका सामाजिक और भावात्मक पक्ष। बेशक, अस्पृश्यता का अभिशाप एकदम नहीं मिट गया, परन्तु यह स्वीकार करना पड़ेगा कि सार्वजनिक रूप से अस्पृश्यता का समर्थन लगभग समाप्त हो गया।

पूना पैक्ट समझौते के बाद गांधीजी ने कहा—मैं अपने हरिजन मित्रों को अब से उन्हें यही नाम (हरिजन) देना चाहूँगा। यह विश्वास दिलाता हूँ कि जहाँ तक मेरा सवाल है, मैं पूरे समझौते से बँधा हुआ हूँ और इसकी समुचित पूर्ति के लिए वे मेरे प्राण बंधक समझें।

टाइम्स ऑफ इंडिया, 30 नवंबर 1935 में उल्लिखित डॉ. बाबा साहब अम्बेडकर का कथन दृष्टव्य है—

''लोकतंत्र भारत के स्वभाव के अनुकूल नहीं है और लोक-लुभावन सरकारें उसके लिए बेहतर साबित नहीं होंगी। भारत को कमाल पाशा या मुसोलिनी जैसा एक तानाशाह चाहिए। मैंने उम्मीद की थी कि गांधी एक तानाशाह की स्थिति को प्राप्त कर लेंगे, लेकिन अब मैं निराश हूँ। मेरी शिकायत यह नहीं है कि मिस्टर गांधी एक तानाशाह हैं, बल्कि मेरी शिकायत यह है कि वह एक तानाशाह नहीं हैं।''

गांधी और भगत सिंह

साइमन कमीशन के विरोध के दौरान अंग्रेज़ों द्वारा लाठी चार्ज किये जाने से घायल लाला लाजपत राय की जब मृत्यु हो गयी, तो क्रांतिकारियों ने यह निश्चय किया कि जिस अंग्रेज़ पुलिस अधिकारी की लाठी से लाला लाजपत राय घायल हुए थे, उसको मारना ही मारना है। उस पुलिस अधिकारी का नाम था जनरल स्कॉट।

जनरल स्कॉट को मारने के लिए क्रांतिकारियों ने रणनीति बनायी। इस काम को सफलतापूर्वक अंजाम देने के लिए चार लोगों को चुना गया—

1. भगत सिंह—जनरल स्कॉट को गोली मारेंगे।

2. राजगुरू—भगत सिंह का रक्षा कवच होंगे।
3. चन्द्रशेखर आजाद—भगत सिंह और राजगुरू को थाने से सुरक्षित निकाल ले जायेंगे।
4. जयगोपाल—स्कॉट के पुलिस स्टेशन पहुँचने की खबर देंगे और उसकी पहचान करायेंगे।

हंसराज वोहरा ने पोस्टर तक बना लिये कि स्कॉट मारा गया। परन्तु गलत पहचान की वजह से स्कॉट की जगह साण्डर्स को गोली मार दी गयी। जयगोपाल से जब पूछा गया कि स्कॉट की जगह तुमने साण्डर्स की पहचान क्यों करवाई? तो उसने कहा कि सब अंग्रेज़ तो एक जैसे ही लगते हैं। क्रांतिकारियों ने संतोष कर लिया कि चलो स्कॉट न सही साण्डर्स को ही मार दिया।

भगत सिंह ने सोचा कि इस घटना से देश में बहुत बड़ी क्रांति आ जायेगी, परन्तु वास्तव में उन्होंने देखा कि इसका लोगों पर कुछ फर्क ही नहीं पड़ा, तो उन्होंने सरकार को जगाने के लिए असेम्बली में बम फेंका। इधर केस चल ही रहा था कि उन क्रांतिकारियों में से दो क्रांतिकारी सरकारी गवाह बन गये—1. साण्डर्स की पहचान कराने वाले जयगोपाल और 2. भगत सिंह के पोस्टर की नकल करने वाले हंसराज वोहरा। इसके अलावा धीरे-धीरे अंग्रेज़ अधिकारियों ने छ: सौ गवाह और इकट्ठा कर लिये। पोस्टर की लिखावट भगत सिंह के हस्तलेख से मेल खा गयी।

मुकदमे की कार्यवाही के दौरान भगत सिंह ने जयगोपाल को देखा कि वह अपनी मूँछें ऐंठ रहा था। जब भगत सिंह से उसकी आँखें मिलीं तो उल्टे जयगोपाल ने भगत सिंह पर गालियों की बौछार कर दी। भगत सिंह आश्चर्य से जयगोपाल को देख रहे थे, जिसके बारे में कभी भगत सिंह ने कहा था—''यह एच. एस. आर. ए. का एक गहना है। भगत सिंह ही क्या किसी क्रांतिकारी ने यह नहीं सोचा था कि एक दिन अपने ही साथियों के कारण इनके गले में फाँसी का फंदा पड़ेगा।''

महात्मा गांधी के साथ-साथ पं. मदनमोहन मालवीय, डॉ. तेजबहादुर सप्रू, सुभाषचंद्र बोस, पं. जवाहरलाल नेहरू आदि अनेक नेताओं ने अपनी शक्ति भर भगत सिंह की फाँसी को रोकने का प्रयास किया, परन्तु सब निष्फल रहा।

गांधीजी ने कहा कि मैं तो चोर-डाकू को भी फाँसी देने के खिलाफ हूँ। भगत सिंह तो महान देशभक्त हैं, भले ही मेरी और उनकी विचारधारा में अंतर है। यह तो अंग्रेज़ों की चाल थी कि गांधी को वे डिगा नहीं सकते थे, तो अन्य लोगों को गांधी से अलग कर दिया जाये, उनका विरोधी बना दिया जाये।

सुभाषचन्द्र बोस ने लिखा है कि ''गांधी-इर्विन पैक्ट बैठक के दौरान वायसराय ने स्वयं महात्मा गांधी से कहा कि फिलहाल मैं भगत सिंह की फाँसी की सजा को स्थगित किये दे रहा हूँ और फिर इस मामले पर गंभीरता से विचार करूँगा।'' वायसराय के इस रवैये से सभी ने यह अनुमान लगाया कि अंततोगत्वा अब भगत सिंह को फाँसी नहीं दी जायेगी और पूरे देश में खुशी की लहर दौड़ गयी।

देश के बड़े-बड़े लोगों और नेताओं ने वायसराय से कहा कि ''अगर भगत सिंह को फाँसी नहीं दी जायेगी, तो देश में शांति बनी रहेगी।'' लेकिन अंग्रेज़ों ने सोचा कि यदि इस बीच भगत सिंह को फाँसी दे दी जाये, तो गांधी के खिलाफ देश में विद्रोह फैल जायेगा।

कांग्रेस के कराची अधिवेशन के ठीक पहले आनन-फानन में 23 मार्च 1931 को भगत सिंह को फाँसी दे दी गयी, जिससे गांधीजी के साथ-साथ समूचा देश स्तब्ध रह गया। कराची अधिवेशन में भाग लेने के लिए जब गांधीजी वहाँ पहुँचे, तो नवयुवकों ने नारा लगाया 'गांधी मुर्दाबाद', 'गांधीवाद का नाश हो', गांधी को काले कपड़े दिखाये गये, काले झण्डे दिखाये गये, काले फूलों की माला दी गयी, जिसे गांधीजी ने ले लिया और कहा कि ''आपका विरोध बड़ा संयमपूर्ण रहा। आप लोगों ने मुझे मारा-पीटा नहीं, जैसा कि दक्षिण अफ्रीका में लोगों ने मुझे बहुत मारा-पीटा था, उसकी पुनरावृत्ति नहीं हुई।''

यह सर्वविदित है कि अंग्रेज़ सरकार या वायसराय गांधीजी के अधीन नहीं थे कि उनके कहने से भगत सिंह की फाँसी रुक जाती। अगर अंग्रेज़ इतनी ही गांधीजी की बात मानते, तो वे रोज ही कहते थे कि 'हमें स्वराज दे दो', 'हमें स्वतंत्रता दे दो।' हम उन देशद्रोहियों को भूल जाते हैं, जिन्होंने भगत सिंह के साथ गद्दारी की। इतने ढेर सारे गवाह और मजबूत सबूत के साथ किस तरह भगत सिंह को रिहाई मिलती। विचारधारा में भिन्नता रखना एक स्वाभाविक प्रक्रिया है, पर एक महान देश भक्त को प्रतिष्ठित करने के लिए दूसरे

महान देशभक्त को गाली देने की विचारधारा का पोषण करने वाले तत्त्वों की समझदारी समझ से परे है। भगत सिंह बहुत बड़े देशभक्त थे और गांधीजी भी भगत सिंह का बहुत सम्मान करते थे।

गांधीजी द्वारा भगत सिंह की फाँसी को रुकवाने के आरोप के सन्दर्भ में निम्नलिखित पत्र दृष्टव्य हैं, जो सम्पूर्ण गांधी वाङ्मय से लिये गये हैं—

पत्र : वायसराय को

दरियागंज, दिल्ली

23 मार्च, 1931

प्रिय मित्र,

आपको यह पत्र लिखना आपके प्रति क्रूरता करने जैसा लगता है; पर शान्ति के हित में अन्तिम अपील करना आवश्यक है। यद्यपि आपने मुझे साफ-साफ बता दिया था कि भगत सिंह और अन्य दो लोगों की मौत की सजा में कोई रियायत किये जाने की आशा नहीं है, फिर भी आपने मेरे शनिवार के निवेदन पर विचार करने को कहा था। डॉ. सप्रू मुझसे कल मिले और उन्होंने मुझे बताया कि आप इस मामले से चिन्तित हैं और आप कोई रास्ता निकालने का विचार कर रहे हैं। यदि इस पर पुनः विचार करने की गुंजाइश हो, तो मैं आपका ध्यान निम्न बातों की ओर दिलाना चाहता हूँ।

जनमत, सही हो या गलत, वह सजा में रियायत चाहती है। जब कोई सिद्धान्त दाँव पर न हो, तो लोकमत का मान करना हमारा कर्त्तव्य हो जाता है।

प्रस्तुत मामले में स्थिति ऐसी है कि यदि सजा हल्की की जाती है, तो बहुत सम्भव है कि आन्तरिक शान्ति की स्थापना में सहायता मिले। यदि मौत की सजा दी गई, तो निःसंदेह शान्ति खतरे में पड़ जायेगी।

मैं आपको यह सूचित कर सकता हूँ कि क्रान्तिकारी दल ने मुझे यह आश्वासन दिया है कि यदि इन लोगों की जान बख्श दी जाये, तो यह दल अपनी कार्यवाहियाँ बन्द कर देगा। यह देखते हुए मेरी राय में मौत की सजा मुल्तवी कर देना एक लाजमी फर्ज बन जाता है।

राजनीतिक हत्याओं के मामलों में इससे पहले भी इस तरह की रियायत दी जा चुकी है। यदि ऐसा करने से बहुत-सी निर्दोष जान बचाई जा सकती हो,

तो उनका बचाना लाभदायक होगा। हो सकता है कि इससे क्रान्तिकारियों की आतंकपूर्ण कार्यवाहियाँ लगभग समाप्त हो जाये।

चूँकि आप शान्ति स्थापना के लिए मेरे प्रभाव को, जैसा भी वह है, उपयोगी समझते प्रतीत होते हैं; इसलिए अकारण ही मेरी स्थिति को भविष्य के लिए और ज्यादा कठिन न बनाइए; यों ही वह कुछ सरल नहीं है।

मौत की सजा पर अमल हो जाने के बाद तो वह कदम वापस नहीं लिया जा सकता। यदि आप यह सोचते हैं कि फैसले में थोड़ी भी गुंजाइश है, तो मैं आपसे यह प्रार्थना करूँगा कि इस सजा को, जिसे फिर वापस नहीं लिया जा सकता, आगे और विचार करने के लिए स्थगित कर दें।

यदि मेरी उपस्थिति आवश्यक हो, तो मैं आ सकता हूँ। यद्यपि मैं बोल नहीं सकूँगा, पर मैं सुन सकता हूँ और जो-कुछ कहना चाहता हूँ, वह लिखकर बता सकूँगा।

दया कभी निष्फल नहीं जाती।

मैं हूँ,
आपका विश्वस्त मित्र

अंग्रेजी (सी. डब्ल्यू. 9343 की फोटो-नकल से।
सौजन्य : इंडिया ऑफिस लाइब्रेरी

मौनवार होने के कारण उसी दिन अपने पत्र (सी. डब्ल्यू. 9344) में, जिस पर 'गोपनीय' लिखा था, वायसराय ने यह उत्तर दिया, ''मैंने आपकी हर बात पर दुबारा बड़े गौर से विचार किया है। मैं आपका काम कदापि और कठिन नहीं बनाना चाहूँगा, खासकर वर्तमान हालात में। लेकिन मुझे लगता है कि उन कारणों से, जिन्हें बातचीत के दौरान मैंने आपको पूरी तरह समझाने की कोशिश की थी, मुझे किसी तरह ऐसा नहीं लगता कि आप जो कुछ करने का अनुरोध कर रहे हैं, उसे करना ठीक होगा।''

भेंट : पत्र प्रतिनिधियों को

कराची,
26 मार्च, 1931

मैं भगत सिंह और उनके साथियों की मौत की सजा में परिवर्तन नहीं करवा सका। इसी कारण नवयुवकों ने मेरे प्रति अपना क्रोध प्रदर्शित किया है। मैं इसके लिए पूरी तरह से तैयार था। यद्यपि वे मुझपर बहुत नाराज थे, फिर भी मैं सोचता हूँ कि उन्होंने अपने क्रोध का प्रदर्शन बहुत ही सभ्य ढंग से किया। वे चाहते तो आसानी से मारपीट कर सकते थे; पर उन्होंने ऐसा कुछ नहीं किया। वे कई तरह से मुझे अपमानित कर सकते थे, पर उन्होंने अपने क्रोध पर अंकुश रखा और मेरा अपमान केवल काले कपड़े के फूल, जो कि मैं समझता हूँ, तीनों देशभक्तों की चिता की राख के प्रतीक थे, देकर किया। इन्हें भी वे मेरे ऊपर बरसा सकते थे अथवा मुझ पर फेंक सकते थे, पर उन्होंने यह सब न करके मुझे अपने हाथों से फूल लेने की छूट दी और मैंने कृतज्ञतापूर्वक इन फूलों को लिया। निःसन्देह उन्होंने 'गांधीवाद का नाश हो; 'गांधी वापस जाओ' के नारे लगाये। इसे मैं उनके क्रोध का सही प्रदर्शन मानता हूँ।

मैं आशा करता हूँ कि वे आगे भी उसी तरह के संयम से काम लेंगे, जैसा कि उन्होंने कल प्रदर्शित किया था क्योंकि वे जानते हैं कि मैं भी उनके साथ उसी उद्देश्य की प्राप्ति के लिए प्रयत्नशील हूँ। अन्तर केवल इतना है कि मेरा रास्ता उनके रास्ते से बिल्कुल अलग है। और, मुझे इसमें तनिक भी सन्देह नहीं कि जैसे-जैसे समय बीतता जायेगा, वे यह समझ जायेंगे कि उनका रास्ता गलत था। फिर भी भगत सिंह के साहस और बलिदान के सम्मुख मेरा मस्तक झुक जाता है। परन्तु मैं अपने नौजवान भाइयों को नाराज किये बिना कहना चाहता हूँ कि मैं एक ऐसा नम्र, सभ्य और अहिंसक साहस चाहता हूँ, जो किसी को चोट पहुँचाये बिना अथवा मन में किसी को चोट पहुँचाने का तनिक भी विचार रखे बिना फाँसी पर झूल जायें।

मुझे ऐसा कोई भी उदाहरण याद नहीं आता है, जहाँ किसी को क्षमा करना अविवेकपूर्ण हो। परन्तु किसी ने पूछा कि आज तक किसी भी देश ने इस प्रकार की क्षमा नहीं दिखाई, जैसी क्षमा भारत ब्रिटेन के प्रति दिखा रहा है?

गांधीजी ने कहा कि जो व्यक्तियों के सम्बन्ध में सत्य है, वही राष्ट्रों के लिए भी सत्य है। क्षमाशीलता की कोई सीमा नहीं है। निर्बल क्षमा नहीं कर सकता। क्षमा बलवान का ही भूषण है।

(अंग्रेजी से)

यंग इंडिया, 02.04.1931

कराची कांग्रेस अधिवेशन में गांधीजी के भाषण का मुख्य अंश द्रष्टव्य है— ''भगत सिंह और उनके साथियों की फाँसी के विषय में गांधीजी ने कहा कि उन्हें फाँसी पर लटका कर सरकार ने लोगों को गुस्सा होने का जबरदस्त कारण दिया है, मुझे भी इससे चोट पहुँची है। क्योंकि हमारे विचार-विमर्श और बातचीत से मुझे धुंधली-सी आशा बँध गयी थी कि भगत सिंह, राजगुरु और सुखदेव शायद बच जायेंगे। मैं उन्हें बचा नहीं सका। इससे अगर नौजवान मुझ पर गुस्सा होते हैं, तो मुझे आश्चर्य नहीं होता। इसीलिए मैं कहता हूँ कि उन नौजवानों को क्रोध करने का हक था, पर मुझे नहीं। वे मुझ पर हाथ उठा सकते थे, पर वे तो उल्टे मेरे अंगरक्षक बन गये और मुझे मोटर तक ले गये। उन्हें देखकर मुझे लगा कि शायद आज दक्षिण अफ्रीका के उस अनुभव का पुनरावर्तन होगा, जब लोगों की भीड़ ने मुझे घेर लिया था और मुझे मारा था।

वे नौजवान तो बस यही पुकार रहे थे, 'गांधी वापस जाओ', 'गांधीवाद का नाश हो'। उन्हें ऐसा करने का हक था, क्योंकि वे मानते थे कि मैंने भगत सिंह को बचाने के लिए अपनी शक्तिभर कोशिश नहीं की या अहिंसाधर्मी होने के कारण मैं भगत सिंह और उनके साथियों को एकदम भूल गया। उन्होंने काले कपड़ों के फूल मुझे भेंट किये। वे चाहते तो वे फूल मुझ पर फेंक कर मेरा अपमान भी कर सकते थे, परन्तु उन्होंने ऐसा नहीं किया। मैं यह फूल आश्रम में भेज दूँगा और वहाँ एक विरासत में मिली हुई वस्तु की तरह ये सुरक्षित रखे जायेंगे।

मुझे नौजवानों से कहना है कि आपको जानना चाहिए कि खूनी को, चोर को, डाकू को भी सजा देना मेरे धर्म के विरुद्ध है। इसलिए इस शक की कोई वजह हो ही नहीं सकती कि मैं भगत सिंह को बचाना नहीं चाहता। परन्तु मैं चाहता हूँ कि आप भगत सिंह की भूल को भी समझें।

मैं अपना बचाव करने के लिए नहीं बैठा था, इसलिए मैंने आपको विस्तार से नहीं बताया कि भगत सिंह और उनके साथियों को बचाने के लिए मैंने क्या-क्या किया? अपनी शक्ति भर मैंने अकेले ही प्रयत्न नहीं किया, बल्कि पूज्य पंडित मालवीय जी और डॉ. सप्रू ने भी अपनी शक्ति भर प्रयत्न किया, पर सब बेकार हुआ।''

वायसराय इर्विन ने गांधीजी के किये गये प्रयास पर प्रकाश डालते हुए लिखा—भगत सिंह की फाँसी को रुकवाने के सन्दर्भ में गांधीजी द्वारा वायसराय से हुई बातचीत का उल्लेख करते हुए वायसराय ने कहा कि गांधीजी ने भगत सिंह और उनके साथियों को मृत्युदण्ड न देने का आग्रह किया। किसी भी परिस्थिति में प्राण हत्या के खिलाफ होने के कारण वे स्वयं फाँसी की सजा के विरुद्ध थे। उनका ऐसा विचार था कि इससे शांति स्थापना में मदद मिलेगी। फिर भी उन्होंने मौजूदा परिस्थितियों में उस सजा को मुलतवी करने की माँग जरूर की। मैंने इतना कह देना काफी समझा कि मृत्युदण्ड की तारीख के बारे में चाहे जो निर्णय हो, मुझे नहीं लगता कि सजा बदलने के पक्ष में उनके पास कोई ऐसा तर्क था, जिसे इतने ही जोरदार ढंग से किसी अन्य हिंसक अपराध के मामले में ना पेश किया जा सकता हो। वायसराय केवल दया के आधार पर सजा घटाते या माफ करते हैं, राजनीतिक उद्देश्य से नहीं।

(हस्ताक्षर-इर्विन)

बनारस में गांधी

पंडित मदन मोहन मालवीय जी के निमंत्रण पर गांधीजी बनारस हिन्दू विश्व विद्यालय (प्रचीन नाम सेन्ट्रल हिन्दू कालेज) के उद्घाटन समारोह में गये थे। यह भारत में उनका पहला बड़ा सार्वजनिक भाषण था। उनके इस भाषण से वहाँ तूफान उठ खड़ा हुआ। 4 फरवरी 1916 को गांधीजी ने अपने भाषण में कहा कि हमारी मंत्रणाओं का सभापतित्व करने वाले महाराज ने भारत की गरीबी का जिक्र किया था। अन्य वक्ताओं ने भी उस पर खूब जोर दिया, परन्तु जिस पंडाल में वायसराय (लार्ड हार्डिंग) ने शिलान्यास का संस्कार सम्पन्न किया, वहाँ हमने क्या देखा?

निश्चय ही एक बड़ा भारी भड़कदार तमाशा और रत्नाभूषणों की एक प्रदर्शनी थी, जो पेरिस से आने का कष्ट उठाने वाले बड़े-बड़े जौहरी की आँखों के लिए भी तृप्ति का भव्य दृश्य बनी हुई थी। बहुमूल्य वस्त्राभूषणों से सजे-सजाए इन रईसों के साथ मैं करोड़ों गरीबों की तुलना करता हूँ, तो मुझे इन रईसों से कहने की आंतरिक इच्छा होती है—''जब तक आप लोग इन आभूषणों को बिल्कुल उतार न देगें और इन्हें भारत के अपने देशवासियों की अमानत के रूप में नहीं रखेंगे, तब तक भारत का निस्तार नहीं है।''

पर, इतने से गांधीजी रुके नहीं। वह कहते गए—''जब कभी मैं भारत के किसी बड़े शहर में, चाहे वह ब्रिटिश भारत में हो, चाहे बड़े राजाओं द्वारा शासित भारत में, किसी विशाल महल के निर्माण की खबर सुनता हूँ, तो मैं यह सोचता हूँ कि यह वह रुपया है, जो किसानों से प्राप्त हुआ है। यदि हम किसानों के श्रम का सारा फल छीन लेते हैं या दूसरों को छीन लेने देते हैं, तो हमारे आसपास स्वराज्य की कुछ अधिक भावना नहीं मानी जा सकती। हमारा निस्तार किसानों द्वारा ही हो सकता है। उसे प्राप्त कराने वाले न तो वकील होंगे, न डॉक्टर और न ही धनी जमींदार।''

''अगर आप विद्यार्थी जगत के लोग, जिनके लिए आज का मेरा भाषण रखा गया है, क्षण भर के लिए भी समझते हों कि आध्यात्मिक जीवन, जिसके लिए यह देश विख्यात है और इस देश की तुलना करने वाला कोई नहीं है, मौखिक शब्दों द्वारा दूसरों तक पहुँचाया जा सकता है, तो कृपया विश्वास कीजिए कि आप भूल करते हैं। मैं आपको बताने का साहस करता हूँ कि यह काफी नहीं है कि हमारे कानों की तृप्ति हो या हमारी आँखों की तृप्ति हो, बल्कि आवश्यकता इस बात की है कि हमारे हृदय झंकृत हो उठें और हमारे हाथ-पैरों में गति उत्पन्न हो जाय।''

''कल्पना कीजिए कि पिछले पचास वर्षों में हमको अपनी-अपनी मातृभाषा में शिक्षा दी गई होती तो वैसी अवस्था में आज हम क्या होते? आज हमारा भारत आजाद होता, हमारे शिक्षित लोग अपने ही देश में विदेशियों की तरह न होते, बल्कि राष्ट्र के हृदय से बातें करते हुए जान पड़ते, वे लोग दीन-से-दीन जनों में काम करते हुए दिखाई देते और गत पचास वर्षों में उन्होंने जो कुछ प्राप्त किया होता, वह राष्ट्र के लिए धरोहर होता।''

''कोई भी कागजी लेख हमको कभी स्वराज्य नहीं दे सकता। कितने भी भाषण क्यों न दिये जायं, हमको कभी स्वराज्य के योग्य नहीं बना सकते। केवल हमारा आचरण ही हमको उसके योग्य बनाएगा।''

''मैं विश्वनाथ मंदिर में गया था और जब मैं उन गलियों में चल रहा था, तब ये विचार मेरे मन को छू गये। क्या यह उचित है कि हमारे पवित्र मंदिरों की गलियाँ इतनी गंदी हों? गलियाँ सँकरी और टेढ़ी-मेढ़ी हैं। यदि हमारे मंदिर ही पवित्रता और सफाई के नमूने नहीं हैं, तो हमारा स्वराज्य कैसे हो सकता है?''

''क्या अंग्रेजों के भारत छोड़ते ही हमारे मंदिर धार्मिक पवित्रता, सफाई और शांति के आलय बन जाएँगे?''

गांधीजी ने जोर देकर कहा—''पिछले कुछ दिन हम सबके लिए कितने तनावपूर्ण और चिन्तापूर्ण रहे, जब वायसराय बनारस की गलियों से गुजर रहे थे और उस क्षेत्र को लगभग छावनी में तब्दील कर दिया गया था। यह अविश्वास क्यों? जब एक शक्तिशाली राष्ट्र का प्रतिनिधि इस तरह का जीवित मृत्यु का जीवन बिताता है, तो वह अन्य लोगों की सुरक्षा का भार क्या उठा पायेगा?''

इस पर वहाँ पर बैठे सभी देशी-विदेशी मेहमानों में हलचल मच गई। श्रोतागण बेकाबू होते जा रहे थे और सभा में जगह-जगह तकरार होने लगी। उनके इस उपदेश के विरोध में अलवर के महाराजा मंच छोड़कर चले गये। जब वे निकल रहे थे तो वे बनारस के कमिश्नर के बगल से गुजरे और उन्होंने कहा, 'मैं चिढ़ गया हूँ, यह व्यक्ति जरूर पागल है।' उस पर कमिश्नर ने जवाब दिया 'सही कह रहे हैं महाराजा साहब, यह जगह हमारे लिए नहीं है।'

श्रीमती बेसेंट ने लगभग पुकार कर कहा—'कृपया इसे बंद कीजिए और अपने उद्देश्य बताइये।'

किसी ने चिल्लाकर कहा—'बोले जाओ।'

दूसरों ने कहा—'गांधी, बैठ जाओ।'

इतने में महाराज दरभंगा ही सभापति का आसन छोड़कर चले गये, साथ ही कुछ विशेष लोग भी मंच से उठ कर चल दिये। गांधीजी को अपना भाषण बंद करना पड़ा। लोग गांधीजी से भाषण जारी रखने का आग्रह करते रहे, तो गांधी ने कहा कि मैं अनुशासन को मानने वाला हूँ। चूँकि अब चेयर पर कोई नहीं है, इसलिए मैं बोलना बंद करता हूँ।

बाद में गांधीजी के एक मित्र ने कहा था—"मैंने श्रोतागण को ऊब कर चले जाते हुए देखा है। मैंने यह भी देखा है कि वक्ताओं को बैठा दिया गया, लेकिन खुद अध्यक्ष को सभा छोड़कर जाते हुए कभी नहीं देखा।"

उस सभा में बैठे एक सदस्य ने बाद में याद करते हुए बताया कि गांधी के उस भाषण से हर कोई आहत महसूस कर रहा था। राजे-महाराजे इसलिए आहत थे क्योंकि गांधी ने उनके जेवरातों की कटु आलोचना की थी। विश्वविद्यालय के अधिकारी इसलिए आहत थे क्योंकि गांधीजी ने उनके राजसी संरक्षकों की हल्की-सी आलोचना की थी। सीआईडी के अधिकारी इसलिए दुःखी थे क्योंकि गांधी ने उनके राजद्रोहियों की खोज करने वालों की प्रशंसा की थी और आखिर में गांधी भी आहत ही थे क्योंकि सभा अकस्मात रोक दी गई और उन्हें अध्यक्ष से अपनी बात खत्म करने की अनुमति तक लेने का मौका नहीं दिया गया था।

संयुक्त प्रांत (यू. पी.) की पुलिस और न्याय विभाग दोनों ने पाया कि गांधी की टिप्पणियाँ 'राजद्रोह और निष्ठाहीनता' की श्रेणी में आती हैं। उन्होंने अनुमोदन किया कि गांधीजी को गिरफ्तार किया जाए और उन पर भारतीय दंड संहिता के तहत कानूनी कार्यवाई की जाए। लेकिन प्रांत के मुख्य सचिव इससे सहमत नहीं थे।

लेफ्टिनेंट गवर्नर ने उस भाषण पर किसी तरह की कार्यवाई करने से मना कर दिया और कहा कि 'चूंकि उनके अपने ही समुदाय के प्रभावशाली लोगों ने उनके विचारों से अपने को अलग कर लिया है और उन पर किसी प्रकार की कार्यवाई विश्वविद्यालय के उद्घाटन की सफलता को पूरी तरह से नष्ट कर देगी। इसलिए, 'बुद्धिमानी' इसी में है कि सरकार इस मसले को नजरअंदाज करे और गांधी के भाषण द्वारा जो परिस्थिति पैदा हुई है, उसे दब जाने दें और ज्यादा चर्चा में न जाएँ।'

धन और श्रम का महत्त्व

दातून : शाम की प्रार्थना के समय प्रवचन देते समय गांधीजी ने कहा—हम लोग जो दातून इस्तेमाल करके फेंक देते हैं, उसको भी काम में लाया जा

सकता है। इस्तेमाल की हुई दातून को पानी से अच्छी तरह से धो कर एक बड़े बर्तन में इकट्ठा कर धूप में सुखाने के लिए रख दिया जाए। इस तरह सुखाई हुई दातून ईंधन के काम आ सकती है। 4-5 व्यक्तियों ने भी अपनी-अपनी दातून को सुखा कर जितना ईंधन इकट्ठा किया, उससे एक लोटा पानी गरम हो सकता है।

आश्रम में रहने वाले सारे भाई-बहन अपनी-अपनी दातुनें सुखा लें, तो क्या साल भर की दातून कुछ दिनों की उनकी रसोई पकाने का ईंधन नहीं दे सकती?

नीबू : नीबू का रस काम में लेकर उसके छिलके फेंक दिये जाते थे। गांधीजी ने यह सुझाव दिया कि नीबू के छिलकों को काँच या चीनी के बर्तन में भर दिया जाये और उनमें थोड़ा-सा नीबू का रस और नमक डाल दिया जाये, तो बिना मसाले का एक अच्छा स्वादिष्ट और लाभदायक खाद्य तैयार हो सकता है।

नारंगी : मगनवाड़ी (वर्धा) में नारंगी के अत्यधिक पेड़ थे। उसके छिलके व्यर्थ फेंक दिये जाते थे। बापू इन नारंगी के छिलकों का मुरब्बा बनवाया करते थे।

पत्र : गांधीजी के पास जो पत्र आते थे, उनके लिफाफों को उलटा करके अर्थात पलट कर सादी (खाली) जगह का भी इस्तेमाल कर लेते थे।

चादर : 'काकाजी-बापू-विनोबा' पुस्तक में कमलनयन बजाज लिखते हैं, 'बापू कितने व्यवस्थित थे और छोटे से छोटे काम को कितनी जिम्मेदारी से करने-कराने में तत्पर रहते थे, यह अनुकरणीय है। मैं देखता था कि वे हर चीज का पूरा-पूरा उपयोग कर लेते थे। चादर के फटने पर छोटे-बड़े तौलिये और उनके घिस जाने पर नीबू पानी, दूध या रस छानने के लिए छोटे-छोटे टुकड़े बना लेते थे। जब वे टुकड़े भी जवाब दे देते थे, तो उनसे सिगड़ी चूल्हा सुलगाने का काम लेते थे या उन टुकड़ों को गला-सड़ा कर उसकी लुगदी और उसका कागज बनाया जाता था। कागज का भी वह जिस सावधानी से उपयोग करते थे, वैसा अन्यत्र देखने को नहीं मिलता।'

नमक : एक बार एक ग्रामीण कार्यकर्ता अपने इलाके में हरिजन कार्य के संबंध में गांधीजी से राय लेने के लिए आया। हरिजन कार्य के अतिरिक्त गांधीजी ने उनसे उनके रोग के संबंध में काफी पूछताछ की, सब कुछ जानकर वह बोले, 'आप बहुत अधिक नमक तो नहीं खाते।' कार्यकर्ता ने उत्तर दिया, 'जी नहीं, मैं बहुत कम नमक खाता हूँ।'

गांधीजी बोले, 'तुम्हें नमक माफिक नहीं आता। अच्छा हो, यदि तुम नमक बिलकुल ही छोड़ दो।' उस दिन भाई ने आश्रम में ही भोजन किया। गांधीजी ने उन्हें अपने पास बैठाया। गांधीजी ने स्वयं कुछ चीजें परोसी और उनसे कहा, 'तुम्हारी थाली में जो नमक है, उसे निकाल दो।' कार्यकर्ता ने उत्तर दिया, 'विश्वास रखिए, मैं नमक नहीं खाऊँगा।'

गांधीजी बोले, 'इसलिए तो कह रहा हूँ कि इसे निकाल दो, जिससे यह बेकार न जाये।' एक भाई तश्तरी ले आए और नमक निकाल दिया गया। भोजन करने के उपरांत जाते समय उस भाई के साथ कमलनयन बजाज थे। उनसे उस भाई ने कहा, 'कैसी अजीब बात है, गाँव का रहने वाला होकर भी मैं यह नहीं महसूस कर सका कि यदि नमक थाली में से नहीं निकालूँगा, तो वह बेकार जाएगा। जिंदगी में इससे बड़ा पाठ मैंने कभी नहीं सीखा।'

भोजन : आदमी जीवन भर खाता है, फिर भी नहीं जान पाता है कि थाली में कितना भोजन लेना चाहिए। शादी, ब्याह, उत्सवों, समारोहों आदि में प्लेट भर खाना लेकर खाना बर्बाद करता है। गांधीजी के अनुसार यह लोगों के श्रम और धन दोनों का अपमान है। खाने योग्य सामग्री को फेंकना, बर्बाद करना या जलाना महापाप है।

पेंसिल : गांधीजी हर पेंसिल को तब तक इस्तेमाल करते रहते थे, जब तक वह इतनी छोटी न हो जाती कि पकड़ी ही न जा सके, क्योंकि उनका कहना था कि वह पेंसिल भी उन्हीं जैसे किसी इंसान ने बनायी होगी और उसे बर्बाद करना उस आदमी की मेहनत का अनादर करना होगा।

फाउंटेन पेन : एक बार गांधीजी का फाउंटेन पेन चोरी चला गया, पेन कीमती था। उसी दिन से उन्होंने निश्चय किया कि अब वह ऐसा कीमती पेन नहीं रखेंगे, जिसे चुराने के लिए किसी का मन ललचा जाये।

डबल रोटी : गांधीजी धीमी आँच में सेंकी हुई डबल रोटी के टुकड़े फीके दूध में डालकर खाया करते थे। एक बार जब गांधीजी कटोरे को अपने हाथ में लेकर चम्मच से हमेशा की तरह उन रोटी के टुकड़ों को उलट-पुलट रहे थे, तो वह तुरन्त ही समझ गये कि आज भोजन की मात्रा कुछ अधिक है। जिन भाई ने वह टोस्ट उनके कटोरे में डाले थे, उन्हें बुलाया गया।

उन्होंने आकर कहा, ''बापू जी आप इतना कठिन परिश्रम करते हैं। भूख लग गई होगी। दो तोला भोजन अधिक आपके पेट में पहुँचे, तो हमें प्रसन्नता होगी। इसी भाव से प्रेरित होकर मैंने कुछ मोटे टोस्ट काटे थे।''

गांधीजी कुछ सोचते रहे, फिर उन्होंने कहा, ''अब से तराजू में तौल कर एक निश्चित मात्रा में रोटी डाली जाया करे। मैं जरूरत से ज्यादा भोजन नहीं लेता।''

मुसीबत अभी भी दूर नहीं हुई। डबल रोटी के किनारे की छीलन उनके दूध में नहीं डाली जाती थी। गांधीजी को यह पसंद नहीं था। वह नहीं चाहते थे कि रोटी के किनारे का वह कड़ा भाग फेंका जाए या किसी को दिया जाए। उन्होंने कहा, ''रोटी के किनारे वाले कड़े हिस्से कहाँ हैं? उन्हें ले आओ। उन्हें मैं खाऊँगा।'' और, उस दिन से रोटी का सारा भाग वह स्वयं ही खाने लगे।

कपड़ों का गट्ठर : एक प्रसंग दक्षिण-अफ्रीका के सत्याग्रह आंदोलन के दिनों का है। कई सत्याग्रही जेल में थे। बापू को जब भी फुरसत मिलती, वे उनके काम में हाथ बँटाते।

एक दिन बापू कपड़े धोने चले। वे सत्याग्रही परिवार की बहनों के पास गये और उनसे बोले—धोने के कपड़े दो बहन, मैं धोकर ला दूँगा। आपके बच्चे छोटे हैं, टट्टी-पेशाब से सने सारे कपड़े मुझे दे दो। शरमाओ नहीं। तुम्हारे पति सत्य के लिए जेल में तपस्या कर रहे हैं। हमें तुम्हारी फिक्र करनी चाहिए।

संकोचशील माँ-बहनें बापू के ये शब्द सुनकर उन्हें कपड़े दे देतीं। उन कपड़ों की काफी मोटी गठरी बाँधकर और पीठ पर लादकर बापू नदी तक ले जाते। वहाँ वे सारे कपड़े ढंग से धोकर, धूप में सुखाकर और तह लगाकर लौटा देते।

ऐसे सेवापरायण थे हमारे राष्ट्रपिता गांधी, जिन्होंने सबकी आशातीत सेवा की।

एक पैसे की बोली : एक बहुत ही सुंदर प्रसंग है, वास्तव में याद रखने लायक। वह एक बड़े कीमती पैसे का है। 1934 की बात है, बिहार प्रांत की। जब भूकंप ने वहाँ ताण्डव मचाया था। चंपारण जिले के चइता घाट पर गांधीजी की मार्मिक अपील पर पचासों स्त्रियाँ अपने जेवर उतार-उतारकर संकट निवारण फंड में दे रही थीं। वहीं पर खड़ी एक गरीब बुढ़िया हाथ जोड़कर

किसी से कह रही थी, 'कुछ पैसे मुझे उधार दे दो न, गांधी महात्मा के चरणों पर चढ़ाने के लिए। तुम्हारे पैसे मजदूरी करके कल ही चुका दूँगी।'

बेचारी बुढ़िया को पैसा उधार मिल गया, लेकिन सिर्फ एक ही पैसा मिला। ऐसे महान कार्य और उद्देश्य के निमित्त मात्र एक पैसा देते हुए उस बूढ़ी महिला को संकोच हो रहा था। गांधीजी ने बुढ़िया के हाथ से पैसा ले लिया और कहा, 'बूढ़ी माई, तेरा दान यह कोई छोटा दान नहीं है। इसकी बहुत बड़ी कीमत है।' उस एक पैसे को गांधीजी ने नीलामी पर चढ़ा दिया। उस पैसे की बोली ऊँची से ऊँची लगी।

चंदा : सदस्य बनाने और चंदा जमा करने जैसे मामूली कामों को भी गांधीजी ने एक महान अनुष्ठान का रूप दे दिया था। आधे मन से सहयोग देने और अधूरा समर्थन देने वालों के साथ वह नैतिक दबाव का विनम्र परन्तु दृढ़ तरीका अपनाते थे। एक बार किसी कस्बे के भारतीय व्यापारी के यहाँ वह इसलिए सारी रात भूखे बैठे रहे कि वह नेटाल कांग्रेस का चंदा बढ़ा नहीं रहा था, आखिर सवेरा होते-होते उन्होंने तीन के बदले छः पौंड देने के लिए उसे राजी कर लिया।

फूटी कौड़ी : एक बार गांधीजी की झोली में किसी ने कौड़ी डाल दी, वह भी फूटी हुई थी। जिसने भी डाली होगी, उसका उद्देश्य अच्छा ही रहा होगा, जरूरी नहीं है। यह भी संभव है कि गांधीजी का अथवा उनके आंदोलन का मजाक उड़ाने के लिए भी ऐसा किया गया हो। पर गांधीजी इस तरह का नकारात्मक विचार कैसे कर सकते थे।

इस घटना को भी उन्होंने सकारात्मक तरीके से लिया और सकारात्मक दृष्टि से देखते हुए उस कौड़ी को बड़े अभिमान पूर्वक सभी लोगों को दिखाया। उसकी प्रशंसा करते हुए गांधी ने कहा, 'यह किसी गरीब आदमी ने दी है। उसके पास लगता है इस कौड़ी के अलावा देने के लिए कुछ भी नहीं था। उसने कौड़ी के रूप में अपना सर्वस्व दान कर दिया है। इस तरह से यह अनमोल है। यह उसके त्याग का प्रतीक है।' गांधी का स्पर्श होते ही वह कौड़ी 111 रुपये की नीलामी में बिक गयी।

वसुधैव कुटुम्बकम

गांधीजी ने कहा था—''मेरी हार्दिक इच्छा है कि लोग सत्य लिखें, सत्य बोलें और सत्य का आचरण करें। मैं हिन्दुस्तान की मिट्टी से उत्पन्न हुआ हूँ और यहीं की मिट्टी मेरे सिर का ताज है। मैं भारत से उसी प्रकार बँधा रहता हूँ, जिस प्रकार कोई बालक अपनी माँ की छाती से चिपका रहता है।''

गांधीजी को प्रशंसा की कोई चाह न थी, निन्दा की परवाह न थी, केवल सत्यमार्ग की परवाह थी। सत्य ही उनके जीवन का केन्द्र-बिन्दु था।

एक विदेशी पत्रकार ने गांधीजी से पूछा कि ''आपके कुटुम्ब का क्या हाल है?'' गांधीजी ने कहा कि ''पूरा देश ही मेरा कुटुम्ब है।'' वसुधैव कुटुम्बकम की भावना का एहसास गांधीवाद में ही दिखता है।

गांधीवाद का राष्ट्र प्रेम भी इसी तथ्य पर परिलक्षित होता है—अपने से प्रेम, अपने परिवार से प्रेम, अपने पड़ोसी से प्रेम, अपने गाँव से प्रेम, अपने तहसील से प्रेम, अपने जिले से प्रेम, अपने प्रदेश से प्रेम, अपने देश से प्रेम होते हुए विश्व प्रेम तक पहुँचना। जिस किसी में प्राण है, वही हमारा पड़ोसी है। गांधी ने मानव मात्र को अपना बंधु माना और कहा कि जीवमात्र ही मेरा परिवार है।

गांधीवाद में नफरत, ईर्ष्या, द्वेष, भेदभाव जैसे नकारात्मक गुण शून्यवत है। गांधीवाद कहता है—

1- इस संसार में मेरा कोई दुश्मन नहीं है।
2- किसी का अपमान करके अपना मान नहीं बढ़ाना है।
3- अपने शत्रुओं से प्रेम करो।
4- पाप से घृणा करो, पापी से प्रेम करो।
5- भलाई के बदले भलाई और बुराई के बदले बुराई तो चोर-डाकू भी करते हैं, यह तो सौदा है। असली बात तो तब है, जब बुराई के बदले भलाई करें।

गांधीजी ने पहले कहा कि ईश्वर ही सत्य है, फिर ध्यान आया कि—

1. कुछ लोग नास्तिक होते हैं।
2. कुछ लोग आस्तिक होते हैं।

3. कुछ लोग डाँवाडोल रहते हैं। कभी वह सोचते हैं कि ईश्वर है और कभी सोचते हैं कि ईश्वर नहीं है।
4. विभिन्न धर्मों और जातियों के लोगों के ईश्वर भिन्न-भिन्न होते हैं।
5. कुछ धर्मों में तो बहुत से ईश्वर होते हैं।
6. ईश्वर के नाम पर करोड़ों लोगों पर अवर्णनीय अत्याचार किये गये हैं। ईश निन्दा के नाम पर बहुत लोगों को अपनी जान गँवानी पड़ी है।

इस प्रकार सत्य भिन्न-भिन्न हो जायेगा। इसलिए गांधी ने कहा कि ''सत्य ही ईश्वर है।'' अब प्रश्न उठता है कि सत्य क्या है? गांधी ने कहा—हमारी अंतरात्मा की आवाज ही सत्य है, जो सदैव ही और हर स्थिति में सत्य ही बोलती है।

''सत्य के लिए किसी सजावट की जरूरत नहीं है। उसमें घटाकर या बढ़ाकर कहने की भी गुंजाइश नहीं है। जो लोग अपने प्रत्येक कार्य में, फिर वह कितना ही छोटा क्यों न हो, सत्य का आचरण करते हैं, उन्हें कभी भी पछताना नहीं पड़ता। वह समय पाकर अवश्य फलदायी सिद्ध होता है। यह समय कितना ही लम्बा दिखाई दे, परन्तु तुलना में वह कम से कम होता है। जिनमें यह सजीव श्रद्धा होती है, वे कभी किसी चीज या व्यक्ति से नहीं डरते। उनका सत्य उनके लिए रक्षा कवच होता है। उनकी श्रद्धा सत्य की अजेय ढाल है।''

सन् 1918 में अहमदाबाद के मिल मालिकों और मिल मजदूरों के बीच हुए टकराव के दौरान मजदूर नेता यह हिसाब लगा रहे थे कि मालिकों से कितने प्रतिशत महँगाई भत्ते की माँग की जाये। किसी ने सुझाया—हालांकि मजदूरों की माँग केवल 35 प्रतिशत की है, 50 प्रतिशत की माँग करना ठीक रहेगा, ताकि सौदेबाजी की गुंजाइश रहे। जब गांधी ने यह सुना, तो वे अड़ गये। उन्होंने कहा कि अगर वास्तव में 35 प्रतिशत का हक बनता है, तो वे उतनी ही माँग करेंगे, 36 प्रतिशत की माँग नहीं करेंगे और न ही 34 प्रतिशत पर राजी होंगे। सत्य की गांधी की परिभाषा गणित जितनी सटीक होती थी।

गांधी का सत्य क्या है?—जो होना चाहिए—सत्य बोलना चाहिए, झूठ नहीं बोलना चाहिए, न्याय होना चाहिए, आजादी मिलनी चाहिए, सबको शिक्षा मिलनी चाहिए, अहिंसा का पालन करना चाहिए, दूसरों को दुःख नहीं देना चाहिए, समान व्यवहार करना चाहिए, लोगों में एकता होनी चाहिए,

सामाजिक-धार्मिक भेद-भाव नहीं होना चाहिए, पर्यावरण शुद्ध होना चाहिए, स्वच्छता होनी चाहिए, सबकी सहायता करना चाहिए, लोगों में करुणा, ममता, दया होनी चाहिए, बुज़ुर्गों को वृद्धाश्रम नहीं भेजना चाहिए, बुज़ुर्गों की सेवा करनी चाहिए।

यही जो 'चाहिए' सकारात्मक शब्द है, वही गांधी का सत्य है। इसलिए गांधी ने कहा कि 'सत्य ही ईश्वर है' और 'सत्य ही मेरा धर्म है।' गांधीजी का पूर्ण जीवन 'सत्य के प्रयोग' में ही व्यतीत हुआ। देश और समाज के नैतिक विकास के लिए गांधी के इसी सत्य की महती आवश्यकता एवं अनिवार्यता है। इसलिए 'गांधी जरूरी हैं'।

मेरी माँ अच्छी हैं, तो आपकी माँ खराब कैसे हो सकती हैं? यदि आपका बेटा अच्छा है, तो मेरा बेटा खराब कैसे हो सकता है? यदि मेरे पिताजी अच्छे हैं, तो आपके पिताजी भी अच्छे हो सकते हैं। सबकी माँ अच्छी हो सकती हैं, सबके पिता अच्छे हो सकते हैं, सबके बेटे अच्छे हो सकते हैं, किसी एक के खराब होने से सभी खराब नहीं हो सकते। एक साथ सभी लोग अच्छे हो सकते हैं।

बाग का उदाहरण लिया जा सकता है—बाग में आम के पेड़ के अच्छे होने से केले के पेड़ खराब नहीं हो सकते हैं, केले के पेड़ के अच्छे होने से इमली, नीम, नीबू, शीशम, अमरूद आदि के पेड़ खराब कैसे हो सकते हैं? आम का पेड़ भी अच्छा है, नीम का पेड़ भी अच्छा है, इमली का पेड़ भी अच्छा है, नीबू का पेड़ भी अच्छा है, शीशम, सागौन, गुलाब, बेला, अशोक, कटहल, जामुन, आँवला, लीची, गुड़हल का पेड़ भी अच्छा है। सभी वृक्षों का अपना-अपना, अपने-अपने तरीके से योगदान और महत्त्व होता है। सभी की अपनी-अपनी महत्ता है। सभी के अच्छे होने से ही एक सुंदर बगीचा बनता है।

गांधीजी कहते थे—''सृष्टि में आपको कोई दो चीजें समान मालूम नहीं होंगी। हम जिस पेड़ के नीचे बैठे हैं, उसके दो पत्ते या दो शाखाएँ बिल्कुल एक-सी नहीं हैं, यद्यपि उसकी जड़ एक है। परन्तु समान न होने पर भी ये सब जैसे एक-दूसरे से जुड़े हुए हैं और सुन्दर वृक्ष बनाये हुए हैं। उसी प्रकार भेदों से भरी मानव-जाति के अनेक भेद होते हुए भी हमें उसे स्नेह से बँधी हुई और परस्परबद्ध बनाना चाहिए।''

भगत सिंह के अच्छे होने से गांधी खराब नहीं हो सकते। गांधी के अच्छे होने से भगत सिंह खराब नहीं हो सकते। गांधी और भगत सिंह के अच्छे होने से नेहरू, पटेल, सुभाषचन्द्र बोस, चन्द्रशेखर आजाद, मौलाना आजाद, गफ्फार खान, टैगोर, प्रेमचन्द, जयशंकर प्रसाद, निराला, बाबा साहब अम्बेडकर आदि खराब नहीं हो सकते और न ही इन लोगों के अच्छे होने से अन्य लोग खराब हो सकते हैं।

सभी महापुरुष—सुभाषचन्द्र बोस, बाबा साहब अम्बेडकर, भगत सिंह, चन्द्रशेखर आजाद, मौलाना आजाद, गफ्फार खान, टैगोर, प्रेमचन्द, जयशंकर प्रसाद, निराला, रामप्रसाद बिस्मिल, विनोबा भावे, नेहरू, पटेल, महात्मा गांधी—सभी अच्छे हैं। सबका अपने-अपने तरीके से देश को सँवारने में अप्रतिम योगदान है। सभी श्रद्धेय हैं, सभी पूजनीय हैं। इनकी आपस में तुलना करना हमारी समझदारी तो नहीं हो सकती है। प्रत्येक महापुरुष की अपनी-अपनी क्षमता है, सभी ने अपने-अपने तरीके से देश को सँवारा और सुशोभित किया है। इसलिए सभी महापुरुषों को मिलाकर ही एक सुन्दर देश की परिकल्पना होती है। महापुरुषों को अपने-अपने तरीके से अपना-अपना कहना और तुलनात्मक तरीके से छोटा-बड़ा बताना, वास्तव में अमर्यादित और अशोभनीय है।

गांधीजी ने जिन-जिन शब्दों और विचारों को छुआ, वह नई ऊँचाई को छू गये। तीन बन्दर गांधीजी से पहले भी थे। गांधीजी ने तीन बन्दरों को जब अपनाया और कहा कि ये तीन बन्दर मेरे गुरु हैं, तब दुनिया ने जाना कि तीन बन्दर हैं और तीनों बन्दर गांधीजी के पर्याय हो गये। भारत का बच्चा-बच्चा यही जानता है कि गांधीजी के तीन बन्दर हैं—एक आँख बन्द किये हुए, दूसरा कान बन्द किये हुए और तीसरा मुँह बन्द किये हुए।

सत्य और अहिंसा शब्द पहले भी था। सत्यवादी हरिश्चन्द्र का नाटक पहले भी देखा जाता था। गांधीजी ने सत्यवादी हरिश्चन्द्र का नाटक देखकर अपनी आत्मकथा में लिखा कि ''यह नाटक देखने से मेरी तृप्ति ही न होती थी, उसे बार-बार देखने को जी चाहता है। फिर बार-बार जाने कौन देता? किन्तु मन में इस नाटक को सैकड़ों बार दोहराया। हरिश्चन्द्र के सपने आया करते थे। हरिश्चन्द्र जैसे सत्यवादी सब क्यों नहीं हो जाते? यह धुन लगातार बनी रहती थी।''

हरिश्चन्द्र पर जैसी विपत्तियाँ पड़ी थीं, वैसी विपत्तियों को भोगना और सत्य का पालन करना ही वास्तविक सत्य है। मैंने तो मान लिया था कि नाटकों में लिखी विपदाएँ हरिश्चन्द्र पर अवश्य पड़ी होंगी। हरिश्चन्द्र का दुःख देखकर और उसे याद कर मैं खूब रोया हूँ। आज मेरी बुद्धि समझती है कि हरिश्चन्द्र कोई ऐतिहासिक व्यक्ति नहीं थे। फिर भी मेरे मन में हरिश्चन्द्र और श्रवण कुमार आज भी जीवित हैं। मेरा ख्याल है कि मैं आज इन नाटकों को पढ़ूँ ,तो आज भी मुझे आँसू आ जायेंगे।

अहिंसा परमो धर्मः। वैदिकी हिंसा, हिंसा न भवति। जैन धर्म में अहिंसा की चरम परिणति का उल्लेख है। जब गांधीजी ने व्यावहारिक रूप से सत्य और अहिंसा का प्रयोग करके दिखाया, तब सत्य और अहिंसा शब्द अपने गौरव को प्राप्त हुए।

'रामराज्य' की अवधारणा की घोषणा जब गांधीजी ने की और कहा कि रामराज्य ही आदर्श राज्य है। रामराज्य ही मेरे सपनों का भारत है, तो रामराज्य की अवधारणा शब्द ने अपनी गरिमा को प्राप्त किया। गांधीजी के रामराज्य का आशय था—'न्याय का राज्य'।

'एक गाल पर थप्पड़ मारने पर दूसरा गाल आगे करने' की उक्ति को गांधीजी ने ही चरितार्थ किया, जबकि यह उक्ति पहले से ही ईसा के शब्दों में थी।

मार्टिन लूथर किंग ने कहा कि "प्रतिरोध के तरीके मैंने महात्मा गांधी से सीखे। गांधी के विचारों को पढ़ने से पहले मुझे ईसा की इस नसीहत पर भरोसा नहीं था कि एक गाल पर थप्पड़ मारने वाले के सामने दूसरे गाल को बढ़ा देने से टकराव को टाला जा सकता है।"

बहुत से शब्द और विचार जो सिर्फ किताबों के पन्नों में थे, वह गांधीजी का स्पर्श पाकर वास्तविक ऊँचाई तक पहुँचे। गांधीजी ने जब छुआछूत को महापाप कहा और उसके विरुद्ध आवाज उठाई, तब छुआछूत खण्ड-खण्ड हुआ। 'चरखा और खादी' गांधी का स्पर्श पाकर धन्य हो गया। गांधीजी ने जब नमक कानून तोड़ा, तो नमक शब्द नई गरिमा को प्राप्त हुआ, उसी तरह उन्होंने जब बकरी के दूध इस्तेमाल किया तो बकरी का महत्त्व बढ़ गया।

आइंस्टीन ने कहा कि ''गांधी उनके लिए एक सर्वोच्च नैतिक कम्पास हैं। वे हमारे युग के सबसे महान व्यक्ति हैं।''

पत्र : कान्ति गांधी को

चि. कान्ति,

तुमने पत्र लिखकर ठीक ही किया। तुम सबको प्रसाद मिला, यह जान कर तो मैं बहुत ही खुश हुआ हूँ। प्रसाद मिलने पर भी मन में क्रोध न आये, दया ही आये और इसके बाद भी ऐसा प्रसाद लेने की तैयारी हो, तो जीवन सार्थक माना जायेगा।

संत फ्रांसिस को कोई गाली देता था, तो वह मन में प्रसन्न होते थे और ईश्वर का आभार मानते थे कि उसने गाली देने वाले को मारने की प्रेरणा नहीं दी। मार खाने पर यह आभार मानते थे कि उसने उन्हें जान से मार डालने की प्रेरणा नहीं दी। जान से मारने वाले के लिए कहते थे कि उसने यातना दे-देकर मारने की कोशिश तो नहीं की।

तात्पर्य यह है कि जिसने शरीर का मोह छोड़ दिया है और जिसने शरीर को केवल सेवा का ही साधन माना है, उसे शारीरिक प्रहार स्पर्श ही नहीं कर सकते।

-बापू के आशीर्वाद

एम. जी. सी. डब्ल्यू.

पत्र : वेरियर एल्विन को

4 जनवरी, 1932

प्रिय एल्विन,

आप आ गये हैं, इसकी मुझे बहुत खुशी हुई है। मैं चाहूँगा कि आप खुद ही अपने देशवासियों को बतायें कि मैं उन्हें भी वैसे ही प्यार करता हूँ, जैसे अपने देशवासियों को। मैंने उनके प्रति घृणा या द्वेषवश कभी कुछ नहीं किया और ईश्वर ने चाहा तो भविष्य में भी कभी ऐसा कुछ नहीं करूँगा। ऐसी ही परिस्थितियों में अपने स्वजनों के प्रति जैसा व्यवहार किया है, मैं उनके प्रति आज उससे कुछ भिन्न किस्म का व्यवहार नहीं कर रहा हूँ।

सप्रेम,

आपका,

मोहनदास करमचंद गांधी

न्याय और वकालत

गांधीजी ने स्वयं के बारे में कहा—मैं वकालत का काम कहाँ सीखूँ? मैंने सर फीरोजशाह मेहता का नाम सुना था। सब कहते थे कि फौजदारी कानून के नियम और शहादत का कानून तो उनकी उँगलियों पर है, पर मुझे उनसे मिलने की हिम्मत नहीं हुई। तो मैं स्व. फ्रेडरिक पिंकट से मिला और उनसे अपनी परेशानी कही। मैंने कहा कि ''मैं क्या करूँ? समन शब्द से मैं तो काँपता हूँ। मुकदमा लड़ना मुझे आता ही नहीं।''

एक बुजुर्ग की तरह उन्होंने मुझे समझाते हुए कहा, 'लड़के, तुझे फीरोजशाह मेहता तो बनना नहीं है।'

गांधीजी ने कहा कि 'बिल्कुल नहीं। मैं तो उस गली में कदम रखने की आशा भी नहीं रखता।'

उन्होंने कहा, ''जो मुकदमा हाथ में आये, उसकी कानून संबंधी बारीकियों और दाँव-पेंचों से मत घबराना, बल्कि व्यौरे का अच्छी तरह अध्ययन करना। इसके साथ ही मनुष्य स्वभाव का भी अध्ययन करना। इतना करेगा, तो तू ठीक काम कर सकेगा।''

इस मुलाकात से मैंने समझ लिया था कि ''अपने मुवक्किल को अच्छी तरह जान लो। देखना, कहीं वह तुम्हें पट्टी तो नहीं पढ़ा रहा है? विरोधी पक्ष को पहचानना उतना आसान नहीं है। मामूली वकील मुवक्किल जो कहता है, उसे मान लेता है और जैसा वह कहे, वैसा करने को तैयार हो जाता है। परन्तु जो ऐसा करता है, वह मुवक्किल खो देता है और दावा हार जाता है।''

मैंने यह सुनहरी नसीहत मान ली। जो मेरे मुवक्किल कह दें, बस उसी को ब्रह्मवाक्य मैंने कभी नहीं माना। मैं अपने मुवक्किलों से जिरह करता, उनके साथ चर्चा करता और उनसे कहता था कि अपने मामले में जो कमजोर मुद्दे तुम्हारे पक्ष में हों, उनकी बात करो। मैं यह भी कहता था कि यदि तुम्हारे मुद्दे सच्चे न हों, तो कृपा करके मेरे दफ्तर से चले जाओ क्योंकि मुझे गलत रास्ते पर नहीं चलना था।

दूसरी बात जो मैंने सीखी, वह यह थी कि सिर्फ रुपया कमाने की खातिर ही वकालत नहीं करनी चाहिए। बल्कि जो गरीब हों, कुचले हुए हों और जिन पर अन्याय हो रहा हो, उनकी मदद करनी है। ब्रूम जैसे नामी वकील ने कहा है कि अपने मुवक्किलों का इंसाफ तुम न करो। तुम्हारा यानी वकील का काम तो उसके गुण-दोषों की छानबीन करना है और यदि तुम्हें ऐसा लगे कि केस निकम्मा है, तो उसे फेंक दो। अपनी अन्तरात्मा शुद्ध रखो। रुपये के लिए अपने आपको मत बेचो।

मैं जानता हूँ कि कितने नामचीन वकीलों ने देश-सेवा की है। मैं सर फीरोजशाह मेहता, बदरूद्दीन तैयब जी आदि लोगों का उल्लेख कर रहा हूँ। यह बात नहीं कि वे उत्तम कक्षा के ही वकील थे, वे उच्च कोटि के वक्ता थे और गवर्नर से भी घबराते नहीं थे।

यह मुलाकात मेरे लिए चिरस्मरणीय सिद्ध हुई। उन्होंने मुझे कुछ पुस्तकें पढ़ने की सिफारिश की। एक थी लॉवेटर की मुखसामुद्रिक विद्या। दूसरी इसी विषय पर शेमल पॉनिक जी की पुस्तक थी। मैं ये दोनों पढ़ गया, परन्तु मैं कुछ नहीं समझा। मैं तो श्रद्धालु मनुष्य था। पिकट की शुभेच्छाओं के लिए मुझे उनके प्रति आदर था। इसलिए मुझसे जितना हो सका, उतनी लगन से मैंने पढ़ना शुरू कर दिया और उनके कहने का भावार्थ मैंने समझ लिया।

मैंने अपने सामने जो आदर्श रखा था, वह तो दूसरा ही था। मैं यहाँ सर फीरोजशाह मेहता के राजनैतिक जीवन की बात नहीं करता, परन्तु उनमें जो असाधारण सामान्य बुद्धि थी, उसकी बात करता हूँ। सच्चे और कमजोर मुद्दे पहचानने की उनमें निर्णयात्मक शक्ति थी। इसमें उनका कोई सानी नहीं था। वह आदर्श मैं आपके सामने रखना चाहता हूँ। मनमोहन घोष गरीबों के मसीहा थे। उनका मुवक्किल गरीब होता था, तो उससे फीस लेना वे हल्का काम मानते थे। बंगाल में जब नील उत्पादकों पर जुल्म हो रहा था, तब उन्होंने इन लोगों का पक्ष लिया था। मैं चाहता हूँ कि आप ऐसे मनुष्यों के जीवन का अध्ययन करें और उनके सहयोगी बनें। आपके जिन पूर्वजों का उत्तराधिकार आपको मिला है, उनसे बढ़िया काम करके दिखाइए।

आज अधिकांश वकीलों की तो एक ही दृष्टि होती है, आजीविका कैसे प्राप्त करें और आगे कैसे आयें। परन्तु मैं तो कहता हूँ कि आप मानव जाति और देश की सेवा के लिए अपना धंधा करें, झगड़े बढ़ाने के लिए नहीं।

गांधीजी के अनुसार—''स्वर्ण मार्ग यह है कि पूरे विश्व के साथ मित्रता रखी जाए और संपूर्ण मानव परिवार को एक समझा जाए। जो अपने धर्म के अनुयायियों और दूसरों के धर्म के अनुयायियों में भेद रखता है, वह अपने सहधर्मियों को कुशिक्षा देता है और फूट तथा अधर्म का मार्ग खोल देता है।''

अपनी पुस्तक 'हिन्द स्वराज' में गांधीजी ने सन् 1908 में ही वकीलों के बारें में लिखा है कि—वकीलों ने हिन्दुस्तान को गुलाम बनाया है।... अंग्रेजों ने अदालतों के जरिए हम पर अंकुश जमाया है और अगर हम वकील न बनें, तो ये अदालतें चल ही नहीं सकतीं। अगर अंग्रेज ही जज होते, अंग्रेज ही वकील होते और अंग्रेज ही सिपाही होते, तो वे सिर्फ अंग्रेजों पर ही राज करते। हिन्दुस्तानी जज और हिन्दुस्तानी वकील के बगैर उनका काम चल नहीं सकता। वकील कैसे पैदा हुए, उन्होंने कैसी धाँधली मचायी, यह सब अगर आप समझ सकें, तो मेरी जितनी ही नफरत आपको भी इस पेशे के लिए होगी। अंग्रेजी सत्ता की एक मुख्य कुंजी अदालतें हैं और अदालतों की कुंजी वकील हैं। अगर वकील वकालत करना छोड़ दें और वह पेशा वेश्या के पेशे जितना नीच माना जाय, तो अंग्रेजी राज एक दिन में टूट जाय। वकीलों ने हिन्दुस्तानी प्रजा पर यह तोहमत लगवायी है कि हमें झगड़े प्यारे हैं और हम कोर्ट-कचहरी रूपी पानी की मछलियाँ हैं।

जो शब्द मैं वकीलों के लिए इस्तेमाल करता हूँ, वे ही शब्द जजों पर भी लागू होते हैं। ये दोनों मौसेरे भाई हैं।

अदालतों के साथ सम्बन्धित लोगों का विचार करते हुए काँपता हूँ। न्यायाधीश अप्रमाणिक नहीं होते और यह भी नहीं कि न्याय नहीं करते, परन्तु काम को ढील में डालने की वकीलों की तरकीबों का वे सामना नहीं कर सकते। यह त्रुटि मौजूदा न्याय-पद्धति में भी रही है।

आज लोगों को न्याय मिलता है, तब भी उसे प्राप्त करने के लिए वे काफी चूसे जाते हैं। कहावत है कि जीतता वही है, जिसकी थैली बड़ी है। मैंने अनुभव किया है कि यह कहावत सच्ची है और इसलिए न्याय प्राप्त करना कठिन है। इसीलिए मुझे लगा कि जीवन में यह धंधा करने से अच्छा और कई काम विद्यमान हैं।

भारत के सब विद्यार्थियों के सामने दो बातें रखता हूँ—

1. अपना ज्ञान सेवा के लिए इस्तेमाल करो।
2. केवल आजीविका प्राप्त करने के लिए उसका दुरुपयोग मत करो। ज्ञान वही कहलाता है, जो हमारे नैतिक जीवन को ऊँचा उठाये।

तुम वकील जरूर बनो, परन्तु गरीबों और दलितों के लिए अपने अंतर्मन में स्थान रखना। गरीबों को रुपये का दान मत देना, परन्तु उनसे काम लो या उन्हें काम दो, तो आप पर ईश्वर के आशीर्वाद की वर्षा होगी।

दुनिया के बहुतेरे झगड़े इकरार के अनर्थ से ही पैदा होते हैं। चाहे जितनी स्पष्ट भाषा में इकरारनामा लिखा जाए, शब्द-शास्त्री काग का बाघ बना ही देगा। स्वार्थ सबको अंधा कर देता है। राजा से लेकर रंक तक इकरारों का अपने को ठीक जँचने वाला अर्थ निकालकर संसार को, स्वयं को और प्रभु को ठगते रहते हैं।

जिस शब्द अथवा वाक्य का पक्षकार अपने को अनुकूल पड़ने वाला अर्थ करते हैं, उसे न्यायशास्त्र द्विअर्थी मध्यमपद कहता है। उत्तम पक्ष तो यह है कि प्रतिपक्षी ने हमारे कथन का जो अर्थ लिया हो, उसको ही सही मानें। जो अर्थ अपने मन में हो उसे झूठा या अधूरा समझें। सुनहरा न्याय यह है कि जहाँ दो अर्थ निकलते हों, वहाँ निर्बल पक्ष जो अर्थ निकाले, वही सही माना जाए। इन दो सुवर्ण मार्गों के त्याग के कारण ही अधिकांश झगड़े होते हैं और अधर्म चलता है। इस अन्याय की जड़ असत्य है।

मैंने वकीलों और उनकी रीति-नीति के बारे में कहा, सो किसलिए? मैंने इसलिए कहा कि इनके कपट-जाल का मुझे पता है। मेरी मान्यता में मिलावट नहीं है। मैं जानता हूँ कि यदि वकील चाहे तो बहुत उपयोगी सेवा कर सकता है। मैं जानता हूँ कि कितने नामचीन वकीलों ने देश-सेवा की है। इसलिए आप गरीबों के बेली बनें, तभी आप अपने पेशे को सुशोभित कर सकेंगे।

मैं जब अपने वकालती जीवन का विचार करता हूँ, तब मैं इस हद तक जाने को नहीं कहता। मेरा तो इतना ही कहना है कि आप अपने मुवक्किल की अच्छी परीक्षा लें। पद्धति दूषित होने पर भी आप इसके लिए जरूर कुछ कर सकेंगे।

दक्षिण अफ्रीका में वकालत करने के दौरान एक खूनी व्यक्ति गांधीजी की शरण में आया। उन्होंने उसके मामले का अध्ययन किया। उन्हें विश्वास हो गया

कि इसने सचमुच खून किया है। वे बोले, 'मैं तुम्हारा बचाव नहीं कर सकता। तुमने सचमुच खून किया है।'

खूनी व्यक्ति ने बोला कि 'तभी तो मैं आपके पास आया हूँ। मैं फीस के रूप में आपको एक हजार पौंड दूँगा।'

गांधीजी हँसे और बोले, 'मैं पैसे के लिए वकालत नहीं करता। सत्य के लिए करता हूँ।' और, उन्होंने उसका मुकदमा नहीं लड़ा। वह एक दूसरे वकील की शरण में पहुँचा और अंततः छूट गया। छूटने के उपरांत वह फिर गांधीजी के पास आया और बोला, 'देखा आपने, मैं छूट गया। आप समझे थे कि आपके सिवाय और कोई मुझे नहीं छुड़ा सकता था।'

गांधीजी शांत मन से बोले, 'ऐसा मैंने कदापि नहीं सोचा था। आपने सचमुच में जुर्म किया था, उस जुर्म से छूटने के लिए आपने कितनी बड़ी कीमत चुकाई है, वह तो आप समझ ही रहे हैं। मैं पैसे की बात नहीं करता। असल में आपने सच्चाई और ईमानदारी का खून किया है, इसलिए मैंने आपका मुकदमा नहीं लड़ा, यही सत्य है।'

एक बार की घटना है कि दो सगे भाई एक मुकदमा लड़ रहे थे। बहुत दिनों तक लड़ने के बाद एक दिन बड़ा भाई जज के पास गया और बोला कि मेरा छोटा भाई जो कह रहा है, वही सही है। फिर छोटा भाई जज के पास गया और बोला कि मेरे बड़े भाई जो कह रहे हैं, वही सही है। दोनों भाइयों का एक-दूसरे पर इस अटूट विश्वास और भरोसा को देखकर जज को बड़ा आश्यर्च हुआ। जज ने दोनों भाइयों को अलग-अलग बुलाकर पूछा कि ऐसा क्या हुआ, जो तुम लोग ऐसा व्यवहार कर रहे हो? दोनों भाइयों ने कहा कि ''हमने गांधीजी की 'आत्मकथा' पुस्तक पढ़ ली है और उन्हें अच्छी तरह जान व समझ लिया है।''

यह सुनकर जज बेहद भावुक हो गये और कहने लगे कि अगर हमारे देश के लोग गांधी को पढ़े और समझे होते, तो देश की आज अलग ही स्थिति होती।

गांधीजी ने बताया कि जब वे अपने पहले मुकदमे की जिरह के लिए खड़े हुए, तो उनके पाँव काँप रहे थे, सिर चकरा रहा था और आँखों के सामने अँधेरा-सा छाने लगा। ऐसा महसूस होने लगा कि कचहरी घूम रही है। मुँह से शब्द नहीं निकल रहे थे और कुछ सवाल ही नहीं सूझ रहे थे। चेहरे पर पसीना

आ गया। उस वक्त पता नहीं लोगों ने क्या सोचा होगा? लेकिन वकीलों के हँसने की आवाज आज भी कानों में सुनाई पड़ रही है। मैं बैठ गया। दलाल से बोला, मुझसे तो यह मुकदमा नहीं चल सकेगा, तो दिया हुआ मेहनताना आप वापस ले लीजिए। उसी दिन 51 रुपये देकर वकील किया। उनके लिए तो यह मामला खेल था, मैं भागा। मुवक्किल जीता या हारा, इसकी मुझे याद नहीं है। मैं शरमाया और निश्चय किया कि जब तक पूरी हिम्मत नहीं आ जाती, तब तक कोई मामला नहीं लूँगा और दक्षिण अफ्रीका जाने तक कचहरी नहीं गया।

सन् 1922 में गांधीजी के ऊपर तीन लेखों के लिए मुकदमा चलाया गया था—

1. राजभक्ति में दखल।
2. समस्या और उसका हल।
3. गर्जन-तर्जन।

मुकदमे के दौरान गांधीजी ने अपना पेशा 'किसान और जुलाहा' बताया। किसान और जुलाहा शब्द सुनकर जज साहब चौंक गये। गांधीजी के ऊपर अभियोग पढ़कर सुनाया गया। गांधीजी ने तुरन्त अपना अपराध स्वीकार कर लिया और जज साहब से कहा कि मुझे बड़े से बड़ा दण्ड दिया जाय।

जज ने फैसला सुनाते हुए कहा—"गांधीजी आपने अपराध स्वीकार करके एक तरह से मेरा काम बहुत आसान कर दिया है। परन्तु यह निर्णय करना सहज नहीं है कि आपको कितनी सजा दी जाय। मैं नहीं समझता कि इस देश में किसी भी जज के सामने इतना कठिन काम कभी उपस्थित हुआ होगा। कानून की नजर में न तो कोई छोटा है, न बड़ा। अब तक मुझे जिन-जिन लोगों का फैसला करना पड़ा है अथवा भविष्य में भी करना पड़ेगा, उन सबकी अपेक्षा आप भिन्न ही कोटि के पुरुष हैं। इस बात को मैं अपने ध्यान से नहीं हटा सकता।

आप अपने करोड़ों देशभाइयों की दृष्टि में महान देशभक्त हैं, महान नेता हैं, इस बात को भी मैं अपने ख्याल से अलग नहीं कर सकता। जो लोग राजनीतिक मामलों में आपसे अलग रहते हैं, वे भी आपको आदर्श मानते हैं। वे केवल आपको अलौकिक ही नहीं, वरन् साधु कोटि का पुरुष मानते हैं।" सजा सुनाते हुए जज ने यह भी कहा कि "यदि किसी परिस्थितिवश सरकार ने

इससे पहले ही आपको मुक्त करना सम्भव किया, तो मुझसे अधिक और कोई प्रसन्न नहीं होगा।''

गांधीजी कहते हैं कि मैं विद्यार्थी जीवन से ही यह सुनता रहा हूँ कि वकालत बिना झूठ बोले किया जाना सम्भव ही नहीं है। परन्तु मैंने यह सिद्धान्त ही बना लिया था कि झूठ बोलकर न तो मुझे पद लेना है और न ही पैसा। मेरा तो हमेशा से ही यह प्रयास था कि मुवक्किल सच्चा हो, तो जीत जाय और झूठा हो, तो हार जाय। मुकदमे की जीत-हार के आधार पर मैंने कभी अपना मेहनताना न तो घटाया और न ही बढ़ाया। मुवक्किल से मैं पहले ही कह देता था कि 'झूठा केस हो तो मेरे पास मत आना। गवाह को सिखाने-पढ़ाने की उम्मीद तो मुझसे करना ही मत।'

एक बार ऐसा अवसर आया कि इस सम्बन्ध में मेरी कड़ी परीक्षा हुई। मेरे अच्छे मुवक्किलों में से एक का यह मुकदमा था, जिसमें बही-खाते सम्बन्धी कई पेचीदीगियाँ थीं। मुकदमा लम्बा चला और अन्त में अदालत के चुने हुए हिसाब जानने वाले पंचों को उनका हिसाबी हिस्सा सौंपा गया। किन्तु उनके हिसाब में एक छोटी-सी किन्तु गम्भीर भूल रह गयी, और वह यह थी कि जमा-खर्च की रकम पंच के दृष्टिकोण से इधर की उधर ले ली गयी थी, तो प्रतिपक्षी ने पंच का फैसला रद्द करने की दरख्वास्त दी।

बड़े वकील ने पंच की राय को देखकर भी अनदेखा किया और बोला कि 'अपने प्रतिपक्षी की किसी बात को कबूल करने के लिए हम मजबूर नहीं है।' उसने कहा—'ऐसा होने पर इस बात का पूरा डर है कि अदालत सारे फैसले को ही रद्द कर दे और ऐसे जोखिम में मुवक्किल को कोई होशियार वकील भी नहीं मिलेगा। मुकदमा फिर चलाना पड़ा तो मुवक्किल को फिर कितना खर्च करना पड़ेगा और हो सकता है कि मुकदमे का फैसला भी पक्ष में ना हो।' परन्तु मैंने कहा कि 'हमें यह खतरा तो उठाना ही पड़ेगा, क्योंकि हमारे भूल स्वीकार न करने पर भी अगर अदालत को इस फैसले की गलती मालूम पड़ जाती है, तो वह इसे बहाल रखेगी, इसका क्या भरोसा है?'

बड़े वकील तैयार नहीं हुए। इस पर मैंने कहा कि 'हमारे भूल स्वीकार न करने पर भी अदालत भूल न पकड़ेगी या विरोधी पक्ष भी पता नहीं लगायेगा, इसका क्या भरोसा है?' बड़े वकील ने दृढ़ता से कहा कि 'भूल कबूल करने

की शर्त पर मैं उसमें हाजिर रहने को तैयार नहीं हूँ।' मैं नम्रतापूर्वक अपने मुवक्किल का साथ मिलने पर झूठ कबूलने के आधार पर मुकदमा लड़ने के लिए तैयार था। मेरे मुवक्किल का मुझ पर पूरा विश्वास था। उसने कहा—'आप ही अदालत में पैरवी करें। भूल कबूल कर लें। सच का रखवाला तो राम हैं?' मुझे खुशी हुई।

मैं उस मुकदमे में बहस के लिए न्यायाधीश के सामने उपस्थित हुआ और उक्त भूल का न्यायाधीश के सामने व्यौरेवार उल्लेख किया। जजों ने मेरे विचारों को धैर्यपूर्वक सुना, वे समझ गये कि भूल अज्ञानतावश ही हुई है और बड़े परिश्रम से तैयार किया हुआ हिसाब रद्द करना उचित नहीं मालूम हुआ।

उन्होंने कहा कि किसी भी हिसाब के अनुभवी से गलती हो सकती है। कायदे से एक मामूली-सी गलती के लिए दोनों पक्षों को नये सिरे से खर्च में डालने को अदालत तैयार नहीं हो सकती है। यह अदालत इस मुकदमे को नये सिरे से सुनने के लिए तैयार नहीं है। इस तरह की दूसरी दलीलों से प्रतिपक्षी के वकील को शान्त करके, भूल सुधार कर अथवा इतनी भूल सुधार कराकर, फिर फैसला देने का हुक्म पंचों को देकर अदालत ने उस सुधरे हुए फैसले को बरकरार रखा। मेरे हर्ष की सीमा न रही। मुवक्किल और बड़े वकील बहुत खुश हुए। वकालत में भी सत्य की रक्षा करते हुए काम हो सकता है, मेरी यह धारणा और दृढ़ हो गयी।

दक्षिण अफ्रीका में वकालत के दौरान गांधीजी के पास टैक्स चोरी का एक मुकदमा आया। यह मुकदमा उनके प्रिय मित्र पारसी रूस्तमजी का था। उन्होंने कहा कि मैंने आपसे कपट किया है। इसी कारण आज मेरा पाप प्रकट हो गया है। अब तो मैं जेल जाने वाला हूँ। मेरा सब कुछ बर्बाद हो गया। उन्होंने आगे गांधीजी से कहा कि मैंने आपसे कभी कुछ नहीं छिपाया, पर व्यापार की चोरी की बात आपसे क्या बताता? यह सोचकर मैंने यह चोरी छिपा रखी थी, जिसका पछतावा हो रहा है। इस आफत से आप ही मुझे बचा सकते हैं।

गांधीजी ने कहा कि मेरा तरीका तो आप जानते ही हैं। अपराध स्वीकार करके छुड़ाया जा सके, तभी मैं छुड़वा सकता हूँ।

गांधीजी सरकारी वकील से मिले। मेरी सत्यप्रियता व स्पष्टवादिता से शायद वे पहले से ही परिचित थे। रूस्तमजी ने टैक्स चोरी की सारी बातें उनको

स्पष्ट रूप से बता दीं और कहा कि मैं भविष्य में ऐसी गलती न दोहराने का वचन देता हूँ। उनकी (रूस्तमजी) सच्चाई (टैक्स चोरी की बात स्वीकार करने) से प्रभावित होने के कारण रूस्तमजी पर मुकदमा नहीं चला। उनकी स्वीकार की हुई टैक्स चोरी के दुगने रुपये उनसे लेकर मुकदमा खारिज कर दिया गया।

गांधीजी की सत्यवादिता से प्रभावित होकर रूस्तमजी ने आजीवन सत्य बोलने का संकल्प लिया। अपनी टैक्स चोरी की कहानी लिखकर शीशे के फ्रेम में मढ़वा ली और अपने दफ्तर में टांग कर अपने वारिसों तथा साथी व्यापारियों को चेतावनी दी कि भविष्य में वे ऐसी गलती करने की जुर्रत न करें।

गांधीजी का सबसे बड़ा पुत्र हरिलाल जब आर्थिक तंगी से गुजर रहा था, तो लेनदारों-कर्जदारों से त्रस्त होकर वह उनसे बचने-छुपने लगा। इस पर लेनदारों ने धोखाधड़ी की शिकायत करने और न्याय पाने के लिए एक वकील किया। उस वकील ने जाँच-पड़ताल कर बताया कि हमें गांधीजी से ही न्याय मिलेगा। क्योंकि 'अदालत की तुलना में गांधीजी का न्याय अधिक अच्छा होगा।'

दक्षिण अफ्रीका में एक मुकदमे की बहस करते हुए गांधीजी ने देखा कि उनका मुवक्किल कुछ घबराया हुआ है, उसके चेहरे की हवाईयां उड़ी हुई हैं और वह काँप रहा है। गांधीजी को यह समझते देर न लगी कि वह मुवक्किल उनसे झूठ बोला है। उसी समय गांधीजी ने जज साहब से कहा कि जज साहब मेरा मुकदमा खारिज कर दीजिए। मेरे मुवक्किल ने मुझसे झूठ बोला है, यह मुकदमा झूठा है।

जज साहब अचम्भित हो गये। विपक्षी वकील भी हैरान होकर गांधीजी की ओर देखता ही रह गया।

जज साहब ने गांधीजी को अपने चैम्बर में बुलाकर बैठाया और कहा कि 'अगर सभी वकील आप जैसे हो जायें तो बेईमानों, मक्कारों, धोखा देने वालों, चोर-उचक्कों, झूठ बोलने वालों तथा अन्यायियों की दुनिया ही उजड़ जाय और न्यायालयों का काम आधे से भी कम हो जाय।'

गांधीजी ने कहा—'आबादी के बढ़ने के साथ कोर्ट-कचहरी-थाने आदि की संख्या उसी अनुपात में बढ़नी चाहिए, मैं इस विचार के विरुद्ध हूँ। कोर्ट-कचहरी-थाने इसलिए बने हैं कि समाज में अपराध कम हों। झूठ, चालाकी,

बेईमानी, अन्याय, धोखा कम हो। लोग अच्छे इंसान और चरित्रवान बनें। एक-दूसरे का भला सोचें और करें, तभी तो सभ्य समाज बनेगा।'

यदि चोरी, बेईमानी, अपराध, धोखा आदि समाज में बढ़ता है, तो यह विकास के नहीं, बल्कि विनाश के लक्षण हैं, जो कि अशुभ है।

जज ने कहा—'गांधीजी मुझे आप पर गर्व है।'

निर्लिप्त गांधी

गांधीजी ने जेल से मणिलाल को 25 मार्च 1909 को एक पत्र में लिखा कि—''याद रखो कि आज से हमारे भाग्य में गरीबी लिखी है। जितना अधिक मैं इस बात को सोचता हूँ, उतना ही अधिक मुझे लगता है कि धनवान होने के बजाय गरीब होने में अधिक सुख है; गरीबी के उपयोग धन, अमीरी के उपयोग धन से बहुत मीठे हैं।'' 'सत्य के प्रयोग अथवा आत्मकथा' के शीर्षक 'बच्चों की शिक्षा' का निम्न अंश दृष्टव्य है—

''मेरा भांजा कोई दस बरस का, मेरा बड़ा लड़का नौ बरस का और दूसरा लड़का पाँच बरस का। इन सबको कहाँ पढ़ायें?'' गोरों के लिए खुले हुए स्कूलों में अपने लड़कों को भेज सकता था, पर यह केवल कृपा और अपवाद रूप में हो सकता था। दूसरे हिन्दुस्तानी लड़के वहाँ नहीं पढ़ सकते थे। हिन्दुस्तानी लड़कों को पढ़ाने के लिए ईसाई मिशन के स्कूल थे। उनमें मैं अपने लड़कों को भेजने को तैयार न था।...मेरे दूसरे तीन लड़के कभी किसी स्कूल में गये ही नहीं।...मेरे सब लड़कों को इस बारे में मुझसे कमोबेश शिकायत भी रही है; क्योंकि जब-जब बी. ए., एम. ए. और मैट्रिक्युलेट से भी उनका सामना पड़ता, तो वे स्कूल में न पढ़ सकने की कमी अपने आप में अनुभव करते हैं।

यद्यपि मैं जितना चाहता था, उतना अक्षरज्ञान उन्हें न दे सका, फिर भी अपने पिछले वर्षों का विचार करता हूँ, तो उनके प्रति मेरा जो धर्म था उसका मैंने यथाशक्ति पालन नहीं किया, ऐसा ख्याल मुझे नहीं आता, न मुझे पश्चाताप होता है। इसके विपरीत अपने बड़े लड़के के बारे में मैं जो दु:खद परिणाम देखता हूँ, वह मेरे अधकचरे पूर्वकाल की प्रतिध्वनि है, ऐसा मुझे सदा भासित हुआ है। तब उसकी उम्र इतनी हो चुकी थी कि जिसे मैंने हर प्रकार से अपना

मोहकाल-वैभवकाल माना है, उसकी याद उसे बनी रहे। वह क्यों माने कि वह मेरा मोहकाल था! वह क्यों माने कि वह मेरा ज्ञानकाल था और उसके बाद हुए परिवर्तन अयोग्य और मोहजन्य थे? वह क्यों यह न माने कि उस समय मैं जगत के राजमार्ग से चल रहा था, इसलिए सुरक्षित था और बाद में किये हुए परिवर्तन मेरे अभिमान और अज्ञान की निशानी थी? यदि मेरे लड़के बैरिस्टर आदि हुए होते तो क्या बुराई होती? मुझे उनके पंख काट देने का क्या हक था? मैंने उन्हें ऐसी स्थिति में क्यों न रखा कि वे डिग्रियाँ लेकर मनचाहा जीवन-पथ चुन सकें? ऐसी दलील मेरे कितने ही दोस्तों ने भी मेरे सामने रखी हैं।

लड़कों को अपने साथ रखते हुए भी यदि मैंने आत्म-सम्मान की परवाह न की होती, यदि मैंने यह विचार न रखा होता कि दूसरे हिन्दुस्तानी बच्चे जिसे नहीं पा सकते, मुझे अपने लड़कों के लिए उसकी इच्छा नहीं करनी चाहिए, तो मैं अपने लड़कों को अक्षरज्ञान जरूर दिला सकता था।

जब पहले हरिलाल छः महीने के लिए फीनिक्स में था, तो उसे पता चला कि बापू के दोस्त डॉ. प्राणजीवन मेहता के द्वारा दिये गए वजीफे पर छगनलाल लंदन जा रहा है। जब मोहनदास लंदन पढ़ने गए थे, तो डॉ. मेहता ही एक तरह से मार्गदर्शक थे। तब वे लंदन में ही रहते थे। बल्कि आरम्भ में कुछ दिन उनके होटल में साथ ही रहे थे। जब मोहनदास ने गरीबी का व्रत लिया था तो डॉ. मेहता ने यह सोचकर वजीफा दिया था कि उनका एक बेटा लंदन जाकर पढ़ सकेगा। लेकिन बापू ने यह सोचकर कि लोग यह न कहें कि अपने बेटे का पक्षपात किया है, छगनलाल को अवसर देना ठीक समझा। हरिलाल को बापू के इस निर्णय से बहुत धक्का लगा। हरिलाल ने अपने इस दुःख को बा और पत्नी के अलावा किसी पर प्रकट नहीं होने दिया। वह चुपचाप अपनी गिरफ्तारी देने के लिए जोहान्सबर्ग चला गया। कस्तूरबा के लिए भी यह एक झटका था। पर वह असहाय थीं। छगनलाल भी निकट सम्बन्धी था। वह इस बात से आहत थीं, उनका बड़ा बेटा अपने दुःख को कम करने जेल गया है।

दूसरी घटना ने उन्हें झकझोर दिया था। हरिलाल की पत्नी गुलाब उसके जेल में रहते ही, अपनी बेटी रामी के साथ, अपने दूसरे बच्चे को जन्म देने के लिए भारत चली गई थी। जेल से छूटने के बाद हरिलाल फीनिक्स जाने के बजाय, भारत जाने की इजाजत और पैसे माँगने सीधा बापू के पास पहुँचा।

बापू ने पैसा न होने की बात कहकर भारत जाने से मना कर दिया और दक्षिण अफ्रीका में रहने को कहा।

गांधीजी 1940 से ही कहते थे कि नेहरू ही मेरा उत्तराधिकारी बनेगा। मेरे न रहने पर मेरी भाषा बोलेगा।

गांधीजी के तीन-तीन बेटे, नाती-पोते, रिश्तेदारों से भरा-पूरा परिवार था, परन्तु गांधीजी ने अपने किसी बेटे, नाती-पोते या रिश्तेदार को किसी ऑफिस का बाबू तक नहीं बनवाया, जबकि उनका पूरा खानदान स्वतंत्रता आन्दोलन के संघर्ष में अग्रणी भूमिका के रूप में भाग लिया और बार-बार जेल की यातनाएँ भोगा। कस्तूरबा जी भारत छोड़ो आन्दोलन के दौरान जेल में ही मरीं। परन्तु गांधीजी उफ तक नहीं किये। गांधीजी चाहते तो अपने बेटे, नाती-पोतों को गवर्नर, विधायक, लोकसभा सदस्य आदि किसी भी पद पर आसीन करा सकते थे, परन्तु उन्होंने किसी को लेखपाल, अध्यापक, बाबू तक नहीं बनवाया। गांधीजी स्वयं भी तो देश का कोई भी पद धारण कर सकते थे, परन्तु उन्होंने ऐसा कुछ भी नहीं किया।

गांधीजी के जीवन में सिफारिश के दो उल्लेख आते हैं—

पोरबंदर के भूतपूर्व राणा साहब को गद्दी मिलने के पहले मेरे भाई उनके मंत्री और सलाहकार थे। उस बीच राणासाहब को गलत सलाह देने की तोहमत उन पर लगाई गई थी। तत्कालीन पोलिटिकल एजेंट से इसकी शिकायत होने के कारण मेरे भाई के बारे में उनका ख्याल खराब हो रहा था। इस अफसर से मैं विलायत में मिला था। बल्कि कह सकता हूँ कि वहाँ उसने मुझसे मजे की दोस्ती जोड़ी थी। भाई ने सोचा कि इस परिचय का लाभ उठाकर मैं पोलिटिकल एजेंट से दो शब्द कहूँ और उन पर जो खराब असर पड़ा है, उसे मिटाने की कोशिश करूँ। मुझे यह बात तनिक भी न रूची। विलायत के तुच्छ परिचय का फायदा मुझे नहीं उठाना चाहिए। यदि मेरे भाई ने कोई खराब काम किया हो, तो सिफारिश से क्या फायदा? यदि न किया हो तो बाकायदा दरख्वास्त दें या अपनी निर्दोषिता पर भरोसा रखकर नि:शंक रहें। यह दलील भाई के गले नहीं उतरी।

भाई की बात मैं टाल न सका। अपनी इच्छा के विरुद्ध मैं गया। मुझे अफसर के पास जाने का कोई हक नहीं था। जाने में मेरा स्वाभिमान भंग होता

था। इसका मुझे ख्याल था। फिर भी मैंने मिलने का समय माँगा। वह मिला और मैं मिलने गया। मैंने पुराने परिचय की याद दिलाई; पर मैंने तुरंत देखा कि विलायत और काठियावाड़ में अंतर है। अपनी कुर्सी पर बिराजते हुए अफसर और छुट्टी पर गये हुए अफसरों में भी भेद है। उक्त साहब ने परिचय स्वीकार किया, पर इस स्वीकृति के साथ ही वह अधिक तन गया। यह मैंने उसकी अकड़ से देखा और उसकी नजर में पढ़ा, मानों वह कह रही थी कि इस 'परिचय का लाभ उठाने तो तुम नहीं आये हो न?' यह समझते हुए भी मैंने अपनी कहानी शुरू की। साहब धैर्यच्युत हो गया। ''तुम्हारे भाई खटपटिये हैं। तुमसे मैं ज्यादा बातें नहीं सुनना चाहता। मुझे समय नहीं है। तुम्हारे भाई को कुछ कहना हो, तो बाकायदा दरख्वास्त दें।'' यह जवाब काफी और ठीक था; पर गरज तो बावली होती है। मैं तो अपनी कहानी कहे जा रहा था। साहब उठे और कहे कि ''अब तुम्हें जाना चाहिए।'' मैंने कहा, ''पर मेरी बात तो पूरी सुन लीजिए।'' साहब बहुत खीझ गया। ''चपरासी, इसको दरवाजा बताओ।'' यहाँ तक कह दिया।

''हुजूर'' कहकर चपरासी दौड़ा आया। मैं तो अब भी कुछ बड़बड़ा ही रहा था। चपरासी ने मुझे हाथ लगाया और दरवाजे के बाहर कर दिया। साहब चले गए, चपरासी गया। मैं चला, अकुलाया, खीझा।

मुझे यह सीख कड़वी जहर लगी, पर उस कड़वी घूँट को गले उतारने के सिवा कोई चारा न था। मैं अपमान को भूल तो न सका, पर उसका सदुपयोग किया। ''ऐसी स्थिति में फिर कभी न पड़ूँगा, किसी की सिफारिश इस तरह न करूँगा।'' इस नियम को कभी भंग नहीं किया। इस ठेस ने मेरे जीवन की दिशा बदल दी।

दक्षिण अफ्रीका में एक कर्मचारी के घूस लेने की शिकायत गांधीजी द्वारा किये जाने के कारण उसको नौकरी से निकाल दिया गया था। उसे अन्यत्र नौकरी नहीं मिल पा रही थी। इसी क्रम में जब वह नौकरी के सिलसिले में एक आफिस में गया, तो वहाँ उससे कहा गया कि यदि गांधीजी आपकी सिफारिश कर दें, तो आपको नौकरी मिल सकती है। उसके अनुनय-विनय करने पर गांधीजी ने उसकी सिफारिश की और उसे नौकरी मिल गयी।

सरदार पटेल ने जवाहरलाल नेहरू के संबंध में अपने विचार प्रकट करते हुए कहा कि—मैं गांधीजी से लगभग 8 साल छोटा हूँ। इस तरह से मैं उनका

भाई हूँ। जबकि जवाहर उनसे लगभग 20 साल छोटे हैं। तो इस तरह से वह गांधीजी के पुत्र समान हुए और मेरी समझ से उत्तराधिकारी पुत्र को बनाया जाता है, न कि भाई को।

गांधीजी का पूरा जीवन बेदाग रहा। न्याय, सत्य, ईमानदारी गांधीजी के पर्याय रहे। गांधीजी का स्पर्श पाकर ये शब्द स्वयं गौरवान्वित हुए। गांधीजी ने अगर कोई निर्णय लिया, तो वह उनकी अन्तरात्मा की आवाज पर निकला हुआ निर्णय रहा होगा, न कि पक्षपात के आधार पर। गांधीजी ने संविधान सभा के लिए बाबा साहब अम्बेडकर के चुनाव का निर्णय भी अपनी अन्तरात्मा की आवाज पर ही लिया था।

गांधीजी का सम्पूर्ण जीवन गीता के निष्काम कर्म के वशीभूत ही रहा। प्रतिफल व लाभ-हानि से परे रहा। गांधीजी कभी भी किसी की व्यक्तिगत आकांक्षा को देश की आकांक्षा से परे रखते थे। उनके सामने किसी की व्यक्तिगत आकांक्षा, देश हित की आकांक्षा के सामने कोई मायने नहीं रखती थी। गांधीजी ही ऐसे महानायक थे, जिन्होंने सफलता के बाद कोई पद ग्रहण नहीं किया।

देश के ऊपर जब कोई संकट आता था या कोई बड़ी अपेक्षा होती थी, तो पूरा देश गांधी और कांग्रेस की तरफ देखता था। कोई अन्य संगठन न तो इसकी जिम्मेदारी लेता था और न ही देश उनकी तरफ सहायता के लिए उन्मुख होता था। कांग्रेस पर भी जब संकट आता था, तो वह गांधीजी से ही आशा व उम्मीद रखती थी और उन्हीं के पास जाती थी।

कोई पराया नहीं

गांधीजी ने कहा—मैं एक घृणित व्यक्ति हो सकता हूँ, लेकिन जब सत्य मेरे माध्यम से बोलता है, तो मैं अजेय हो जाता हूँ।

जब लोग अपने बच्चों से कहते हैं कि मार कर आना, मार खाकर न आना। ऐसे विचारों से वे अपने बच्चों का प्रारम्भ ही खराब कर देते हैं। वास्तव में इस सूत्र से पूरा समाज ही हिंसक, अशान्त और अव्यवस्थित हो जाता है। समाज में अधिकांश समस्याओं की जड़ यहीं से अंकुरित होने लगती है।

एक स्वस्थ समाज में खुशी देने का अधिकार सबको है, लेकिन दुःख देने का अधिकार किसी को नहीं है। 'मार कर आना, मार खाकर मत आना' की विचारधारा से हम समाज में उपद्रव पैदा करते हैं। समाज में हिंसा फैलाते हैं, दूसरों के बीच नफरत और घृणा फैलाते हैं, जिससे हम एक-दूसरे से दूर होते जाते हैं। जबकि, इस प्रतिस्पर्धा भाव यानी 'मार कर आने' की कोई जरूरत ही नहीं है, क्योंकि जीवन की ये क्षणिक भंगिमाएँ हमारे जीवन मूल्यों से ऊपर नहीं हैं। हमारे मूल्य हमारा निर्माण करते हैं, जबकि ये क्षणिक आवेग विनाश की ओर ले जाते हैं, दुष्प्रभाव की ओर ले जाते हैं और हमें दुर्गुणों से भर देते हैं।

जीवन के सोपान पर निम्न ध्वनि प्रस्फुटित हुई—

1. मार कर आना, मार खाकर मत आना।
2. डार्विन ने कहा—'संघर्ष करो। योग्यतम सुरक्षित रहेगा।'
3. हक्सले ने कहा—'जियो और जीने दो।'
4. फिर आवाज आयी कि 'जियो और जीने में सहयोग करो।'
5. गांधी ने कहा—'तुम दूसरों को जिलाने के लिए जिओ, मैं तुम्हारे लिए जीऊँगा।'

उपरोक्त विरोधाभासी कथनों के समाधान के रूप में गांधीजी के जीवन की निम्न कहानी उल्लेखनीय है—

गांधीजी बचपन में एक बार रोते हुए अपनी माँ के पास आये।

माँ—'क्यों रो रहे हो?'

गांधीजी—'बड़े भैया ने मुझे मारा है।'

माँ—'तुमने उसे क्यों नहीं मारा?'

गांधीजी—'आप मुझे भैया को मारने की बात क्यों कहती हो? भैया से कहो, 'वे मुझे न मारें।'

प्रसिद्ध लेखक लुई फिशर ने लिखा है कि जब वह पहली बार चीन गये थे, तो उन्होंने वहाँ अजीब तमाशा देखा। दो आदमियों में भयंकर झगड़ा चल रहा था। एक दूसरे के ऊपर ऐसा दौड़ पड़ते थे कि अब गर्दन दबा देंगे, अब लट्ठ मार देंगे और चारों तरफ भीड़ खड़ी देख रही थी। लुई फिशर ने अपने दुभाषिए के जरिये पूछा, माजरा क्या है? ये लड़ने का नाटक कर रहे हैं या सचमुच लड़ रहे हैं? दुभाषिए ने कहा, चीनी परंपरा ऐसी है कि जो पहले क्रोध में आकर

मारेगा, वह पराजित माना जायेगा, क्योंकि उसने अपना धैर्य खो दिया। हारने का मतलब है कि भावना के तल पर आप हार गये। जब तक लड़ाई में कोई 'इमोशनल कंटेंट' नहीं था, तब तक लड़ाई एक खेल थी और भीड़ उसका मजा ले रही थी। वहाँ सभी खेल के नियम जानते थे। दोनों में से एक आदमी को क्रोध आ गया और उसने डंडा मार दिया। बस हो गया फैसला। फौरन भीड़ छिटक गयी, क्योंकि वह हार गया था।

अगर सभी लोग यह कला सीख लेते, तो दुनिया में इतनी हिंसा और खून-खराबा न होता।

जॉन रस्किन की पुस्तक 'अनटू दिस लास्ट' से गांधीजी बहुत प्रभावित थे। पुस्तक का निम्न अंश उल्लेखनीय है—

"So that the only means which the master his of doing justice to the men employed by him is to ask himself sternly whether he is dealing with such subordinate as he would with his own son, if compelled by circumstances to take such a position.

Supposing the captain of a frigate saw it right, or were by any chance obliged, to place his own son in the position of a common sailor: as he would then treat his son, he is bound always to treat every one of the men under him. So, also, supposing the master of a manufactory saw it right, or were by any chance obliged, to place his own son in the position of an ordinary workman; as he would then treat his son, he is bound always to treat every one of his men."

Public first, I last & May I help you? की भावना ही सर्वोत्तम है। योग्य व्यक्ति के बजाय श्रेष्ठ व्यक्ति का निर्माण करना होगा। सिर्फ विकास नहीं, बल्कि नैतिक विकास जरूरी है। व्यक्ति का दिल और दिमाग इस अवस्था तक लाना होगा कि व्यक्ति समाज में खलनायक की तरह नहीं, बल्कि नायक की तरह व्यवहार करे।

एक महिला ऑफिस में आती है।

अधिकारी— 'माता जी, क्या परेशानी है?'

महिला—'मेरा बेटा मुझको पीटता है।'

महिला की यह बात सुनकर अधिकारी द्रवित हो जाता है और उससे कहता है कि माता जी! यदि आपने अपने बेटे को गांधीजी की 'आत्मकथा अथवा सत्य के प्रयोग' या अन्य कोई गांधीजी की पुस्तक पढ़ा दी होतीं, तो शायद आपको इस समस्या का सामना नहीं करना पड़ता।' यदि गांधी पढ़े गये होते, तो वृद्धाश्रम की शायद आवश्यकता ही नहीं पड़ती। जिस परिवार में गांधी विचार का प्रभाव होगा, उस घर के बुजुर्ग वृद्धाश्रम नहीं पहुँच सकते क्योंकि गांधी को पढ़ने वाला किसी को दुःख नहीं दे सकता। माँ की तो बात ही क्या है। गांधी को पढ़ने वाले कभी अपने माता-पिता, भाई-बहन, पड़ोसी आदि किसी को कष्ट नहीं दे सकते हैं।

करियर काउंसलिंग की एक मीटिंग हो रही थी। जो लोग जिस विभाग से आये थे, उसी के बनने की शिक्षा दे रहे थे। डॉक्टर, डॉक्टर बनने की, पुलिस, पुलिस बनने की, टीचर, टीचर बनने की, वकील, वकील बनने की और इंजीनियर, इंजीनियर बनने की शिक्षा दे रहे थे। यहाँ यह उल्लेखनीय है कि जयन्ती तो हम गांधीजी, बुद्ध, अम्बेडकर, नेहरू आदि महापुरुषों की मनाते हैं और शिक्षा कुछ और बनने की देते हैं।

प्रश्न उठता है कि हम गांधी, नेहरू, बुद्ध कब बनायेंगे? वास्तव में हमें गांधी, नेहरू, बुद्ध, मदर टेरेसा, भगवान राम, नानक, कबीर, ईसा, टैगोर, पटेल, भगत सिंह आदि महापुरुषों के जीवन को स्वयं के जीवन में चरितार्थ करने की आवश्यकता है। बहुत से लोग अपने बच्चों को सिकन्दर, हिटलर, मुसोलिनी, नेपोलियन बनाने की चाहत में अति अहम के भाव पर खड़ा कर देते हैं। जब कोई व्यक्ति अपने बच्चे से कहता है कि मार कर आना, मार खाकर नहीं आना, तो वह अपने बच्चे की जड़ ही खराब कर देता है और उसके अन्दर हिंसा का भाव पैदा कर देता है। इसका परिणाम यह होता है कि धीरे-धीरे उसमें प्रेम की भावना कम होने लगती है और लोगों से दूरी बढ़ती जाती है।

योग्यता और महानता में अन्तर है। सिकन्दर, नेपोलियन, हिटलर, मुसोलिनी योग्य हो सकते हैं, परन्तु महान नहीं हो सकते। सिकन्दर और

नेपोलियन को महान कहना, शायद इतिहास का सबसे बड़ा झूठ है। ये लोग जीवन भर हत्या करते रहे। किसी का बाप मारे, किसी का बेटा मारे, किसी का भाई मारे, किसी का पति मारे। लोगों का हाथ-पैर काट कर विकलांग बनाते रहे। लोगो का घर फूँकते रहे। क्रूरता की चरम सीमा तक मार-काट और लूटपाट करते रहे। जो व्यक्ति जीवन भर हत्या करता रहे, घर-बार फूँकता रहे, घर उजाड़ता रहे, वे लोग योग्य तो हो सकते हैं, महान नहीं हो सकते। उनको महान कहने का कोई लक्षण नहीं है और न ही कोई औचित्य है।

महान और योग्य कौन हो सकता है? जिसने कहा कि दो बूँद जिन्दगी की पियो और विकलांग होने से दूर रहो।

प्रश्न : हिटलर, सिकन्दर, नेपोलियन, मुसोलिनी का विलोम कौन हो सकता है?

उत्तर : पोलियो की दवा बनाने वाला। क्योंकि विकलांग करने वाला निन्दनीय है और विकलांगता से बचाने वाला वन्दनीय।

महान कौन हो सकता है? बल्ब बनाने वाला योग्य और महान है, जिसने लोगों के जीवन में प्रकाश भर दिया। ट्रैक्टर बनाने वाला, रेलगाड़ी बनाने वाला, जहाज बनाने वाला, पंखा बनाने वाला, आमजन के जीवन में खुशी लाने वाले सामानों का आविष्कार करने वाले लोग सही मायने में योग्य भी हैं और महान भी। जिस व्यक्ति की योग्यता मानवता के कल्याण में काम आये, वही योग्य और महान हो सकता है। गांधी, बुद्ध, महावीर स्वामी, ईसा, भगवान राम, मदर टेरेसा, कबीर, बाबासाहब अम्बेडकर, नानक आदि महापुरुषों का जीवन मनुष्य को सद्गुणों की ओर अग्रसर करता है, इसलिए ये अनुकरणीय हैं, वन्दनीय हैं।

हिटलर, मुसोलिनी, नेपोलियन, सिकन्दर आदि के सपनों का समाज बनाने की आवश्यकता नहीं है। यह योग्यता के पैमाने पर शीर्ष पर हैं, परन्तु महानता के पैमाने की कसौटी पर ये निम्न स्तर पर हैं। अपनी आकांक्षा की पूर्ति के लिए हत्या करने वाले हत्यारे के सपनों का समाज मानवता के लिए कलंक है। ऐसे लोग समाज के लिए अभिशाप हैं। इनकी समाज में कोई आवश्यकता नहीं है। इनका अन्त भी विचारणीय है। अंत में इनको कुछ नहीं मिला, सिवाय तिरस्कार के। पोलियो आदि की दवा, बल्ब, ट्रैक्टर, रेलगाड़ी, जहाज, पंखा

आदि कल्याणकरी चीजों का आविष्कार करने वाले श्रद्धेय हैं, वे अनुकरणीय हैं, देश और समाज की आवश्यकता हैं।

महापुरुषों का जीवन मनुष्य को परोपकारी व शान्तिमय जीवन जीने की प्रेरणा देता है। इन्हीं के सपनों का देश व समाज बनाया जा सकता है। गांधीजी के सपनों का ही देश बनाना होगा। जब हम अपने में हिटलर, सिकन्दर, नेपोलियन आदि की तरह का ध्येय निश्चित करते हैं, तो निश्चित ही हमारे अंदर मानवीय संवेदना के गुण क्रमशः तिरोहित होते जाते हैं।

मेज को मेज कहने में न कोई बुराई है, न कोई समस्या है। लेकिन, जब मेज को कुर्सी कहा जाता है या कुर्सी को मेज कहा जाता है—अर्थात सत्य जानते हुए जब कोई झूठ बोलता है, तो वह अन्दर से कुछ मरता ही है। गांधी को पढ़ने वाला मरता नहीं। झूठ, कपट, मक्कारी, धोखा आदि से गांधी बचाते हैं। जिस भी महापुरुष को आप मानते हैं, उनका ही अनुसरण करना सीखिए। कोई भी महापुरुष झूठ, कपट, मक्कारी, धोखा की बात नहीं करता। शराब आदि बुराइयों को धारण करने के लिए कोई महापुरुष प्रेरित नहीं करता है। इसका आशय यह है कि बुराई में संलिप्त लोग अपने महापुरुष को धता बताते रहते हैं।

यह सच है कि कोई व्यक्ति गांधी, बुद्ध, भगवान राम, कबीर, महावीर आदि नहीं हो सकता। हमारे समाज में कोई दूसरा राम, गांधी, बुद्ध आदि पैदा नहीं हुए। लेकिन सभी महापुरुषों को थोड़ा-थोड़ा जीने का प्रयास एक अच्छा इंसान अवश्य बना देगा। महापुरुषों को पढ़ने से आदमी अन्दर से मरेगा नहीं। गांधी तो अन्दर से मरे लोगों को भी जीवित कर सकते हैं। गांधी को पढ़ने मात्र से हमारे अंदर मानवता के सभी तंत्र झंकृत हो जाते हैं। इसलिए आज और भविष्य में भी हम सबके लिए गांधी जरूरी हैं।

वह लोग झूठ बोलते हैं, जो कहते हैं कि जीवन बिना झूठ बोले सम्भव नहीं है। थोड़ा सत्य का संकल्प ले लें, तो जीवन में झूठ की कभी आवश्यकता ही नहीं पड़ती है। जीवन आनन्दमय, चिंतारहित हो जायेगा।

मैंने गाँव में एक आदमी से पूछा—क्या आप अकेले गाँव में रह पाओगे? यदि गाँव के सारे लोग चले जायें, तो क्या आप अकेले रह पाओगे?

आदमी ने कुछ देर सोचा-विचारा और फिर कहा—अकेले गाँव में नहीं रह पायेंगे।

फिर मैंने पूछा कि यदि गाँव के सारे लोग चले जायें, तो अपने परिवार सहित गाँव में रह पाओगे?

उत्तर दिया—नहीं रह पायेंगे।

क्या एक गाँव अपनी सारी आवश्यकताएँ पूरी कर सकता है—नहीं।

क्या एक तहसील अपनी सारी आवश्यकताएँ पूरी कर सकता है—नहीं।

क्या एक जिला अपनी आवश्यकताएँ पूरी कर सकता है—नहीं।

जो कपड़ा आप पहने हैं, वह आपने नहीं बनाया। तो, जो लोग कपड़ा बनाकर आप तक पहुँचाएँ हैं, क्या वे आपके मित्र नहीं हैं? जो जूता आप पहनते हैं, क्या वह जूता बनाने वाले आपके अपने नहीं हैं? जिस किसान के खेत का अनाज आप खाते हैं, क्या वह किसान आपका पराया है? जिस किसान की भैंस का दूध आप पीते हैं, क्या वह अपना नहीं है? जिस सड़क पर हम चलते हैं, उसको जिन मजदूरों ने बनाने में सहयोग किया है, क्या वे अपने नहीं हैं? जिस रेलगाड़ी में बैठकर आप यात्रा करते हैं, क्या उसको बनाने वाले अपने नहीं लगते हैं? जिस अस्पताल की दवा हम खाते हैं, उस अस्पताल और दवा को बनाने वाले भी अपने हैं। जिस स्कूल में आप पढ़े हैं या आपके बच्चे पढ़ रहे हैं, उस विद्यालय को बनाने वाले और वहाँ के टीचर क्या आपके अपने नहीं हैं?

उदाहरणार्थ, मैंने इलाहाबाद विश्वविद्यालय में एक साल की फीस 412 रुपये दिया है। क्या 412 रुपये में विश्वविद्यालय चल सकता है? मेरे खानदान का कोई आदमी इलाहाबाद विश्वविद्यालय देखा ही नहीं था, फिर भी मैंने विश्वविद्यालय से शिक्षा ग्रहण कर ली। अगर लोगों ने विश्वविद्यालय बनाया ही नहीं होता, तो मैं कैसे पढ़ता? तो क्या विश्वविद्यालय बनाने वाले या उसका प्रबन्धन करने वाले अपने नहीं हैं? वर्तमान में भी दिल्ली विश्वविद्यालय की लॉ की फीस लगभग 4400 रुपये है। मेरे परिवार का कोई आदमी दिल्ली विश्वविद्यालय नहीं देखा, फिर भी मेरा बच्चा दिल्ली विश्वविद्यालय में पढ़ाई कर लिया, तो क्या दिल्ली विश्वविद्यालय को बनाने वाले या विश्वविद्यालय का प्रबंधन करने वाले मेरे अपने नहीं है?

कोई विद्यार्थी जब किसी विश्वविद्यालय से उच्च शिक्षा ग्रहण करता है, तो विश्वविद्यालय के इंफ्रास्ट्रक्चर, शिक्षक, गैर शैक्षणिक स्टाफ, क्लास, लाइब्रेरी, प्रयोगशाला आदि की जो सुविधाएँ उसे मिलती हैं, यह सब क्या

उसके खुद के संसाधनों के बल पर संभव है? इसके पीछे भी सरकार से लेकर समाज तक, प्रशासक से लेकर आम नागरिक तक हजारों लोगों की एक चेन होती है। करोड़ों का खर्च होता है, तब कहीं जाकर एक विद्यार्थी हजार-दो हजार की फीस देकर वहाँ से शिक्षा ग्रहण कर पाता है। जिस सड़क पर हम चलते हैं, जो कपड़ा हम पहनते हैं, जिस घर में हम रहते हैं, जिस अस्पताल में हम इलाज करवाते हैं, जिस रेल या बस में हम यात्रा करते हैं, प्रत्यक्ष मिलने वाली इन सुविधाओं के पीछे सैकड़ों विशेषज्ञों, श्रमिकों, धनिकों और आम नागरिकों की एक चेन होती है। यह सब मिलकर हमारे लिए करोड़ों-अरबों में तैयार होने वाली व्यवस्थाएँ खड़ी करते हैं, जिनका बहुत साधारण मूल्य चुका कर हम उपभोग करते हैं।

हम सबके लिए यह विचारणीय है कि जिसने हमारे लिए घर बनाया, जिसने हमारे लिए कपड़ा बुना, जिसने हमारे लिए अनाज पैदा किया, जिसने हमारे लिए दवा बनायी, वह सभी हमारे अपने ही तो हुए। एक निर्धन और साधनविहीन विद्यार्थी भी वही शिक्षा पा रहा है, जो सुविधासम्पन्न विद्यार्थी पा रहा है। यह कैसे संभव हुआ? एक चेन है, जिसमें यथास्थान अपना-अपना योगदान कर रहे लोगों की संख्या बहुत बड़ी है। ये तमाम लोग उस विद्यार्थी के लिए पराये कैसे हो सकते हैं?

अगर कोई यह कहता है कि मैं अपने पिता के पैसे से पढ़ा हूँ, तो वह झूठ बोलता है। किसी के पिता ने उन सभी स्कूलों का निर्माण नहीं किया है, जिनमें उनके बच्चे पढ़ते हैं। उदाहरण के लिए यदि किसी ने विद्यालय का निर्माण करवाया है, तो भी उसमें प्रयुक्त सीमेंट, ईंट आदि सामान उसने नहीं बनाया। विद्यालय में जितनी संरचनाएँ हैं, वह समाज के विभिन्न लोगों के सहयोग से बनी हैं। इसलिए किसी का यह कहना कि वह अपने पिता के पैसों से पढ़ा है, असत्य है। हर व्यक्ति सबके पैसों से पढ़कर आता है। इसलिए समाज में उसकी नैतिक जिम्मेदारी सबके प्रति बनती है।

किसी व्यक्ति से कहा जाये कि पहले सड़क बनाओ, तब चलो। अस्पताल बनाओ, तब दवाई खाओ। स्कूल बनाओ, तब पढ़ो या पढ़ाओ। कपड़ा बनाओ, तब पहनो। जूता बनाओ, तब पहनो। रेलगाड़ी बनाओ, बस बनाओ, तब यात्रा करो। यह सब वह कब बनाएगा? कब पहनेगा? कब खाएगा? कब चलेगा?

उदाहरण के लिए मान लिया जाए कि जूता बनाने से लोग इंकार कर दें, तो सभी लोग नंगे पैर हो जायेंगे। गाड़ी का पंचर बनाने वाला इनकार कर दे, तो क्या सारी गाड़ियाँ खड़ी नहीं हो जायेंगी?

मान लीजिए, आपकी टी.वी. बिगड़ गयी। आप बहुत विद्वान हैं, लेकिन आप टी.वी. बनाना नहीं जानते, तो आपको टी.वी. बनाने वाले को ही लाना पड़ेगा या उसके पास जाना पड़ेगा। आप विचार कीजिये, घर में जितनी चीजें लगी हुई हैं, और जिन-जिन चीजों से बना हुआ है, उसमें से किन चीजों को आपने बनाया है? घर की ईंट, टी.वी., पंखा, बर्तन, कपड़ा, कुर्सी, जूता-चप्पल आदि चीजें आप द्वारा नहीं बनाई हुई हैं, बल्कि लोगों द्वारा बनाकर आपके घर में पहुँचाई गई हैं। कोई आपके लिए कपड़ा बनाता है, कोई टी.वी. बनाता है, कोई बिजली बनाता है, तभी तो आप जिन्दा हैं। तभी तो आपका जीवन सुखमय व्यतीत होता है।

एक व्यक्ति ने कहा कि रुपया तो मेरा है। मैंने पूछा कि क्या रुपया आप बनाते हो? वह भी तो किसी और ने बना करके आप तक पहुँचाया है। नहीं तो आप रुपया कब बनाते और कब उसका उपयोग करते? कहने का आशय यह है कि हम लोग जो सहज जीवन जी रहे हैं, लोगों के द्वारा पहुँचाये गये संसाधनों के कारण ही जी रहे हैं।

मान लें, आप बनारस में रहते हैं। आपके बच्चे रोजगार के सिलसिले में दिल्ली में रहते हैं। आप बीमार हो गये, तो बनारस के लोग ही आपको तत्काल अस्पताल ले जायेंगे। दिल्ली, अमेरिका या बम्बई वाला नहीं ले जायेगा।

मान लें, कोई एक जिला है और किसी एक व्यक्ति को पूरा जिला दे दिया जाए और कहा जाए कि सुख भोगो, तो क्या वह सुख भोग पायेगा? या एक परिवार को ही पूरा जिला दे दिया जाए और सब लोग चले जायें, तो क्या वह परिवार अकेले सुख से रह पायेगा? स्पष्ट है—नहीं।

एक व्यक्ति का कोई वजूद नहीं है। उदाहरणार्थ, एक प्रदेश में एक नागरिक, एक प्रदेश में एक विधायक, एक देश में एक सैनिक, एक देश में एक शिक्षक, एक देश में एक सांसद का कोई अस्तित्व नहीं है।

एक व्यक्ति या परिवार का अकेले कोई महत्त्व नहीं है। मान लें, एक जिले में एक डी. एम. ट्रांसफर होकर आते हैं और वहाँ के लोग उनसे कहते

हैं कि आप आए हैं, आपका बहुत-बहुत स्वागत है। आप अपनी इच्छानुसार सुख से रहिए। लेकिन हम लोग (जिले के लोग) न आपका सहयोग करेंगे, न विरोध करेंगे। आप अपनी इच्छानुसार स्वतंत्र होकर जो करना चाहें, करें। यह सर्वविदित है कि डी. एम. के पास बहुत ताकत है, लेकिन अगर कोई डी. एम. को सहयोग न करे, उनके घर में बिजली खराब हो जाए तो कोई बिजली न बनाये, दूध वाला दूध न दे, ड्राईवर उनकी गाड़ी न चलाए, कर्मचारी उनका आफिस न खोले और न कोई उनके आफिस जाए, न कोई कहा माने और न कोई विरोध करे। आप सोचिए कि ऐसी स्थिति में डी. एम. कितने दिन वहाँ रह पायेंगे? कहने का तात्पर्य यह है कि व्यक्ति के साथ-साथ व्यवस्था भी महत्त्वपूर्ण होती है।

गांधीजी यही तो कहते थे कि भारत में लगभग दो लाख अंग्रेज हैं। न इनका सहयोग करो और न विरोध करो, तो यह स्वतः ही भाग जायेंगे या चले जायेंगे। दो लाख अंग्रेज अपने लिए इतने बड़े देश में क्या व्यवस्था कर पायेंगे? ये तो हम लोग ही हैं, जो स्वयं से उनका सहयोग करके गुलाम बने हुए हैं। इसीलिए गांधीजी ने असहयोग आंदोलन की बात की।

कोई व्यक्ति कितना भी ताकतवर या शक्तिशाली हो, उसके आसपास के लोग उसका साथ छोड़ दें, तो वह शून्य हो जायेगा। जब कोई व्यक्ति सुनसान जगह पर अपना घर बनाता है, तो उसे वहाँ अकेले रहने पर बेचैनी होती है और असहज महसूस होता है। पर कुछ दिनों बाद उसके घर के आसपास क्रमशः घर बनने लगते हैं, तो उसे क्रमशः सुखद अनुभूति होने लगती है।

यदि आपके सारे पड़ोसी चले जाएँ, या गाँव के सारे लोग चले जाएँ, तो आप अकेले, कैसे जिन्दा रह पायेंगे। लोगों का रहना, लोगों के लिए ही नहीं, बल्कि आपके लिए भी जरूरी है। आप तभी जिन्दा रह पायेंगे, जब लोग आपको जिन्दा रहने के लिए काम करेंगे।

विचार करें, जब आपके पड़ोसी आपके लिए इतने जरूरी हैं, तो आप अपने पड़ोसी से क्यों लड़ते हैं? कभी इस अहंकार में रहने की आवश्यकता नहीं है कि 'मैं हूँ' इसलिए मैं हूँ। बल्कि आप इसलिए हैं कि समाज आपके लिए है, लोग आपके लिए हैं, तो आप हैं। इसलिए कोई आपका पराया नहीं है। किसान आपको अन्न देता है, कपड़ा बनाने वाला कपड़ा देता है, जूता बनाने

वाला जूता देता है, दवा बनाने वाला दवा देता है, बिजली वाला बिजली देता है, आपके लिए ही लोगों ने रेलगाड़ी बनाई है। वास्तव में, सबके भले में ही सबका भला है।

कछुए और खरगोश की कहानी हम सभी जानते हैं। दौड़ में कछुआ जीत गया और खरगोश हार गया था। अब इसके आगे की कहानी सुनिये। दोनों मित्र ही थे। दिन भर खरगोश अपनी हार पर दु:खी रहा और कछुआ अपनी जीत पर इतराता रहा। जब शाम को खाना खाने दोनों बैठे तो खरगोश ने कछुए से कहा कि कल फिर दौड़ होगी। कछुआ सहमत हो गया। अबकी बार खरगोश नहीं सोया और उसने दौड़ जीत ली। अब आज दिन भर कछुआ दु:खी रहा और खरगोश की खुशी का ठिकाना नहीं। फिर जब शाम को दोनों खाना खाने बैठे, तो अबकी बार कछुए ने कहा कि कल फिर दौड़ होगी, लेकिन दूसरी दिशा में होगी।

अगले दिन दोनों दूसरी दिशा में दौड़े तो रास्ते में नाला आ गया। यहाँ खरगोश फँस गया, लेकिन कछुए ने तैरकर नाला पार कर लिया। एक बार फिर कछुए की जीत हुई। दोनों ही थोड़े दु:खी थे और दोनों ही थोड़े खुश। दोनों ही इस सुख और इस दु:ख से पार जाना चाहते थे। दोनों ने फिर तय किया कि कल फिर दौड़ होगी। आज दोनों का हृदय बदला हुआ था। दोनों मैदान में आये, खरगोश ने कछुए को अपनी पीठ पर बैठा लिया और दौड़ पड़ा। नाले पर आकर अब खरगोश रूका तो कछुए ने पानी में उतरकर खरगोश को अपनी पीठ पर बैठा लिया। अबकी नाले के उस पार दोनों साथ-साथ पहुँचे। आज दोनों ही खुश थे। दोनों को दोनों का मूल्य पता चल चुका था। एक दूसरे के खिलाफ खड़े होने की इस समरसता से प्राप्त खुशी ने दोनों को जीवन का वास्तविक मर्म समझा दिया था।

जीवन में हार-जीत का खेल उचित नहीं होता। सब तो अपने ही हैं, पराया कोई नहीं है। हम तो पूरी वसुधा को ही अपना परिवार मानने वाले लोग हैं। सामने जब कमजोर व्यक्ति होता है, तो हमारा अहंकार बलवान हो जाता है और जब सामने कोई ताकतवर होता है, तो हमारा अहंकार डूब जाता है।

जीवन में सारा उपद्रव अहंकार से होता है। हम इसी अहंकार के कारण लोगों के साथ अच्छा व्यवहार, मधुर वाणी और समानता का व्यवहार नहीं

करते हैं। एक बार महात्मा बुद्ध के शिष्य से चीन के सम्राट ने कहा कि मेरा अहंकार मुझे बहुत परेशान करता है। इसी अहंकार के कारण मैंने इतना बड़ा साम्राज्य खड़ा किया। इतनी धन-दौलत है, फिर भी और अधिक पाने की मेरी इच्छा खत्म नहीं होती। इस अहंकार से मुझे छुड़ा दें। बोधिधर्म ने कहा कि ''कल सुबह तीन बजे अकेले मेरी कुटी पर आना और केवल अहंकार को अपने साथ लाना, किसी और को साथ न लाना।''

सम्राट सुबह तीन बजे पहुँचा तो बोधिधर्म ने पूछा, ''अहंकार ले आया?'' सम्राट ने कहा कि 'आप कैसी बातें करते हैं महाराज! अहंकार कोई चीज तो नहीं है कि उसे अपने साथ ले आऊँ, वह तो मेरे भीतर है।' बोधिधर्म ने सोचा और कहा कि चलो, आधा काम तो हो गया। इतना तो पता चल गया कि वह बाहर नहीं है, बल्कि भीतर है। उन्होंने आगे कहा कि अब यह खोजकर बता कि वह कहाँ है? सम्राट आँखें बंद करके भीतर देखने लगा। तीन घंटे बीत गये। सूरज उगने लगा, तो बोधिधर्म ने उसे हिलाया और पूछा, 'मिला कि नहीं?'

सम्राट उनके चरणों में झुक गया और बोला, 'मैंने बहुत खोजा महाराज और पाया कि वह न भीतर है, न बाहर है। अहंकार तो सिर्फ एक भ्रांति है। इस भ्रांति के जाल को तोड़कर देखें तो पता चलेगा कि ये भ्रांतियाँ हमारा कितना नुकसान करती हैं। हम संकल्प लेते हैं, हम खुशबू वाले फूल बनेंगे और समाज में खुशबू फैलायेंगे।

इसलिए हम समाज में समानता, भाईचारा, सत्य-अहिंसा फैलायें। हमें जिस बात पर शर्म आनी चाहिए, उस पर हम गर्व क्यों महसूस करते हैं? किसी को दुःख देकर या उसे दुःखी देखकर हमें खुश नहीं होना चाहिए, बल्कि उसे दूर करने में आनन्द का अनुभव करना चाहिए।

युधिष्ठिर द्वारा बहुत खोजने पर भी बुरे आदमी का न मिलना और दुर्योधन द्वारा बहुत खोजने पर भी अच्छे आदमी का न मिलना, आदमी की सोच को दर्शाता है।

गांधीजी कहा करते थे कि अगर हम श्रेष्ठ नागरिक के रूप में कर्तव्य निर्वहन करने लगें, तो देश की अधिकांश समस्याओं का समाधान स्वतः हो जायेगा। हम प्रतिपक्षी के दृष्टि से विचार करें, तो दुनिया के 75 प्रतिशत भाग के दुःख और गलतफहमियाँ दूर हो जाये।

गांधीजी से लोगों ने पूछा कि हिन्दू और मुसलमान को कैसे रहना चाहिए? गांधीजी ने कहा कि हिन्दू-मुसलमान भाई-बहन की तरह रह सकते हैं।

गांधीजी कहते थे कि हमारी पुलिस और इंग्लैण्ड की पुलिस में जमीन-आसमान का अन्तर है। वहाँ की पुलिस 'फर्ज' समझकर ही नौकरी करती है, जबकि यहाँ की पुलिस पेट भरने का साधन समझकर नौकरी करती है। इतना महान अंतर है। जब हम सबको यह अपना देश प्रतीत होगा, तभी यह स्थिति सुधरेगी। जिस दिन हम लोगों के दिलों में यह भावना जाग उठेगी, उस दिन हमारे देश की आजादी दुनियाभर में विख्यात हो जायेगी। तब न तो साम्यवाद की जरूरत होगी, न समतावाद की और न ही पूंजीवाद की। तब मानववाद के सिवा और किसी की भी जरूरत न होगी।

गांधीजी कहा करते थे कि किसी देश या समाज की महत्ता उस समाज में स्थापित समानता, सामाजिक समरसता एवं परस्पर सहयोग करने की भावना से आंकी जाती है।

योग्य व्यक्ति समाज की आवश्यकता नहीं है, बल्कि श्रेष्ठ व्यक्ति समाज को चाहिए। अगर व्यक्ति अपनी योग्यता को श्रेष्ठता में बदल दे, तो सारी समस्याओं का समाधान हो जाये।

मार्मिक प्रसंग

प्लेग : दक्षिण अफ्रीका के जोहांसबर्ग में जहाँ हिन्दुस्तानी रहते थे, वहाँ एकाएक प्लेग फैल गया। यह महामारी प्राणघातक थी। यह फेफड़े का प्लेग था। उसकी गिल्टी काले प्लेग से अधिक भयानक समझी जाती थी। गांधीजी को इंडियन ओपिनियन के प्रबन्धक मदन जी भाई ने सूचना भेजी कि यहाँ काला प्लेग फैल रहा है। आप तुरन्त यहाँ आ जाइये, नहीं तो स्थिति बहुत भयंकर हो जायेगी और संभाले नहीं संभलेगी।

गांधीजी अपनी साईकिल से वहाँ गये और एक खाली पड़े मकान पर कब्जा कर सभी बीमार लोगों को वहाँ रखा। सभी की सेवा और इलाज करने लगे। 23 मरीज उस मकान में रखे गये थे। उनमें से दो ही बचे और 21 मर गये।

गांधीजी ने इस काम में सिर्फ उन्हीं लोगों को रखा, जो अविवाहित थे या उनके ऊपर घर की कोई जिम्मेदारी नहीं थी। सरकार की तरफ से मरीजों की सेवा करने के लिए एक नर्स लगायी गयी थी। गांधीजी उस नर्स को मरीजों से भरसक दूर ही रखने की कोशिश करते थे। इस सावधानी के बावजूद भी वह नर्स बाद में मर गयी।

प्लेग के मरीजों की सेवा के दौरान गांधीजी होटल में खाना खाने तब जाते थे, जब होटल में रुकने वालों की संख्या कम से कम रहती थी। उन्होंने होटल के मालिक को यह बता दिया था कि मैं प्लेग के मरीजों की सेवा कर रहा हूँ, इसलिए मेरी टेबल अन्य लोगों से अलग ही रखियेगा।

गांधीजी के एक मित्र मि. अल्बर्ट वेस्ट थे। भोजनालय में खाना खाते समय अक्सर उनसे गांधीजी की मुलाकात होती थी। गांधीजी से जब कई दिन भोजनालय में उनकी मुलाकात नहीं हुई, तो वे गांधीजी से मिलने उनके आवास पहुँच गये। दरवाजा खुलने पर गांधीजी से उन्होंने कहा—आपको भोजनगृह में न पाकर मैं घबरा रहा था कि आपको कहीं कुछ हो तो नहीं गया। मित्र से ऐसी आत्मीयतापूर्ण बात सुनकर गांधीजी ने कहा कि हमारा रोग से बचे रहना किस कारण से हुआ, यह कोई नहीं बता सकता। दैवयोग से शायद मैं बच गया।

बोअर युद्ध : अंग्रेजों का मानना था कि हिन्दुस्तानी खतरे के कामों में नहीं पड़ते। वे अपने हानि-लाभ को छोड़कर और किसी चीज को नहीं देखते। स्वार्थ के सिवा उन्हें और कुछ नहीं दिखायी देता। परन्तु गांधी को देखकर उनकी यह धारणा व विचारधारा बदली। दक्षिण अफ्रीका में चल रहे बोअर युद्ध में घायलों की सेवा करने के लिए गांधीजी ने अपने लगभग 1100 साथियों के साथ मिलकर एक टुकड़ी बनायी और इन साथियों की टुकड़ी के साथ घायलों की सेवा करने युद्धस्थल पहुँच गये। गोले-बारूद की हद में काम करते हुए भी कभी उन लोगों को कोई हानि नहीं उठानी पड़ी। युद्धस्थल से चिकित्सा शिविर तक घायलों को ले जाने के लिए कम से कम सात-आठ मील की दूरी तय करनी पड़ती थी। कभी-कभी तो बुरी तरह जख्मी सैनिकों और अफसरों को स्ट्रेचर पर लाद कर एक-एक दिन में 25-25 मील तक भी उठा कर ले जाना पड़ता था। ताकि उन्हें सही इलाज मिल सके।

युद्ध खत्म होने के बाद गांधीजी और उनकी हिन्दुस्तानी टुकड़ी के काम की बड़ी तारीफ हुई। उनकी प्रशंसा में गीत गाये गये कि 'आखिर हिन्दुस्तानी साम्राज्यवाद के वारिस तो हैं ही।' साथ ही एम्बुलेंस दल के 37 नेताओं को युद्ध के तमगे भी प्रदान किये गये।

बोअर युद्ध में सेवारत गांधीजी का प्रिटोरिया न्यूज़ के संपादक मि. विअर स्टेंट ने जो स्फूर्तिदायक शब्दचित्र अपने अखबार में छापा था, उसके कुछ अंश इस प्रकार हैं—

"सारी रात की कड़ी मेहनत के बाद, जिसने कई तगड़े जवानों को ढीला कर दिया था, सुबह-सुबह मेरी भेंट मि. गांधी से हुई। वह सड़क के किनारे बैठे हुए राशन के फौजी बिस्कुट का कलेवा कर रहे थे। उस दिन जनरल बुलर की फौज का हर आदमी थका-माँदा, सुस्त व निराश था और सारी दुनिया को कोस रहा था। अकेले गांधीजी ही प्रसन्न, अविचलित और संतुलित थे। उनकी वाणी में आत्मविश्वास की झलक और आँखों में करुणा की ज्योति जगमगा रही थी।"

कुष्ठ रोगी की सेवा : एक दिन शाम को बापू से किसी ने आकर कहा कि "गोशाला के पीछे एक फकीर जैसा आदमी छिपा खड़ा है। ऐसा लगता है कि वह आपको पहचानता है।" बापू गोशाला पहुँचे। फकीर जैसे दिखने वाले व्यक्ति ने बापू को साष्टांग प्रणाम किया। उसके मुँह से संस्कृत श्लोकों की वंदना प्रस्फुटित हो रही थी।

"अरे, ये तो परचुरे शास्त्री है! कहो, कैसे अचानक आना हुआ?"

परचुरे शास्त्री ने कहा, "मेरा कुष्ठ रोग बढ़ गया है। समाज मुझे स्वीकार करने को तैयार नहीं है। आखिर के दिन आपके आश्रम में और आपकी छत्रछाया में बिताकर शांति से मरना चाहता हूँ। मुझे दो रोटियों से अधिक की आवश्यकता नहीं है। यहाँ रहने की अनुमति प्रदान करके अनुग्रहीत कीजिएगा।"

पर-पीड़ा देखकर वैष्णव जन का हृदय द्रवित हुआ। बापू ने तुरंत कहा, "मेरे आश्रम में रहने की तो आपको छूट है, लेकिन मरने की छूट नहीं है। यहाँ आपकी सेवा की जाएगी, आपको मरने नहीं दिया जाएगा।"

यह निर्णय करने से पहले बापू को भी थोड़ा सोचना पड़ा था, क्योंकि दूसरे कार्यकर्ताओं की भावना और संसर्ग की संभावना का ख्याल भी उनको

रखना था। देखते-देखते बापू की कुटी के पड़ोस में लेकिन अन्य कुटियों से कुछ हटकर, परचुरे शास्त्री के लिए एक कुटी तैयार हो गई। एक चारपाई पर परचुरे शास्त्रीजी का बिस्तर लगा दिया गया और उनके खाने-पीने की व्यवस्था वहीं झोपड़ी में की गई।

कुष्ठरोगी का स्पर्श भयंकर माना जाता है। बापू ने परचुरे शास्त्री की सेवा का जो काम अपने जिम्मे लिया था, वह उनके शरीर में मालिश करने का था। परचुरे शास्त्री सेवाग्राम आश्रम में आये, तभी उनका रोग असाध्य हो चुका था। फिर भी सेवाग्राम में उनकी जो सेवा और देखभाल की गयी, उससे कुछ समय के लिए उनका स्वास्थ्य कुछ सुधर गया था। उस समय वे आश्रम के लोगों को संस्कृत भी पढ़ाते थे।

गांधीजी प्रतिदिन उनके घावों को स्वयं साफ करते थे, दवा लगाते थे और शरीर की मालिश करते थे। गंभीर से गंभीर क्षणों में भी वह अपनी जिम्मेदारियों को भूलते नहीं थे। एक बार वर्धा में कांग्रेस कार्यकारिणी समिति की एक बहुत ही महत्त्वपूर्ण बैठक चल रही थी। वह बीच में उठे और बोले कि 'मुझे बहुत जरूरी काम से सेवाग्राम जाना है।' पं. जवाहरलाल नेहरू बोले, 'क्या वह काम स्वराज्य से भी बढ़कर है?'

गांधीजी ने कहा कि 'हाँ, मेरे लिए परचुरे शास्त्री की सेवा स्वराज्य से भी बढ़कर है।' और वह चले गए।

शिमला में वायसराय के साथ कांग्रेस की बैठक चल रही थी। इस बैठक में गांधीजी भी उपस्थित थे। बीच में कुछ समय का अवकाश था। उस समय बापू परचुरे शास्त्री की सेवा करने के लिए सेवाग्राम चले आये क्योंकि उनके मन में देश की आजादी के प्रश्न पर वायसराय से बातचीत चलाने और एक कुष्ठ रोगी की सेवा करने का महत्त्व समान था। बापू की जीवन साधना में चित्त-शुद्धि और सामाजिक क्रांति दोनों अविभाज्य और अभिन्न था। इसीलिए वे एक रोगी की सेवा भी राष्ट्र सेवा जितनी भक्ति से करते थे। नतीजा यह होता था कि वे जिस किसी व्यक्तिगत काम को उठाते थे, तो उस काम को सामाजिक महत्त्व प्राप्त हो जाता था और यही उनके व्यक्तित्व के सर्वव्यापी होने का राज है।

नील आन्दोलन के दौरान चंपारण में किसानों का सत्याग्रह आंदोलन चल रहा था। गांधीजी के साथ सभी प्रकार के लोग शामिल थे। उन्हीं में एक

व्यक्ति ऐसा भी था, जो कुष्ठ रोग से पीड़ित था। वह पेशे से खेतिहर मजदूर था। उसके शरीर में अनेक घाव हो गये थे, जिससे वह अपने घावों पर कपड़ा लपेट कर चलता था। सभी उसे हेय दृष्टि से देखते थे।

एक दिन शाम के समय सत्याग्रही अपनी छावनी को लौट रहे थे, तो उस व्यक्ति के घावों से खून बहने लगा। अधिक पीड़ा होने के कारण वह अन्य लोगों से पीछे रह गया और वहीं बैठ गया। जब सभी सत्याग्रही लौट आये और वह व्यक्ति नहीं लौटा, तो गांधीजी ने सत्याग्रहियों से उस व्यक्ति के बारे में पूछा, लोगों ने जवाब दिया कि वह शायद पीछे रह गया है। यह जानकर गांधीजी तुरंत उसी समय उसकी तलाश में निकल पड़े। उसे तलाश करते-करते वे काफी आगे आ गये। सहसा एक जगह पर पेड़ के नीचे वह उन्हें बैठा हुआ नजर आया। उस व्यक्ति ने भी उन्हें देख लिया और जोर से आवाज लगायी, 'बापू'! बापू उसके पास पहुँचे और उसकी हालत देखकर बोले, 'अरे भलेमानस, जब तुम चल नहीं सकते थे, तो तुमने मुझे बताया क्यों नहीं? कम से कम अपनी स्थिति से मुझे अवगत तो कराना चाहिए था। खैर, छोड़ो।' उसके बाद उन्होंने उसके खून से लथपथ पैरों पर अपनी चादर फाड़कर लपेटी और उसे सहारा देकर धीरे-धीरे आश्रम में ले आये। वहाँ पर उन्होंने उसके घावों को साफ किया, पैर धोये और फिर प्यार से अपने पास बैठाया। बाकी सत्याग्रही गांधीजी के ऐसे व्यवहार को देखकर आत्मग्लानि से भर उठे और उन्होंने मन ही मन संकल्प किया कि आगे से वे जरूरतमंद व्यक्ति और रोगी की सहायता के लिए सदैव तैयार रहेंगे।

एक दिन एक अपंग कुष्ठ पीड़ित व्यक्ति मेरे यहाँ आया। उसे खाना देकर भगा देने को दिल तैयार न हुआ। उसे एक कोठरी में टिकाया। उसके घाव साफ किये और उसकी सेवा टहल की। पर यह बात अधिक दिन नहीं चल सकती थी। घर में हमेशा के लिए उन्हें रख लेने की मेरे पास व्यवस्था न थी और न ही मेरी हिम्मत थी। अतः मैंने उन्हें गिरमिटियों के लिए खुले हुए सरकारी अस्पताल में भेज दिया। कभी-कभी सेवा-शुश्रूषा का ऐसा अवसर मिल जाता था, परन्तु इससे मेरे चित्त को शांति नहीं मिलती थी। मैं सोचता था कि इस तरह का सेवा-शुश्रूषा का कुछ काम मैं हमेशा करूँ, तो कितना अच्छा हो!

दक्षिण अफ्रीका में डॉ. बूथ ने एक छोटा-सा अस्पताल खोला था। जहाँ रोगियों की निःशुल्क सेवा की जाती थी। मेरे मन में बड़ी इच्छा हुई कि इस

अस्पताल में मैं नर्स के रूप में काम करूँ। मैं वहाँ प्रतिदिन दो घण्टे बिना पारिश्रमिक के काम करने लगा। मेरा काम था रोगी का रोग समझकर डॉक्टर को समझाना और डॉक्टर जो दवा बताये, वह दवा बनाकर रोगी को देना। इस काम से मुझे बहुत शांति मिली और पीड़ित भारतीयों के साथ मेरा अधिक निकट का सम्बन्ध जुड़ा।

जुलू विद्रोह : जुलू विद्रोह के समय घायलों (हब्शियों) की कोई भी मदद नहीं कर रहा था। घायलों का इलाज कर रहे डॉ. सावेज ने हमसे (गांधीजी) मदद के लिए कहा और हम खुशी-खुशी जुलुओं की सेवा-शुश्रूषा करने के लिए तैयार हो गये। डॉ. सावेज ने कहा कि ''गोरों में से कोई इन घायलों की सेवा-शुश्रूषा करने के लिए तैयार नहीं होता। मैं अकेला किस-किस की और कैसे सेवा करूँ? इनके घाव सड़ रहे हैं। आप यहाँ आये हैं, तो मैं इसे और इन निर्दोष लोगों पर ईश्वर की कृपा ही समझता हूँ। मैं किसी गोरे को यह काम करने के लिए मजबूर करने की शक्ति नहीं रखता।''

कुछ हब्शियों के घावों की पाँच-पाँच, छः-छः दिन तक मरहम पट्टी नहीं की गयी थी, इसलिए वे बदबू करने लगे थे। उनके घावों को साफ करके मरहम पट्टी करने का काम हमें मिला और उसे हमने प्रसन्नतापूर्वक किया। हब्शी बेचारे हमसे कुछ बोल तो नहीं सकते थे, परन्तु उनके हाव-भाव और उनकी आँखों से प्रकट होने वाली कृतज्ञता से हम समझ सकते थे कि वे हमें ईश्वर द्वारा उनकी मदद के लिए भेजे हुए दूत ही मानते थे। कभी-कभी हमें दिन में चालीस मील की मंजिल भी तय करनी पड़ती थी।

नीग्रो कैदी : यरवदा जेल में गांधीजी की सेवा-टहल के लिए एक अफ्रीकी कैदी को नियुक्त किया गया था। वह गांधीजी की भाषा नहीं समझता था और न ही गांधीजी उसकी भाषा जानते व समझते थे। बातचीत के अभाव में दोनों को इशारों से काम चलाना पड़ता था। लेकिन गांधीजी तो सब भाषाओं से श्रेष्ठ दिल की भाषा को समझने वाले महान पुरुष थे। एक बार उस अफ्रीकी कैदी को बिच्छू ने काट लिया, तो गांधीजी ने अपने मुँह से जहर चूसकर उसे भला-चंगा कर दिया। गांधीजी के इस दयालु व्यवहार का उस पर इतना असर हुआ कि वह उनका परम शिष्य बन गया और उनसे चरखा चलाना भी सीख लिया।

काली मन्दिर में बकरों की बलि : कलकत्ता के काली मन्दिर की अनेक लोगों से चर्चा सुनने के कारण मुझे वह मन्दिर देखने की तीव्र इच्छा हुई। अतः एक दिन मैं वहाँ जा पहुँचा। जब मैं काली मन्दिर गया तो मार्ग में बलि के लिए बकरों की अनेक कतारें लगी हुई थीं। वहाँ पर अनेक साधु भी बैठे हुए थे। मैंने एक साधु से पूछा कि ''बाबा जी, इन बकरों के बलिदान को आप धर्म मानते हैं?''

उन्होंने कहा, ''जीवन के हनन को धर्म कौन मानता है?''

हम मन्दिर में पहुँचे। सामने खून की नदी बह रही थी। यह देखकर दर्शन के लिए वहाँ खड़े रहने की मेरी बिल्कुल भी इच्छा नहीं रही। मैं बहुत खिन्न और उद्विग्न मन वहाँ से वापस आ गया। बाद में मैंने एक सज्जन से इस घातक पूजा के बारे में पूछा, तो उन्होंने कहा कि ''मेरे अनुसार, वहाँ जो नगाड़ा वगैरह बजता है, उसके शोर में बकरे को चाहे जैसे मारो, उसे पीड़ा नहीं होती।''

यह बात मेरे गले नहीं उतरी। मैंने उस दिन जो सोचा, वही आज भी सोचता हूँ कि बकरे के जीवन का मूल्य, मनुष्य के जीवन मूल्य से किसी भी तरह कम नहीं है। मैं मानता हूँ कि जो जीव जितना अधिक असहाय है, मनुष्य की चालाकियों और अत्याचार से बचने तथा मनुष्य का आश्रय पाने का उतना ही अधिक अधिकारी है। मैं सोचता हूँ कि ऐसा कोई तेजस्वी पुरुष या कोई तेजस्विनी सती निकले, जो इस महापातक में से मनुष्य को उबारे, निर्दोष प्राणियों की रक्षा करे और मन्दिरों को शुद्ध करे। यह प्रार्थना मैं भगवान से निरन्तर करता रहता हूँ। ज्ञानी, बुद्धिजीवी, त्यागवृत्ति वाला तथा भावना प्रधान बंगाल यह सब कैसे सहन करता है?

आश्रम

फिनिक्स फार्म : जॉन रस्किन की पुस्तक 'अनटू दिस लास्ट' को पढ़ने के बाद गांधीजी पर उसका जादुई असर हुआ। जॉन रस्किन की इस पुस्तक में प्रकट विचारों को व्यवहार में लाने के लिए गांधीजी ने दक्षिण अफ्रीका में फिनिक्स स्टेशन के पास 100 एकड़ जमीन खरीदा। इसी स्थान पर 1904 में

उन्होंने फिनिक्स आश्रम की स्थापना की। फिनिक्स रेलवे स्टेशन के समीप होने के कारण इसका नाम फिनिक्स रखा गया। प्राचीन ग्रीक कथाओं के अनुसार फिनिक्स एक काल्पनिक पक्षी का नाम है, जिसकी पवित्रता, त्याग, तप, बलिदान व अमरता के दिलचस्प किस्से हैं। लोक मान्यता है कि यह पक्षी पूरे संसार में अकेला ही रहता है और इसका कोई जोड़ा भी नहीं होता। अपनी आन्तरिक ज्वाला से यह अपने को जलाकर राख कर लेता है, पुनः उस राख से स्वतः नया पक्षी जन्म लेता है, जो पुराने पक्षी (पिता) की परम्पराओं को आगे बढ़ाता है।

रस्किन एवं टॉलस्टॉय की मूल शिक्षा को क्रियान्वित करने हेतु ही फिनिक्स आश्रम की स्थापना की गई थी। आश्रम में रहने वाले सभी अपनी मेहनत से अपना निर्वाह करेंगे, इसी विचार से प्रत्येक निवासी को छापेखाने के आसपास की तीन-तीन एकड़ जमीन दे दी गई। इनमें से एक टुकड़ा गांधी ने भी लिया। उस वक्त उनकी कल्पना थी कि वे फिनिक्स में ही बस जाएँगे और अपनी आजीविका उसी में से प्राप्त करेंगे।

टॉलस्टॉय फार्म : गांधी ने टॉलस्टॉय फार्म नामक आश्रम की स्थापना 1910 में जोहान्सबर्ग से 21 मील दूरी पर की थी। दक्षिण अफ्रीका के सत्याग्रह के दौरान जेलों में बन्द सत्याग्रहियों के परिवारों को आसरा देने हेतु ही इस फार्म की स्थापना की गयी थी। इसके पूर्व यह व्यवस्था बनाई गई थी कि सत्याग्रह आन्दोलन में जेल जाने वाले सत्याग्रहियों के परिवारों के रहन-सहन का खर्च संगठन उठाता था। इसके तहत ऐसे प्रत्येक परिवार को उनकी जरूरतों के हिसाब से मासिक भत्ता के रूप में कुछ नकद धनराशि दी जाती थी। किन्तु इसमें सार्वजनिक धन के दुरुपयोग की गुंजाइश बनी रहती थी। वैसे भी लम्बे समय तक ऐसा करते रहना सम्भव नहीं था। इस स्थिति में जेल जाने वालों के परिजनों को एक ही जगह सामूहिक तौर पर बसाने का विचार हुआ। इसी परिप्रेक्ष्य में यह फार्म बनाया गया। इसके लिए गांधी के एक जर्मन यहूदी मित्र हर्मन कैलनबैक ने 1100 एकड़ जमीन उपलब्ध कराई। गांधी और कैलनबैक टॉलस्टॉय के पुजारी थे और उनके विचारों पर अमल करने की कोशिश करते थे। इसीलिए इस आश्रम का नाम 'टॉलस्टॉय फार्म' रखा गया था।

कोचरब आश्रम (सत्याग्रह आश्रम) : गांधीजी ने 1914 के जुलाई महीने में दक्षिण अफ्रीका छोड़ा और 9 जनवरी, 1915 को भारत की धरती पर कदम रखा। उन्होंने अहमदाबाद के पास कोचरब नामक स्थान पर एक आश्रम की स्थापना की थी। उनका उद्देश्य था कि राष्ट्र के आत्मत्यागी सेवकों के लिए इस आश्रम को 'प्रशिक्षण केन्द्र' बनाया जाये। यहाँ उल्लेखनीय है कि 9 जनवरी को भारत में 'प्रवासी दिवस' के रूप में मनाया जाता है।

25 मई, 1915 को कोचरब में किराये के मकान में सर्वप्रथम इस आश्रम का शुभारम्भ किया गया। इसके खर्चे की व्यवस्था की जिम्मेदारी अहमदाबाद के कुछ नागरिकों ने ली थी। कुछ ही दिनों में आश्रम की आबादी दुगुनी हो गई। इस बंगले की रचना आश्रम के अनुकूल भी नहीं थी। बंगला तो आखिर बंगला ही ठहरा। गांधीजी कहते हैं कि उसमें धनिक परिवार पश्चिम और पूर्व के रहन-सहन को मिलाकर रह सकता था। ऐसी जगह में स्त्री, पुरुष और बच्चे कुल मिलाकर 60 लोग कई प्रवृत्तियाँ चलाते हुए और ब्रह्मचर्यादि व्रतों का पालन करते हुए मुश्किल से ही रह सकते थे। इसी बीच वहाँ प्लेग की समस्या पैदा हो गई और बंगला खाली करना पड़ा। परिणामस्वरूप नई जमीन की तलाश करनी पड़ी।

साबरमती आश्रम : गांधीजी ने अहमदाबाद में ही 'साबरमती आश्रम' की 1915 में स्थापना की। बाद में गांधीजी ने इसका नाम बदलकर 'उद्योग मंदिर' कर दिया। 1931 में गांधीजी ने दांडी-मार्च के समय यह प्रतिज्ञा किया कि 'जब तक स्वराज्य नहीं मिलता, तब तक वे साबरमती आश्रम वापस नहीं लौटेंगे।' इसके बाद सत्याग्रह संग्राम के कारण वे लम्बे समय तक जेल में रहे। फिर 1933 में एक साल के लिए हरिजन-यात्रा पर निकल पड़े। हरिजन-यात्रा के दौरान प्राप्त अनुभव ने उन्हें कांग्रेस के प्रति उदासीन होने को मजबूर किया। परिणामस्वरूप उन्होंने यह तय किया कि अब आगे का जीवन ग्रामोद्योग एवं ग्राम सेवा के काम में लगाना है। उन्हें ग्रामोद्योग संघ की स्थापना करनी थी। तब यह प्रश्न खड़ा हुआ कि इसका मुख्य कार्यालय कहाँ रखा जाये? साबरमती आश्रम को उन्होंने हरिजन आश्रम का रूप देकर छोड़ दिया था।

सेवाग्राम आश्रम : महाराष्ट्र के वर्धा जिला मुख्यालय के निकट स्थित एक छोटे से गाँव-सेगाँव का बदला हुआ नाम 'सेवाग्राम' है। वर्ष 1936 में इसी

गाँव में गांधीजी ने 'सेवाग्राम आश्रम' की स्थापना की। 1940 ई. में इस गाँव का भी नाम बदलकर सेवाग्राम हो गया। गांधी इस आश्रम में 12 वर्ष तक रहे थे। गांधीजी इस गाँव को देखने के लिए पहली बार 30 अप्रैल, 1936 को पहुँचे थे। इस गाँव को उन्होंने इसलिए चुना था कि यहाँ ज्यादातर बस्ती हरिजनों की थी। 1934 में गांधीजी ने भारतीय ग्रामोद्योग संघ की स्थापना की थी। गांधीजी की मान्यता थी कि हिन्दुस्तान शहरों में नहीं, गाँवों में बसता है। इसी निमित्त से उन्होंने जनवरी 1935 से वर्धा के मगनवाड़ी में रहना भी प्रारम्भ कर दिया था। मगनवाड़ी गाँव बड़ा था, इसलिए गांधीजी ने ऐसे गाँव में बसने की इच्छा व्यक्त की, जिसमें ग्राम जीवन की सर्वसामान्य कठिनाइयाँ और समस्याएँ मौजूद हों। सेगाँव ऐसा ही एक गाँव था।

एकादश व्रतों के पालन का हर सम्भव प्रयास सेवाग्राम आश्रम का मुख्य अनुशासन था। आश्रम में एकादश व्रतों का पालन किया जाता था और सामूहिक प्रार्थना भी की जाती थी। एकादश व्रतों को गांधी आश्रम जीवन का आधार मानते थे। इस आश्रम में प्रारम्भ में तो गांधी ही रहते थे, किन्तु कालांतर में और भी कई लोग रहने लगे। डॉ. अम्बेडकर भी एक बार उनसे मिलने इस आश्रम में आए। जून, 1942 में प्रख्यात अमेरिकी पत्रकार लुई फिशर भी यहाँ उनके साथ एक सप्ताह रहे। इसी एक सप्ताह के अनुभवों और गांधी से हुए वार्तालाप के आधार पर उन्होंने 'वन वीक विद गांधी' नामक चर्चित पुस्तक लिखी।

गांधी ने वर्ष 1940 में व्यक्तिगत सत्याग्रह प्रारम्भ किया, जिसकी शुरुआती तैयारी इसी आश्रम में हुई थी। 4 जुलाई, 1936 को 'राष्ट्रभाषा प्रचार समिति' की बुनियाद भी इसी आश्रम में रखी गई थी। वर्ष 1942 में शुरू किए गए 'भारत छोड़ो आन्दोलन' के पूर्व, इसकी प्रारंभिक सभा इसी सेवाग्राम आश्रम में हुई थी। इसके अलावा हरिजन सेवक संघ, चरखा संघ, ग्रामोद्योग संघ, हिन्दुस्तानी प्रचार सभा, हिन्दुस्तानी तालीमी संघ, गो-सेवा संघ, महारोगी सेवा समिति आदि की बैठकें अकसर यहाँ होती रहती थीं। 17 मार्च, 1945 को गांधी ने विनोबा भावे और किशोरीलाल मशरूवाला को आश्रम में अपने उत्तराधिकारी बनाने के संबंध में घोषणा की।

गांधीजी जिस दिन सेवाग्राम आश्रम में पहुँचे, उसी दिन गाँव में दो लोगों में मारपीट हो गई। एक ने मार कर दूसरे का सिर फोड़ दिया। प्रार्थना के दौरान ही गाँव के लोग उस घायल व्यक्ति को बापू के पास ले आये। गाँव के लोग यह मामला थाने में ले जाना चाहते थे लेकिन बापू ने दोनों पक्षों को समझाया और कहा कि ''सिर फोड़ने वाले व्यक्ति ने भारी गलती की है, लेकिन उसे माफी दे देनी चाहिए। पुलिस में जाने से दोनों पक्ष हैरान होंगे, जबकि ऐसे झगड़े आपस में ही निपटा लेने से आपस में प्रेम बढ़ेगा और गाँव ऊँचा उठेगा।'' गाँव के लोगों को बापू की बात समझ में आ गई और उन लोगों ने वैसा ही किया। इस तरह पहले दिन से ही गाँव को शांति, प्रेम, भाईचारा एवं अहिंसा को बढ़ावा देने का संदेश भी मिलना शुरू हो गया।

आश्रम में होने वाली घटनाओं की चर्चा करते हुए गांधीजी कहते हैं कि यहाँ चोर आए हैं, चोर पैदा हुए हैं। उन्हें सजा देने की नीति यहाँ नहीं रखी गई। पुलिस को खबर नहीं दी जाती, उनके उत्पातों को यथाशक्ति बर्दाश्त किया जाता है। इस नियम का सदा पूरी तरह से पालन नहीं किया गया। एक बार दिन में चोरी करते हुए एक चोर पकड़ा गया था, जिसने उसे पकड़ा उसने उसे बाँध दिया था। गांधीजी ने इसे उसका अपमान मानते हुए कहा कि मैं उस दिन आश्रम में था। मैं चोर के पास गया, उसे उलाहना दिया और उसे बंधन मुक्त किया। मगर असल में देखा जाये तो इससे अहिंसावादी का धर्म पूरा नहीं होता। ऐसे उत्पातों को रोकने के लिए काफी उपाय खोजे और किये जाने चाहिए। गांधीजी इसका उपाय यह सुझाते हैं कि आश्रम के परिग्रह और भोग-विलास को कम किया जाये, ताकि किसी को वहाँ कुछ लेने का प्रलोभन ही न उठे। दूसरा उपाय यह है कि आसपास के गाँवों में शुद्ध आचरण का प्रचार किया जाये और तीसरा यह कि आश्रम की सेवा इतनी व्यापक हो जाये कि भले-बुरे सभी में यह भावना पैदा हो जाये कि आश्रम हमारा अपना है।

गांधी : हिन्दू-मुस्लिम

कुछ आवाज आती है कि गांधीजी हिन्दुओं का पक्ष लेते थे, तो कुछ ध्वनि यह भी सुनाई पड़ती है कि गांधीजी मुसलमानों का पक्ष लेते थे। इतिहास

में स्पष्ट उल्लिखित है कि भारत-पाकिस्तान सीमा पर 55 हजार सैनिक और अन्य प्रशासनिक व्यवस्थाएँ होने के बावजूद न तो भगदड़ रुकी और न ही मार-काट। जबकि भारत और बांग्लादेश सीमा पर न तो ऐसी कोई भगदड़ हुई और न ही मार-काट। इसका सिर्फ एक ही कारण था कि गांधीजी ने कलकत्ता में रहकर बांग्लादेश के साथ-साथ भारत के अधिकांश हिस्सों में हिन्दू-मुसलमान का संतुलन बनाये रखा। इस संतुलन के कारण ही बांग्लादेश में हिन्दू बच गये और भारत के पश्चिम बंगाल, बिहार आदि सीमा पर मुसलमान बच गये। जब नोआखली में दंगा हुआ, तो वहाँ हिन्दुओं को बचाने गांधी ही गये थे और जब बिहार में दंगा हुआ, तो वहाँ भी मुसलमानों को बचाने गांधी ही गये।

कलकत्ता में शान्ति के बाद गांधीजी को दिल्ली की उदासी बेचैन कर दी। वहाँ के नेताओं के उदास चेहरों ने गांधीजी को दिल्ली में कुछ समय रुकने के लिए मजबूर कर दिया। दिल्ली की शान्ति के लिए विवश होकर गांधीजी को आमरण अनशन करना पड़ा। इस अनशन के प्रभाव स्वरूप दिल्ली का वातावरण ठीक हुआ।

गांधीजी इसके बाद पाकिस्तान में शान्ति के लिए कराची जाने वाले थे। इसकी तैयारी स्वरूप उनकी डॉक्टर सुशीला नैय्यर आदि बहावलपुर में पहले से ही पहुँच गयी थीं, परन्तु इसी बीच गांधीजी की हत्या हो गयी। गांधीजी की हत्या से आहत होकर समूचे भारत और पाकिस्तान में साम्प्रदायिक वातावरण समाप्त हो गया। इतना ही नहीं, भारत-पाकिस्तान में मार-काट और आबादी की अदला-बदली का कार्यकम भी समाप्त हुआ।

नोआखली में हिन्दुओं को बचाने गांधी गये, बिहार में मुसलमानों को बचाने गांधी गये। भारत-बांग्लादेश की सीमा पर हिन्दू-मुसलमान गांधीजी के कारण बचे। दिल्ली में अनशन से हिन्दू-मुसलमान-सिक्ख-ईसाई आदि सभी बचे। गांधीजी की हत्या अगर कुछ दिन न हुई होती, तो पाकिस्तान में भी हिन्दुओं को बचाने गांधीजी ही जा रहे थे। गांधीजी के मरने के बाद भारत-पाकिस्तान में जो शान्ति आयी, उसमें हिन्दू-मुसलमान, सिक्ख, ईसाई सभी ही तो बचे।

गांधी मानवता के पुजारी थे। जहाँ कहीं भी मानवता पर कष्ट या संकट आता था, गांधीजी वहीं और उसी के नायक बन जाते थे। गांधीजी को हिन्दू-

मुसलमान की दृष्टि से देखना संकीर्णता है। गांधीजी ने यह भी कहा था कि भारत से जो लोग पाकिस्तान गये हैं और पाकिस्तान से जो लोग भारत आये हैं, मैं उन सभी लोगों को वापस उनके देश पहुँचाऊँगा अर्थात भारत के लोगों को भारत और पाकिस्तान के लोगों को वापस पाकिस्तान पहुँचाऊँगा। दुर्भाग्यवश इसी बीच गांधीजी की हत्या हो गयी और गांधीजी का यह ऐतिहासिक कदम अधूरा रह गया।

शराबबंदी और गांधी

गांधीजी ने लिखा है—मैं तो भारत का कंगाल हो जाना पसंद करूँगा, लेकिन कभी यह बर्दाश्त नहीं कर सकता कि हमारे हजारों लोग शराब के नशे में डूबे रहें। भारत में शराबबंदी जारी करने के लिए अगर शिक्षा देना बंद करना पड़े, तो कोई परवाह नहीं। मैं यह कीमत चुकाकर भी शराबखोरी को बंद करूँगा। अफीम, शराब जैसी चीजों के बुरे व्यसन में फँसे हुए अपने करोड़ों भाई-बहनों के भविष्य को सरकार की मेहरबानी या मर्जी पर लटकता हुआ मैं नहीं छोड़ सकता। शराबखोरी को मैं चोरी और वेश्या-गमन से भी ज्यादा निन्दनीय मानता हूँ। यह शराबखोरी ही तो इन दोनों बुराइयों को जन्म देती है।

शराब शैतान की ईजाद है। बहुमुखी राक्षस है। इस्लाम की किताबों में कहा गया है कि जब शैतान ने पुरुषों और स्त्रियों को ललचाना शुरू किया, तो उसने उन्हें शराब दिखाई थी। शराब आदमियों से न सिर्फ उनका पैसा छीन लेती है, बल्कि उनकी बुद्धि भी हर लेती है। उसके नशे में वे कुछ क्षणों के लिए उचित और अनुचित का, पुण्य और पाप का, यहाँ तक कि माँ और स्त्री का भेद भी भूल जाते हैं। मांसाहार और शराब दोनों के बारे में उत्तम नियम तो यह है कि 'हमें खाने-पीने और आमोद-प्रमोद के लिए नहीं जीना चाहिए, बल्कि इसलिए खाना और पीना चाहिए कि हमारे शरीर ईश्वर के मन्दिर बन जाए और हम उनका उपयोग मनुष्य की सेवा में कर सकें।'

शराब की आदत मनुष्य की आत्मा का नाश कर देती है और उसे धीरे-धीरे पशु बना डालती है, जो माँ और बहन में भेद करना भूल जाता है। शराब के नशे में यह भेद भूल जाने वाले लोगों को मैंने खुद देखा है।

यदि मुझे एक घण्टे के लिए भारत का डिक्टेटर बना दिया जाए, तो मेरा पहला काम यह होगा कि शराब की दुकानों को बिना मुआवजा दिए बन्द करवा दिया जाए और कारखानों के मालिकों को अपने मजूदरों के लिए मनुष्योचित परिस्थितियाँ निर्माण करने तथा उनके हित में ऐसे उपहार-गृह और मनोरंजन-गृह खोलने के लिए मजबूर किया जाए, जहाँ मजदूरों को ताजगी देने वाले निर्दोष पेय और उतने ही निर्दोष मनोरंजन प्राप्त हो सके।

शराब के दुर्गुणों और अनिष्टकारी परिणामों से गांधीजी भली प्रकार परिचित थे। औद्योगिक मजदूर और अधभूखे किसान अपनी गाढ़ी कमाई का पैसा शराब में बहा देते थे और उनके बच्चे दूध के लिए तरसा करते थे।

एक बार जब किसी ने गांधीजी से कहा कि शराबबंदी के लिए देश इंतजार कर सकता है, तो वह नाराज हो उठे और बोले—''किसी शराबी की औरत से जाकर इंतजार करने के लिए कहो, फिर देखना वह तुम्हारी क्या गत बनाती है। मैं तो हजारों शराबियों की औरत बनकर देख चुका हूँ और इसलिए एक मिनट का भी इंतजार करने का धीरज अब मुझमें नहीं रहा।''

जो राष्ट्र शराब की आदत का शिकार है, कहना चाहिए कि उसके सामने विनाश मुँह बाए खड़ा है। इतिहास में इस बात के कितने ही प्रमाण हैं कि इस बुराई के कारण कई साम्राज्य मिट्टी में मिल गए हैं। रोम साम्राज्य के पतन का एक सहायक कारण नि:संदेह यह बुराई ही थी।

आपको ऊपर से ठीक दिखाई देने वाली इस दलील के भुलावे में नहीं आना चाहिए कि शराबबंदी जोर-जबरदस्ती के आधार पर नहीं होनी चाहिए और जो लोग शराब पीना चाहते हैं, उन्हें उसकी सुविधाएँ मिलनी ही चाहिए। राज्य का यह कोई कर्तव्य नहीं है कि वह अपनी प्रजा के दुर्गुणों के लिए अपनी ओर से सुविधाएँ दे। हम वेश्यालयों को अपना व्यापार चलाने के लिए अनुमति पत्र नहीं देते। इसी तरह हम चोरों को अपनी चोरी की प्रवृत्ति पूरी करने की सुविधाएँ नहीं देते। मैं शराब को चोरी और व्यभिचारी, दोनों से ज्यादा निंद्य मानता हूँ।

गांधीजी ने दो बातों पर विशेष रूप से जोर दिया था और आशा प्रकट की थी कि कांग्रेसी मंत्रिमंडल इन्हें अवश्य पूरा करेंगे। उनमें एक थी शिक्षा और दूसरी थी शराबबंदी।

अनुकरणीय व रोचक प्रसंग

भगवान के लिए चंदा : एक बार कुछ लोगों ने भगवान के प्रति श्रद्धा-स्वरूप उत्सव मनाने के लिए मिठाई बाँटने हेतु पैसे इकट्ठा करना चाहा। गांधीजी ने उनसे कहा कि ''भगवान की कृपा पैसे से नहीं खरीदी जाती। वह तो खून-पसीना और आँसुओं से प्राप्त होती है। आप अपने लिए रोज परिश्रम करते हैं तो क्या आप एक दिन अपने भगवान के लिए प्रेमपूर्ण परिश्रम नहीं कर सकते?''

आधा दान : अधिकांश दावों में मकान मालिकों ने मुझे अपना वकील बनाया। इससे पैसा पैदा करने की मेरी इच्छा नहीं थी। मैंने उनसे कह दिया था कि ''जो आप जीतेंगे, तो कुछ खर्च म्युनिसीपैलिटी की ओर से मिल जायेगा, उसी में मैं संतोष कर लूँगा। आप हारें या जीतें, मुझे पट्टी पीछे दस पौण्ड दे देना काफी होगा।''

मैंने उन्हें बतला दिया कि इसमें से भी आधी रकम तो गरीबों के लिए अस्पताल बनाने या ऐसी ही किसी दूसरे सार्वजनिक कामों के लिए अलग रखने का मेरा इरादा है। स्वभावतः इससे सब लोग बहुत प्रसन्न हुए।

चार पहलवान : एक बार गांधीजी बैठे हुए थे। चार पहलवान उनके पास आये और अपनी पहलवानी की कलाबाजियाँ उनको दिखाने लगे। गांधीजी ने कहा, ''मैं कुश्ती के इन दाँव-पेंचों से खुश नहीं होता। मुझे उन कामों से खुशी मिलती है, जिस काम से लोगों और समाज का भला होता है।''

प्लेट में सेब : गांधीजी प्राय: हर रविवार एक ईसाई परिवार से मिलने जाया करते थे। एक बार परिवार के साथ भोजन करने के समय सबकी प्लेट में मांसाहार था और गांधीजी की प्लेट में सेब। मालकिन के लड़के ने कहा कि अंकल को भी मीट दो। गांधीजी ने कहा, 'नो माई लवली चाइल्ड', ''मैं सेब लेता हूँ। मीठा, मधुर स्वाद से भरा, अंदर तक रसदार, रसमय करने वाला, एकदम स्वादिष्ट आनंद से भर देने वाला।''

'सच अंकल!'

गांधीजी ने अपनी सहमति प्रकट करते हुए कहा—'खा कर देखो।'

अब उसकी प्लेट में सेब था। वह भी सेब खाने लगा। वह बहुत खुश लग रहा था।

कुछ दिनों बाद जब गांधीजी उस बच्चे से मिलने ईसाई परिवार के घर गये तो मालकिन ने गांधी को वहाँ फिर कभी न आने के लिए कहा। उन्होंने बताया कि उनके लड़के ने मांस खाना छोड़ दिया है। अब वह सेब लेता है। न देने पर सारा घर सिर पर उठा लेता है, कुछ नहीं खाता है। क्या करूँ? मुझे कुछ समझ में नहीं आता। क्या तुम उसके लिए पहली और आखिरी बार मीट ले सकते हो।

'मैं हक्का-बक्का रह गया। मैंने अपने आपको संभाला और पुरजोर साहस के साथ सिर्फ इतना ही कह पाया कि 'सॉरी', और लौट पड़ा।

खुराक : गांधीजी ने कहा कि मैंने पाया कि मेरे स्वागत सत्कार के लिए मेरे मेजबानों को अनावश्यक परिश्रम करना पड़ता है। इससे मैंने खुराक की चीजों की हद बाँध देने का और अँधेरे से पहले भोजन कर लेने का व्रत लेने का निश्चय किया। मैंने देखा कि यदि मैं मर्यादा नहीं रखता तो मेजबानों के लिए मैं भारी मुसीबत बन जाऊँगा और सेवा करने के बजाय हर जगह लोग मेरी सेवा में ही लगे रह जायेंगे। इससे चौबीस घंटों में पाँच चीजों के सिवा और कुछ भी न खाने और रात में भोजन न करने का व्रत लिया। फलाहार में भी सस्ते से सस्ता फल मिले, उसी पर गुजर करने का इरादा था। फलाहार में अधिकांशत: चूल्हा जलाने की जरूरत नहीं होती थी। कच्ची मूँगफली, केले, खजूर, नीबू और जैतून का तेल—यही हमारी साधारण खुराक बन गयी थी।

घड़ी की चोरी : एक बार गांधीजी माउंटबेटन से मिलने गये, तो माउंटबेटन और उनकी पत्नी ने महसूस किया कि गांधीजी किसी बात से बेहद दु:खी हैं।

माउंटबेटन ने गांधीजी से पूछा, 'महात्मा जी, क्या हमसे कोई गलती हुई है? क्या शिष्टाचार के किसी नियम का पालन करने में चूक हुई है?' माउंटबेटन ने अपनी पत्नी को बहुत चिंतित दृष्टि से देखा। वह सोच रहे थे, ''हे भगवान! कैसी खराब शुरुआत है! ''जितनी भी बन पड़ी उतनी शिष्टता के साथ उन्होंने गांधीजी से पूछा, ''क्या आप किसी बात की वजह से परेशान हैं?''

सत्य के पुजारी के सीने से एक बहुत धीमी व उदासी भरी आह निकली और उन्होंने जवाब दिया—''जब मैं दक्षिण अफ्रीका में था, तभी से मोह-माया को त्यागता आया हूँ।''

''त्याग....मतलब!''

''मेरे पास वस्तुतः कुछ भी नहीं था। मेरी अपनी गीता, टीन के बर्तन, जिसमें खाना खाता था, जो यरवदा जेल में मेरे प्रवास की निशानी थे और मेरे तीन गुरु (बन्दर)। इसके अलावा एक घड़ी थी, पुरानी आठ शिलिंग की इंगरसोल घड़ी, जो एक डोरी से मेरी कमर में बँधी रहती है।''

''क्यों बँधी रहती है घड़ी कमर में?''

''क्योंकि मुझे हर दिन का एक-एक क्षण ईश्वर के काम में लगाना होता है, इसलिए यह मालूम होना ही चाहिए कि कब क्या समय है?''

''पर आज तो घड़ी नजर नहीं आ रही है?''

''आप जानते हैं, क्या हुआ?'' उन्होंने बहुत उदास मन से हँसते हुए कहा, ''वह चोरी चली गयी। किसी ने दिल्ली आते हुए कानपुर में रेल के डिब्बे में मेरी घड़ी चुरा ली।''

आराम कुर्सी में धँसा हुआ वह दुबला-पतला आदमी जिस समय यह शब्द बोल रहा था, उस समय माउंटबेटन ने देखा कि उनकी आँखों में आँसू छलछला आये थे। एक क्षण में सारी बात वायसराय की समझ में आ गयी। गांधीजी को घड़ी खो जाने का इतना दुःख नहीं था। उन्हें दुःख इस बात का था कि उन लोगों ने उनकी बात समझी नहीं। किसी के अनजान हाथों ने ठसाठस भरे हुए उस रेल के डिब्बे में उनके पास से जो वस्तु चुरायी थी, वह एक आठ शिलिंग वाली घड़ी नहीं थी, बल्कि उनकी आस्था की प्रतीक थी।

सितम्बर 1947 की घटना है। गांधीजी दिल्ली के बिड़ला भवन में ठहरे हुए थे। दोपहर का समय था, एक अजनबी वहाँ आया और गांधीजी से मिलने की अनुमति माँगने लगा, पर मिलने का उद्देश्य नहीं बता रहा था। गांधीजी के सचिव ने कहा कि जब तक वह गांधीजी से मिलने का उद्देश्य नहीं बतायेगा, उसे गांधीजी से मिलने नहीं दिया जायेगा। अंततः उसने बताया कि कुछ समय पहले उसने गांधीजी की घड़ी चुरा ली थी। वह उसे वापस करने और गांधीजी से माफी माँगने आया है। गांधीजी के सचिव ने उसके हृदय परिवर्तन पर चकित होते हुए कहा कि 'क्षमा! अरे, वे तुमको गले से लगा लेंगे।'

वे उसे गांधीजी के पास ले गये। उसने गांधीजी के कान में फुसफुसाकर कुछ कहा। सचमुच गांधीजी ने उसे खींचकर गले से लगा लिया और बच्चों

की तरह खिलखिलाकर हँसने लगे, जैसे कि किसी बच्चे को उसका खोया हुआ खिलौना मिल गया हो। उन्होंने सभी को अपने पास बुलाकर कहा कि 'यह देखो, मेरी खोयी हुई घड़ी और यह देखो मेरा खर्चीला बेटा, जिसने घड़ी वापस कर दी।'

वीरों की तरह त्याग : गांधीजी एक कहानी सुनाया करते थे—एक बार अरबों और रोमो के बीच बहुत भयंकर लड़ाई हुई। उसमें दोनों पक्षों के बहुत से योद्धा मारे गए, बहुत से घायल हुए। शाम होने पर लड़ाई बंद हो जाया करती थी। तब दोनों ओर के लोग अपने-अपने सगे-संबंधियों का समाचार लेने के लिए इधर से उधर जाते थे।

एक दिन जब इस प्रकार लड़ाई बंद हुई, तो अरब सेना का एक युवक दूसरी ओर से लड़ रहे अपने चाचा के लड़के को ढूँढ़ने निकला। उसने सोचा कि उसकी लाश मिल जाए तो उसे दफना दे, और जीवित मिल जाए तो उसकी सेवा करे। उसके मन में यह भी विचार आया कि सम्भव है, वो घायल हो गया हो और पानी के लिए तड़प रहा हो। इस विचार से प्रेरित होकर उसने एक लोटा पानी ले लिया। अँधेरे में खोजने में कठिनाई न हो, इसलिए उसने एक लालटेन भी ले ली।

वह लड़ाई के मैदान में पहुँचा। तड़पते घायल सिपाहियों की कराह से मैदान सिसक रहा था। बहुत से सिपाही सदा के लिए अपनी आँखें बंद कर चुके थे। उन सबके बीच अपने भाई को खोजता हुआ वह अरब नौजवान आगे बढ़ा। संयोग से उसे अपना भाई मिल गया। वह सचमुच पानी की रट लगा रहा था। उसके शरीर में घाव हो गए थे, घावों से खून बह रहा था। उसके बचने की क्या आशा हो सकती थी। भारी दिल से उस अरब के नौजवान ने लालटेन नीचे रख दी और भाई को पानी पिलाने के लिए झुका ही, तभी किसी दूसरे घायल की आवाज आयी—'पानी'। भाई ने खुला मुँह बंद कर लिया और बोला, 'पहले उस घायल को पानी पिला आओ, फिर मुझे पिलाना।' जिस ओर से आवाज आ रही थी, अरब नौजवान उसी ओर तेजी से बढ़ा। पास जाकर देखता है कि वह एक बड़ा सरदार है। उसके बदन से भी खून बह रहा था और पानी माँग रहा था। अरब नौजवान उसे पानी पिलाने के लिए आगे बढ़ा। सरदार पानी पीने ही वाला था कि इतने में तीसरी ओर से पुकार आयी। सरदार बड़ी कठिनाई से मुँह

खोला और बोला, 'प्यारे भाई, पहले वहाँ; फिर मुझे।' अरब नौजवान सरपट उस ओर दौड़कर गया, जिधर से आर्तनाद आ रहा था। वहाँ जाकर उसने देखा कि वह घायल सिपाही अंतिम साँस ले चुका था। बेचारे को पानी भी नहीं मिल पाया। अरब नौजवान हैरान होकर सरदार के पास आया, तो वह भी दुनिया से कूच कर गया था। दुःख भरे हृदय से वह युवक अपने भाई के पास पहुँचा, तो उसके भी प्राण-पखेरू उड़ चुके थे।

इस कहानी का उल्लेख करते हुए गांधीजी ने लिखा है कि 'इन तीन घायलों में से किसी ने भी पानी नहीं पिया, पर पहले दो अपने नाम अमर करके चले गए।' इस दृष्टान्त को देने का उद्देश्य यह है कि उक्त वीर पुरुषों जैसा त्याग हममें भी आए और जब परीक्षा का समय उपस्थित हो, तो हम दूसरे को पानी पिलाकर पियें, दूसरे को जिलाकर ही जियें और दूसरे को जिलाने में स्वयं को मरना पड़े, तो हँसते-मुस्कुराते कूच कर जाएँ।

बा के संदूक की चोरी : एक बार साबरमती आश्रम में चोरी हुई और उस चोरी में चोर कस्तूरबा की संदूक चुरा ले गये। गांधीजी ने थाने में चोरी की रिपोर्ट नहीं की, चोरी के लिए अपने को ही जिम्मेदार ठहराया। इस विचार से वे चिन्तित हो उठे कि चोरों का यह विश्वास सच हो गया कि आश्रम में चुराने लायक चीजें थीं और वे गांधी तथा पास-पड़ोस के लोग, जिनमें वे चोर भी शामिल थे, आश्रम की भावना के साथ एकाकार नहीं कर सके। उन्हें इस बात का भी आश्चर्य हुआ कि कस्तूरबा के पास कोई संदूक भी था। जब बा ने बताया कि उसमें उनके पोते-पोतियों के कपड़े थे, तो गांधीजी ने कहा कि अपने कपड़े-लत्तों की खबरदारी वे खुद रखें या उनके माँ-बाप। तुम्हें क्या मतलब? उस दिन के बाद से गांधीजी के साथियों में कस्तूरबा का ही सामान सबसे कम हो गया।

इंग्लैण्ड की जेन : लंदन के ईस्ट एंड के गरीबों में और खासतौर पर उनके बच्चों में गांधी चाचा बड़े ही लोकप्रिय हो गये थे। बच्चे उनसे कई बार बड़े अजीब सवाल पूछ बैठते थे और गांधीजी सभी का संतोषजनक उत्तर देने का प्रयत्न करते थे। वह उन्हें हमेशा यही उपदेश देते थे कि बुराई का जवाब भलाई से देना चाहिए। गांधीजी के इस उपदेश के कारण एक चार बरस की लड़की का बाप खासी मुसीबत में पड़ गया और उसे गांधीजी के पास अपनी

शिकायत लेकर आना पड़ा। गांधीजी द्वारा पूछे जाने पर उसने बताया कि मेरी नन्हीं जेन रोज मुझे मुँह पर मारकर जगाती है और कहती है कि अब तुम मत मारना, क्योंकि गांधीजी कहते हैं कि हमें बदले में मारना नहीं चाहिए।

कुएँ में पानी : एक दिन प्रातःकाल अनोखा ही ढंग देखने में आया। गाँव वालों ने एक बड़ा जुलूस निकाला, जुलूस में स्त्रियाँ भी थीं। वे सबसे आगे थीं। उनके हाथों में राष्ट्रध्वज था। बाजे बज रहे थे। शोर सुनकर गांधीजी अपनी झोपड़ी से बाहर निकले। सब लोग उनकी जय-जयकार करने लगे। उन सब लोगों ने गांधीजी को भक्तिपूर्वक प्रणाम किया। पुरुषों के हाथ में फूल, माला, पैसे आदि सब कुछ थे। गांधीजी ने पूछा, ''यह सब क्या है? किसलिए आये? यह बाजा किसलिए बज रहा है? कैसा जुलूस है? क्या यह सारे लोग सत्याग्रह करने जा रहे हैं?''

गाँव वालों ने अपना उपहार गांधीजी के चरणों में समर्पित किया। उन लोगों ने कहा, ''महात्मा जी, हमारे गाँव में हमेशा पानी का अकाल रहता है। गरमी के दिन आये कि कुएँ सूख जाते हैं। पानी की बड़ी कठिनाई होती है। लेकिन आश्चर्य है, बापू हमारे गाँव में आपके चरण पड़ते ही सारे कुँओं में पानी भर आया। फिर हमारे हृदय भक्ति-भाव से क्यों न भर जायँ?''

''तुम लोग पागल हो। मेरे आने का और इस पानी का क्या संबंध है? ईश्वर पर मेरा अधिकार थोड़े ही है? उनके पास आपकी वाणी का जो मूल्य है, उतना ही मेरी वाणी का भी है। पागलों की तरह मत बोलो।'' गांधीजी ने कठोरता से कहा।

कुछ समय बीता। गांधीजी हँसे और बोले—''यह देखो, पेड़ पर कौआ बैठने और पेड़ टूटने का संयोग हो आये, तो क्या यह कहोगे कि कौए ने पेड़ तोड़ दिया?' और भी कई कारण होते हैं—तुम्हारे कुएँ में पानी आया, पृथ्वी के गर्भ में कुछ उथल-पुथल हुई होगी और नया झरना फूटा होगा, है कि नहीं। व्यर्थ में बाल कल्पना न करो।'' अंततः सारी जनता गांधीजी को प्रणाम करके चली गयी।

फलों की भेंट : एक दिन मैला कपड़ा पहने हुए दस-बारह साल का एक लड़का गांधीजी के दर्शन के लिए सुबह से इंतजार कर रहा था। उसने दो-तीन

रुपये के कुछ फल गांधीजी को भेंट किया। गांधीजी की मंडली में किसी ने उसे भिखारी समझ कर कुछ ऐसा कह दिया, जिससे बच्चे के स्वाभिमान को चोट लग गयी। वह बच्चा महात्माजी को संबोधित करते हुए बोला—''नहीं, महात्माजी! मैं भिखारी नहीं हूँ। जब से मैंने आपकी रिहाई का समाचार सुना, तब से मैं कुली का काम करता रहा हूँ और इतना रुपया अपनी मेहनत से कमा कर यह नम्र भेंट आपके लिए लाया हूँ।''

गांधीजी अति प्रसन्न हुए। उन्होंने यह कह कर कि ''अपने परिश्रम का फल तुम्हीं खा लो'', उसके लाये हुए फल उसे देना चाहा। परन्तु लड़के ने उन फलों को छुआ तक नहीं। उसने उत्तर दिया, ''महात्माजी, आप खा लेंगे तो मेरा पेट भर जायेगा।'' यह कहते हुए उसका चेहरा चमक उठा और वह विजय के गर्व के साथ चला गया।

फटे जूते-चप्पलों की भेंट : एक बार जहाँ गांधी निवास कर रहे थे, वहीं एक युवक एक आकर्षक पैकिंग में कोई भेंट लाया और कहा कि इसे गांधी ही खोलें। एक सहयोगी वह आकर्षक पैकिंग वाली भेंट गांधीजी के सामने रखता है। गांधीजी उस पैकिंग को खोलते हैं और उत्सुकता से देखते हैं कि उसमें क्या है। उस पैकिंग में फटी पुरानी चप्पल और जूते भरे हुए होते हैं।

गांधीजी का अपमान करने के लिए उस युवक ने ये चीजें भेंट में दी थी। किसी को इस बारे में संदेह नहीं है। इसलिए सभी लोग इस अपमान पर बुरी तरह गुस्साते हैं।

गांधीजी शांति से वह डिब्बा अपने सहयोगी को देते हैं और कहते हैं कि ये सभी जूते-चप्पल मोची को जाकर दे दो और जितने पैसे इसके बनते हों, लेकर आओ। सहयोगी जाता है और उन फटे पुराने जूते-चप्पलों को बेचकर पैसे गांधीजी के हाथों में दे देता है।

खुशी : एक महिला ने अपनी रसोई से सभी पुराने बर्तन निकाले। पुराने डिब्बे, प्लास्टिक के डिब्बे, पुराने डोंगे, कटोरियां, प्याले और थालियाँ आदि। सब कुछ काफी पुराना था। फिर सभी पुराने बर्तन उसने एक कोने में रख दिये और नये लाये हुए बर्तन तरीके से रखकर सजा दिये।

अब उसे अपनी रसोई बहुत सुंदर लग रही थी। वह सोचने लगी कि अब ये पुराना सामान कबाड़ीवाले को दे दिया जाये तो समझो हो गया काम। इतने

में कामवाली आ गयी। वो फर्श साफ करने ही वाली थी कि उसकी नजर कोने में पड़े हुए बर्तनों पर गयी और बोली, 'बाप रे! दीदी आज इतने बर्तन घिसने होंगे?' महिला बोली, 'अरे! नहीं ये सब कबाड़ में देने हैं।'

कामवाली ने जब ये सुना तो उसकी आँखें चमक उठीं। बोली, 'दीदी, अगर एतराज न हो तो ये एक पतीला मैं ले लूँ?' उसे घर में पड़ा उसका घिसा हुआ इकलौता पतीला नजर आ रहा था।

महिला बोली, 'एक क्यों! तू वो सब कुछ ले जा। जगह भी खाली होगी।'

कामवाली को लगा कि उसे खजाना ही मिल गया। वह बहुत उत्साह से अपने घर पहुँची। घर आते ही सबसे पहले अपना पुराना पतीला, टेढ़ा-मेढ़ा चम्मच आदि एक कोने में जमा किया और फिर अभी लाया हुआ खजाना जमा दिया। अब वह सामान को कबाड़ में देने के लिए सोचने लगी।

उसी समय दरवाजे पर एक भिखारी आया और उसने पानी पिलाने को कहा।

कामवाली ने अपने पुराने पतीले में भरकर पानी दे दिया और कहा कि पानी पीकर इसे कहीं भी फेंक देना। भिखारी बोला, 'तुम्हें नहीं चाहिए? क्या मैं रख लूँ?'

कामवाली बोली, 'रख लो, ये बाकी बचे हुए बर्तन भी ले जाओ।'

भिखारी खुश हो गया। आज उसे अपनी फटी झोली भरी-भरी दिख रही थी।

ये सब क्या है? सुख किसमें माने, ये हर किसी की परिस्थिति पर निर्भर होता है। दु:ख और तनाव के क्षणों में एक बार हमें अपने से अधिक संघर्ष कर रहे लोगों की ओर जरूर देखना चाहिए।

गांधीजी के नाम स्मरण से ज्वर का ठीक होना : एक दिन गांधीजी कुछ लोगों से बातचीत कर रहे थे, तभी एक युवक उनके पास आया। वह बड़े आदर और सम्मान से गांधीजी की ओर देख रहा था। काफी देर तक वह उनसे बात करने के लिए प्रतीक्षा करता रहा। जब उसकी बारी आई तो वह श्रद्धावश गांधीजी को नमस्कार कर उनके चरणों में झुक गया। उसे अपने चरणों में झुकते देखकर गांधीजी बोले, 'भाई, क्या बात है, बताओ। क्या किसी समस्या का समाधान चाहते हो?' यह सुनकर युवक द्रवित होते हुए बोला, 'महात्माजी,

मेरी समस्या का समाधान तो मात्र आपका नाम लेने से ही हो गया। कई दिनों से मैं ज्वर से पीड़ित था। दवाई भी चल रही थी, लेकिन जैसे ही मैंने आपका नाम लिया, वैसे ही ज्वर ठीक हो गया। अब मैं अत्यंत स्वस्थ महसूस कर रहा हूँ, आप सचमुच चमत्कारी हैं। मात्र आपका नाम लेने से जब बुखार ठीक हो सकता है, तो अन्य समस्याएँ तो स्वतः ही सुलझ जाएँगी। मैं आपका शुक्रिया अदा करने आया हूँ।' यह कहकर उसने गांधीजी के पास कुछ रुपये रख दिए और बोला, 'मेरी तरफ से यह भेंट स्वीकार करें।'

गांधीजी ने उसके रुपयों को अपने हाथ में लिया और उसे लौटाते हुए बोले, 'भाई, माना कि मुझे याद करने से आपका बुखार उतर गया, इसलिए आप मुझे चमत्कारी मान रहे हैं। यदि आपका बुखार नहीं उतरता, फिर तो आप मुझे गालियाँ देते। किसी व्यक्ति के नाम को स्मरण करने से बुखार दूर हो जायेगा या किसी समस्या का समाधान निकल जायेगा, यह मात्र मन का वहम और अंधविश्वास है। मैं अंधविश्वास की ऐसी धारणा को नापसंद करता हूँ।'

कृपा करके आप मेरे नाम का स्मरण न करके कर्म में विश्वास रखें, तो ज्यादा अच्छा होगा। आपका बुखार मेरा नाम स्मरण करने से दूर नहीं हुआ है, अपितु आपके द्वारा भलीभाँति इलाज करने से दूर हुआ है। गांधीजी की बातें सुनकर युवक ने निश्चय किया कि वह अपने मन में अंधविश्वास की धारणा नहीं पालेगा और फिर वह वहाँ से चला गया।

क्लर्क का काम : कलकत्ता में होने वाले कांग्रेस महासभा के अधिवेशन में एक-दो दिन पहले ही गांधीजी वहाँ पहुँच गये, तो उन्होंने कांग्रेस महासभा के कार्यालय में सेवा देने का निश्चय किया। वह महासभा के दफ्तर पहुँचे और वहाँ के मंत्री श्री घोषाल बाबू से मिले। उन्होंने मुझे ऊपर से नीचे तक देखा। फिर जरा हँस कर पूछा, ''मेरे पास तो क्लर्क का काम है। उसे करियेगा?'' मैंने जवाब दिया—''जरूर करूँगा। मेरी शक्ति से जो बाहर न हो, वह सब करने के लिए मैं आपके पास आया हूँ।''

इस बात पर वह बोले—''शाबाश नौजवान, यही सच्चा सेवाभाव है।'' फिर वे बगल में खड़े स्वयंसेवकों की ओर देखकर बोले—''सुनते हो, यह युवक क्या कहता है?''

घोषाल बाबू ने गांधीजी से कहा—''तो देखिए, यह तो है कागजों का ढेर और यह रही आपकी कुर्सी।''

कागजों का ढेर साफ करने का काम मुझे बहुत आसान लगा। उस ढेर को मैंने तुरंत निबटा दिया। घोषाल बाबू बहुत खुश हुए। मेरा नाम-धाम जानने के बाद मुझे क्लर्क का काम सौंपने पर उन्हें कुछ शर्म महसूस हुई, परन्तु मैंने उन्हें निश्चिंत कर दिया।

मैंने देखा कि एक ही व्यक्ति द्वारा हो सकने वाले काम में अनेक लोग लग जाते थे और यह भी देखा कि कितने ही बहुत जरूरी कामों को करने वाला कोई भी नहीं था। धन, शक्ति और मान मनुष्य से क्या-क्या पाप और अनर्थ नहीं कराते? यह देखकर मुझे बहुत दुःख हुआ।

राम नाम की महिमा : बम्बई में जब मैंने (गांधीजी) अपना दफ्तर खोला, तब एक अमेरिकन बीमा एजेंट मुझसे मिलने आया। उसने मुझसे ऐसे ढंग से मेरी भावी हित की बात की कि मुझे लगा कि मुझे अपनी पत्नी और बच्चों के लिए धन-संग्रह करना चाहिए। कहीं न कहीं पहले से ही मेरे मन में पैसे इकट्ठे करने की इच्छा थी, जिसके फलस्वरूप मैंने 10 हजार रुपये का बीमा करा लिया। कुछ समय बाद मैंने महसूस किया कि बीमा एजेंट के जाल में फँसकर मैंने बहुत बड़ी गलती की। मुझे बड़ी शर्मिंदगी हुई। खुद से पूछा—भाई, अगर बाप के बराबर है, तो छोटे भाई की विधवा का बोझ उन्हें खलेगा, यह तूने कैसे मान लिया। तू ही पहले मरेगा, यह भी कैसे सोच लिया। पालन करने वाला तो ईश्वर है, न तू है न वे भाई। बीमा कराकर तूने अपने बाल-बच्चों को पराधीन बना दिया। वे स्वावलंबी क्यों न हों? अनगिनत गरीबों के बाल-बच्चों का क्या होता है? तू उन्हें उन्हीं के जैसा क्यों नहीं समझता?

गांधीजी ने रेवाशंकर भाई को लिखकर भेज दिया कि बीमे की पालिसी बंद कर दें। कुछ वापस मिले तो ले लें। न मिले तो जो दिया, उसे गया मान लें। बच्चों और स्त्री की रक्षा उन्हें और हमें पैदा करने वाला करेगा। इस भाव का पत्र लिखकर भेजा। पितृतुल्य भाई को लिखा कि आज तक तो मेरे पास जो कुछ बचा, वह आपको अर्पण किया। अब मेरी आशा छोड़ दीजिए। अब जो बचेगा, वह यहीं जाति के काम में आयेगा।

रेल के डिब्बे में पानी : 1946 में एक बार गांधीजी दिल्ली से नोआखली जा रहे थे। रात में बारिश होने लगी, तो उनके डिब्बे की छत से पानी टपकने लगा और धीरे-धीरे उनके डिब्बे में पानी भर गया। यह देख कर गार्ड ने कहा कि गांधीजी आप दूसरे डिब्बे में चले जायें।

गांधीजी ने कहा, 'इस डिब्बे का क्या होगा?'

गार्ड ने जवाब दिया कि 'दूसरे डिब्बे के मुसाफिर इसमें आ जायेंगे।'

गांधीजी ने कहा कि 'अगर यह डिब्बा उनके लिए अच्छा है, तो मेरे लिए भी अच्छा होना चाहिए। मैं दूसरों को कष्ट देकर स्वयं आराम पाने की बात कैसे सोच सकता हूँ?'

गार्ड ने फिर पूछा कि 'मैं आपकी क्या सेवा कर सकता हूँ?'

गांधीजी ने सुझाव दिया कि 'गरीब मुसाफिरों को तंग न करो और रिश्वत न लो। मेरी सबसे बड़ी सेवा तुम यही कर सकते हो।'

नाम से पहचान : एक बार अजमेर से कुछ विद्यार्थी मेरे (गांधीजी के) डिब्बे में चढ़े। उनके मुँह से निकलने वाली अटूट वाणी मैं सुन रहा था। मुझे देखकर एक ने कहा, 'यह तो कोई जंगली आदमी होगा।' दूसरे ने कहा, 'यह नंगा है।' तीसरे ने कहा, 'इसने पूरे कपड़े भी नहीं पहना है।' किसी ने कहा, 'यह साधु है।' फिर किसी ने कहा, 'यह आवारा है।' कुछ समय तक तो मुझे अच्छा नहीं लगा। परन्तु बाद में मुझे लगा कि इन्हें फल दूँ तो कुछ संबंध बने। मैंने उन विद्यार्थियों के सामने फल रखा। एक ने एक फल लिया। फिर बातें हुईं। उन्होंने कहा कि 'हमने महात्मा गांधी के बारे में सुना है।' थोड़ी ही देर में हम मित्र बन गये।

शाकाहारी भोजन : दक्षिण अफ्रीका में एक बार शाकाहारी भोजन को बढ़ावा देने के लिए गांधीजी ने एक सभा आयोजित की थी। वहाँ पर कुछ अंग्रेज भी गांधीजी का समर्थन करने के लिए आये हुए थे। उनमें से एक अंग्रेज ने शाकाहारी भोजन पर भाषण देते हुए कहा कि 'गांधी केला खाकर शेर बन जाता है।'

दार्जिलिंग यात्रा : दार्जिलिंग जाते हुए एक वकील गांधीजी के साथ थे। रास्ते में एक स्टेशन पर उतरकर वापस चढ़ रहे थे कि गाड़ी चल दी और वे प्लेटफार्म पर से फिसल गये। इनके लड़के ने इन्हें गिरते देखा तो सौ दो सौ

गज पर गाड़ी खड़ी करायी। इन्हें चोट नहीं लगी थी। इसलिए स्टेशन पर आकर गांधीजी के पैर पड़ने लगे और कहने लगे कि आप इस गाड़ी में थे, इसलिए मैं बच गया, नहीं तो मर जाता। यह कहकर दुर्घटना की बात सुनायी।

गांधीजी ने कहा कि इस गाड़ी में मैं था, इसीलिए दुर्घटना हुई, क्या यह बात नहीं हो सकती? मैं न होता तो शायद दुर्घटना ही नहीं होती।

इंग्लैण्ड के राजा से कम कपड़े में मिलने जाना : बादशाह जार्ज पंचम तथा रानी मेरी के साथ चाय-पान के लिए गांधीजी बकिंघम महल गए। इस घटना से पूर्व सारे इंग्लैंड में यह उत्सुकता रही कि वह क्या पहनकर जायेंगे? गांधीजी धोती, चप्पल, दुशाला और अपनी लटकती हुई घड़ी पहनकर गए। बाद में उनसे किसी ने पूछा कि वह काफी कपड़े पहनकर गए थे या नहीं? उन्होंने उत्तर दिया—''बादशाह इतने ज्यादा कपड़े पहने हुए थे, जो हम दोनों के लिए काफी थे।''

टहलने की छड़ियाँ : गांधीजी के चचेरे भाई के पोते कनु गांधी की पत्नी आभा और बेटे हरिलाल की बेटी मनु, जिनके कंधों का सहारा लेकर बापू चलते थे, उन्हें वे प्यार से अपनी टहलने की छड़ियाँ कहा करते थे।

तस्वीरों की नीलामी : गांधीजी ने हरिजन यात्रा का इस्तेमाल अपने संदेश को फैलाने और चंदा इकट्ठा करने के लिए भी किया। अपने हर भाषण के बाद वे लोगों से हरिजन सेवक संघ में स्वैच्छिक योगदान देने को कहते थे। उनकी सभा के अंत में पुरुष रुपये-पैसों से तो स्त्रियाँ अपने गहनों से योगदान करती थीं।

उसके बाद गांधीजी अपनी हस्ताक्षरित तस्वीर प्रस्तुत करते थे और उन तस्वीरों की नीलामी करवाते थे। वे कहते थे—'दो रुपये एक बार।' सभा में से कोई व्यक्ति ज्यादा की बोली लगाता था, तो कोई दूसरा और भी ज्यादा की। आखिरकार हर तस्वीर दस रुपये या ज्यादा में ही नीलाम होती थी। उसके बाद अगर कोई नौजवान, जवाहरलाल नेहरू की तारीफ महात्मा गांधी से ज्यादा करता, तो उनकी तस्वीर को भी नीलाम किया जाता था।

भटनी में गांधीजी का दर्शन : फरवरी 1921 में गांधीजी ने संयुक्त प्रान्त में भारत-नेपाल सीमा के पास स्थित गोरखपुर जिले का दौरा किया। जब ट्रेन भटनी पहुँची, तो ग्रामीणों के बीच गांधीजी के दर्शन की होड़ अपने चरम

पर पहुँच गयी। लाख मना करने के बावजूद लोग रेल की पटरियों पर जाकर इंजन के सामने खड़े हो गये। वे जोर-जोर से चिल्लाने लगे 'महात्मा जी हमारे भगवान हैं, हम लोग अपने भगवान का दर्शन करने आये हैं, उनको बिना देखे हम नहीं जाने देगें।'

विश्वास की पराकाष्ठा : गांधीजी के सचिव महादेव देसाई 'गांधीजी के साथ पच्चीस वर्ष' के खंड-9 में श्रीलंका की एक घटना की उल्लेख करते हुए लिखते हैं—श्रीलंका में हंटन नामक एक चाय का बगीचा है। वहाँ पचासेक हजार मजदूर गांधीजी से मिलने के लिए आये हुए थे। सभा के किनारे खड़े हुए और नजर तान-तानकर गांधीजी को देखने वाले एक-दो समूहों से मैं मिला—

'तुम क्यों आये?' मैंने पूछा।

एक स्त्री चिढ़कर बोले— 'तू क्यों आया है?'

जहाँ आने का कारण स्पष्ट था, वहाँ मेरे जैसा मूर्ख जाकर कारण पूछे, तो उसे चिढ़ होती ही न! इस पर एक और व्यक्ति ने उसे शांत किया और कहने लगा—'आप जानते नहीं क्या? हम तो अपने स्वामी के, ईश्वर के दर्शनों के लिए आये हैं।'

'आपके स्वामी कौन?'

'गांधी।'

'गांधी को जानते भी हो?'

'कभी देखा नहीं, परंतु ईश्वर जैसे हैं।'

'आपने थैली में कुछ दिया है क्या?'

'हाँ, एक दिन की रोजी—आठ आने।'

'किसलिए दिये, यह मालूम है? गांधी इन पैसों का क्या करेंगे?

'कोई अच्छा काम ही करेंगे।'

गांधीजी के तीन बुद्धिमान बन्दर : सन् 1935-36 में एक जापानी संत ने बन्दर की तीन प्रतिमाएँ गांधीजी को भेंट की। तभी से गांधीजी इनको अपने साथ रखते थे। 5 जून 1946 को मसूरी की प्रार्थना सभा में गांधीजी ने इन तीन बन्दरों की प्रतिमा के बारे में बताया, उन्हें वे अपने ''तीन गुरु'' मानते थे।

''पहले बंदर का कहना है कि जब तक आवश्यक न हो तो न बोलो, बोलने से पहले हर शब्द को ठीक से समझो। दूसरे का कहना है कि बुरी बात

को मत सुनो; और तीसरे का कहना है कि अपनी आँखों को इधर-उधर सभी जगह मत भटकाओ।''

भारत में आम व्यक्ति इन तीन बन्दरों की प्रतिमाओं को बुरा मत देखो, बुरा मत सुनो और बुरा मत बोलो के अर्थ से जोड़ता है। जबकि, ये प्रतीक लोगों को अच्छा करने, सुनने, बोलने और बुराई से दूर रहने का सन्देश देते हैं। यही गांधी के दर्शन का मूल है। इसलिए इन्हें गांधी के तीन बन्दर कहा जाता है।

रेल की कष्टकारी यात्रा : रेलवे की भीड़ के कष्ट का कड़ुए से कड़ुआ अनुभव मुझे (गांधीजी को) लाहौर से दिल्ली के बीच हुआ। कराची से कलकत्ता लाहौर के रास्ते जाना था। लाहौर में ट्रेन बदलनी पड़ती थी। यात्री जबरदस्ती अपना रास्ता बना ले रहे थे। दरवाजा बंद होने के बावजूद भी लोग खिड़कियों में से अन्दर घुस रहे थे। मैं जगह मिलने की आशा छोड़ रहा था। कोई मुझे अपने डिब्बे में जगह नहीं दे रहा था। ट्रेन छूटने ही वाली थी कि एक डिब्बे के कुछ यात्रियों ने कहा, 'यहाँ जगह नहीं है।' तो कुली ने कहा, 'क्या इसको (गांधीजी को) भीतर घुसा सकते हो, तो घुसा दो।' यात्री ने कहा, 'घुसा देंगे, पर खड़ा रहना होगा।' कुली ने पूछा, क्यों जी? मैने हाँ की और उसने मुझे उठाकर खिड़की में से अन्दर डाल दिया। इस प्रकार मैं डिब्बे के अंदर घुसा।

मेरी यह रात बहुत कष्ट में बीती। मैं जंजीर पकड़कर दो घंटे खड़ा ही रहा। इस बीच में कुछ यात्री मुझे धमकाते भी रहे—अजी, अब तक खड़े क्यों हो? बैठ क्यों नहीं जाते? उन्हें तो मेरा खड़ा रहना भी सहन नहीं होता था, बार-बार तंग करते थे। जब तंग करते तब मैं शांति से जवाब देता था, इससे वे कुछ शांत हो जाते थे। फिर उन्होंने मेरा नाम-धाम पूछा। मुझे नाम बतलाना पड़ा, तब वे शरमाए। माफी माँगी और मेरे लिए अपनी बगल में जगह कर दी। सब्र का फल मीठा होता है, कहावत याद आई। मैं थककर चूर हो रहा था, सिर घूम रहा था। बैठने की जगह की जब सच्ची आवश्यकता थी, तब ईश्वर ने जगह दिला दी।

गोखलेजी टॉलस्टॉय फार्म में : जब गोखले जी दक्षिण अफ्रीका में स्थित हमारे टॉलस्टॉय फार्म पर आये, तो उनके सोने के लिए हम लोगों ने चारपाई की व्यवस्था की, जबकि हम सब जमीन पर सोते थे। जब गोखले जी को पता चला कि हम सब नीचे जमीन पर सोते हैं, तो उन्होंने अपनी चारपाई हटवाकर अपना बिस्तर भी जमीन पर ही लगवाया। वह रात मैंने पश्चाताप में

बिताई। गोखले जी अपना सारा काम नौकर से ही कराते थे। परन्तु यहाँ वे अपने साथ कोई नौकर नहीं लाये थे। श्री कैलनबैक और मैंने (गांधी) उनसे बहुत विनती की कि वे हमें अपने पैर दबाने दें। लेकिन उन्होंने अपने पैरों को हमें छूने तक नहीं दिया। उल्टे आधे गुस्से और आधी हँसी में बोले, ''आप सब लोग ऐसा ही समझते हैं कि दुःख और असुविधाएँ भोगने के लिए एक मात्र आप ही लोग पैदा हुए हैं और मेरे जैसे लोग आपके हाथों सुख सुविधाएँ पाने के लिए ही जन्मे हैं।''

इस अतिरेक की सजा आज आपको पूरी तरह भोगनी होगी। मैं आपको अपना स्पर्श भी नहीं करने दूँगा। आप सब तो शौच की क्रिया के लिए घर से दूर जायेंगे और मेरे लिए कमरे में कमोड रखेंगे, आखिर ऐसा क्यों? मैं चाहे जितनी मुसीबत भोग लूँगा, लेकिन आप लोगों का घमण्ड उतार ही दूँगा।

ये वचन हमें वज्र के समान लगे, परन्तु सांत्वना इतनी ही थी कि ये वचन बोलते समय गोखले जी के मुख पर मुस्कान रही। उन्होंने हमारे फार्म पर आकर बहुत दुःख उठाया, लेकिन गोखले जी ने हमारी सेवा भावना को भी याद रखा।

गांधी ने मुसलमानों को पाकिस्तान नहीं जाने दिया

देश का विभाजन भौगोलिक आधार पर हुआ था। विभाजन की माँग या विभाजन के समय इस बात का कहीं कोई शर्त या उल्लेख नहीं था कि पाकिस्तान और वर्तमान बांग्लादेश के हिस्से से सभी हिन्दू भारत चले आयेंगे और भारत के सभी मुसलमान पाकिस्तान चले जायेंगे।

पाकिस्तान और बांग्लादेश में तो कोई गांधीजी नहीं थे, जो वहाँ के हिन्दुओं को भारत न आने देने की अपील कर रहे थे, फिर भी पाकिस्तान के सारे हिन्दू भारत नहीं आये। आबादी की जो अदला-बदली हुई, वह सिर्फ पाकिस्तान की सीमा पर हुई, उसका कारण वहाँ का उपद्रव रहा और वह भी दोनों देशों की सीमा के इर्द-गिर्द। सीमा के दूर-दराज के क्षेत्रों से विस्थापन या भगदड़ लगभग नगण्य रहा।

भारत बांग्लादेश की सीमा पर गांधीजी की कलकत्ता में उपस्थिति व अनशन के कारण न कोई भगदड़ हुई, न कोई मार-काट हुई, न लोगों का कोई पलायन हुआ। इस सीमा पर लोग स्वेच्छा से, अपनी सुविधानुसार ही दूसरी तरफ आये और गये।

जहाँ-जहाँ पर उपद्रव या अशान्ति होती है, वहाँ-वहाँ लोगों का पलायन होता है। हर अशांत क्षेत्र से लोग शांत क्षेत्र की तरफ पलायन करते हैं। जिन-जिन देशों में युद्ध होता है, उन-उन देशों से लोग इधर-उधर पलायन कर शरणार्थी बनते हैं। अभी हाल ही में यूक्रेन और रूस के युद्ध के कारण ही तो लोग अपना देश (रूस और यूक्रेन) छोड़कर पलायन कर रहे हैं।

आन्तरिक रूप से देखें, जम्मू-कश्मीर भी तो अपना ही देश है, अपनी ही व्यवस्था है, अपनी ही सेना है, फिर भी जम्मू-कश्मीर के लोग शेष भारत की ओर पलायन किये। इसी देश के हिन्दू इसी देश में शरणार्थी बन गये। वहाँ तो कोई गांधी नहीं थे। फिर भी पलायन हुआ। देश के अन्दर अभी भी बहुत से ऐसे स्थान हैं, जहाँ लोग जातीय विभेद के कारण, जातीय सामंजस्य न बैठा पाने के कारण सुविधानुसार अन्यत्र बस जाते हैं।

कहीं भी, कभी भी विभाजन के समय नहीं, बल्कि आज भी इस प्रकार की कोई घोषणा नहीं है, न ही किसी देश ने यह घोषणा की है कि उस देश में सिर्फ जाति विशेष या धर्म विशेष के लोग ही रहेंगे। किसी ने यह भी नहीं घोषणा की है कि पाकिस्तान और बांग्लादेश में सिर्फ मुसलमान रहेंगे और भारत में सिर्फ हिन्दू रहेंगे।

गांधीजी ने कहा था कि जितने लोग पाकिस्तान से भारत आये हैं और भारत से जितने लोग पाकिस्तान गये हैं, उनको वापस लाकर पुनः उनको उनके घरों में बसाऊँगा। उन्होंने घोषणा की थी कि मैं पाकिस्तान से आये हुए हिन्दुओं का कारवाँ लेकर पाकिस्तान जाऊँगा और पाकिस्तान गये मुसलमानों का कारवाँ वापस भारत लाकर उनके घरों में स्थापित कराऊँगा।

गांधीजी तो आजादी के बाद साढ़े पाँच महीने ही जीवित रहे। उसके बाद मुसलमानों को भारत से पाकिस्तान जाने से रोकने वाला कोई नहीं था। फिर भी सभी मुसलमान भारत से पाकिस्तान नहीं गये और ना ही पाकिस्तान के सभी हिन्दू भारत आ गये। रूस तो कई खण्डों में विभक्त हुआ, फिर भी वहाँ कोई विभाजन विभीषिका नहीं हुई।

गांधीजी यदि बाधक थे, तो गांधीजी की मृत्यु के बाद आबादी की कोई अदला-बदली नहीं हुई, बल्कि उनकी मृत्यु से पूरे भारत-पाकिस्तान और बांग्लादेश में साम्प्रदायिक उन्माद शान्त हो गया। गांधीजी की इच्छा थी कि हिन्दू-मुसलमान भाई-भाई की तरह रहें। अगर विभाजन हो भी गया है, तो भी हिन्दू-मुसलमान भाई-भाई की तरह रहें।

दिल्ली अनशन के बाद गांधीजी साम्प्रदायिक उन्माद शान्त करने के लिए पाकिस्तान जाने वाले ही थे। गांधीजी की जब मृत्यु हुई, तो उनकी डॉक्टर सुशीला नैय्यर पाकिस्तान में ही थीं। अगर गांधीजी की मृत्यु में तीन-चार दिन का विलम्ब हो जाता, तो गांधीजी कराची में अनशन करते देखे जा सकते थे।

दुर्भाग्य देखिये, जब गांधीजी हिन्दुओं को बचाने के लिए कराची जाने वाले थे, तभी उनकी हत्या हुई। हत्या करने वालों को किसी अच्छे कार्य की जल्दी नहीं थी, गांधी को मारने की जल्दी थी। बहादुरी थी, तो किसी क्रांतिकारी घटना में किसी अंग्रेज से लड़ते। इन्होंने वृद्ध गांधी को क्यों चुना? इसमें कौन-सी बहादुरी थी?

गांधीजी जैसे महामानव से यह उम्मीद करना कि वह आबादी की अदला-बदली का समर्थन करते, समझ की कमी है। न तब और न आज यह सम्भव है कि पाकिस्तान और बांग्लादेश में सिर्फ मुसलमान रहेंगे और भारत में सिर्फ हिन्दू। अफगानिस्तान जैसे उपद्रव ग्रस्त क्षेत्र में अभी भी कुछ हिन्दू पाये जाते हैं।

भारत और पाकिस्तान का विभाजन धार्मिक आधार पर नहीं, बल्कि भौगोलिक आधार पर हुआ। विभाजन अगर धार्मिक आधार पर होता, तो पाकिस्तान और बांग्लादेश क्यों अलग हुए? गांधी से यह आशा करना कि वह सत्य, न्याय और मानवता के विपरीत किसी का पक्ष लेंगे, तो यह असम्भव है।

गांधीजी के मरने के इतने साल बाद भी सभी धर्मों के लोग सभी देशों में पाये जाते हैं।

यह निर्विवाद सच है कि जहाँ-जहाँ अपने संघर्षों व विचारों के कारण गांधीजी ने सफलता अथवा जीत हासिल की, वहीं तो हम कुछ कर पा रहे हैं। जिन स्थानों पर गांधीजी विफल रहे, वहाँ हम कहाँ हैं? वास्तव में गांधी का साथ उस वक्त सभी लोग दिये होते, तो देश का शायद बँटवारा ही नहीं हुआ

होता और स्थिति कुछ अलग होती। यह बात कुछ लोग नहीं समझ पाये कि गांधीजी की हार में उनकी भी हार है और उनकी जीत में ही उनकी जीत है। जहाँ-जहाँ गांधीजी हारे हैं, वहाँ-वहाँ हम भी हारे हैं और जहाँ-जहाँ गांधीजी जीते हैं, वहाँ-वहाँ ही हम जीते हैं। उन्हीं जीती हुई जगहों पर ही तो हमारा कब्जा है।

इस देश में जो मुसलमान बने हैं, परिस्थितिवश ही बने हैं। विदेश से थोड़े ही आये हैं। जैन, बौद्ध, सिक्ख, ईसाई—सभी तो यहीं से बने हैं। गांधीजी कहते थे, हिन्दू-मुस्लिम-सिक्ख-ईसाई, आपस में सब भाई-भाई। अगर उनकी इस बात को कट्टरपंथियों ने मान लिया होता, तो देश का विभाजन ही क्यों होता।

पूंजा भाई ठक्कर के बेटे जेनाभाई ठक्कर थे, जेनाभाई के बेटे मुहम्मद अली जिन्ना। यह परिवार हिन्दू था। पूंजा भाई मछली का व्यापार करते थे। लोहाना जाति रूढ़िवादी होती थी, ऐसे में मछली के व्यापार को लेकर बहुत विरोध हुआ। इस विरोध के बाद पूंजा भाई ने इस्लाम स्वीकार किया। डॉ. हरि देसाई कहते हैं कि बाद में पूंजा भाई हिन्दू बनना भी चाहते थे, लेकिन लोगों ने स्वीकार नहीं किया। फिर वे व्यवसाय के लिए कराची गये। मो. अली जेना भाई ने अपने नाम का अंग्रेजीकरण करते हुए जिन्ना कर लिया। जिन्ना हिन्दू ही थे। एक हिन्दू के मुसलमान बनने से कितना बड़ा फर्क पड़ा!

हम सभी जीवों में आत्मा-परमात्मा की खोज करते हैं, लेकिन हमारे व्यवहार में भेदभाव चरमावस्था में है। गांधीजी कहते थे कि हिन्दू धर्म मेरे बताये हुए रास्ते से ही बचेगा। यदि 1857 की क्रांति सफल हो गयी होती, तो देश का बादशाह बहादुरशाह जफर होते। ऐसी परिस्थिति में शायद मुसलमानों को भारत से जाने की नौबत ही नहीं आती।

गांधीजी कहते थे कि सभी धर्मों के विचार बहुत अच्छे हैं। कौन धर्म अच्छा होगा या बुरा, यह उनके अनुयायियों के कार्यकलापों से ही सिद्ध होता है। वैचारिक समन्वय न होने पर जो उपद्रव सामूहिक रूप से उत्पन्न होता है, उसे शांत करना असंभव-सा प्रतीत होता है। अपने ही देश में मणिपुर और कश्मीर इसके ज्वलंत उदाहरण हैं। छोटी-सी आबादी वाले क्षेत्रों में भी शांति लाना टेढ़ी खीर हो जाती है।

धर्म, जाति का प्रेम व अपना लाभ-हानि, देश-प्रेम से बड़ा होता है, तभी आजादी की लड़ाई में भाग लेने वाले देशप्रेमी भी बँटवारे के समय उत्पन्न हुए धार्मिक उन्माद को नहीं संभाल पा रहे थे। बँटवारे के बाद जितनी भीषणता से आपस में लोग लड़े, उतनी भीषणता से अगर अंग्रेजों के विरुद्ध लड़े होते, तो देश कब का आजाद हो गया होता। राष्ट्र चेतना, अगर धर्म चेतना से बड़ी होती, तो देश गुलाम ही नहीं होता। धार्मिक ताकतों का आजादी की लड़ाई में मूक रहना दु:खद है। देश में अभी भी गाय और सुअर के नाम पर लड़ने के लिए लाखों-लाखों लोग मिल जाते हैं, पर देश के मुद्दे पर आवाज उठाने वाले विरले ही हैं। वास्तविकता यह है कि गांधीजी अंग्रेजों से लड़ रहे थे, और लोग अंग्रेजों के बजाय गांधीजी से। गांधीजी जो जीते, वही तो हमारे हाथ आया। अगर सबने साथ दिया होता, तो संभव है कि पाकिस्तान ही अस्तित्व में न आया होता। आबादी की अदला-बदली भी न होती और न ही विभाजन विभीषिका झेलनी पड़ती।

कराची अधिवेशन में सुभाषचंद्र बोस 'गांधी-इर्विन पैक्ट' का विरोध करना चाह रहे थे, परन्तु जब उस पर उन्होंने बहुत गहराई से सोचा और निष्कर्ष निकाला तो उन्हें लगा—''यदि हम इसका विरोध करते हैं, तो चुने हुए प्रतिनिधियों से हमें अधिक समर्थन नहीं मिलेगा। युवा हमारा साथ दे सकते हैं, पर पैक्ट का विरोध करने के लिए हमें सरकार को नोटिस देकर आंदोलन को फिर से शुरू करना होगा और इसमें हमें कितना समर्थन मिलेगा? इसमें तनिक भी संदेह नहीं था कि यदि हमने ऐसा किया, तो जन और धन दोनों ही दृष्टि से हमें निराशा ही हाथ लगेगी। इस बात की भी संभावना नहीं है कि हम इतनी लड़ाई करके भी महात्मा जी ने जितना पाया है, उससे ज्यादा हासिल कर पायेंगे।''

यदि हम हार जाते हैं और हारना निश्चित ही है, तो हमारा विरोध बेकार जायेगा। तो फिर संस्था में विभाजन पैदा करने से क्या लाभ? सबसे बड़ी बात यह भी सरकार समझ रही थी कि कांग्रेस अधिवेशन से पहले भगत सिंह को फांसी देने से पैक्ट विरोधी गुट काफी मजबूत हो जायेगा। जब सुभाषचंद्र बोस ने यह देखा कि सरकार कांग्रेस में फूट डालने पर आमादा है, तो फूट को बचाने

के लिए उन्होंने 'गांधी-इर्विन पैक्ट' को स्वीकार कर लिया। बोस जी का ऐसा सोचना था कि अभी गांधी से लोकप्रिय व्यक्ति कोई दूसरा नहीं है और सबसे अधिक लोकप्रिय व्यक्ति ही सबसे अधिक शक्तिशाली होता है।

भगत सिंह और उनके साथियों को फाँसी दी गयी और इस संदर्भ में गांधीजी ने कुछ नहीं किया। इस विचार से प्रेरित की गयी सभा में जिन-जिन लोगों ने गांधीजी के खिलाफ बोला था, वोटिंग होने पर उन सभी लोगों ने गांधीजी के पक्ष में मतदान किया। सुभाषचंद्र बोस से लोगों को उम्मीद थी कि भगत सिंह की फाँसी के बाद वे गांधीजी का विरोध करेंगे ही। लेकिन बोसजी ने भी गांधीजी का ही समर्थन किया। भगत सिंह की फाँसी के बाद लोग गांधीजी से बहुत रुष्ट हुए कि गांधीजी उनको (भगत सिंह) बचाने में असफल रहे। फिर भी लोगों ने गांधी और कांग्रेस को कमजोर करने की कोशिश इसलिए नहीं की कि इन लोगों के कमजोर होने से देश के संघर्ष की धारा कमजोर पड़ जायेगी। इसलिए लोगों ने भाषण तो गांधीजी के खिलाफ दिया, लेकिन वोट गांधीजी को ही दिया।

इतिहास में पहले देश की रक्षा की जिम्मेदारी राजपूतों की थी, यदि राजपूत हार गये, तो सब हार गये। राजपूत जीत गये, तो सब जीत गये। राजपूतों की हार ब्राह्मणों की हार थी, वैश्यों की हार थी, शूद्रों की हार थी। राजपूतों की जीत, ब्राह्मणों की जीत थी, वैश्यों की जीत थी, शूद्रों की जीत थी। विचारणीय प्रश्न यह है कि देश तो सबका था, तो सबको लड़ना ही चाहिए था। सब पढ़े होते, सब लड़े होते, सब व्यापार किये होते, सब परिश्रम किये होते, तो देश दूसरा ही होता!

जो पढ़ा—वह लड़ा नहीं, व्यापार नहीं किया, परिश्रम नहीं किया।

जो लड़ा—वह पढ़ा नहीं, व्यापार नहीं किया, परिश्रम नहीं किया।

जो व्यापार किया—वह पढ़ा नहीं, लड़ा नहीं, श्रम नहीं किया।

जो श्रम किया—वह पढ़ा नहीं, लड़ा नहीं, व्यापार नहीं किया।

सब पढ़े होते, सब लड़े होते, सब परिश्रम किये होते, सब व्यापार किये होते तो देश के गुलाम होने की संभावना न के बराबर होती। कितनी अजीब बात है कि एक ईस्ट इंडिया कंपनी, जो व्यापार करने के लिए भारत आयी

थी, वह देश की शासक बन गयी। परिणाम यह हुआ कि हम शिक्षित नहीं हो पाये। विजेता नायकों की सूची नगण्य हो गयी। व्यापार विदेशों पर निर्भर हो गया। हमारे देश के लोग अधिकांश देशों में मजदूर के रूप में पलायन करने को मजबूर हो गये।

1661 ई. में पुर्तगाल की राजकुमारी कैथरीन और इंग्लैंड के चार्ल्स द्वितीय की शादी हुई। असल में यह शादी एक वैवाहिक संधि थी। वैसे तो इस शादी में पुर्तगाल ने इंग्लैंड को बहुत कुछ दिया, लेकिन सबसे जरूरी चीज जो उसने दी वह था मुम्बई द्वीप समूह। कितना आश्चर्यजनक लगता है कि विवाह ब्रिटेन और पुर्तगाल के बीच होता है और दहेज में मुम्बई दे दिया जाता है।

आपसी समन्वय व प्रेम न होने के कारण ही तो हिन्दू लोग, सिक्ख, जैन, बौद्ध, पारसी, ईसाई, मुसलमान आदि धर्मों में रूपांतरित हुए। क्रमश: हिन्दू ही तो कमजोर होते चले गये। आपसी वैमनस्य के कारण ही तो पाकिस्तान और बांग्लादेश का निर्माण हुआ। कभी अफगानिस्तान आदि देशों में भी हम माननीय रहे। महाभारत में तो गांधार का उल्लेख है।

स्वतंत्रता आंदोलन के दौरान गांधी व कांग्रेस के साथ अन्य सभी लोग सामूहिक रूप से अपनी हितबद्धता जोड़कर संघर्ष किये होते, तो लगभग पूरी संभावना थी कि मुस्लिम लीग अलग पाकिस्तान की माँग ही न करती। माँग करती भी तो सफलता की संभावना नगण्य ही होती। पूरा भारत एक होता। आज हम सब अपनी-अपनी विचारधारा पाकिस्तान और बांग्लादेश में भी प्रचारित कर रहे होते। जब साथ देने का समय था, तब साथ नहीं दिये और दोषी गांधी को मानते रहे। देश विभाजन का परिणाम यह हुआ कि जो हिन्दू पाकिस्तान में रह गये और जो मुसलमान भारत में रह गये, वे अन्य लोगों की निगाहों में उच्च देशप्रेम के पात्र नहीं रह गये।

गांधीजी तो कहते थे कि हिन्दू-मुस्लिम, सिक्ख, ईसाई, जैन, बौद्ध आदि आपस में सब भाई-भाई। यदि उनकी इस बात को लोगों ने माना होता, तो न किसी मुसलमान को पाकिस्तान जाना पड़ता और न किसी हिन्दू को भारत आना पड़ता। गांधीजी तो बार-बार यह कहते थे कि हिन्दू धर्म मेरे बताये रास्ते पर चलने से ही बचेगा।

कल्पना कीजिए कि उस वक्त यदि गांधी व कांग्रेस और कमजोर हो जाते, तो 565 रियासतों को मिलाने के बजाय कम ही रियासतों का विलय करा पाते। जो-जो राज्य विलय में शामिल नहीं हो पाते, वहाँ भारत का अस्तित्व समाप्त हो जाता। ऐसे में भारत का स्वरूप और छोटा होता। सरदार पटेल की जगह कोई कमजोर व्यक्तित्व होता तो भारत का स्वरूप और थोड़े में होने की संभावना प्रबल होती। सबको साथ मिलकर लड़ना अनिवार्य था, इसी अनिवार्य लड़ाई को साथ मिलकर न लड़ने के कारण ही तो हम विभाजित हुए।

उदाहरणार्थ, चार भाई हैं—किसी बाहर वाले से जब कोई लड़ाई शुरू होती है, तो जब चारों भाई मिलकर लड़ेंगे, तो सफलता की संभावना ज्यादा रहेगी। अगर उसी समय भाइयों में आपसी संघर्ष छिड़ जाये, तो उनके पक्ष में लड़ाई की सफलता की संभावना कम हो जायेगी और उसका दुष्परिणाम सभी को भुगतना पड़ेगा।

सिक्ख, जैन, बौद्ध, पारसी, ईसाई आदि अपेक्षाकृत कम संख्या में होने के बावजूद उन्होंने कभी नहीं कहा कि वे या उनके धर्म खतरे में है। जबकि हिन्दू-मुसलमान बहुसंख्यक होने के बावजूद भी बार-बार अपने और अपने धर्म को खतरे में पाते हैं। परिस्थितियाँ कितनी ही विषम क्यों न हो, देश और समाज के लिए प्रेम जरूरी है और प्रेम के लिए गांधी जरूरी हैं।

अहिंसा

गांधीजी का कथन है कि ''व्यक्ति व्यवस्था का प्रतीक नहीं है, इसलिए व्यवस्था के प्रतीक में एक व्यक्ति की हत्या व्यवस्था पर निष्प्रभावी होती है।''

एक क्रांतिकारी को फाँसी पर चढ़ा दिये जाने मात्र से ही क्रांतिकारी व्यवस्था और विचार समाप्त नहीं हो जाता है। उसी प्रकार ब्रिटिश साम्राज्य में एक कलेक्टर, पुलिस कप्तान या वायसराय की हत्या कर देने से अंग्रेजी शासन समाप्त नहीं हो सकता है। पर, क्रांतिकारियों कि यह अवधारणा है कि अंग्रेजी शासन व्यवस्था कलेक्टर, पुलिस कप्तान अथवा वायसराय में ही सिमट गई है। वह यह नहीं मान पाते कि व्यवस्था, व्यवस्था के प्रतीक से बड़ी होती है।

चौरीचौरा काण्ड इसका सटीक उदाहरण है। जहाँ पुलिस थाने में 22 पुलिस वालों के मारे जाने व थाना जला दिये जाने के बाद भी स्वतंत्रता नहीं मिली।

सर्वप्रथम हिंसा कुछ लोगों के बीच ही सिमट कर रह जाती है। सामान्य जनता में क्रांतिकारियों के प्रति सम्मान तो जगता है, किन्तु वह स्वतः किसी संगठित कर्म के लिए प्रेरित नहीं होते। हिंसा की प्रतिक्रिया में जब दमन चक्र प्रारंभ होता है, तो उसकी प्रतिक्रिया में जनता और भी भीड़ बन जाती है। लुक-छिप कर भावुकता में वह क्रातिकारियों की प्रशंसा करती है, किन्तु मुखर रूप से उसमें साहस नहीं होता कि अंग्रेज़ी दमन चक्र का विरोध करे। इसलिए जब-जब हिंसा घटित होती है, अंग्रेज़ी राज्य का दमन चक्र पहले की अपेक्षा और तेज होता है। इसके फलस्वरूप सामान्य जन पहले की अपेक्षा और अधिक भयाक्रांत हो जाते हैं। इसी संदर्भ में गांधीजी ने यह भी सवाल उठाया कि जिस आंदोलन में सामान्य जन की भागीदारी है ही नहीं, वह आंदोलन कैसे उनमें त्याग और साहस के भाव को जन्म देगा। इसके अभाव में तो कोई भी राष्ट्रीय स्वाधीनता संग्राम संभव नहीं है।

क्रांतिकारियों को हथियार के लिए लोगों से सहयोग राशि नहीं मिल पाती थी। जबकि खादी के लिए गांधी को बिहार ने एकमुश्त 80 लाख रुपये चंदा दिया। तिलक स्वराज फण्ड के लिए एक करोड़ रुपये, जलियाँवाला बाग भूमि व स्मारक के लिए भरपूर सहयोग किया। कई उद्योगपति गांधीजी को ब्लैंक चेक दिये रहते थे, धनराशि का हिसाब नहीं माँगते थे। समाज के सभी वर्गों ने स्वेच्छा से और प्रसन्नतापूर्वक गांधी को चंदा दिया। बहुत बार तो गांधीजी को मना करना पड़ता था।

जिस नैतिक आधार पर हम भारत में अंग्रेज़ी शासन की आलोचना करते हैं, क्या उस नौतिक आधार पर हिंसात्मक साधनों का समर्थन किया जा सकता है? यह कैसे संभव है कि अंग्रेज़ों के शासन की आलोचना करने में हम नैतिक नियमों का सहारा लें और क्रांतिकारियों के हिंसात्मक साधनों की समीक्षा करने में उन नैतिक नियमों का परित्याग कर दें। यह एक वैचारिक खोट है। एक बार अनैतिकता को हम स्वीकार करेंगे, तो अंग्रेज़ी शासन पर नैतिक प्रहार नहीं कर सकते। ताकत की लड़ाई में धर्मयुद्ध के मुहावरे का प्रयोग नहीं हो सकता।

भारतीय सेना के सेनापति के. एम. करिअप्पा ने इंग्लैण्ड में अपने एक भाषण में कहा था कि ''भारत की वर्तमान परिस्थितियों में अहिंसा का कोई उपयोग नहीं है; बलशाली सेना ही भारत को संसार का एक महानतम राष्ट्र बना सकती है।''

गांधीजी ने 'हरिजन' में इसका विरोध किया और कहा कि अणुबम के इस युग में विशुद्ध अहिंसा ही एक ऐसी शक्ति है, जो हिंसा की सारी चालों को विफल बना सकती है। क्या किसी दिवालिये को, जो शेयर बाजार के जुए से बर्बाद हो चुका है, उस विशेष प्रकार के जुए का गुणगान करना चाहिए।

भारत लौटने पर जनरल करिअप्पा गांधीजी से मिलने गये, तो गांधीजी ने पूछा— ''आपने पिछले महीने लंदन में अहिंसा पर जो वक्तव्य दिया था, उस पर मैंने अपने पत्र में लिखा था। आपको कुछ पता है?''

सेनापति हँसे और बोले—''दुनिया के सब लोगों में अगर कोई समुदाय युद्धों को नापसन्द करता है, तो वह सैनिकों का समुदाय है। इसका कारण रणक्षेत्र के खतरे और भयानक दृश्य नहीं हैं, परन्तु हमारा यह ज्ञान है कि अन्तर्राष्ट्रीय झगड़े निपटाने में युद्ध बिल्कुल बेकार साबित हुए हैं। हमारे ख्याल से एक युद्ध का परिणाम दूसरा युद्ध होता है। इतिहास ने हमें यही पाठ पढ़ाया है।''

गांधीजी उनकी तरफ मुड़कर मुस्कुराते हुए बोले—''मै देखता हूँ कि आपने जूते बाहर निकाल दिये हैं।'' सेनापति ने गहरे पूज्य भाव से उत्तर दिया—''मेरा ऐसा करना उचित ही है, क्योंकि मैं आप जैसे ईश्वरपरायण पुरुष से मिलने आया हूँ।''

एक कार्यकत्री ने पूछा कि ''सरकार की पाशविक हिंसा ने लोगों को बदले में हिंसा करने के लिए प्रेरित किया था। इस समस्या को कैसे हल किया जाय?''

गांधीजी ने उत्तर दिया, ''यह स्त्रियों का क्षेत्र है। मैं असंख्य बार कह चुका हूँ कि अहिंसा स्त्रियों का जन्मजात गुण है। युग-युग से पुरुषों को हिंसा की तालीम मिली है। अहिंसक बनने के लिए उन्हें अपने में स्त्रियों के गुण पैदा करने होंगे। जब से मैंने अहिंसा को अपनाया है, तब से मैं स्वयं दिनोंदिन स्त्री बनता जा रहा हूँ। स्त्रियाँ परिवार के लिए त्याग करने की आदी तो हैं, अब उन्हें देश

के लिए बलिदान करना सीखना है। मैं सब स्त्रियों को, जिनमें करोड़पतियों की पत्नियाँ भी शामिल हैं, अपनी अहिंसक सेना में भर्ती होने का निमंत्रण देता हूँ। करोड़पति पति अपने रुपयों का घमंड कर सकते हैं, उसमें वे अपनी पत्नियों की सेवाओं का यश और जोड़ लें।''

गांधीजी से पूछा गया, ''जिसने अपना सारा जीवन युद्ध करने में बिताया हो, वह सफलतापूर्वक अहिंसा को कैसे अपना सकता है? क्या ये दोनों बातें बेमेल नहीं हैं?''

गांधीजी ने उत्तर दिया—''मैं आपकी बात से सहमत नहीं। बादशाह खान एक पठान हैं, परन्तु आज वे अहिंसा के सिपाही हो गये हैं। टॉलस्टॉय ने भी सेना में काम किया था, फिर भी वे यूरोप में अहिंसा के महान पुजारी बन गये। हमें 1942 में अगर पुलिस गिरफ्तार न कर लेती, तो मैंने यह दिखाया होता कि जापान के साथ अहिंसक ढंग से कैसे लड़ा जाय।''

सम्राट अशोक महान भी कलिंग युद्ध के बाद अहिंसा के पुजारी बन गये।

गांधीजी से एक बार पूछा गया, ''मान लीजिये कि किसी को अधिक शक्तिशाली पशुबल के सामने लाचारी महसूस हो, तो क्या उसका अन्याय रोकने लायक बल का उपयोग करना उचित होगा?''

गांधीजी ने जवाब दिया—''हाँ, परन्तु आप में सच्ची अहिंसा हो, तो विवशता की वह भावना आप में पैदा ही नहीं होगी। हिंसा के सामने विवशता अनुभव करना, अहिंसा नहीं बल्कि कायरता है। कायरता को अहिंसा के साथ मिलाना नहीं चाहिए।''

गांधीजी से फिर पूछा गया, ''मान लीजिये कोई आपके पास आकर आपका अपमान करे, तो क्या आपको इस प्रकार अपना अपमान होने देना चाहिए?''

गांधीजी ने बताया—''अगर आपको अपमान महसूस हो, तो आपका बदमाश के मुँह पर चांटा मारना या अपने स्वाभिमान की रक्षा के लिए जो भी कार्यवाई जरूरी लगे, वह करना उचित होगा। ऐसी परिस्थिति में बल प्रयोग स्वाभाविक परिणाम होगा, बशर्ते कि आप कायर नहीं हैं। लेकिन यदि आपने अहिंसक वृत्ति को आत्मसात् कर लिया हो, तो आप में अपमान की कोई भावना नहीं होनी चाहिए। तब आपका अहिंसक व्यवहार या तो बदमाश को

शर्मिंदा कर देगा और अपमान को रोक देगा अथवा आप पर उसका कोई असर ही नहीं होगा और एक तरह से वह अपमान बदमाश के मुँह में ही रह जायेगा। वह आपको बिलकुल स्पर्श नहीं करेगा।''

''मान लीजिये कि कोई पागल मारपीट करने लगे; या कोई क्रोध से उन्मत्त बनी भीड़ में आँसू गैस छोड़ने लगे, तो क्या आप इसे ठीक समझेंगे?''

गांधीजी ने कहा कि ''मैं उसे सदा ही बरदाश्त कर लूँगा। परन्तु मैं यह नहीं कहूँगा कि अहिंसा की दृष्टि से वह उचित है। मैं यह कहूँगा कि आप में इतनी मात्रा में अहिंसा नहीं थी, जिससे आप में विशुद्ध अहिंसक व्यवहार का आत्मविश्वास पैदा हो सके। यदि होती तो आपकी उपस्थिति ही पागल को शान्त करने के लिए पर्याप्त होती। अहिंसा कोई यांत्रिक वस्तु नहीं है। आपके यह कहने मात्र से कि 'मैं बल प्रयोग नहीं करूँगा', आप अहिंसक नहीं बन जाते हैं। इसका हृदय में अनुभव होना चाहिए। जब हृदय में यह भावना होती है, तो वह किसी कार्य के द्वारा प्रकट होती है। वह कार्य संकेत, दृष्टिपात अथवा मौन भी हो सकता है, जो अपने उसी रूप में उस पापी के हृदय को पिघला देगा और अन्याय को रोक देगा।''

गांधी ने एक बार लंदन जाकर चिकित्साशास्त्र पढ़ने का मन बनाया था। लेकिन जब केपटाउन का एक भारतीय युवा, जो वहाँ पर डॉक्टरी की पढ़ाई कर रहा था, उसने गांधी से कहा कि उसे पिछले दो सालों में पचास मेढकों को मारना पड़ा है। इस पर गांधी ने पोलक को लिखा, ''अगर ऐसा है, तो मेरी चिकित्साशास्त्र पढ़ने की कोई इच्छा नहीं है। मैं न तो एक भी मेंढक को मारूँगा और न ही किसी मेंढक की चीरफाड़ करूँगा। क्योंकि ऐसा करना हिंसा होगी।''

गांधीजी राजनीतिक क्षेत्र में अपने अहिंसा के प्रति अपने जुड़ाव को लेकर बिल्कुल समझौता करने को तैयार नहीं थे। पर जहाँ तक दैनिक जीवन की बात थी, तो वे उसे लेकर बहुत कठोर भी नहीं थे। उनका मानना था कि ऐसी कोई परिस्थिति नहीं हो सकती, जिसमें कोई इंसान किसी दूसरे इंसान की जान ले ले, लेकिन ऐसी परिस्थिति हो सकती थी, जहाँ इंसान को जानवरों की जान लेने की इजाजत दी जा सकती थी।

सन् 1926 में अहमदाबाद के एक कपड़ा मिल परिसर में पागल कुत्तों ने लोगों पर हमला कर दिया। उस मिल के मालिक गांधी के मित्र अंबालाल

साराभाई ने कुत्तों को मरवा दिया, जिसका अहमदाबाद ह्यूमेनिटेरियन लीग और बहुत सारे जैनियों ने प्रबल विरोध किया। जब उस उद्योगपति ने गांधी से हस्तक्षेप करने को कहा, तो उन्होंने कुत्तों को मारने के फैसले का समर्थन किया, भले ही यह अहिंसा के उनके घोषित सिद्धांत के विरुद्ध था।

जैनियों के एक समूह के लोग इस बात से क्रोधित थे व कटुता और अहंकारपूर्ण बातें कर रहे थे कि गांधी ने पागल कुत्तों को मारे जाने का समर्थन किया है। लेकिन गांधी अपने रूख पर कायम रहे और उन्होंने कहा, आदर्श रूप तो यह होता कि हर कुत्ते का कोई न कोई स्वामी होता और आवारा कुत्तों को किसी आश्रय स्थल में रखा जाता। इस प्रकार का अगर कोई भी विकल्प मौजूद नहीं है, तो ऐसी स्थिति में कुत्तों से निजात पाने के अलावा कोई चारा नहीं था क्योंकि बिना मालिक के कुत्तों का झुंड समाज के अस्तित्व के लिए ही खतरा है। इसके दो साल बाद अहमदाबाद में यह बहस फिर से छिड़ गई कि क्या जानवरों को कभी मारा जा सकता है? इस बार बहस का केंद्र एक गाय थी, जिसकी हिन्दू समाज पूजा करता था। साबरमती आश्रम में एक बुरी तरह घायल बछड़े को मृत्यु प्रदान कर दी गई, जिसने शहर के जैन और वैष्णव समाजों में क्रुद्ध प्रतिक्रियाओं को भड़का दिया।

गांधीजी ने बछड़े की मृत्यु का बचाव किया और उसकी तुलना शल्य चिकित्सा से की, जिसके तहत शरीर के किसी बीमार अंग को हटा दिया जाता है। उन्होंने लिखा, 'दोनों ही स्थितियों में शरीर को दर्द से मुक्त करना उद्देश्य होता है। एक स्थिति में आप शरीर से बीमार अंग को अलग करते हैं, जबकि दूसरी स्थिति में आप उस आत्मा को शरीर से निकाल देते हैं, जो उसकी यातना का कारण होती है।' उसके बाद अपने आलोचकों पर तीखा हमला करते हुए उन्होंने टिप्पणी की कि ''हमारे अहिंसा के झंडाबरदारों के साथ समस्या यह है कि उन्होंने अहिंसा को अपना समर्थन दे दिया है और हमारे बीच सच्ची अहिंसा को फैलने देने की राह में वे बाधा बन गए हैं। अहिंसा के बारे में वर्तमान (और मेरी राय में गलत) दृष्टिकोण ने हमारे विवेक का हरण कर लिया है। हमें अन्य अनेक प्रकार की और ज्यादा खतरनाक हिंसा के स्वरूपों की तरफ मोड़ दिया है, जिसमें कठोर शब्द, कठोर आंकलन, दुर्भावना, क्रोध, जलन, वासना और क्रूरता आदि शामिल है।

हम यह भूल चुके हैं कि मनुष्य या पशुओं को दी जाने वाली धीमी यातनाएं, जैसे उनको भूखा रखने और उनका शोषण करने में ज्यादा हिंसा होती है। ऐसी यातनाओं से होकर उन्हें गुजरना पड़ता है और जो लालच, कमजोरों के अपमान और शोषण तथा लोगों के स्वाभिमान की हत्या के रूप में हर रोज हमारे सामने आती है, ऐसी हिंसा किसी की कृपालुतापूर्वक जान लेने से बड़ी हिंसा है।

एक घायल बछड़े को मृत्यु प्रदान करने और गांधी द्वारा उसके किये गये बचाव ने और भी आलोचनाओं को आमंत्रित किया। उन्हें इसे लेकर अनेक कटु पत्र मिले। लेकिन एक पत्र ऐसा था, जिसे जवाब दिये जाने की जरूरत थी।

उस पत्र में कहा गया था कि गांधी के तर्क के हिसाब से तानाशाह और अत्याचारियों द्वारा चुनिंदा हत्याओं को समर्थन मिल सकता है क्योंकि अगर कोई व्यक्ति पूरे समुदाय को प्रताड़ित करना शुरू करता है और उसके अत्याचार को रोकने के लिए कोई दूसरा तरीका न हो, तो उसकी हत्या करना और समाज को उससे बचाना भी अहिंसा का एक कृत्य होगा।

उस पत्र में आगे कहा गया—

आप कहते हैं कि परजीवी जानवर की हत्या में कोई हिंसा नहीं है, अगर वह किसान की फसल को नष्ट करता है, तो ऐसे में मनुष्य रूपी परजीवी की हत्या करना भी अहिंसा क्यों नहीं मानी जानी चाहिए, जो समाज को विनाश और बुराइयों में धकेलने की धमकी देते हैं।

इसके जवाब में गांधीजी ने स्पष्ट किया कि 'अहिंसा की उनकी परिभाषा किसी भी तरह से मानव-हत्या का समर्थन नहीं करती। उस बछड़े को मृत्यु तक पहुँचाने का फैसला बछड़े के हित में ही लिया गया था।'

फसलों को बर्बाद करने वाले बंदरों को मारने के समर्थन में अपने तर्क को याद करते हुए गांधी ने कहा कि 'अभी तक समाज के पास ऐसी कोई विधा नहीं है, जिससे वह बंदरों में हृदय परिवर्तन करवा सके और इसलिए उसकी हत्या को क्षम्य करार दिया जा सकता है, लेकिन दुनिया में ऐसा कोई बुरा या अत्याचारी व्यक्ति नहीं है, जिसे बिल्कुल ही सुधारा नहीं जा सकता। इसलिए अपने स्वार्थ की वज़ह से किसी मानव की हत्या को कभी भी अहिंसा में जगह नहीं दी जा सकती।'

गांधीजी के आश्रम में कुछ एकड़ खेती की जमीन थी। परन्तु फसल को बंदरों द्वारा नष्ट कर दिये जाने का खतरा था। गांधीजी प्राणिमात्र को पवित्र मानते थे और इसलिए बंदरों को किसी भी प्रकार की पीड़ा पहुँचाना अहिंसा का भंग समझते थे। फिर भी फसल को बचाने के लिए बंदरों पर हमला करने की सलाह देने में उन्हें संकोच नहीं हुआ।

गांधीजी ने स्पष्ट किया कि ''मैं इस बुराई से बचना चाहता हूँ। संस्था को छोड़कर या उसे तोड़कर मैं इस बुराई से बच सकता हूँ। ऐसा मैं नहीं करता, क्योंकि मुझे ऐसा कोई समाज मिलने की आशा नहीं, जहाँ खेती न होती हो और इसलिए प्राणहानि न होती हो। अतः किसी दिन कोई मार्ग निकल आयेगा, ऐसी आशा रख कर मैं डरते-डरते और काँपते-काँपते, नम्रता और पश्चाताप की भावना से बंदरों को पीड़ा पहुँचाने के कृत्य में शरीक होता हूँ।''

टॉलस्टॉय फार्म पर एक दिन कैलनबैक के कमरे में एक साँप ऐसी जगह दिखाई दिया, जहाँ से उसे भगाना या पकड़ना असंभव जैसा लगा। फार्म के एक विद्यार्थी ने उसे देखा था। उसने मुझे (गांधीजी को) बुलाया और पूछा कि अब क्या किया जाय? उसने मुझसे साँप को मारने की इजाजत माँगी। मेरी इजाजत के बिना वह साँप को मार सकता था, परन्तु सामान्यतः विद्यार्थी या अन्य लोग भी मुझसे बिना पूछे ऐसा कदम नहीं उठाते थे। साँप को मारने की इजाजत देना मुझे अपना धर्म मालूम हुआ और मैंने इजाजत दी।

यह लिखते समय भी मुझे ऐसा नहीं लगता कि मैंने मारने की इजाजत देकर कोई बुरा काम किया था। साँप को हाथ से पकड़ने की या फार्मवासियों को अन्य किसी तरह साँप की ओर से निर्भय बनाने की शक्ति मुझमें नहीं थी और आज तक भी मैं अपने भीतर उस शक्ति का विकास नहीं कर पाया हूँ।

दूध : गाय-भैंस को फूँका लगाया जाता है। यह जानने के बाद दूध से मुझे नफरत हो गई। मेरी ऐसी मान्यता बन गयी कि वह मनुष्य की खुराक नहीं है। इसे मैं सदा मानता रहा और इस प्रकार मैंने दूध का त्याग कर दिया। दूध के त्याग में धर्म भावना मुख्य थी। कलकत्ते में गाय-भैंस पर फूँके के जो जुल्म होते थे, मेरे सामने नाच रहे थे। जिस तरह से मांस उसी प्रकार जानवर का दूध भी मनुष्य का खुराक नहीं है। यह बात भी मेरे सामने थी। इससे दूध के त्याग पर दृढ़ रहने का निश्चय किया। दूध पर बछड़े का हक पहले है। यह मानते हुए सन् 1912 ई. में

टालस्टॉय फार्म में दूध का त्याग कर दिया।

एक बार मैं (गांधीजी) बहुत बीमार पड़ा, जिसके कारण मुझे बहुत कमजोरी महसूस होने लगी। डॉक्टर ने कहा, ''जब तक आप दूध नहीं लेंगे, तब तक आपके शरीर की कमजोरी दूर नहीं होगी। आपको शारीरिक मजबूती के लिए दूध लेना चाहिए।''

मैंने जवाब दिया—''इंजेक्शन दीजिए, लेकिन दूध नहीं लूँगा।''

डॉक्टर ने पूछा, ''दूध के बारे में आपकी क्या प्रतिज्ञा है?''

''गाय-भैंस को फूँका लगाया जाता है, यह जानने के बाद दूध से मुझे नफरत हो गई। इससे मैंने दूध का त्याग कर दिया है।''

''तब तो बकरी का दूध लिया जा सकता है।'' तत्काल कस्तूरबाई, जो मेरी खाट के पास खड़ी थीं, बोल उठीं। डॉक्टर बीच में बोले, ''आप बकरी का दूध लें, तो भी मेरा काम हो जायेगा।''

मैं हारा। सत्याग्रह की लड़ाई के मोह ने मुझमें जीने का लोभ पैदा कर दिया और मैंने प्रतिज्ञा के अक्षर के पालन से संतोष मात्र कर उसकी आत्मा का हनन किया। दूध की प्रतिज्ञा करते समय यद्यपि मेरे सामने गाय-भैंस ही थी। फिर भी मेरी प्रतिज्ञा दूध मात्र की मानी जानी चाहिए और जब तक पशु के दूध मात्र को मनुष्य की खुराक के रूप में निषिद्ध मानता हूँ, तब तक मुझे उसे लेने का अधिकार नहीं है। यह जानते हुए भी बकरी का दूध लेने को तैयार हो गया। सत्य के पुजारी ने सत्याग्रह की लड़ाई के लिए जीने की इच्छा रखकर अपने सत्य को दाग लगा दिया।

गोरक्षा : गांधीजी ने कहा—गोमाता अनेक अर्थों में हमें जन्म देने वाली माता से श्रेष्ठ है। हमारी माता हमें दो वर्ष दूध पिलाती है और यह आशा करती है कि हम बड़े होकर उसकी सेवा करेंगे। गाय तो हमें पूरा जीवन दूध पिलाती है। गाय हमसे चारे और दाने के अलावा किसी और चीज की आशा भी नहीं करती। हमारी माँ प्रायः बीमार हो जाती है और हमसे सेवा करने की अपेक्षा करती है। गोमाता शायद ही कभी बीमार पड़ती है।

गांधीजी के अनुसार गोरक्षा का अर्थ है—''दुर्बलों और असहायों की रक्षा।'' इसलिए तर्कसंगत बात यह है कि जो हिन्दू गाय की रक्षा करता है, उसे सभी पशुओं की रक्षा करना चाहिए।

जब बर्नाड शॉ गांधीजी से लंदन में मिले, तब उन्होंने अपने विशिष्ट ढंग से सारी बात को थोड़े शब्दों में इस तरह से कहा—''गाय बूढ़ी हो जाय, तब उसे कसाईखाने में भेज देना उतनी ही बड़ी नीचता है, जितनी बड़ी नीचता हमारी माँ के बीमार पड़ जाने के कारण उसे फाँसी चढ़ा देना है।''

एक प्रार्थना प्रवचन में गांधीजी ने कहा कि बहुत-सी तथाकथित गोरक्षक संस्थाएँ वास्तव में ''गोवध करने वाली संस्थाएँ'' होती हैं।

सच्ची गोरक्षा में उदारता, हृदय की विशालता, सहनशीलता तथा असहायों और निर्दोषों की रक्षा के लिए आत्मोत्सर्ग करने की क्षमता की पराकाष्ठा होनी चाहिए। परन्तु गाय और उसकी संतान के प्रति जितना दुर्व्यवहार और जितना अत्याचार 'गोरक्षक' भारत में होता है, उतना संसार में और कहीं नहीं होता है। यह दुर्व्यवहार हत्या से भी बुरा है।

दूसरों के दोष निकालने की अपेक्षा अपनी ही त्रुटियाँ दूर करने में शक्ति लगाना कहीं अधिक अच्छा है। हम गाय के शरीर को सजाकर उसकी पूजा करते हैं, परन्तु उसके बछड़े से दूध की आखिरी बूँद भी छीन लेते हैं और जब गाय को ठीक ढंग से खिलाने-पिलाने की बात आती है, तो कंजूस बन जाते हैं। जब गो माता बूढ़ी और अपंग हो जाती है, तब उसे बेचकर कसाईखाने भेज देते हैं अथवा भूख से तड़प-तड़प कर मर जाने के लिए उसे घर से निकाल देते हैं।

कोई इन बातों की सच्चाई को चुनौती दे सकता हो, तो मेरे सामने आये। हम दूसरों की निन्दा करने में ही बहादुर हैं और अपने दोषों के बारे में उदार बन जाते हैं। मैंने जो बातें कही हैं, उन पर आप अच्छी तरह विचार कीजिए, आत्म निरीक्षण कीजिए; तब आपको इस प्रश्न का सच्चा उत्तर मिल जायेगा कि गाय का सच्चा शत्रु कौन है और किसके विरुद्ध आपका धर्मयुद्ध होना चाहिए।

क्षमा

एक बार गांधीजी ट्रेन से नेटाल की राजधानी मेरित्सबर्ग पहुँचे, तो उनके डिब्बे में एक अफसर आया और उनसे बोला, ''तुम्हें आखिरी डिब्बे में जाना है।''

मैंने कहा, ''मेरे पास पहले दर्जे का टिकट है।''

उसने जवाब दिया, ''इसकी परवाह नहीं। मैं तुमसे कहता हूँ कि तुम्हें आखिरी डिब्बे में जाना है।''

गांधीजी ने कहा, ''मुझे इस डिब्बे में नेटाल से बैठाया गया है और मैं इसी में जाना चाहता हूँ।''

अफसर ने कहा, ''यह नहीं हो सकता। तुम्हें उतरना पड़ेगा। नहीं उतरोगे तो सिपाही उतारेगा।''

मैंने कहा, ''तो सिपाही भले ही उतारे, मैं अपने आप तो नहीं उतरता।''

सिपाही आया। उसने मेरा हाथ पकड़ा और मुझे धक्का देकर नीचे उतारा। मेरा सामान भी उतार दिया। मैंने दूसरे डिब्बे में जाने से इनकार किया। मुझे वहीं प्लेटफार्म पर छोड़कर ट्रेन चली गयी। जाड़े के दिन थे। मैं रात भर ठण्ड से काँपता रहा और सोचता रहा कि ''मुझे अपने हक के लिए लड़ना चाहिए या वापस चले जाना चाहिए। अन्यथा जो अपमान होते हैं, उन्हें सहन करूँ और अपना मुकदमा खत्म करके अपने देश वापस लौट जाऊँ। मुकदमे को छोड़कर भाग जाना तो नामर्दी होगी।''

मुझे जो तकलीफ मिली है, यह तो ऊपरी तकलीफ है। वह गहराई में बैठे हुए एक महारोग का लक्षण है। वह रंग-द्वेष का महारोग है। इस गंभीर रोग को मिटाने की शक्ति अपने में हो, तो उसका उपयोग मुझे करना चाहिए। अपने ऊपर जो कष्ट आये, उन्हें सहना चाहिए और उसका विरोध बस उतना ही करना चाहिए, जितना रंग-द्वेष दूर करने के लिए आवश्यक हो।

दक्षिण अफ्रीका में चार्ल्सटाउन से जोहान्सबर्ग जाने के लिए उस समय ट्रेन नहीं घोड़े की 'सिकरम' (घोड़ा-गाड़ी) होती थी। एक दिन देर से जाने के कारण गांधीजी का टिकट रद्द हो गया। सब यात्री सिकरम के अन्दर ही बैठते हैं। पर मैं (गांधीजी) तो 'कुली' समझा जाता था। इसलिए कम्पनी का गोरा लीडर अन्दर बैठा और मुझे हाँकने वाले के बगल में बिठाया। कुछ समय के बाद जहाँ मैं बैठा था, वहाँ गोरे नायक को बैठने की इच्छा हुई।

अतः उसने एक मैला-सा बोरा पैर रखने की पटरी पर बिछा दिया और मुझसे कहा कि ''सामी तुम यहाँ बैठो, मैं हाँकने वाले के पास बैठूँगा।''

मैंने डरते-डरते उससे कहा—''मेरी जगह तो अन्दर बैठने की थी; पर तुम अन्दर बैठ गये और मुझे यहाँ बिठा दिया। अब तुम्हें बाहर बैठने की इच्छा हो रही है, इसलिए मुझे अपने पैरों के पास बिठाना चाहते हो! मैं अन्दर जाने को तैयार हूँ, पर तुम्हारे पैरों के पास बैठने को तैयार नहीं हूँ।''

मुश्किल से मैं इतना ही कह पाया था कि तब तक मुझ पर तमाचों की वर्षा होने लगी और वह गोरा मेरी बाँह पकड़कर मुझे नीचे ढकेलने लगा। कोच बॉक्स के पास ही पीतल के सींखचे थे, उनसे मैं लिपट गया और कलाई उखड़ जाए तो भी सींखचे न छोड़ने की ठान ली।

वह गोरा मुझे गालियाँ दे रहा था, खींच रहा था और मार भी रहा था। मैं चुपचाप सब सह रहा था। यात्रियों में से कुछ को मेरे ऊपर दया आयी और उनमें से एक बोल उठा—''अरे भाई, इस बेचारे को वहाँ बैठे रहने दो। क्यों बिना वजह उसे मारते हो? वहाँ नहीं तो उसे हमारे पास अन्दर बैठने दो।'' गोरा बोला, ''हरगिज नहीं'', पर कुछ सिटपिटाया जरूर। उसने मुझे मारना बन्द कर दिया और मेरी बाँह छोड़ दी। दो चार गालियाँ और दीं। वह गोरा आँखे तरेर कर लगातार मुझे घूरता रहा। अँगुली दिखाकर बड़बड़ाता रहा कि ''याद रख, स्टैंडरटन पहुँचने दे, फिर तेरी खबर लूँगा।'' मैं तो होंठ सिये ही रहा और ईश्वर से अपनी रक्षा की प्रार्थना करता रहा। रात को स्टैंडरटन पहुँचे। कुछ हिन्दुस्तानी चेहरे दिखाई दिये। सेठ और उनके गुमाश्तों आदि ने मुझे चारों ओर से घेर लिया। उस मारने वाले गोरे पर मुकदमा चलाने की बात तो मैंने सोची ही न थी।

एक बार दक्षिण अफ्रीका में जब गांधीजी जहाज से उतरे, तो कुछ अंग्रेज लड़कों ने गांधीजी को पहचान लिया और 'गांधी-गांधी' कहकर चिल्लाने लगे। भीड़ बढ़ती देखकर मि. लाटन ने रिक्शा मँगवाया। मुझे तो रिक्शा में बैठना कभी पसंद नहीं आया था। उस पर बैठने का यह मेरा पहला अनुभव होने जा रहा था। पर छोकरे क्यों बैठने देते? उन्होंने रिक्शे वाले को धमकाया और वह भाग गया। हम आगे बढ़े। अच्छी खासी भीड़ इकट्ठा हो गयी। उस भीड़ ने मुझे सबसे पहले मि. लाटन से अलग किया। फिर मुझ पर कंकड़ और सड़े अण्डों की वर्षा आरम्भ हुई। किसी ने मेरी पगड़ी छीन कर फेंक दी। लात ठोकरें भी पड़ने लगीं।

मुझे चक्कर आ गया। मैं बगल घर की जाली पकड़कर दम लेने लगा, पर वहाँ खड़ा रहना तो मुमकिन ही नहीं था। अब तमाचों की बारी थी। इतने में पुलिस सुपरिटेंडेन्ट की पत्नी, जो मुझे पहचानती थीं, उस रास्ते से गुजरीं। मुझे देखते ही वह मेरे बगल में आकर खड़ी हो गयीं। धूप न थी, फिर भी उन्होंने अपनी छतरी खोल दी। इससे भीड़ कुछ दबी।

इसी बीच कोई हिन्दुस्तानी नवयुवक मुझ पर मार पड़ते देख थाने की ओर दौड़ गया। सुपरिटेंडेन्ट मि. चेंबरलेन ने पुलिस की एक टुकड़ी को घेरा डालकर मुझे बचा लेने के लिए भेजी। वह समय से पहुँची। पुलिस टुकड़ी के साथ मैं सही सलामत पारसी रूस्तमजी के घर पहुँचा।

तत्कालीन उपनिवेशमंत्री स्व. मि. चेंबरलेन ने मुझ पर हमला करने वालों पर मुकदमा चलाया जाय और मुझे न्याय मिले, इसके लिए तार दिया। मि. एस्कंब ने मुझे मिलने के लिए बुलाया। मुझे चोट पहुँची, इसलिए खेद प्रकट करके कहा, ''यह तो आप मानेंगे ही कि आपका बाल तक भी बांका होने में मुझे खुशी नहीं हो सकती।''

मि. लाटन की सलाह मानकर आपने तुरंत उतर जाने का साहस किया, ऐसा करने का आपको अधिकार था। अगर आपने मेरे संदेश को मान लिया होता, तो यह दुःखद घटना नहीं हुई होती। अब अगर आप हमला करने वालों को पहचान सकें, तो मैं उन्हें गिरफ्तार करवाने और उन पर मुकदमा चलवाने को तैयार हूँ। मि. चेंबरलेन की भी यही इच्छा है।

मैंने जवाब दिया—''मुझे किसी पर मुकदमा नहीं चलाना है।''

मिस्टर अलेक्जेंडर ने कहा, ''आप मुझे यह बात लिखकर दे देंगे। आप यदि इन आक्रमणकारियों पर मुकदमा न चलायें तो शांति स्थापना करने में मुझे बहुत मदद मिलेगी। और, आपकी प्रतिष्ठा तो निश्चय ही बढ़ेगी।''

मैंने जवाब दिया—''मेरा निश्चय पक्का है कि मुझे किसी पर मुकदमा नहीं चलाना है। आप यह तय समझिए। अतः मैं यही आपको लिखकर दे देता हूँ।'' यह कहकर मैंने आवश्यक वक्तव्य लिखकर दे दिया।

गांधीजी हमेशा प्रेसिडेण्ट स्ट्रीट से होकर एक खुले मैदान में घूमने जाया करते थे। उस मोहल्ले में प्रेसीडेंट क्रूगर का मकान था। वे बहुत सादगी से जीवन

जीने वाले अफसर थे। वह किसी अफसर का मकान है, इसका पता उसके सामने एक संतरी के टहलते रहने से ही चलता था। मैं प्रायः हमेशा ही इस सिपाही के बिल्कुल पास से होकर गुजरा करता था, वह मुझे कुछ नहीं कहता था। सिपाही समय-समय पर बदला करते थे। एक बार एक सिपाही ने चेताये बिना पटरी पर से उतर जाने को कहा। मुझे ढकेला, ठोकर मारी और नीचे उतार दिया। मैं हैरान हुआ। लात मारने का कारण मैं उससे पूछूँ, उससे पहले ही मिस्टर कोट्स, जो घोड़े पर सवार होकर उसी वक्त उधर से गुजर रहे थे, मुझे पुकार कर बोले—"गांधी, मैंने सब देखा है। आप मुकदमा चलाना चाहें, तो मैं गवाही दूँगा। आप पर इस तरह हमला किया गया, इसका मुझे बड़ा खेद है।"

मैंने कहा—"मैंने तो नियम ही कर लिया है कि मेरे ऊपर जो गुजरे, उसके लिए अदालत में नहीं जाऊँगा। अतः मुझे मुकदमा नहीं चलाना है।"

"गांधीजी फाँसी देने के सख्त खिलाफ थे। उनका अटूट विश्वास था कि खराब से खराब आदमी में भी सुधार हो सकता है। बंगाल के मुख्यमंत्री सुहरावर्दी जब गांधी के पैरों को पकड़कर रो रहे थे, तो उनका यह विश्वास सही साबित हो रहा था। गांधीजी के सान्निध्य में रहने वाले बहुत से लोग भी सुधर रहे थे, जिसके गांधी प्रत्यक्षदर्शी थे। अंगुलिमाल डाकू भी महात्मा बुद्ध के सानिध्य में सुधर गया था। सम्राट अशोक के हृदय परिवर्तन का भी जीवन दृष्टव्य था।"

'एक दिन का विराट दर्शन' पुस्तक में हृदय परिवर्तन की घटना का वर्णन मनु बहन के शब्दों में उसे देना उचित होगा। वे लिखती हैं—

"बिहार के भयंकर कौमी दंगे के समय बापू जनता के अपराधी वर्ग को कानून के जोर से दबाने के पक्ष में नहीं थे। वे प्रेम और क्षमा के व्यवहार से ऐसे लोगों का सच्चा हृदय परिवर्तन करना चाहते थे, ताकि वे दुबारा कभी ऐसा अपराध न करें। इस दृष्टि से बिहार के मंत्रियों से सलाह करने के बाद बापू ने एक प्रार्थना सभा में घोषणा की कि जो कोई मेरे पास आकर अपना अपराध स्वीकार कर लेगा, उसे बिहार सरकार कोई सजा नहीं देगी। बापू इस प्रयास में कुछ हद तक सफल हुए। जब भयंकर अपराधी अपने हथियार बापू के चरणों में रखकर अपने अपराध उनके सामने स्वीकार करते थे, तो उसी समय बापू एक वात्सल्यपूर्ण पिता की तरह सांत्वना देकर उन्हें सच्चा रास्ता बताते थे।"

''बिहार में एक भयंकर हत्यारा था। उसे पकड़ने के लिए बिहार सरकार ने एक बड़ी रकम की घोषणा की थी। यह अपराधी रोज अलग-अलग वेश बदलकर बापू की प्रार्थना-सभा में आता था और उनकी प्रवृत्तियों में शरीक होता था। वह कई बार फंड के पैसे गिनने में मदद करता था। बापू के दैनिक कार्यक्रम के बारे में मुझसे पूछता था। उस समय मैं जानती नहीं थी कि यह वही आदमी है, जिसे बिहार सरकार तलाश कर रही है। मैं तो ऐसा मानती थी कि यह बापू का कोई भक्त होगा और दूसरे लोग जैसे मुझ पर तरस खाकर मेरे काम में हाथ बँटाने आ जाते हैं, उसी तरह यह भी आता होगा।''

''एक बार हम राज्य के बिहार शरीफ जिले के गाँव में यात्रा कर रहे थे। बापू एक गाँव की शाला में ठहरे थे। उन गाँवों में धर्म के नाम पर जो दंगे हुए थे, जिसमें लोगों के पक्के मकानों को भी जलाकर राख कर दिया गया था, उससे बापू को गहरी मानसिक वेदना हुई थी। एक जमींदोज हुए मकान को देखने के लिए जाते समय बापू को रास्ते में पत्थर की ठोकर लग गई, जिससे उनके पैर में खून निकल आया। कुछ क्षणों के लिए वे बेहोश से हो गये। चोट के कारण उन्हें थोड़ा बुखार भी आ गया।''

रात में बापू को जल्दी सुलाकर, मैं बादशाह खान के लिए खाना बना रही थी। इतने में वही जाना-पहचाना भाई वहाँ भी आ पहुँचा। मैंने उससे पूछा, 'तुम पटना से यहाँ कैसे आ गए? बापू की तुम बहुत सेवा करते हो। लेकिन अपना काम-धंधा छोड़कर अगर तुम बापू के पीछे गाँवों में न भटको, तो तुम्हारी सेवा अधूरी नहीं रहेगी और दो दिन बाद तो हम पटना आने वाले ही हैं।' उसकी आँखों से आँसुओं की धार बह गई! मैंने पूछा, 'रोते क्यों हो? किसी ने कुछ कहा तो नहीं?' वह बोला, 'मुझे किसी ने कुछ नहीं कहा, बहन! पर आज बापू जो मकान देखने गए थे, वहाँ उन्हें पत्थर की ठोकर लगने से पैर में खून निकल आया, उन्हें कुछ चक्कर भी आ गया, वे पीले पड़ गए और बड़ी कठिनाई से पड़ाव पर पहुँचे। इस सब का अपराधी मैं ही हूँ।'

मैं उस भाई की बात सुनकर अवाक् हो गई। मेरे हाथ की सड़सी जहाँ की तहाँ रह गई। मैं स्तब्ध खड़ी रही, समझ ही नहीं पाई कि वह भाई क्या कह रहा है।

मैंने उससे पूछा! 'भाई तुम क्या कह रहे हो?'

'बहन! मैं बिल्कुल सच कह रहा हूँ।'

पाँच हाथ के उस ऊँचे पूरे कद्दावर और बलवान आदमी की आँखों से फिर झर-झर आँसू गिरने लगे।

मेरे पाँवों के पास बैठकर बोला, ''बहन, तुम मेरी सगी बहन जैसी हो। मैं पिछले एक महीने से तुम्हें, बापू को और दूसरे सब लोगों को देख रहा हूँ। तुम सबको इस भयंकर आग में जलाने का पाप मेरे सिर पर है। अब मुझे यह पाप नहीं करना है। इसलिए तुम बापू से जाकर कह दो कि मैं वही आदमी हूँ, जिसको बिहार सरकार खोज कर रही है और जिसे पकड़ने के लिए हजारों का इनाम घोषित किया है। मुझे तो फाँसी की सजा हो, तो भी मैं अपने भयंकर पाप से मुक्त नहीं हो सकता। बापू के चरणों में बैठकर यह पाप स्वीकार करके मुझे पावन होना है। लोग बापू के चरणों में हीरे-मोती जवाहरात रखते हैं, लेकिन मुझे उनके चरणों में अपना पाप रखना है।''

मैं उसके नाम से तो परिचित थी, क्योंकि उसके नाम की चर्चा मंत्रिमंडल में भी अच्छी तरह से हुई थी और एक हत्यारे के नाते उसका नाम बदनाम हो चुका था, परन्तु जब एक हत्यारे के नाते मैंने उसे जाना तो मैं भी घबरा गई। मन में आशंका हुई कि वह आदमी बापू की और हम सब की हत्या तो नहीं कर डालेगा? पर मैंने मन का भय उसे जानने नहीं दिया, न मैं वहाँ से हटी। मैं उसकी बातें सुनकर मूढ़ की तरह खड़ी रही। लेकिन वह भाई मुझसे आग्रह करता रहा। 'बहन, तुम इसी समय जाओ। अभी बापू सोये नहीं होंगे। अब मैं प्रायश्चित में देर करने का पाप अपने सिर नहीं लेना चाहता। बहन, तुम जल्दी जाओ।'

मैं दुविधा में पड़ गई। अगर मैं जाकर बापू को यह सब बताऊँ, तो उसके फलस्वरूप कहीं हजारों की हत्या करने वाला यह आदमी बापू की हत्या न कर दे। मैं दुनिया को क्या मुँह दिखाऊँगी? इसके सिवा बापू के पत्र मैं लिखती थी, उनका निजी काम-काज सब मैं ही करती थी। परन्तु बाहर से आने वाले लोगों की मुलाकात की व्यवस्था मृदुला बहन (साराभाई) करती थी। ऐसी स्थिति में मैं सोचने लगी कि मुझसे कोई अनुचित बात न हो जाय और गलत जिम्मेदारी मेरे सिर पर न आ पड़े। फिर उन दिनों मैं शरीर और मन से भी बहुत छोटी थी, इसलिए बापू से इस अपराधी को मिलाने की सारी जिम्मेदारी मैं अपने सिर नहीं लेना चाहती थी।

सब कोई यह जानते थे कि बापू इस समय सो ही जाने वाले हैं। इसलिए मृदुला बहन और मण्डली के दूसरे सब लोग लोक-सम्पर्क के लिए बाहर निकल गये थे। सिर्फ मैं, बापू, बादशाह खान और आसपास चौगान में एक-दो आदमी और वहाँ रहे होंगे।

कुछ सूझता नहीं था कि मैं क्या करूँ? अगर न जाऊँ तो यह भाई मन में दुःखी होगा। शायद बाद में पता चलने पर बापू मुझसे कहें, 'तू मुझे जिलाने वाली कौन होती है? जब तक रामजी को मुझसे सेवा लेनी होगी, तब तक मुझे जिलायेंगे। उससे ज्यादा एक पल के लिए मुझे जिंदा नहीं रहना है।' दूसरा विचार मन में आता था कि अगर जाती हूँ, तो भारी खतरा मोल लेती हूँ। आखिर में भगवान का नाम लेकर मैं बापू के पास गयी। वे अभी जाग ही रहे थे। मैं चुपचाप मच्छरदानी के पास खड़ी रही। तुरन्त उन्होंने पूछा, 'कौन?' मैंने उत्तर दिया, 'मैं हूँ, बापूजी! आपकी तबियत कैसी है?'

बापू बोले, 'बुखार तो मेरा बढ़ने वाला है। लेकिन हम तो रामजी के नचाये नाचते हैं। इसलिए तू मेरी चिंता छोड़ दे। खान साहब को खिलाया? तूने खाना खाया? जल्दी सोने आ जाना।' इस तरह बापू ने दो चार वाक्य एक साथ कह डाले। मैंने कहा, 'बापूजी मैं एक मुसीबत में पड़ गयी हूँ।'

उन्होंने तुरन्त पूछा, 'कौन-सी मुसीबत?'

मैंने सारी बात विस्तार से सुनाई। बापू बोले, 'ओ हो, इसमें घबराने की क्या बात है? उसके हाथ से मेरी हत्या होने वाली होगी, तो क्या तुम मुझे बचा सकोगी?'

बापू उठ बैठे। अपनी मच्छरदानी ऊँची कर दी। फिर कहा—'जा, उस भाई को बुला ला।'

इस ओर बिहार में भयंकर अपराधी माने जाने वाले इस आदमी का चेहरा अत्यन्त दीन बना हुआ था। उसके शरीर के प्रत्येक हाव-भाव में प्रायश्चित की अपूर्व भावना दिखाई पड़ती थी। वह हाथ जोड़कर खड़ा था। मैं उसे बापू के पास ले गई। लंबी-चौड़ी काया वाला वह भाई सिर से पैर तक थर-थर काँप रहा था। बापू के चरणों में सिर रखकर वह खूब रोया। 'भाई, शांत हो जाओ', कहकर बापू उसके सिर पर और पीठ पर प्रेम से हाथ घुमाने लगे। बापू ने उसे खूब रोने दिया। फिर मुझसे कहा, 'इस भाई के लिए तू नीबू के पानी में शहद मिलाकर ला और इसे देकर चली जा।'

बापू ने सोचा होगा कि मेरे सामने उस भाई को उनसे क्षमा माँगने में शायद संकोच हो। मैं शहद और नीबू का पानी ले आई। उस भाई से बापू ने कहा, 'देखो जिस तरह नीबू के पानी से शहद मिल गया है, उसी तरह तुम भी अब कौमी एकता के कार्य में घुल-मिल जाओ। तुम्हारा पाप का प्रायश्चित फाँसी नहीं है। इस दुनिया में आये हुए प्रत्येक जीव को एक समय तो मरना ही है। इसलिए अगर तुम्हें फाँसी दी जाय, तो तुम इस शरीर से छूट जाओगे, लेकिन तुम्हें मोक्ष नहीं मिलेगा। जो मनुष्य जीवन में पाप करके उसका प्रायश्चित करता है, वही महान है। फाँसी पर चढ़ने वाला मनुष्य नहीं।'

वह भाई जीवन में बहुत सुखी था। इस बात को ध्यान में रखकर बापू ने उससे कहा, ''कितनी ही बहनें और लड़कियाँ तुम्हारे नाम से घबराती हैं। इस लड़की की तो तुमने मदद और सेवा ही की है। फिर भी तुम्हारा सच्चा परिचय होते ही घबरा गई थी। जो स्त्रियाँ तुम्हारा सच्चा परिचय होते ही घबरा गई हैं, जिसने तुम्हारे अत्याचार की बातें सुनी हैं, जनता तुम्हारे नाम से घबराकर अपने घर-बार छोड़कर भाग खड़ी हुई है, उनके अब तुम पिता और भाई बन जाओ और अपनी संपत्ति का उपयोग बहनों, लड़कियों और माताओं के कल्याण के लिए करो। परन्तु जो कुछ करो, वह हृदय से करो।'' बापू आगे कहते हैं कि ''इसलिए नहीं कि बापू को चोट लगी है, इसलिए नहीं कि बापू को बुखार आया है, इसलिए भी नहीं कि तुम्हें ईश्वर ने तुम्हारा कर्तव्य बताया है। यह तुम इसलिए करो, जब तुम्हारा हृदय सौ बार इसे स्वीकार करे, तो ही तुम मेरा कहा करना।''

''वह भाई तो एक भी शब्द बोलने की स्थिति में नहीं था। बापू के चरणों में उस भाई का सिर था और बापू का प्रेमल हाथ उसके सिर और पीठ पर घूमकर उसे शुद्ध, पवित्र बना रहा था।''

बड़ी मुश्किल से बापू ने उस भाई को खड़ा किया। बापू ने उस पर अपना अपार वात्सल्य बरसाया। उस हृदय को द्रवित करने वाले दृश्य को देखकर लगता था, मानों बरसों से विदेश गया हुआ बेटा फिर से बाप को मिला हो और बाप उस पर अपना प्यार बरसा रहा हो।

दूसरे दिन वह भाई चाँदी की खुरपी लेकर आया। उसने बापू से प्रार्थना की कि मेरी जितनी भी जमीन है, वह सब मैं सेवार्थ दान करना चाहता हूँ।

जो लोग घर-बार से वंचित हो गए हैं, उन्हें मकान बना कर उसी जमीन पर बसाया जाए। आप ही अपने हाथ व इस चाँदी की खुरपी से उस कॉलोनी का शिलान्यास करें।

बापू ने कॉलोनी की नींव डाली और खुरपी अपने पास रख ली। वह खुरपी आज भी कौमी एकता की अनूठी सफलता के प्रतीक के रूप में मेरे पास सुरक्षित है, उसे देखते ही ऊपर का विराट दर्शन मेरी आँखों के सामने तैरने लगता है।

अखबारों के प्रतिनिधि तो बापू के साथ घूमते ही रहते थे। यह प्रसंग मैंने ए. पी. आई. के प्रतिनिधि को सुनाया और कहा कि आज मैंने चाँद और तारों की साक्षी में अहिंसा और प्रेम की अद्भुत विजय के दर्शन किये। प्रतिनिधि ने इस प्रसंग की रिपोर्ट अखबारों के लिए तैयार की और बापू को दिखाई। अखबार वालों पर बापू ने यह शर्त लगा रखी थी कि यात्रा से सम्बन्धित कोई भी नया समाचार प्रकाशित कराने से पहले आप मुझे दिखाएँ।

विशाल हृदय वाले बापू ने यह रिपोर्ट पढ़कर उसके टुकड़े-टुकड़े कर डाले। पत्र-प्रतिनिधि से उन्होने कहा, 'यह सब मैंने जनता को बताने या अखबारों में छपवाने के लिए थोड़े ही किया है? राम की इच्छा से सब कुछ हुआ है। मैं इसका यश लेने वाला कौन होता हूँ? उसकी इच्छा के बिना एक पत्ता भी नहीं हिल सकता। ऐसी बातें कभी भी अखबारों में नहीं दी जा सकती।'

बिहार सरकार को जब इस घटना का पता चला, तो एक प्रस्ताव उसकी ओर से यह भी रखा गया, 'ऐसे हत्यारे का क्या भरोसा? उसे जेल में ठूँस देना चाहिए।' उस समय बापू ने कहा, 'तो सबसे पहले मुझे जेल में बन्द करना होगा।'

उस रात बापू बहुत देर से सोए। लेकिन उन्हें इसकी परवाह नहीं थी, न उन्हें बढ़ते जा रहे बुखार की चिंता थी। उन्हें सिर्फ उस भाई के हृदय को शांत करने की ही परवाह थी। खान साहब को खाना खाने में देर हो गई। उन्हें बहुत देर से इस घटना का पता चला। जानने के बाद वे इतना ही बोले, 'महात्माजी को पहचानना बहुत कठिन है। इंसान होते हुए भी वे हमारे कुरान शरीफ के मुहम्मद पैगंबर साहब के जैसे ही 'फकीर' हैं। उनको जो पहचानेगा, वह कभी दुःखी नहीं होगा।'

वर्षों बाद मैं बापू के 'जीवन-दर्शन' से सम्बन्धित व्याख्यान-माला के कार्यक्रम में भाग लेने के लिए एक बार बिहार गई। वहाँ जाने पर इस भाई के दर्शन करके पवित्र बनने की इच्छा मेरे मन में उठी। सौभाग्य से उनकी संस्था में जाने का कार्यक्रम भी पहले से तय हो चुका था। मैं वहाँ गई भी। आज वे भाई नहीं हैं, परन्तु उनका कार्य जीवित है। बापू के अवसान से उनके दिल को गहरी चोट लगी थी। वे पागल हो गए थे और बापू के जाने के कुछ ही समय बाद वे भी इस दुनिया से चले गये। परन्तु उनकी दान की हुई जमीन का बहुत सुन्दर उपयोग होते हुए देखकर मन को किसी पवित्र स्थान की यात्रा का आनन्द हुआ।

देश की आजादी में बापू का योगदान

स्वतंत्रता आन्दोलन में गांधीजी का पूरा परिवार जेल गया। कस्तूरबा जी का सन् 1942 के भारत छोड़ो आन्दोलन में आगा खां महल (जेल) में ही निधन हुआ। कष्ट सहन के मामले में कस्तूरबा से ज्यादा कष्ट सहने वाली महिला ढूँढ़ना शायद मुश्किल है। गांधीजी के चारों बेटे और उनकी बहू भी स्वतंत्रता आन्दोलन में जेल गये।

गांधीजी से पूर्व महिलाओं, मजदूरों, किसानों आदि सामान्य जनों की भूमिका स्वतंत्रता आन्दोलनों में नगण्य रही। गांधी ने महिलाओं से आन्दोलन में भागीदारी करने को कहा, तो प्रश्न उठा कि महिलाएँ कहाँ पढ़ी-लिखी हैं और कैसे भाग लेंगी? गांधीजी ने कहा, पहले आन्दोलन में भागीदारी करिये, पढ़ाई-लिखाई होती रहेगी। यही बात मजदूरों, किसानों एवं अन्य सामान्य जनों से भी उन्होंने कही। गांधीजी पूरे देश के लोगों में यह भावना जागृत करने में पूर्ण सफल रहे कि कोई भी देशवासी देश के लिए महान कार्य कर सकता है। नील आन्दोलन में गांधीजी का सानिध्य पाकर किसान जगह-जगह नारा लगाने लगे कि जेल जाने में कोई बुराई नहीं है। गांधीजी तो 21 बार जेल जा चुके हैं। गांधीजी ने देश के लोगों के अन्दर का भय दूर किया और जेल जाना गर्व की बात बना दिया।

एक सभा में प्रश्न पूछा गया कि किसकी नानी पढ़ी हैं? उत्तर मिला कोई नहीं। फिर पूछा गया किसकी दादी पढ़ी हैं, फिर उत्तर मिला कोई नहीं। गांधीजी

की आजादी से पहले सामान्य जनों की महत्ता लगभग न के बराबर थी। गांधी की आजादी का ही फल है कि आज किसी सभा में पूछो, किसकी बहन नहीं पढ़ी हैं, किसकी बेटी नहीं पढ़ी है या किसकी बहू नहीं पढ़ी है, तो उत्तर मिलता है—सबकी बहन, बेटियाँ और बहुएँ पढ़ी हैं।

स्वतंत्रता आन्दोलन में गांधी पदार्पण के बाद ही स्थायित्त्व आया। चापेकर बन्धु कहते थे कि कांग्रेस एक पाखंड के अतिरिक्त कुछ भी नहीं है। तिलक ने एक बार कांग्रेस की आलोचना करते हुए कहा था कि कांग्रेस का वार्षिक सत्र बरसात में मेढकों के टर्राने जैसा है, सिर्फ एक मौसमी गतिविधि। हम इससे कुछ अधिक पाने की आशा नहीं कर सकते।

भारत में वायसराय गांधी से ही वार्ता करते थे। उन्हीं से मिलने को उत्सुक रहते थे। गांधी जब बिहार में दंगा शांत करने में लगे हुए थे, उसी समय माउंटबेटन ने गांधी से मिलने की इच्छा व्यक्त की और गांधी को जहाज से बुलाने का निमंत्रण दिया, लेकिन गांधीजी ट्रेन से ही मिलने गये। माउंटबेटन ने सेवाग्राम में टेलीफोन लगाने का प्रस्ताव दिया, जिससे गांधीजी से वार्ता होती रहे। गांधीजी ने कहा, मुझे आपसे फोन पर वार्ता नहीं करनी है। वायसराय ने कहा कि लेकिन मुझे आपसे वार्ता करनी है। ऐसी परिस्थिति में इस शर्त पर सेवाग्राम में टेलीफोन लगाया गया कि टेलीफोन सिर्फ आ सकता है, इधर से जाने का कोई विकल्प नहीं दिया गया।

गांधीजी अंग्रेजों की जेल में लगभग साढ़े आठ वर्ष रहे। चर्चिल गांधी को पसंद नहीं करता था। यहाँ तक कि भारत छोड़ो आन्दोलन में जब गांधीजी जेल में बंद थे और 21 दिन का उपवास किये थे, तो चर्चिल इसी प्रतीक्षा में बैठा था कि गांधीजी कब मरें? एक बार उसने झल्लाकर वायसराय से पूछा कि गांधी अभी मरा क्यों नहीं? उसी ने गांधीजी को 'अधनंगा फकीर' कहा। ब्रिटेन के सम्राट गांधीजी से ही तो मिले!

'सिंहासन खाली करो कि जनता आती है'—की हुंकार और परिणति गांधीजी से ही है। आजादी के बाद का भारत गांधी के सपनों का ही भारत है।

नील आन्दोलन, अहमदाबाद में मिल मजदूरों का आन्दोलन, खेड़ा का आन्दोलन, रोल्ट एक्ट कानून का विरोध, असहयोग आन्दोलन, खादी आन्दोलन, सविनय अवज्ञा आन्दोलन, नमक आन्दोलन, गांधी-इर्विन

समझौता, हरिजन सेवक संघ की स्थापना, वर्धा में सेवाग्राम आश्रम की स्थापना, साबरमती आश्रम की स्थापना, भारत छोड़ो आन्दोलन, कलकत्ता अनशन, दिल्ली अनशन, नोआखली यात्रा, पूना पैक्ट, साइमन कमीशन का बहिष्कार, जेलों में 21-21 दिन के कई उपवास आदि कार्य गांधीजी के देख-रेख में ही सम्पादित हुए हैं। गांधीजी ने जिन आंदोलनों की बागडोर अपने हाथ में लिया, उसमें विजेता नायक ही रहे।

जब गांधीजी ने नमक सत्याग्रह शुरू किया तो कुछ लोगों ने मजाक उड़ाते हुए कहा कि गांधी आज नमक का सत्याग्रह कर रहे हैं, कल हल्दी का होगा, परसों मिर्च का होगा। ऐसे सत्याग्रह से कहीं आजादी मिलती है? वल्लभभाई पटेल तो गांधीजी से इतने नाराज हुए कि नमक सत्याग्रह में भाग ही नहीं लिये। मोतीलाल नेहरू गुस्सा होते हुए गांधीजी को पत्र लिखा कि नमक सत्याग्रह से कहीं आजादी मिलेगी, तो गांधीजी ने कहा—'करके देखो।' आंदोलन के दौरान मोतीलाल नेहरू गिरफ्तार होकर जेल चले गये और वहाँ से गांधीजी को पत्र लिखा—'करके देख लिया।'

स्वतंत्रता आन्दोलन के लिए कांग्रेस हमेशा गांधी की तरफ ही आशा लगाये रखती थी। कई बार कांग्रेस ने अंग्रेजों से कहा कि अगर उनकी बात नहीं मानी जायेगी, तो गांधीजी के नेतृत्व में आन्दोलन किया जायेगा। कांग्रेस ने कई बार गांधीजी को आन्दोलनों का एकाधिकार नेतृत्व सौंप दिया। गांधीजी जिन आन्दोलनों में सहभागी रहे हैं, लगभग वही तो हमारा स्वतंत्रता आन्दोलन का इतिहास है। इसके अतिरिक्त कुछ क्रांतिकारियों के कार्यों का उल्लेख स्वतंत्रता आन्दोलन में परिलक्षित होता है, शेष तो शून्य ही है। गांधी का ही प्रभाव था कि पूरा देश खादीमय हो गया, चाहे राजा हो या रंक।

विश्व के सभी साहित्यकारों एवं इतिहासकारों ने गांधीजी में पर्याप्त अभिरूचि दिखाई है। विश्व के लगभग सभी देश के साहित्यकारों ने गांधीजी पर पुस्तकें लिखी हैं। धार्मिक मामलों के अलावा पूरे विश्व ने जिस एक व्यक्ति में रूचि दिखाई है, वह गांधी ही हैं। जितना साहित्य गांधी पर लिखा गया है, उतना किसी अन्य पर नहीं लिखा गया है। धार्मिक मामलों को छोड़ दें, तो जितने देशों में गांधीजी की मूर्तियाँ लगी हैं, उतना किसी अन्य की नहीं पायी जाती है। विश्व के सभी देशों ने गांधी के नैतिक मूल्यों के समक्ष हमेशा अपना

सम्मान प्रकट किया है। गांधी का काल गांधी युग से ही जाना जाता है।

अंग्रेजों की धारणा थी कि भारतीय अपने लाभ-हानि से बाहर नहीं सोचते। गांधी को देखकर उनकी यह धारणा व विचारधारा बदली। दक्षिण अफ्रीका में गांधीजी टहल रहे थे, तो एक महिला ने कहा—'गांधी आपके अच्छाइयों की कोई काट अंग्रेजों के पास नहीं है।'

जिन प्रश्नों और समस्याओं का कोई समाधान नहीं मिला या जो हल नहीं हुईं, उसके लिए गांधी को दोषी क्यों माना जाता है? जब गांधी किसी बात के लिए योग्य नहीं थे और उन्होंने देश के लिए कुछ किया ही नहीं, तो उनसे उम्मीद करना और उनकी आलोचना करना शायद निरर्थक ही है। जो प्रश्न गांधीजी से पूछा जा सकता है या जिसके लिए गांधीजी जिम्मेदार थे, उसके लिए तो सब जिम्मेदार थे। अपनी जिम्मेदारी पर भी तो सोचना चाहिए कि वे या उनके पूर्वज उन प्रश्नों को क्यों नहीं हल किये?

कन्फ्यूशियस का कथन है—''मैं उनसे घृणा करता हूँ, जो दूसरों की सफलता चुराकर अपनी बुद्धिमत्ता की मिसाल देना चाहते हैं। उनसे घृणा करता हूँ, जो बदतमीजी को बहादुरी समझते हैं। उनसे घृणा करता हूँ, जो दूसरों का पर्दाफाश करके अपने को स्पष्टवादी होने की मिसाल देते हैं।''

हीगल ने कहा है कि ''भारतीयों ने हर मौके पर स्वयं को पराजित किया है।'' कहीं हम गांधी के मामले में यही तो नहीं कर रहे हैं।''

गांधी और जेल

गांधीजी जेल को अपना 'पूज्य देवालय' मानते थे। 'यरवदा जेल' को 'यरवदा मन्दिर' कहते थे। गांधीजी कहते थे—जेल तो चोर और डाकू के लिए है, मेरे लिए वह महल है। जेल में मैं ब्रिटिश सरकार का अतिथि बन जाता हूँ। राज्य-शासन-सम्बन्धी दुःखों को दूर करने का उपाय जेल ही दीख पड़ता है। मेरा ख्याल है कि हम लोगों को बार-बार जेल जाना पड़ेगा। अतएव जेल के विषय की सभी ज्ञातव्य बातों को जान लेना हिन्दुस्तानियों का कर्तव्य है।

जेल कौन जा सकता है? इसका उत्तर देते हुए गांधीजी ने कहा कि ''व्यसनग्रस्त, जाति-पांति का झूठा भेद रखने वाले, झगड़ालू, हिन्दू-मुसलमान

में ऊँच-नीच मानने वाले और रोगी आदमी न तो जेल में जा ही सकते हैं और न ही वे वहाँ अधिक दिन टिक सकते हैं। देश-हित के नाम पर सम्मान मानकर जेल जाने वाले का शरीर, मन तथा आत्मा स्वस्थ और सशक्त होना चाहिए। रोगी आदमी अन्त में थक जाता है और हिन्दू-मुसलमान में ऊँच-नीच का भेद करने वाला तथा व्यसन में फँसने वाला, चाय, बीड़ी अथवा अन्य वस्तु के नाम पर बिक जाने वाला आखिर तक नहीं ठहर सकता।''

एक भारतीय जेल के मुख्य जेलर ने एक बार गांधीजी से कहा था, ''मैं अपने अधीन रहने वाले कैदियों से अक्सर अपने आपको ज्यादा बड़ा अपराधी मानता हूँ। किन्तु गांधीजी ने कहा, ऊपर वाले 'सबसे बड़े जेलर' को कोई धोखा नहीं दे सकेगा।''

गांधीजी से किसी ने पूछा, ''स्वतंत्र भारत में हमारी जेलें कैसी होनी चाहिए?''

गांधीजी ने कहा, ''मेरी लंबे समय से यह राय रही है कि सारे अपराधियों को बीमार समझना चाहिए, जिन्हें इलाज की जरूरत है। कोई व्यक्ति इसलिए अपराध नहीं करता कि अपराध करने का उसमें लक्षण है। इस विशेष रोग के कारणों की जाँच-पड़ताल होनी चाहिए और उन्हें दूर करना चाहिए। इसलिए जेल कर्मचारियों का दृष्टिकोण अस्पताल के डॉक्टरों और नर्सों जैसा होना चाहिए। कैदियों को यह लगना चाहिए कि जेल के कर्मचारी उनके मित्र हैं और वे उन्हें फिर से मानसिक स्वास्थ्य प्राप्त करने में मदद देंगे तथा किसी तरह परेशान नहीं करेंगे।'' जेलखाना होना ही नहीं चाहिए। सब सुधार गृह होना चाहिए। इसी तरह सजा की मुद्दत भी नहीं होनी चाहिए। जब कैदी सुधर जाए और प्रमाण-पत्र प्राप्त कर ले, तभी छूट जाए। आज जो चलता है, सब करुणाजनक है।

इस बारे में शासकों को आवश्यक आज्ञाएं जारी करनी होगी, परन्तु तब जेल-कर्मचारी अपने प्रशासन में मानवता लाने के लिए बहुत कुछ कर सकते हैं। उन्होंने 'कैदी बन्धुओं' को सलाह दी, तुम आदर्श कैदी बन जाओ। तुम्हें जेल के नियमों का उल्लंघन नहीं करना चाहिए। जो काम सौंपा जाए, उसे पूरे दिल से करना चाहिए। तुम्हें जो भी शिकायतें हों, उन्हें अधिकारियों के सामने

शोभनीय ढंग से रखना चाहिए। तुम्हें अपने छोटे से समुदाय में इस प्रकार का आचरण करना चाहिए, जिससे जेल प्रवेश करते समय तुम जैसे इंसान थे, उससे अधिक अच्छा इंसान बनकर यहाँ से निकलो।

जेल में अधिकारियों ने सत्याग्रही कैदियों को दुःख देने में कोई कोशिश बाकी नहीं रखी। उनसे पाखाने साफ कराये, कैदियों ने हँसते-हँसते पाखाने साफ किये। जेलर ने कैदियों से पत्थर फुड़वाये, तालाब खुदवाये, पथरीली जमीनें खुदवाई, जिससे उनके हाथों मे घट्टे पड़ गये, कुछ तो असहनीय कष्ट से मूर्छित भी हो गये; परन्तु सत्याग्रहियों ने हार नहीं मानी।

गांधीजी जेल में शौचालय सफाई का कार्य करने, हिन्दुस्तानी कैदियों के बाल काटने, खाना परोसने व बाँटने, रजाई सिलने, पत्थर तोड़ने, तालाब खोदने, सिलाई, चप्पल बनाने (मोची) का काम करते थे। जेल में 9 घंटे का काम लिया जाता था। डकैतों और हत्यारों के साथ गांधीजी को रखा जाता था।

गांधीजी द्वारा लिखित 'मेरे जेल के अनुभव' पुस्तक के निम्न अंश उल्लेखनीय है—जिन कैदियों को सख्त कैद की सजा मिलती है, उनसे रोज 9 घंटे काम कराने का हक सरकार को है। कैदी सदा 6 बजे कोठरियों में बन्द किये जाते हैं। सवेरे साढ़े पाँच बजे उठने का घंटा बजता है। 6 बजे कोठरी का दरवाजा खुलता है, कोठरियों में बन्द करते तथा उनमें से बाहर निकालते समय कैदियों की गिनती की जाती है। प्रत्यके कैदी को हुक्म दिया जाता है कि अपने-अपने बिछौने के पास सावधानी से खड़े रहो, ताकि गिनती जल्दी और ठीक हो जाए। हर एक कैदी को 6 बजने के पहले अपना बिछौना समेट कर और हाथ-मुँह धो कर तैयार रहना चाहिए। 7 बजे उन्हें अपने काम पर हाजिर हो जाना पड़ता है।

हम लगभग 30 हिन्दुस्तानी काम पर लगाये गये। जो काम करने में असमर्थ थे, उन्हें जाने की जरूरत न थी। हमें काफिरों के साथ ले गये। जमीन बड़ी कड़ी थी। उसे कुदाली से खोदना था। काम कड़ा था। धूप तेज पड़ रही थी। छोटी जेल से वह स्थान कोई डेढ़ मील होगा। सारे हिन्दुस्तानी झटके से काम करने लगे, परन्तु अभ्यास कम होने के कारण सब बहुत थक गये। ज्यों-ज्यों दिन बढ़ता गया, काम का बोझ अधिक मालूम होता गया। वार्ड (दरोगा) बड़ा

तेज-मिज़ाज अर्थात सख्त था। बराबर 'चलाओ, चलाओ' चिल्लाता रहता। इससे हिन्दुस्तानी बहुत घबराते थे। कितनों ही को मैंने रोते भी देखा।

एक आदमी का पैर फूला देखकर मेरा कलेजा फट रहा था, तथापि मैं सबसे कहता था कि सब कोई ऐसा दिल लगा कर काम करो कि दरोगा को टोकने की जरूरत ही न पड़े। मैं स्वयं भी थक गया। हाथों में बड़े-बड़े छाले पड़ गये, उनसे पानी बहने लगा। मुश्किल से झुका जाता था, और कुदाली भी भारी लगने लगी। मैं ईश्वर से विनती किया करता कि मेरी लाज रखो। मुझे इतना बल दो कि मैं अपंग न होऊँ और बराबर काम करता रहूँ। मैं तो उसी पर भरोसा रखकर सब काम किया करता। दरोगा मुझे टोकने लगा। हमारे थक जाने पर दरोगा ने हमें टोका तो फिर मैंने उससे कहा कि टोकने की जरूरत नहीं। मैं कमर तोड़ कर काम करने वाला हूँ। दम भर करूँगा। इसी समय मैंने मिस्टर जीनाभाई देसाई को मूर्छित होते हुए देखा। मैं अपनी जगह से तो हट नहीं सकता था, अतएव जरा थमा। दरोगा वहाँ गया।

मैंने सोचा कि मुझे जाना ही चाहिए। मैं दौड़ गया और भी दो हिन्दुस्तानी आये। जीनाभाई पर पानी छिड़का गया। उन्हें होश आया। दरोगा ने औरों को काम पर भेज दिया। मुझे उनके पास बैठने दिया। जीनाभाई के ऊपर खूब पानी छोड़ने के बाद उन्हें आराम मालूम हुआ। मैंने दरोगा से कहा कि ये पैदल वापस नहीं जा सकते। तब गाड़ी मंगवाई गयी। मुझे उन्हें ले जाने का हुक्म मिला। जीनाभाई के सिर पर पानी गिराते समय मैं सोचने लगा कि 'मेरे शब्दों पर भरोसा रखकर कितने ही हिन्दुस्तानी जेल भोग रहे हैं। यदि मेरी सलाह अनुचित हो, तो मैं कितना पापी हूँ? मेरी बदौलत उन्हें इतना दुःख भोगना पड़ता है?' यह कह कर मैंने एक लम्बी सांस ली। ईश्वर को साक्षी समझ कर मैंने फिर सोचा और विचारों में गोता लगाकर मैं फिर हँसता हुआ निकला।

मुझे जान पड़ा कि मैंने जो सलाह दी है, वह उचित है—दुःख भोगने में ही सुख है—तो फिर दुःख के लिए रंज करने की आवश्यकता नहीं। अभी तो मूर्छा ही आई है, पर यदि मौत भी आ जाए, तो मैं दूसरी सलाह नहीं दे सकता। यह सोचकर मैं निश्चिन्त होता रहा और जीनाभाई को हिम्मत व दिलासा देता रहा। उसके बाद जेल का बगीचा साफ़ रखने तथा पौधे लगाने का काम मिला।

मकई लगाने और आलुओं की क्यारियाँ साफ करने तथा उनके पौधों पर मिट्टी चढ़ाने का काम इनमें प्रधान था।

दो दिन के बाद हम लोग म्युनिसपैलिटी का तालाब खोदने के काम में भेजे गये। वहाँ खोदना, मिट्टी की ढेरी लगाना व उसे ढोना पड़ता था। वह काम कठिन था, पर दो दिनों तक ही इसका अनुभव मिला। यह स्थान 4-5 मील दूर था। हम ट्राली (ठेले) में बैठकर जाते थे। तालाब में ही खाना बनाना पड़ता था, इसलिए आटा-सामान और ईंधन भी साथ ही ले जाना पड़ता था। इससे भी ठेकेदारों को सन्तोष न हुआ। हम क़ाफ़िरों की बराबरी न कर सके। दो दिन तक तालाब में हल से काम लिया गया। फिर दूसरा काम हमें सौंपा गया। आज तक वे ही हिन्दुस्तानी ले जाये जाते थे, जो भिन्न-भिन्न काम कर सकते थे। अब ऐसा करने के लिए उनके विभाग किये गये। कितने ही सोल्जरों की क़ब्रों के आस-पास उगी हुई घास छिलने के लिए भेज दिये गये, बाकी लोग कब्रिस्तान साफ करने में लगा दिये गये। यही क्रम जारी रहा। बगीचे में काम कराया जाता। वहाँ खोदना, फसल काटना, कूड़ा बटोरना इत्यादि काम था। यह काम भारी नहीं समझा जाता। इससे तन्दुरुस्ती बढ़ती है। लगातार नौ घण्टे यही काम करते रहने से पहले जी ऊब उठता है, परन्तु अभ्यास हो जाने पर फिर ऐसा नहीं होता।

काम के उपरान्त हर एक कोठरी में जो पेशाब का पात्र रखा रहता है, उसे उठा कर ले जाने का काम कराया जाता है। मैंने देखा है कि यह काम करते हुए लोग घिनाते हैं, पर वास्तव में इसमें घिनाने की कोई बात नहीं। काम करने में हलकापन या ऐब मानना भूल है, फिर जेल के कैदियों के लिए तो नफरत के ख़याल की गुंजाइश ही नहीं। मैंने देखा कि कितनी ही बार कोठरी में यह सवाल होता रहता कि पेशाब का पात्र कौन उठायेगा। यदि हम सत्याग्रह के आन्दोलन का रहस्य समझते तो ऐसे सवालों की अपेक्षा हममें प्रतिस्पर्धिता विशेष दीख पड़ती। जिसके हिस्से में ऐसा काम आ पड़े, उसे अपने को धन्य समझना चाहिए। अर्थात सरकार हमें ऐसा काम दे दे, तो उसमें हमारी कोई इज्जत नहीं, बल्कि हममें से कोई न कोई अपने आप ही उसे करने को तैयार हो जाए, वही श्रेष्ठ समझने लायक है। जब हम कष्ट सहने को तैयार हैं, तो फिर एक को दूसरे से अधिक कष्ट भोगने के लिए तैयार रहना चाहिए और जिस

पर अधिक काम आ पड़े, उसे अपना गौरव समझना चाहिए। ऐसा आदर्श मि. हसन मिरजा ने पेश किया था।

एक बार एक काफ़िर दरोगा ने मि. हसन मिरजा को बड़े दरोगा का पाखाना साफ करने का काम दिया। उन्होंने तुरन्त ही उस काम को मंजूर कर लिया। यह काम उन्होंने कभी न किया था। इससे उन्हें कै हो गयी। उन्होंने उसकी भी परवाह नहीं की। जिस समय वे दूसरा पाखाना साफ कर रहे थे, मैं वहाँ जा पहुँचा, देखते ही मैं आश्चर्य से सन्न हो गया। मेरे मन में उनके प्रति प्रेम उमड़ उठा। पूछताछ करने पर पहले पाखाने की घटना की ख़बर मिली।

एक बार उसी काफ़िर दरोगा को बड़े दरोगा ने हुक्म दिया था कि हिन्दुस्तानियों के जो पाखाने खास तौर पर बने हैं, उनकी सफाई के लिए दो हिन्दुस्तानियों को लाओ। दरोगा मेरे पास आया और उसने दो आदमी मुझसे माँगे। मैं तो स्वयं उस काम को अच्छा समझता था। मुझे तो ऐसे काम से नफरत है नहीं। अतएव मैं खुद ही चला गया। मेरा ख़याल है कि हमें ऐसे काम करने का अभ्यास होना चाहिए। ऐसे कामों को हम बुरी नजर से देखते हैं। यही कारण है, जिससे कितनी ही बार हम अपने आँगनों तथा पाखानों को खराब हालत में पाते हैं। यही नहीं, इसी की बदौलत हम मिर्गी इत्यादि रोगों को पैदा करते हैं अथवा फैलाते हैं।

हम लोग यही मान बैठे हैं कि पाखाना ख़राब ही है और इस कारण हम कितनी ही बार गन्दगी के दोष से दूषित माने जाते हैं।

दरोगा ने मुझसे कहा था कि दूसरे विभाग के पाखानों में जाने में हर्ज नहीं। इससे मैं वहाँ गया। इस पाखाने में भीड़ होती है, पाखाने खुले हुए हैं, उनमें दरवाजे नहीं होते। ज्यों ही मैं बैठा, एक लम्बा-चौड़ा व हट्टा-कट्टा विकराल काफिर आया और मुझसे उठ जाने को कहा तथा लगा गालियाँ देने। मैंने कहा, अभी उठता हूँ। इतने में उसने मुझे हाथ पकड़ कर उठाया और बाहर फेंक दिया। सौभाग्य से मैंने चौखट पकड़ ली, जिससे मैं गिरा नहीं। मैं घबराया नहीं। हँसकर चलता बना, परन्तु जिन एक-दो हिन्दुस्तानियों ने यह माजरा देखा, वे रो उठे। जेल में वे सहायता तो कर नहीं सकते थे, हाँ अपने को निरूपाय समझ कर उन्हें रंज अवश्य हुआ। बाद में मुझे मालूम हुआ कि अन्य हिन्दुस्तानियों को भी इसी तरह के दुःख भोगने पड़ते हैं।

मैंने आधी ही सजा भोगी होगी कि फ़िनिक्स से तार आया कि श्रीमती गांधी बीमार हैं। वे मृत्यु-शय्या पर पड़ी हैं। इसलिए मुझे जाना चाहिए। इस ख़बर से सबको दुःख हुआ। मैं दुविधा में पड़ गया कि इस समय मेरा कर्तव्य क्या है। जेलर ने पूछा कि ''तुम जुर्माना दाखिल करके जाना चाहते हो या नहीं?'' मैंने तुरन्त उत्तर दिया कि ''जुर्माना तो मैं किसी हालत में भी नहीं दे सकता। सगे-सम्बन्धियों से बिछोह होना भी हमारी सत्याग्रह की लड़ाई का एक अंग है।'' यह सुनकर जेलर हँसा और संजीदा भी हुआ।

साधारण तौर पर मेरा यह विचार निष्ठुर जान पड़ता है, तथापि मुझे तो निश्चय है कि यह सच्चा है, श्रेयस्कर है। स्वदेश-प्रेम को मैं अपने धर्म का एक अंग समझता हूँ। इससे केवल यही नहीं कि स्वदेश-प्रेम में ही धर्म के सर्वांश का समावेश होता है, बल्कि यह कि स्वदेश-प्रेम के बिना धर्म की पूर्ति नहीं हो सकती। धर्म के पालन करने में यदि स्त्री या पुत्र का वियोग सहना पड़े, तो उसे सहन करना चाहिए। परवाह नहीं, यदि वे सदा के लिए हमसे बिछड़ जाएँ। इसमें जरा भी निष्ठुरता नहीं। यह तो स्वदेश-प्रेमियों का कर्तव्य ही है, जबकि हमें मृत्यु के दिन तक लड़ना ही है, तो फिर इसके सिवाय दूसरा ख़याल हमारे दिल में पैदा नहीं होना चाहिए। डर कर किसी काम को छोड़ना तो कायरों का काम है।

मुझे फर्श तथा दरवाजा साफ करने का काम दिया गया था। कोई दस दिनों तक वह काम करने के बाद फटे हुए कम्बलों को सी कर जोड़ने का काम मिला। यह काम बारीक था। सारा दिन कमर झुका कर फर्श पर काम करना पड़ता था, वह भी कोठरी में बैठकर। इससे शाम को मेरी कमर दर्द किया करती थी। मेरी आँखों में भी दर्द हुआ करता था। मेरी राय में कोठरी की हवा तो हमेशा ही खराब होती है। बड़े दरोगा से मैंने एक बार कहा भी कि मुझे बाहर खोदने इत्यादि के काम में लगा दीजिए और यह नहीं तो खुली हवा में कम्बल इत्यादि सीने दीजिए, पर उसने दोनों बाते नामंजूर कर दी।

पहला कम्बल बुनने के बाद तो मैं एक जोड़ी दो दिन में ही तैयार करने लगा। तब और काम भी अर्थात बनियान में ऊन भरना, टिकेट पाकेट सीना इत्यादि काम मिल गये। चिन्ता करने में स्वास्थ्य खराब होता है। सत्याग्रहियों को तो जेल को अपने महल समझना चाहिए।

गांधीजी जब-जब न्यायालय में पेश हुए, हमेशा उन्होंने कड़ी से कड़ी सजा की माँग की। उन्होंने अपना बचाव न्यायालय में कभी नहीं किया। जुर्माने की धनराशि को कभी जमा नहीं किया, बल्कि उसके एवज में भी कैद की सजा ही स्वीकार किया। इस सम्बंध में गांधीजी का एक प्रसंग दृष्टव्य है—"मुझे 21 पौंड जुर्माने की सजा और जुर्माने न दाखिल करने की हालत में दो मास की सख्त कैद की सजा दी गयी। इससे मैं बड़ा प्रसन्न हुआ और अपने को भाग्यवान समझने लगा कि मुझे अन्य भाइयों के साथ जेल में रहने का सौभाग्य प्राप्त हुआ।"

आदर्श कैदी

22 अगस्त 1906 को एशियाटिक कानून प्रकाशित हुआ, जिसके अनुसार परवाना लेना अनिवार्य बना दिया गया। इसमें प्रत्येक हिन्दुस्तानी के दसों अँगुलियों की छाप लेने की बात कही गयी थी। दक्षिण अफ्रीका में दसों अँगुलियों की छाप केवल अपराधियों से ही ली जाती थी, इसलिए हिन्दुस्तानियों ने परवाना लेना व दसों अँगुलियों की छाप देना अपमानजनक माना। इसके विरोध में सभा हुई। एक आदमी ने जोश में कहा कि मेरी पत्नी से जो आदमी परवाना माँगने आयेगा, उसे मैं तो गोली से वहीं उड़ा दूँगा। भले बाद में मेरा जो होना हो, वो होता रहे।

गांधीजी ने कहा—इस बिल से केवल हमारा ही अपमान नहीं होता, बल्कि पूरे हिन्दुस्तान का अपमान होता है। अपमान का अर्थ ही है कि निर्दोष मनुष्य के स्वाभिमान का भंग होना, परन्तु यदि हम एक होकर रहेंगे और अपमान का विरोध करने पर पड़ने वाले दुःखों को सहन करते रहेंगे, तो ईश्वर स्वयं हमारी सहायता करेगा। भारतीयों ने इस कानून को 'खूनी कानून' कहा।

खूनी कानून के विरोध में 11 सितम्बर 1906 को यहूदियों की नाटकशाला में एक सभा हुई। अब्दुल गनी इस सभा के सभापति बने। इस सभा में प्रस्ताव पास किया गया कि इस बिल के विरोध में सारे उपाय किये जाने के बावजूद यदि वह धारा सभा में पास हो ही जाये, तो हिन्दुस्तानी उसके सामने हार नहीं

मानेंगे और हार नहीं मानने के फलस्वरूप जो-जो दु:ख भोगने पड़ें, उन सबको बहादुरी से सहन करेंगे।

गांधीजी ने भाषण देते हुए कहा कि हमारी लड़ाई के जो कड़वे से कड़वे परिणाम आ सकते हैं, उनका चित्र मैं सभा के सामने खींचना चाहता हूँ। मान लीजिए कि सभा में आये हुए हम सब लोग कसम खायें। हमारी संख्या अधिक से अधिक तीन हजार होगी। यह भी संभव है कि बाकी के दस हजार हिन्दुस्तानी यह कसम न खायें। शुरू में हमारी हँसी ही होगी। इसके सिवाय, इस सारी चेतावनी के बावजूद यह बिल्कुल संभव है कि कसम खाने वाले लोगों से कुछ या बहुत से लोग पहली कसौटी में ही कमजोर मालूम पड़ें। संभव है कि हमें जेल में जाना पड़े, जेल में जाकर अपमान सहने पड़ें। वहाँ हमें भूख, ठंड और धूप का कष्ट भी भोगना पड़ सकता है, कड़ी मेहनत भी करनी पड़ सकती है। संभव है, जेल में उद्धत दरोगाओं की मार भी हमें खानी पड़े। हमारा जुर्माना हो सकता है और माल-सामान जब्त होकर नीलाम भी किया जा सकता है। अगर लड़ने वाले बहुत कम रह जायें, तो आज हमारे पास बहुत पैसा होने पर भी कल हम बिल्कुल कंगाल बन सकते हैं। हमें देश निकालने की सजा भी हो सकती है और भूखों मरते-मरते व जेल में दूसरे कष्ट भोगते-भोगते हममें से कुछ लोग बीमार भी पड़ सकते हैं और कुछ मर भी सकते हैं। इसलिए संक्षेप में कहा जाय तो यह बिल्कुल असंभव नहीं कि हम जितने भी दु:खों और कष्टों की कल्पना कर सकते हैं, उतने सब हमें भोगने पड़ें। इसलिए बुद्धिमानी की बात यही होगी कि यह सब हमें सहना पड़ेगा, ऐसा मानकर ही हम कसम खायें। मुझसे कोई पूछे कि इस लड़ाई का अन्त क्या होगा और कब होगा? तो मैं कह सकता हूँ कि सारी कौम यदि इस कसौटी में से पूरी तरह पार हो जाय, तो लड़ाई का फैसला तुरन्त हो जायेगा, परन्तु यदि हममें से बहुत लोग कष्टों की आँधी आने पर गिर जायें या फिसल जायें, तो यह लड़ाई लम्बी चलेगी। फिर भी इतना तो मैं साहस और निश्चय के साथ कह सकता हूँ कि जब तक मुट्ठीभर लोग भी अपनी प्रतिज्ञा को जीवित रखने वाले होंगे, तब तक हमारी इस लड़ाई का एक ही अंत आयेगा, वह यह कि लड़ाई में हमारी निश्चित विजय होगी।

''अब मैं अपनी व्यक्तिगत जिम्मेदारी के बारे में दो शब्द कह दूँ। यदि एक ओर मैं आपको प्रतिज्ञा लेने में संभावित खतरे बता रहा हूँ, तो दूसरी ओर

मैं आपको कसम खाने की प्रेरणा भी दे रहा हूँ और ऐसा करते हुए मैं अपनी जिम्मेदारी को अच्छी तरह समझ रहा हूँ। यह भी हो सकता है कि आज के आवेश के कारण या गुस्से के कारण इस सभा में उपस्थित लोग बड़ी प्रतिज्ञा ले लें, परन्तु संकट के समय निर्बल सिद्ध हों और केवल मुट्ठीभर लोग ही अंतिम अग्नि-परीक्षा का सामना करने के लिए रह जायँ। उस स्थिति में भी मेरे जैसे के लिए तो एक ही मार्ग रह जायेगा—'मर जाना, किन्तु कानून के सामने सिर न झुकाना।' मान लीजिए कि ऐसी स्थिति आ जाय, ऐसा होने की जरा भी संभावना नहीं है, फिर भी हम मान लें कि जब सारे के सारे लोग अपनी प्रतिज्ञा तोड़ दें और मैं अकेला ही रह जाऊँ, तो भी मेरा विश्वास है कि मैं अपनी प्रतिज्ञा भंग नहीं करूँगा। मेरे इस कथन का उद्देश्य आप सब समझ लें। यह अभिमान की बात नहीं है।''

एक आदमी ने कहा—गांधी भाई, आप तो पिटते रहते हैं, उसे आप अपना अपमान नहीं मानते, लेकिन हम पिटने के लिए तैयार नहीं हैं। ईंट का जवाब हम पत्थर से देगें। कायरों की तरह हम पिटने को तैयार नहीं हैं। एक अन्य ने कहा कि आप बनिया बक्काल हैं। आपका क्या भरोसा? आपकी कोई इज्जत नहीं है, लेकिन हम पिटने के लिए तैयार नहीं हैं। पास में खड़े एक व्यक्ति ने पूछा कि जो तुम कह रहे हो, वही करोगे। उसने कहा, मैंने तो ऐसे ही कह दिया, करना वही है, जो गांधी कहेंगे। वह तो गांधी है, ईमानदार आदमी है, उसने बड़े-बड़े काम किये हैं। जरूर इसमें कोई बड़ा रहस्य होगा।

गांधी ने कहा, कायर पिटने वाला नहीं, बल्कि पीटने वाला होता है। हमारी लड़ाई अन्याय और अत्याचार के खिलाफ है। घृणा को प्यार से जीता जाता है, प्यार में बहुत बड़ी ताकत है। सरकार की ताकत हिंसा व भय है, हमारी ताकत अहिंसा, सत्य और निडरता है। कानून का विरोध करने के लिए एक नया संगठन 'सत्याग्रह मण्डल' की स्थापना की गयी।

काफी प्रयास के बाद भी एशियाटिक ऑफिस में पाँच सौ से अधिक लोग परवाना लेने नहीं आये, तो एशियाटिक विभाग के अधिकारी इस निर्णय पर आये कि किसी न किसी हिन्दुस्तानी को गिरफ्तार करना चाहिए। इसके बाद राम सुंदर पंडित को गिरफ्तार कर लिया गया। कोर्ट ने राम सुंदर पंडित को

एक माह की सादी कैद की सजा दी। सजा के दिन को हिन्दुस्तानियों ने बड़ी धूमधाम से मनाया। कौम का एक भी आदमी उसके जेल जाने से निराश नहीं हुआ, बल्कि सारी कौम का उत्साह व जोश और बढ़ गया। सैकड़ों हिन्दुस्तानी जेल जाने को तैयार हो गये।

एक महीने कैद की सजा पूरी होने पर राम सुंदर पंडित जेल से रिहा हो गये। उन्हें गाजे-बाजे के साथ जुलूस की शक्ल में भाषण वाली जगह पर ले जाया गया। राम सुंदर को फूल-मालाओं से लगभग ढँक दिया गया। उनके सम्मान में एक दावत दी गयी। हजारों हिन्दुस्तानी यह सोचकर दुःखी होने लगे कि हम भी जेल गये होते तो कितना अच्छा होता। इस प्रकार जेल जाना गर्व की बात हो गई। दक्षिण अफ्रीका में जेल जाना गौरवपूर्ण एवं वीरतापूर्ण कार्य माना गया। यदि कोई जेल नहीं गया था, तो वह शर्म महसूस करता था। अगर वहाँ कोई जेल नहीं जाता था, तो उसका चरित्र सवालों के घेरों में माना जाता था। जो एक बार जेल जाता था, वह वापस आने पर गर्व से बता देता था कि मैं एक बार जेल हो आया हूँ। परन्तु जो उससे ज्यादा दो बार या चार बार जेल जाकर आते थे, तो कम वाले फिर से जाने के लिए तत्पर हो जाते थे। जेल जाना उत्सवपूर्ण कार्य हो गया था।

हिन्दुस्तानियों के इस उत्साह को देखकर एशियाटिक विभाग ने महसूस किया कि जब तक कौम के कुछ प्रमुख नेताओं को गिरफ्तार नहीं किया जायेगा, तब तक लड़ाई का बल कभी टूट नहीं सकेगा। इसलिए कुछ नेताओं को अदालत में हाजिर होने की नोटिस मिली। अदालत में सभी हिन्दुस्तानी एक साथ पेश हुए, लेकिन सबके केस अलग-अलग चलाये गये। मजिस्ट्रेट ने कुछ लोगों को 48 घंटे के भीतर और बाकी लोगों को 7 या 14 दिन में ट्रांसवाल छोड़ देने का आदेश दिया। अवधि पूरी हो जाने की तिथि 10 जनवरी 1908 को हिन्दुस्तानी सजा सुनने के लिए अदालत में उपस्थित हुए।

सबकी तरफ से गांधीजी ने अदालत में एक वक्तव्य दिया—'मेरे मुकदमे में और मेरे बाद आने वाले लोगों के मुकदमे में भेद किया जाना चाहिए। मुझे अभी- अभी प्रिटोरिया से ये समाचार मिले हैं कि वहाँ मेरे देशबन्धुओं को तीन माह की कड़ी कैद की सजा और भारी जुर्माना हुआ है और जुर्माना न देने पर

तीन मास की कड़ी कैद की और सजा दी गयी है। अगर उन लोगों ने अपराध किया है, तो मैंने उनसे कहीं बड़ा अपराध किया है। इसलिए मजिस्ट्रेट से मेरी प्रार्थना है कि वे मुझे कड़ी से कड़ी सजा दें।' परन्तु मजिस्ट्रेट ने गांधीजी को दो मास की सादी कैद की सजा दी।

हिन्दुस्तानी कौम ने जेलों को सत्याग्रही कैदियों से भर देने का निश्चय किया। एक हफ्ते में गिरफ्तार होने वाले सत्याग्रही कैदियों की संख्या सौ से अधिक हो गयी। जब बड़ी संख्या में सत्याग्रही गिरफ्तार किये जाने लगे, तब सरकार सादी कैद की सजा से कड़ी कैद की सजा दिलाने लगी। सबको सख्त मेहनत की कैद ही मिलने लगी।

30 जनवरी 1908 को गांधीजी को समझौते के लिए जनरल स्मट्स से मिलने के लिए प्रिटोरिया ले जाया गया। वार्ता के बाद एक समझौता हुआ। स्मट्स ने कहा कि 'यदि आप में से अधिकांश लोग स्वेच्छा से परवाने ले लेंगे, तो मैं एशियाटिक कानून को रद्द कर दूँगा।' समझौते के बाद सभी कैदी रिहा कर दिये गये।

समझौते के उपलक्ष्य में एक सभा आहूत की गयी। सभा में कई लोगों ने गांधीजी पर धोखा देने का आरोप लगाया। एक हिन्दुस्तानी आदमी मीर आलम ने कहा, 'हमने सुना है कि आपने कौम को धोखा दिया है और पन्द्रह हजार पौंड लेकर जनरल स्मट्स के हाथों बेच दिया है। न तो हम कभी दस अँगुलियों की छाप देगें और न ही किसी दूसरे को कभी देने देंगे। मैं कसम खाकर कहता हूँ कि जो आदमी एशियाटिक ऑफिस सबसे पहले जायेगा, मैं उसे जान से मार दूँगा।'

समझौते के मुताबिक गांधीजी परवाना लेने के लिए एशियाटिक ऑफिस के पास पहुँचे ही थे कि मीर आलम गांधीजी के बगल में आकर खड़ा हो गया और पूछा, 'कहाँ जाते हो?' गांधीजी ने कहा, 'मैं परवाना लेने जा रहा हूँ।' इतना सुनते ही गांधीजी के ऊपर लाठियों से हमला हो गया। गांधीजी 'हे राम' बोलते हुए बेहोश हो गये और जमीन पर लुढ़क गये। मारने वालों को पुलिस पकड़ ले गयी। लेकिन जब गांधीजी को होश आया, तो गांधीजी ने मारने वालों को छोड़ देने का आग्रह किया। सरकारी वकील को इस आशय का तार भेजा कि मीर आलम और उसके साथियों को छोड़ दिया जाये।

लेकिन जनरल स्मट्स ने खूनी कानून रद्द करने के बजाय एक नया ही कदम उठाया। उन्होंने विधान सभा में जो नया बिल पेश किया, उसके द्वारा खूनी कानून को बहाल किया और स्वेच्छा से लिए गये परवानों को कानूनी करार दिया। साथ ही उस बिल में यह धारा जोड़ दी गयी कि जिन हिन्दुस्तानियों ने स्वेच्छा से परवाने ले लिये हैं, उन पर खूनी कानून लागू नहीं होगा। इस कानून के विरोध में हिन्दुस्तानियों ने जनरल स्मट्स को पत्र लिखा कि नया बिल सरकार व कौम के बीच हुए समझौते को भंग करता है।

समझौते के विरोध में हिन्दुस्तानियों ने परवाने जलाने की रणनीति बनायी और एक निश्चित अवधि की सूचना सरकार को भेज दी। परन्तु सरकार अपने निश्चय पर दृढ़ रही। परवाना जलाने के लिए जोहान्सबर्ग की हमीदिया मस्जिद के मैदान में 16 अगस्त 1908 को सभा हुई। सारा मैदान हिन्दुस्तानियों से खचाखच भरा हुआ था। एक बड़ी-सी कड़ाही को मंच के एक कोने में रख दिया गया था।

सभा के बाद कमेटी के पास जलाने के लिए दो हजार से ऊपर इकट्ठे हुए परवानों को कड़ाही में डालकर ऊपर से घासलेट उड़ेला गया और इशप मियां ने उसे दियासलाई दिखाई। सारी सभा खड़ी हो गयी और जब तक परवाने जलते रहे, तब तक मैदान तालियों से गूँजता रहा। कुछ लोगों ने अभी तक अपने पास परवाने रख छोड़े थे, उनके परवानों की भी अब मंच पर वर्षा होने लगी। वे परवाने भी कड़ाही में डाल दिये गये। जब उनसे पूछा गया कि होली जलने तक आपने परवाने क्यों नहीं दिये, तो कुछ लोगों ने कहा कि होली जल रही हो, उस समय परवाने देना अधिक उपयुक्त होगा और दूसरों पर उसका अधिक असर होगा, ऐसा मानकर हमने पहले परवाने नहीं दिये। इस सभा में मीर आलम भी हाजिर था, उसने सभा में कहा कि गांधीजी के ऊपर हमला करके मैंने गलती की थी और उसने भी अपना परवाना गांधीजी को जलाने के लिए दे दिया था।

'इमिग्रैन्ट्स रेस्ट्रिक्शन एक्ट' (1907 का पन्द्रहवां एक्ट) अर्थात नये आने वालों पर अंकुश लगाने वाला कानून। 'यह कानून वैसे तो सभी पर लागू होता था, परन्तु उसका मुख्य उद्देश्य नये आने वाले हिन्दुस्तानियों पर प्रतिबन्ध लगाना था।'

'इमिग्रेशन एक्ट' का विरोध करना आवश्यक था। सोचना केवल इतना ही था कि सत्याग्रह की लड़ाई में उसे सम्मिलित किया जाय या नहीं। कौम का मत यह था कि सत्याग्रह के चलते-चलते ही कौम पर जो नये आक्रमण हों, उन आक्रमणों का भी सत्याग्रह में समावेश करना उसका धर्म है।

जनरल स्मट्स ने देखा कि जितने गोरे खुले तौर पर हिन्दुस्तानी कौम की सहायता करते हैं, उससे कहीं अधिक गोरों की छिपी सहानुभूति कौम के साथ है। अतः उन्होंने सोचा कि गोरों की यह सहानुभूति खत्म की जा सके, इसलिए उन्होंने कौम के गोरे सहायकों से कहा, 'गांधीजी को जितना मैं पहचानता हूँ, उतना आप लोग नहीं पहचानते। वह ऐसा आदमी है कि अगर आप उसे एक इंच जमीन दें, तो एक गज जमीन की माँग करेगा। मैं यह सब जानता हूँ। इसीलिए तो मैं एशियाटिक कानून रद्द नहीं करता। उसने जब सत्याग्रह शुरू किया था, उस समय नये आने वालों की तो कोई बात ही नहीं थी।

अब हम ट्रांसवाल की रक्षा की दृष्टि से नये हिन्दुस्तानियों को आने से रोकने का कानून बनाते हैं, तो इसमें भी वह हमें सत्याग्रह करने की धमकी देता है, ऐसी चालाकी को कब तक बर्दाश्त किया जाये? उसे जो कुछ करना हो, करे। एक-एक हिन्दुस्तानी बर्बाद हो जायें, तो भी मैं यह एशियाटिक कानून रद्द नहीं करूँगा और ट्रांसवाल सरकार ने हिन्दुस्तानियों के बारे में जो नीति अपनाई है, उसे भी मैं नहीं छोड़ूँगा। इस न्यायपूर्ण नीति का समर्थन करने के लिए प्रत्येक गोरे को सहमत होना चाहिए।

गांधीजी ने कहा, 'दक्षिण अफ्रीका के इतने वर्षों के निवास काल में मैंने कभी चालाकी से काम लिया हो, ऐसा मुझे स्मरण नहीं है। बल्कि इस अवसर पर तो मुझे आगे बढ़कर यह कहने में भी कोई संकोच नहीं होता कि मैंने सारी जिन्दगी में कभी चालाकी का उपयोग किया ही नहीं। मेरा यह विश्वास है कि चालाकी का उपयोग न केवल नीति के विरुद्ध है, बल्कि राजनीति के विरुद्ध भी है।'

दक्षिण अफ्रीका में भारतीयों द्वारा सरकार का विरोध निम्न चार कानूनों के विरुद्ध किया गया था—

1. *22 अगस्त 1906 को एशियाटिक कानून*- जिसके अनुसार परवाना लेना अनिवार्य बना दिया था।

2. *इमिग्रैन्ट्स रेस्ट्रिक्शन एक्ट 1907 का पन्द्रहवाँ एक्ट*- नये आने वालों पर अंकुश लगाने वाला कानून। यह कानून वैसे तो सभी पर लागू होता था, परन्तु उसका मुख्य उद्देश्य नये आने वाले हिन्दुस्तानियों पर प्रतिबंध लगाना था।
3. *भारतीयों पर 3 पौंड का वार्षिक कर।*
4. केप सुप्रीम कोर्ट के न्यायाधीश श्री सर्ले ने 14 मार्च 1913 को यह निर्णय दिया कि दक्षिण अफ्रीका के कानून में ईसाई धर्म के अनुसार हुए विवाह सिवाय, विवाह अधिकारी के ऑफिस में रजिस्टर कराये हुए विवाह के सिवाय किसी दूसरे विवाह के लिए स्थान नहीं है। इसका अर्थ यह हुआ कि हिन्दू, मुस्लिम, पारसी आदि धर्मों की विधि के अनुसार हुए विवाह न्यायाधीश के उपर्युक्त भयंकर निर्णय से दक्षिण अफ्रीका में असंख्य विवाहित हिन्दुस्तानी स्त्रियों का दरजा अपने पतियों की धर्मपत्नी का न रहकर उप पत्नियों का हो गया तथा उन स्त्रियों की संतान को अपने पिता की विरासत पाने का भी अधिकार नहीं रह गया। इस स्थिति को न तो स्त्रियाँ सहन कर सकती थीं, न पुरुष सहन कर सकते थे। दक्षिण अफ्रीका में बसे हुए हिन्दुस्तानियों में इससे भारी खलबली मच गई। अपने स्वभाव के अनुसार गांधीजी ने सरकार से पूछा कि क्या वह न्यायाधीश के इस निर्णय को स्वीकार करेगी? या न्यायाधीश द्वारा किया गया कानून का अर्थ सच्चा हो तो भी वह अनर्थ है, ऐसा समझ कर नया कानून पास करेगी और उसके द्वारा हिन्दू, मुसलमान आदि की धार्मिक विधियों के अनुसार हुए विवाहों को कानूनी मानेगी? सरकार की वृत्ति उस समय गांधी की बात सुनने की नहीं थी। उसका उत्तर 'नहीं' में मिला।

भारतीयों, विशेष कर गांधी के अनुरोध पर उसी बीच स्व. गोखले 22 अक्टूबर 1912 को दक्षिण अफ्रीका आये थे।

दक्षिण अफ्रीका में गोखलेजी की लगभग दो घंटे या उससे अधिक यूनियन सरकार के मंत्रिमंडल के साथ बातचीत हुई। वहाँ से लौटकर उन्होंने गांधी से कहा—"तुम्हें एक वर्ष के भीतर हिन्दुस्तान लौट आना है। सारी बातों

का निर्णय हो गया है। खूनी कानून रद्द हो जायेगा और इमिग्रेशन एक्ट का रंगभेद दूर हो जायेगा, तीन पौंड का कर भी रद्द हो जायेगा।''

गांधीजी ने कहा—''मुझे इस पर शंका है। मंत्रिमण्डल को जितना मैं जानता हूँ, उतना आप नहीं जानते। आपका यह आशावाद मुझे प्रिय है, क्योंकि मैं स्वयं भी आशावादी हूँ। लेकिन अनेक बार निराशा का अनुभव कर चुकने के कारण मैं इस विषय में आपके जितनी आशा नहीं रख सकता। किन्तु मुझे कोई भय नहीं है। आप मंत्रिमण्डल का वचन लाये हैं, इतना मेरे लिए काफी है। मेरा धर्म तो यह है कि जब आवश्यकता हो, तब सरकार से लड़ लेना है और हमारी लड़ाई न्याय की है, यह सिद्ध कर देना है। इस सिद्धि में आपको दिया हुआ यह वचन हमारे लिए बड़ा लाभकारी होगा और यदि लड़ना ही पड़ा तो भी लड़ने में यह वचन हमें दुगुना बल प्रदान करेगा। लेकिन मुझे ऐसा नहीं लगता कि अधिक हिन्दुस्तानियों के जेल गये बिना मैं एक साल के भीतर हिन्दुस्तान लौट सकता हूँ।''

इस पर गोखले बोले—''मैं जो कुछ तुमसे कहता हूँ, उसमें कोई फर्क पड़ने वाला है ही नहीं। जनरल बोथा ने मुझे यह वचन दिया है कि खूनी कानून रद्द होगा और तीन पौंड का कर हटा दिया जायेगा। तुम्हें बारह महीने में हिन्दुस्तान आना ही पड़ेगा। तुम्हारा एक भी बहाना मैं नहीं सुनूँगा।'' 17 नवम्बर, 1912 को गोखले जी दक्षिण अफ्रीका से वापस आये।

गोखलेजी के चले जाने पर ऐसा अवसर फिर खड़ा हुआ। गोखलेजी की धारणा थी कि तीन पौंड का कर एक वर्ष के भीतर रद्द हो ही जायेगा; और उनके जाने के बाद यूनियन पार्लियामेंट की जो बैठक होगी, उसमें इस कर को रद्द करने का कानून पेश होगा। इसके बदले जनरल स्मट्स ने पार्लियामेंट की उस बैठक में यह घोषणा की कि नेटाल के गोरे यह कर रद्द करने के लिए तैयार नहीं हैं। इसलिए दक्षिण अफ्रीका की सरकार तीन पौंड का कर रद्द करने का कानून पास करने में असमर्थ है।

सरकार ने केवल एक वर्ष के भीतर तीन पौंड का कर रद्द नहीं किया, बल्कि स्पष्ट शब्दों में यह घोषणा भी कर दी कि यह कर रद्द नहीं किया जा सकता।

सरकार के वचन भंग की बात मैंने गोखलेजी को लिखी। उन्हें अतिशय दुःख हुआ। मैं उन्हें लिखा कि आप सर्वथा निर्भय रहें, हम मरण-पर्यन्त लड़ेंगे और तीन पौंड का कर रद्द करायेंगे। केवल इतना ही हुआ है कि एक वर्ष के भीतर मेरे भारत लौटने की बात टल गई है और बाद में मैं कब आ सकूँगा, यह कहना असंभव हो गया है। ऐसे वचन भंग से हिन्दुस्तान के गोखले जैसे प्रतिनिधि का अपमान होता है और गोखलेजी का अपमान समस्त हिन्दुस्तान का अपमान माना जाएगा। ऐसा अपमान सहन नहीं किया जा सकता।

गोखलेजी ने गांधीजी से पूछा कि आपके पास आन्दोलन के लिए कम से कम और अधिक से अधिक कितने सत्याग्रही हैं? गांधीजी ने उत्तर में गोखले जी को लिखा कि कम से कम 16 और अधिक से अधिक 65 या 66 सत्याग्रही हैं। संख्या को लेकर गोखलेजी अत्यन्त चिन्तित हुए कि इतने कम सत्याग्रहियों से लड़ाई कैसे जीती जा सकेगी?

इंग्लैण्ड से लौटते समय मैंने जहाज पर 'हिन्द स्वराज्य' लिखा था। उसका उद्देश्य केवल सत्याग्रह की भव्यता दिखाना था। वह पुस्तक सत्याग्रह की सफलता में निहित मेरी श्रद्धा का सच्चा मापदंड है, इसलिए लड़ने वाले सत्याग्रहियों की संख्या का मेरी नजर में कोई भी महत्व नहीं था।

जेल में मुझे जो कोठरी दी गई थी, उसमें हवा बहुत कम आती थी। डॉक्टर ने कोठरी का दरवाजा खुला रखवाने की बहुत कोशिश की, लेकिन उन्हें सफलता नहीं मिली। जेलर ने धमकी दी कि अगर मेरा दरवाजा खुला रखा जाएगा, तो वह इस्तीफा दे देगा।

जेलर बुरा आदमी नहीं था। लेकिन उसका स्वभाव एक ही सांचे में ढल गया था। वह गांधीजी को बात-बात पर अपमानित करता रहता था। परन्तु गांधीजी उसे हमेशा निश्चिंत करते रहते थे और धन्यवाद देते रहते थे।

एक दिन उसने गांधीजी को जेल की कोठरी से निकाला और कहा गांधी तुम इसी अंधेरी कोठरी में मर जाओगे। गांधीजी ने कहा कि मरना तो सभी को है, हम चाहे उजाले में मरें या अँधेरे में। आप इसकी चिन्ता न करें, जो आपको सुखद लगे, वही आप करें। जेलर का माथा ठनका। वह ईसाई था, उसकी अन्तर्रात्मा कौंधी? उसने सोचा कि ईसामसीह को भी लोगों ने ऐसे ही मारा होगा। उसे गांधीजी में ईसामसीह नजर आने लगे।

गांधीजी में लोगों को बुद्ध, महावीर, कबीर, कृष्ण, ईसा आदि विभिन्न धर्मों के नायक नजर आते थे। जेलर को भी गांधीजी में ईसामसीह की प्रतिबिम्ब की अनुभूति हुई और उसने गांधीजी के जेल से छूटने पर लिखा, ''गांधी आदर्श कैदी थे।''

दक्षिण अफ्रीका में औरतें अपने आदमियों से कहती थीं कि पगला गांधी के पीछे मत जाना। वह तो पागल है ही, तुम्हारी आँख तब खुलेगी, जब वह तुम्हारे हाथ-पाँव तोड़वा देगा और तुम्हें जेल में बंद करा देगा। परन्तु स्त्रियों के संबंध में न्यायालय के निर्णय व तीन पौंड के कर ने स्त्रियों व पूरे भारतीय समाज को जेल जाने के लिए बेचैन कर दिया।

मैंने फिनिक्स और ट्रांसवाल की जेल जाने वाली सभी स्त्रियों से बात करते हुए कहा, ''मेरी वजह से जेल जाने का विचार ना करें और फिर ऐन कसौटी के मौके पर घबराकर या जेल में पहुँचने के बाद वहाँ के कष्टों से ऊब कर अगर आप माफी माँग लेती हैं, तो मुझे गहरा आघात लगेगा और सत्याग्रह की लड़ाई एकदम कमजोर पड़ जाएगी। परन्तु वे तुरन्त ही सहर्ष जेल यात्रा करने के लिए तैयार हो गयीं। उन्होंने मुझे विश्वास दिलाया कि वे हर तरह का दुःख सहन करके भी जेल की सजा पूरी करेंगी।

इन सारी बातचीत का सार मेरी पत्नी ने भी जान लिया। उसने मुझसे कहा, ''यह बात आप मुझे नहीं बताते, इसका मुझे दुःख है। मुझमें ऐसी क्या कमी है, उसी रास्ते पर मैं भी चलना चाहती हूँ।'' मैंने कहा, ''मैं तुम्हें कभी दुःख पहुँचा ही नहीं सकता। इसमें अविश्वास की कोई बात नहीं है। अगर मैं कहूँ तो मेरी बात रखने के लिए तुम आसानी से जेल जा सकती हो, लेकिन बाद में कोर्ट में खड़े होते ही तुम काँपने लगी और हार जाओ अथवा जेल के दुःखों से घबरा जाओ, तो उसमें मैं तुम्हारा दोष तो नहीं मानूँगा, पर मेरी स्थिति कैसी हो जायेगी? उस हाल में मैं तुम्हें अपने साथ कैसे रख सकूँगा? इसी भय से मैंने तुम्हें ललचाया नहीं।"

पत्नी ने उत्तर दिया, ''मैं हार कर जेल से बाहर आ जाऊँ, तो मुझे अपने साथ न रखना। मेरे बच्चे भी दुःख सह सकते हैं। आप सब लोग भी सह सकते हैं, लेकिन अकेली मैं ही दुःख नहीं सह सकती, ऐसा आप मेरे बारे में कैसे मान सकते हैं। मैं इस लड़ाई में भाग लेकर ही रहूँगी।'' मैंने कहा, ''तो मैं भी तुम्हें

इस लड़ाई में शामिल करके ही रहूँगा। अभी भी सोचना होगा, तो दुबारा सोच लेना और गहरे विचार के बाद तुम्हें लगे कि लड़ाई में शरीक नहीं होना चाहिए, तो वैसा करने की तुम्हें पूरी छूट है और तुम्हें जानना चाहिए कि निश्चय बदलने में अभी भी कोई शर्म की बात नहीं हैं।'' उत्तर में उसने कहा, ''मुझे कोई सोच-विचार करना ही नहीं है। मेरा यह दृढ़ निश्चय है।''

दक्षिण अफ्रीका के नेटाल में जब बहनों ने जेल जाने का संकल्प लिया, तो यह निश्चय किया गया कि पुलिस यदि उन्हें गिरफ्तार ना करे, तो न्यूकैसल में छावनी डालकर वे कोयले की खादानों के गिरमिटिया मजूदरों को अपना काम छोड़ने की बात समझाएँ। उन बहनों के तीन पौंड के कर की कहानी ने मजदूरों के हृदय को पिघला दिया। उन्होंने (मजदूरों ने) अपना काम छोड़ दिया। फिर क्या था, सरकार ने इन बहादुर बहनों को तुरंत गिरफ्तार कर लिया। इस घटना से दक्षिण अफ्रीका के हिन्दुस्तानियों में नई चेतना और नया उत्साह देखने को मिला। यही नहीं, इन बहनों के बलिदान ने मातृभूमि हिन्दुस्तान को भी जगा दिया।

सर फिरोजशाह मेहता जो अब तक तटस्थ रहे, उन पर स्त्रियों की जेल यात्रा ने जादू-सा असर डाला। उन्होंने स्वयं बम्बई के टाउन हाल में दिये गये अपने भाषण में कहा, ''स्त्रियों की जेल की सजा ने मेरी शान्ति भी भंग कर दी है। हिन्दुस्तान अब शान्त होकर बैठ ही नहीं सकता।''

जिन स्त्रियों को जेल में रखा गया था, उन्हें विभिन्न प्रकार के कष्ट दिये गये। मेहनत में उन्हें धोबी का काम सौंपा गया। जो भोजन उन्हें दिया जाता था, वह इतना खराब होता था कि खाया ही नहीं जाता। एक बहन की हालत तो इतनी खराब थी कि जब वो जेल से निकलीं, तब तक हड्डियों की ढाँचा मात्र ही रह गयीं। बड़े प्रयत्न से ही वो बचीं।

दूसरी एक बहन जानलेवा बुखार लेकर जेल से रिहा हुई, उसका नाम वालिअम्मा था। वह सोलह वर्ष की लड़की थी। मैं (गांधी) उससे मिलने गया, तो वह रोगशैय्या पर पड़ी थी। उसका लकड़ी जैसा कृश शरीर भयंकर दिखाई देता था। मैंने पूछा, ''वालिअम्मा जेल जाने का कोई पश्चाताप तो नहीं है?''

''पश्चाताप क्यों होगा? मुझे फिर से पकड़ा जाए, तो मैं फिर से जेल जाने के लिए तैयार हूँ।''

"लेकिन इसका परिणाम तुम्हारी मौत में आये तो?"

"भले आये। देश के खातिर मरना कौन पसंद नहीं करेगा?"

हमारी इस बातचीत के कुछ ही दिनों के बाद वालिअम्मा मर गई। उसका शरीर नाश हो गया, परन्तु वह बाला अपना नाम अमर कर गई।

जब सत्याग्रही अपनी फौज को लेकर ट्रांसवाल की सीमा पर पहुँचे, तो सब लोग पकड़ लिये गये। 18 अगस्त 1908 को उन्हें कोर्ट में मजिस्ट्रेट के सामने पेश किया गया। मजिस्ट्रेट ने उन्हें 7 दिन में ट्रांसवाल छोड़ने का हुक्म दिया। इस हुक्म का पालन सत्याग्रही दल ने नहीं किया। इसलिए 28 अगस्त को उन्हें प्रिटोरिया में फिर पकड़ा गया और बिना मुकदमा चलाये ट्रांसवाल से बाहर कर दिया गया। 31 अगस्त को उन्होंने पुनः ट्रांसवाल में प्रवेश किया।

अंत में 8 सितम्बर को सरहदी शहर वोलक्रस्ट में उनका मुकदमा चला और उन्हें 50 पौंड के जुर्माने या 3 माह के सख्त कैद की सजा मिली। कहने की आवश्यकता नहीं कि सत्याग्रहियों ने खुशी-खुशी जेल जाना ही पसंद किया और वे वोलक्रस्ट की जेल में दाखिल हुए। इससे ट्रांसवाल के हिन्दुस्तानियों का जोश बहुत बढ़ा। नेटाल से हमारी सहायता के लिए आये हुए मित्रों को यदि हम जेल से छुड़ा न सकें, तो कम से कम जेल जाने में तो उनका साथ दें, यह सोचकर ट्रांसवाल के हिन्दुस्तानी भी जेल जाने का मार्ग खोजने लगे। गिरफ्तार होने के लिए उनके सामने कई रास्ते थे।

ट्रांसवाल में रहने वाला हिन्दुस्तानी अगर अपना परवाना न दिखाये, तो उसे व्यापार का परवाना नहीं मिलता था और व्यापार का परवाना लिये बिना यदि वह व्यापार करता, तो वह उसका अपराध माना जाता था। इसके सिवा, अगर किसी हिन्दुस्तानी को नेटाल से ट्रांसवाल की सीमा में प्रवेश करना हो, तो उसे परवाना दिखाना होता था और अगर वह परवाना न दिखाये, तो उसे गिरफ्तार किया जा सकता था। परवाने तो पहले ही जलाये जा चुके थे। इसलिए उनके सामने रास्ता साफ था। कोई बिना परवाने के फेरी लगाने लगा, तो कोई परवाने दिखाये बिना ट्रांसवाल की सीमा में प्रवेश करने लगा, उन्होंने दोनों पद्धतियाँ आजमाई। दोनों ही प्रकार के लोग पकड़े जाने लगे।

न्यूकैसल के पास की कोयले की खदानों के हिन्दुस्तानी मजदूरों पर बहनों के इस त्याग का अद्भुत असर पड़ा। उन्होंने अपने औजार छोड़ दिये और उनका

प्रवाह शहर की ओर बहने लगा। इसका पता चलते ही मैंने फिनिक्स छोड़ा और न्यूकैसल जा पहुँचा। मजदूर कोई पाँच-पच्चीस नहीं थे, बल्कि सैकड़ों थे; और उनके हजारों होने में भी कोई देर नहीं लगती। उन सबके लिए मकान मैं कहाँ से लाऊँ? खाना कहाँ से लाऊँ? हिन्दुस्तान से मैं पैसा मँगाना नहीं चाहता था। वहाँ से पैसे की जो वर्षा आगे चलकर हुई थी, वह अभी आरंभ नहीं हुई थी। दक्षिण अफ्रीका के हिन्दुस्तानी व्यापारी इतने भयभीत हो गये थे कि वे खुले तौर पर मेरी कोई मदद करने को तैयार नहीं थे। उनके व्यापारिक संबंध खदानों के मालिकों और अन्य गोरों के साथ थे, इसलिए वे खुले तौर पर मुझसे कैसे मिलते? मैं जब न्यूकैसल जाता, तब इन व्यापारियों के यहाँ ठहरा करता था। लेकिन इस बार मैंने स्वयं ही उनका रास्ता सरल कर दिया और दूसरी जगह ठहरने का निश्चय किया। मेरा स्वागत कभी भी मित्रों के लिए सरल नहीं रहा, फिर भी मैंने उनके चेहरों पर कभी भी नाराजगी नहीं देखी। गांधीजी ने मजूदरों को सलाह दिया कि मालिकों के दिये हुए झोपड़े उन्हें छोड़ देने चाहिए। जो सामान बेचने जैसा हो, उसे बेच डालना चाहिए। बाकी का सामान अपनी कोठरियों में रहने देना चाहिए।

मुझे अपनी समस्या का हल मिल गया। इस समूह को मुझे ट्रान्सवाल ले जाना चाहिए और जिस प्रकार फिनिक्स के 16 सत्याग्रही गिरफ्तार हो गये, उसी प्रकार इस समूह को भी जेल में बैठा देना चाहिए। इन लोगों को थोड़ी-थोड़ी संख्या में बाँटकर हर टुकड़ी से सीमा पार करानी चाहिए। मेरे पास लगभग पाँच हजार आदमी एकत्र हो गये थे। इतने लोगों को ट्रेन से ले जाना संभव नहीं था। इतने पैसे मैं कहाँ से लाता? और ट्रेन से ले जाने में उन सबकी परीक्षा नहीं हो सकती थी। न्यूकैसल से ट्रान्सवाल की सीमा 36 मील दूर थी।

खदान मालिकों के निमंत्रण पर मैं उनसे मिलने डरबन गया। मैंने देखा कि मालिकों पर मजूदरों की हड़ताल का कुछ असर हुआ है। लेकिन उनके साथ होने वाली बातचीत से कोई लाभ होगा, ऐसा मुझे विश्वास नहीं था। लेकिन सत्याग्रही की नम्रता की कोई सीमा नहीं होती। वह समझाने का एक भी मौका हाथ से जाने नहीं देता; और इस कारण से कोई उसे कायर माने, तो वह अपने को कायर मानने देता है। जिसके हृदय में विश्वास है और विश्वास से उत्पन्न होने वाला बल है, वह दूसरों की अवगणना की परवाह नहीं करता। वह अपने

आंतरिक बल पर निर्भर करता है। इसलिए वह सबके प्रति नम्र बना रहता है और जगत के मत को शिक्षित बना कर उसे अपने कार्य की ओर आकर्षित करता है।

वे स्वेच्छा से मेरे प्रति सौजन्यता दिखाते, तो मुझे प्रसन्नता होती थी; परन्तु सौजन्यता को खरीदने का मैंने कभी प्रयत्न ही नहीं किया। गरीब, अनपढ़, बेसमझ, मजदूर इतनी दृढ़ता दिखा सकते हैं, यह उन्हें आश्चर्यजनक लगता था और दृढ़ता तथा बहादुरी तो ऐसे गुण हैं, जिनका प्रभाव विरोधियों पर भी पड़े बिना नहीं रहता। उन्होंने निर्भयता से मुझे उत्तर दिया, ''जब तक आप लड़ने को तैयार रहेंगे, तब तक हम कभी हारने वाले नहीं हैं, हम दुःखों को समझते हैं, इसलिए आप हमारी चिन्ता न करें।''

अब तो हमारे लिए सिर्फ कूच करना ही बाकी था। एक दिन शाम को मैंने उन लोगों से कह दिया कि कल प्रातःकाल हमें अपना कूच आरम्भ करना है (27 अक्टूबर, 1913)। रास्ते पर चलने के नियम मैंने उनके सामने पढ़ सुनाये। पाँच-छ: हजार आदमियों के समुदाय को संभालना कोई खेल नहीं था। उनकी निश्चित संख्या तो मेरे पास थी ही नहीं। न मेरे पास उनके नाम और पते ही थे। जितने आदमी मेरे साथ रहना चाहते थे, उतना ही से मुझे संतोष था। प्रत्येक हड़ताली को डेढ़ पौंड डबल-रोटी और ढाई तोला शक्कर के सिवा अन्य कोई भोजन देने की शक्ति मुझमें नही थी। मैंने उनसे कहा था कि रास्ते में अगर कोई हिन्दुस्तानी व्यापारी कुछ देगा, तो उसे हम स्वीकार करेंगे। लेकिन कुछ नहीं मिला, तो सबको डबल-रोटी और शक्कर से ही संतोष करना होगा।

बोअर-युद्ध और जुलू-विद्रोह के समय जो अनुभव मुझे प्राप्त हुए थे, वे इस समय मेरे लिए बड़े उपयोगी सिद्ध हुए। एक शर्त यह भी थी कि साथ में कोई जरूरत से ज्यादा कपड़े न रखे। रास्ते में किसी की कोई चीज नहीं ली जा सकती। अधिकारी या कोई अंग्रेज रास्ते में मिले और वे गाली दे अथवा मारे, तो वह भी सहन कर लिया जाए। पुलिस गिरफ्तार करे, तो गिरफ्तार हो जाना चाहिए। मैं गिरफ्तार हो जाऊँ, तो भी कूच उन्हें जारी रखना चाहिए, आदि आदि बातें मैंने हड़तालियों को समझाई। मेरी गिरफ्तारी के बाद एक के बाद एक कौन व्यक्ति नेता के रूप में नियुक्त होंगे, उनके नाम भी मैंने सबको बता दिये। साथ ही सभी को यह जानकारी दे दी कि अगर तीन पौंड का कर रद्द कर

दिया जायेगा, तो गिरमिटिया मजदूर फिर से काम पर लग जायेंगे और हड़ताल बंद हो जायेगी।

हमने निश्चय किया कि सरकार गिरफ्तार न करे, तो तुरन्त चार्ल्स टाउन छोड़कर ट्रान्सवाल में प्रवेश करना चाहिए। अगर सरकार रास्ते में गिरफ्तार न करे, तो काफिले को प्रतिदिन 20 से 24 मील की यात्रा आठ दिन तक करनी थी। आठ दिन में हमारा इरादा टाटा फार्म पहुँचने का था। हमने सोचा था कि लड़ाई पूरी होने तक सब सत्याग्रही वहीं रहेंगे और फार्म पर काम करके अपनी जीविका उत्पन्न करेंगे। उनके मंत्री से मैंने कहा—''आप जनरल स्मट्स से कहिये कि मेरी कूच की सारी तैयारियाँ हो गई हैं, बॉक्सरस्ट के गोरे उत्तेजित हो गये हैं। वे शायद हमारे प्राणों को भी नुकसान पहुँचायें। ऐसी धमकी उन लोगों ने हमें दी ही है।''

उत्तर मिला—''जनरल स्मट्स आपके साथ कोई संबंध नहीं रखना चाहते। आप जो चाहें सो करें।''

दूसरे दिन (6 नवम्बर, 1913) निश्चित समय पर (प्रातः साढ़े छह बजे) हमने प्रार्थना की और ईश्वर के नाम पर अपना कूच आरम्भ किया। हमारे इस काफिले में 2037 पुरुष, 127 स्त्रियाँ और 56 बालक थे।

उस नाले के छोर पर घुड़सवार पुलिस पहरे पर खड़ी थी। सबसे पहले मैं उसके पास गया। जाते समय काफिले के लोगों से कह गया था कि मैं आने का संकेत करूँ, तब वे सीमा में प्रवेश करें। लेकिन मैं पुलिस से बात कर ही रहा था कि लोग तेजी से आगे बढ़े और उन्होंने नाला पार कर दिया। वे ट्रान्सवाल की सीमा में पहुँच गये। घुड़सवारों ने उन्हें घेर लिया।

पुलिस अधिकारी ने मुझसे कहा—''आपके लिए मेरे पास वारंट है, मुझे आपको गिरफ्तार करना है।''

''कब?'' मैंने पूछा।

''इसी समय।'' उत्तर मिला।

उसने दूसरे दिन स्टैन्डर्टन में दूसरी बार मुझे गिरफ्तार कर लिया। यहाँ भी सरकारी वकील ने मेरी अर्जी का विरोध किया। लेकिन यहाँ भी मजिस्ट्रेट ने 21 नवम्बर, 1913 तक मुकदमा मुलतवी कर दिया और मुझे 50 पौंड के निजी

मुचलके पर छोड़ दिया। काफिले के लोग मेरी गिरफ्तारी के आदी हो गये, यह कोई मामूली परिणाम नहीं था।

जनरल स्मट्स के लिए तो हमारी दृढ़ता और उसके साथ हमारी शांति ही बड़े दुःख की बात हो गई। ऐसा उन्होंने कहा भी था। किसी शांत मनुष्य को आखिर कब तक सताया जा सकता है? स्वेच्छा से मरे हुए किसी मनुष्य को आप कैसे मार सकते हैं और मृत्यु का स्वागत करने वाले को मारने में किसी का रस हो ही नहीं सकता। इसीलिए शत्रु को जिन्दा पकड़ने में गौरव समझा जाता है। अगर चूहा बिल्ली से डरकर भागे नहीं, तो बिल्ली को दूसरा शिकार खोजना ही पड़ेगा। अगर सब मेमने सिंह की बगल में आकर बैठ जायें, तो सिंह को मेमने खाना छोड़ देना पड़ेगा।

पुलिस की उस टोली में एशियाई विभाग के अधिकारी श्री चमनी के अलावा पुलिस का एक और अधिकारी था। दोनों नीचे उतरे। मुझे जरा दूर ले जाकर उनमें से एक ने कहा—'मैं आपको गिरफ्तार करता हूँ।' इस प्रकार मैं चार दिन में तीन बार गिरफ्तार किया गया।

अधिकारी महोदय ने कहा—''अब आप कैदी हैं। आप कोई भाषण नहीं दे सकते।''

अधिकारी जानता था कि कुछ देर के लिए तो वहाँ मेरा ही राज्य था, क्योंकि वह हमारी अहिंसा पर विश्वास रखकर ही उस निर्जन मैदान में दो हजार सत्याग्रहियों के बीच अकेला खड़ा था।

10 नवम्बर, 1913 को काफिला सवेरे 9 बजे बेलफारे पहुँचा। मुझ पर 11 नवंबर, 1913 को डंडी में मुकदमा चला और 9 माह की सख्त कैद की सजा मिली। अभी निषिद्ध लोगों को ट्रान्सवाल के भीतर प्रवेश करने में मदद देने के अभियोग में मुझ पर वॉक्सरस्ट में मुकदमा चलना बाकी था। इसलिए डंडी से मुझे 13 नवम्बर को वॉक्सरस्ट में ले जाया गया। वहाँ मैंने श्री कैलनबैक और श्री पोलाक को देखा। हम तीनों वॉक्सरस्ट की जेल में मिले, इससे हमें अपार आनंद हुआ।

14 नवंबर को वॉक्सरस्ट की कोर्ट में मुझ पर मुकदमा चला। इस मुकदमे की खूबी यह थी कि कोर्ट के सामने मेरे खिलाफ गवाही देने वाले साक्षी मुझी को लाने थे। पुलिस ऐसे साक्षी प्राप्त तो कर सकती थी, परन्तु कठिनाई से।

इसलिए पुलिस ने इस काम में मेरी मदद ली। दक्षिण अफ्रीका की अदालतें केवल कैदी के अपराधी होना स्वीकार कर लेने से ही उसे सजा नहीं देती।

मेरे विषय में तो यह व्यवस्था हो गई, लेकिन श्री कैलनबैक और श्री पोलाक के विरुद्ध कौन गवाही दे? और उनके विरुद्ध गवाही न मिले, तो उन्हें सजा देना असंभव था। इन दोनों के विरुद्ध तुरन्त गवाही मिलना कठिन था। श्री कैलनबैक को तो अपना अपराध स्वीकार करना था, क्योंकि उनका इरादा काफिले के साथ रहने का था। लेकिन श्री पोलाक का इरादा हिन्दुस्तान जाने का था। इस बार वे जान-बूझ कर जेल नहीं जाना चाहते थे। इसलिए हम तीनों ने मिल कर यह निर्णय किया कि यदि हमसे पूछा जाए कि जिस अपराध का अभियोग पोलाक पर लगाया गया है, वह उन्होंने किया है या नहीं, तो हम उत्तर में न तो 'हाँ' कहें और न 'ना' कहें।

इन दोनों के विरुद्ध मैं साक्षी बना। हमें मुकदमे को खींचना नहीं था, इसलिए तीनों का मुकदमा एक दिन में पूरा हो, इसके लिए हमने कोर्ट की पूरी मदद की; और एक दिन में ही हमारे मुकदमे पूरे भी हो गये। हम तीनों को तीन-तीन माह की कैद की सजा मिली। हमने सोचा कि कम से कम तीन महीने तो हम वॉक्सरस्ट जेल में साथ रह सकेंगे। लेकिन सरकार को ऐसा होने देने में अपना लाभ नहीं दिखा। इस बीच कुछ दिन तो हम वॉक्सरस्ट जेल में सुख से रहे। वहाँ प्रतिदिन नये-नये कैदी आते थे और बाहर के समाचार हमें सुनाते थे। इन सत्याग्रही कैदियों में हरबत सिंह नाम का एक बूढ़ा था। उसकी उम्र लगभग 75 वर्ष की थी। वह खदानों में नौकरी भी नहीं करता था। वह वर्षों पहले अपनी गिरमिट पूरी कर चुका था, इसलिए वह हड़ताली नहीं था। मेरी गिरफ्तारी के बाद हिन्दुस्तानियों का जोश बहुत बढ़ गया था और अनेक लोग नेटाल से ट्रान्सवाल की सीमा में प्रवेश करके गिरफ्तार हो जाते थे। हरबत सिंह ऐसा ही एक उत्साही सत्याग्रही था।

मैंने हरबत सिंह से जेल में पूछा—''आप जेल में क्यों आये? आप जैसे बूढ़ों को मैंने ज़ेल में आने का निमंत्रण नहीं दिया है।''

हरबत सिंह ने जवाब दिया—''मैं कैसे रह सकता था, जब आप, आपकी धर्मपत्नी और आपके लड़के भी हम लोगों के लिए जेल चले गये?''

इस प्रकार आकर्षित होकर लोग जेल में आयें, यह सरकार को पसंद नहीं था और जेल से छूटने वाले लोग मेरे सन्देश बाहर के लोगों के पास ले जायें, यह भी उसे पसंद नहीं था। इसलिए सरकार ने मुझे, कैलनबैक और पोलाक को एक-दूसरे से अलग कर देने का, किसी को भी वॉक्सरस्ट में न रखने का और मुझे ऐसे किसी जेल में ले जाने का निर्णय किया, जहाँ कोई हिन्दुस्तानी आकर मुझे देख ही न सके। इसलिए मुझे ऑरेंजिया की राजधानी ब्लूमफोन्टीन की जेल में भेज दिया गया। ऑरेंजिया में 50 से ज्यादा हिन्दुस्तानी नहीं होंगे। वे सब होटलों में 'वेटर' की नौकरी करते थे।

सरकार के लिए तीन पौंड का कर रद्द करना अनिवार्य हो जाता, इसलिए यूनियन सरकार ने नई युक्ति खोज निकाली। जिन-जिन स्थानों से काम छोड़कर गिरमिटिया मजदूर भागे थे, उन स्थानों को ही सरकार ने एक नया कानून रचकर जेल बना दिया; और खदानों के यूरोपियन नौकरों को उन जेलों के वार्डर नियुक्त कर दिया। ऐसा करके मजदूरों ने जिस काम को स्वेच्छा से छोड़ा था, वह काम सरकार ने उनसे जबरदस्ती करवाया; और खदानें फिर से चालू हो गयीं। गुलामी और नौकरी दोनों में फर्क यह है कि नौकर अगर नौकरी छोड़ता है, तो उस पर सिर्फ दीवानी दावा ही किया जा सकता है; लेकिन गुलाम नौकरी छोड़ता है, तो उसे जबरन नौकरी पर वापस लाया जा सकता है, इसलिए अब ये मजदूर संपूर्ण गुलाम बन गये। लेकिन मजदूर तो बहादुर थे। उन्होंने खदानों में काम करने से साफ इनकार कर दिया। इसके फलस्वरूप उन्हें कोड़े की मार सहनी पड़ी। जो उद्धत आदमी एक क्षण में अधिकारी बन गये थे, उन्होंने इन मजूदरों को लातें मारीं, गालियाँ दीं और दूसरे भी अनेक अत्याचार उन पर किये, जिनका लिखित रूप में कहीं उल्लेख तक नहीं हुआ है। यह सब अन्याय और अत्याचार गरीब मजदूरों ने धीरज रखकर सहन किये। इन सारे अत्याचारों के संबंध में गोखलेजी को हिन्दुस्तान तार किये गये। अगर किसी दिन उन्हें व्यौरेवार तार न मिलता, तो वे स्वयं पूछते थे। इन तारों का प्रचार गोखलेजी रोगशैय्या पर पड़े-पड़े भी करते थे, क्योंकि उन दिनों वे सख्त बीमार थे। अपनी बीमारी के बावजूद वे दक्षिण अफ्रीका के काम की देखभाल स्वयं करने का आग्रह रखते थे; और उस काम को करते समय न तो उन्होंने रात देखी, न दिन देखा। उसका परिणाम यह हुआ

कि समूचा हिन्दुस्तान भड़क उठा और दक्षिण अफ्रीका का प्रश्न, हिन्दुस्तान का प्रमुख प्रश्न बन गया। लेकिन आने वाली बाढ़ को कौन रोक सकता है? मजदूरों ने सब जगह स्वेच्छा से अपना काम छोड़ दिया। उन स्थानों पर मजदूरों की देखभाल के लिए स्वयं सेवक भी अपने आप तैनात हो गये।

अब यूनियन सरकार ने बन्दूक की नीति अपनाई। मजदूरों को जबरन हड़ताल करने से रोका गया। हड़तालियों के पीछे घुड़सवार दौड़ाये गये और उन्हें अपने काम के स्थानों पर भेजा गया। मजदूर जरा भी उपद्रव करते, तो उन पर गोलीबारी किया जाता था। उनमें से कुछ लोगों ने फिर से काम पर जाने का विरोध किया। कुछ ने पत्थर भी फेंके। पुलिस ने गोलीबारी की। कई लोग घायल हुए। दो चार मर भी गये, लेकिन मजदूरों की हड़ताल नहीं रुकी। जनरल ल्यूकिन उस स्थान पर अपने सैनिकों के साथ हाजिर था। वह अपने सैनिकों को मजदूरों पर गोलीबारी करने का हुक्म देने के लिए बिलकुल तैयार था। स्व. पारसी रूस्तमजी का छोटा लड़का बहादुर सोराबजी, जिसकी उम्र मुश्किल से 17 वर्ष की रही होगी, डरबन से वहाँ आ पहुँचा था। वह जनरल के घोड़े की लगाम पकड़ कर बोल उठा—''आप गोली चलाने का हुक्म नहीं दे सकते। मैं अपने लोगों को शांति से काम पर लगाने की जिम्मेदारी अपने सिर लेता हूँ।''

सत्याग्रह की लड़ाई के लिए चरित्र की पूँजी आवश्यक होती है। जिस प्रकार स्वामी के बिना कोई महल भी खंडहर जैसा मालूम होता है, उसी प्रकार मनुष्य भी चरित्र के बिना खंडहर जैसा लगता है, भले उसके पास कितनी ही संपत्ति क्यों न हो। जब कौम के सत्याग्रहियों ने देखा कि लड़ाई कितनी लम्बी चलेगी, इसका अनुमान कोई लगा नहीं सकता। कहाँ जनरल बोथा और जनरल स्मट्स की एक इंच भी पीछे न हटने की प्रतिज्ञा और कहाँ सत्याग्रहियों की मरण-पर्यन्त जूझने की प्रतिज्ञा! वह तो हाथी और चींटी का युद्ध था। हाथी के एक पाँव के नीचे असंख्य चींटियों का कचूमर निकल सकता है। फिर, सत्याग्रही अपने सत्याग्रह की कोई अवधि नहीं बाँध सकते थे। एक वर्ष लगे या अनेक वर्ष लगें, उनके मन में तो सब समान था। उनके लिए तो लड़ना ही विजय थी। लड़ने का अर्थ था जेल जाना या देश निकाले की सजा पाना। उस बीच परिवार का क्या हो? हमेशा जेल जाने वाले को नौकरी तो कोई दे ही नहीं

सकता था। जेल से रिहा होने पर खुद क्या खायें, परिवार को क्या खिलायें? कहाँ रहें? मकान का किराया कौन दे? आजीविका के अभाव में सत्याग्रही भी परेशान हो सकता है, खुद भूखों मर कर और अपने प्रियजनों को भूखों मार कर भी सत्य की लड़ाई लड़ने वाले इस जगत में अधिक लोग हो ही नहीं सकते।

सर रतन टाटा ने सत्याग्रह के फंड में रुपये 25000 का दान दिया। जो उस समय की जरूरतों के लिए पर्याप्त था।

यह कठिनाई एक ही तरह से हल हो सकती थी—सारे परिवारों को एक स्थान पर रखा जाय और वहाँ सब साथ मिलकर काम करें। इससे सार्वजनिक पैसे का बचाव होता तथा सत्याग्रहियों के परिवारों को नये और सादे जीवन की तथा अनेक लोगों के साथ हिल-मिलकर रहने की तालीम मिलती। इस व्यवस्था से अनेक प्रान्तों और अनेक धर्मों के हिन्दुस्तानियों को एक साथ रहने का मौका मिलता। इसलिए यह तय किया गया कि परिवारों को रखने का स्थान ट्रान्सवाल में ही होना चाहिए और वह भी जोहान्सबर्ग के नजदीक होना चाहिए। कैलनबैक ने 1100 एकड़ जमीन खरीदी थी। उन्होंने उक्त भूमि गांधीजी को 30 मई, 1910 को दान कर दी। रेलवे स्टेशन वहाँ से एक मील दूर था। जोहान्सबर्ग वहाँ से 21 मील पर था। इसी जमीन पर मकान बनवाने और सत्याग्रहियों के परिवारों को बसाने का गांधीजी ने निश्चय किया। एक अन्य व्यक्ति ने 600 एकड़ की जमीन दान दे दी। सभी सत्याग्रही परिवारों को तीन-तीन एकड़ भूमि देकर फार्म में बसा दिया गया। सरकार को जब इस बात की जानकारी हुई कि मजूदर परिवार को तीन-तीन एकड़ जमीन देकर बसा दिया गया है। इससे सरकार निराश हो गई कि आन्दोलनकारियों के मनोबल को तोड़ पाना संभव नहीं है।

आश्रम के आसपास के लोग कहते थे कि "आप लोग आलसी हो गये हैं, इसलिए इस जंगल में पड़े-पड़े रोटी खाते हैं। आप जेल से थक गये हैं, इसीलिए शहर की जंजाल से छूटकर फलों के इस सुन्दर बाग में रहते हैं और नियमित जीवन बिताकर आनंद भोग रहे हैं।" ऐसे टीकाकारों को यह कैसे समझाया जाये कि सत्याग्रही कभी अनुचित रूप से नैतिक नियम को भंग करके जेल में जा ही नहीं सकते। उन्हें कौन समझाये कि सत्याग्रही की शांति में, उसके

संयम में ही लड़ाई की तैयारी समाहित रहती है। सत्याग्रही के लिए एक ही निश्चय होता है, वह न तो उस निश्चय को घटा सकता है, न बढ़ा सकता है। उस निश्चय में न तो क्षय की गुंजाइश होती है और न वृद्धि की। मनुष्य अपने लिए जो मापदंड निश्चित करता है, उसी मापदण्ड से जगत भी उसका मूल्य आंकने लगता है। ऐसी सूक्ष्म नीति का सत्याग्रही दावा करते हैं।

ब्रिटिश कानून में एक कहावत है कि—''राजा कभी कोई गलत काम करता ही नहीं।'' दक्षिण अफ्रीका में तो इन मजदूरों पर गोली चलाने के बाद छ: महीने में ही तीन पौंड का वह कर सरकार को रद्द करना पड़ा, जिसकी रक्षा के लिए यह अत्याचार किया गया था। इस प्रकार दुःख अनेक बार सुख के लिए होता है। सत्याग्रह की इस लड़ाई में मैंने देखा कि जैसे-जैसे लड़ने वालों का दुःख बढ़ता गया, वैसे-वैसे लड़ाई का अंत निकट आता गया; और जैसे-जैसे दुःखियों की निर्दोषिता अधिक स्पष्ट होती गई, वैसे-वैसे भी लड़ाई का अंत निकट आता गया। सत्याग्रही किसी समय अपनी ओर किसी को अँगुली उठाने का भी मौका नहीं देता, ऐसे ही अनुभव से 'क्षमा वीरस्य भूषणम' वचन लिखा गया होगा। अविश्वास भी डरपोकपन की निशानी है। सत्याग्रह में निर्भयता निहित ही है। निर्भय को डर किस बात का? और जहाँ विरोधी के विरोध पर विजय पानी है, विरोधी का नाश नहीं करना है, वहाँ अविश्वास कैसा?

प्रेम के वशीभूत होकर शत्रु, विरोधी से संबंध मृदुल करना महानता के लक्षण हैं। गांधीजी सिखाते हैं कि कैसे जीवन में कोई व्यक्तिगत विरोधी न बने। गांधी कहते थे, जिस तरीके से जो चीज प्राप्त होती है, उसी तरीके से उसकी रक्षा भी होती है। सिकंदर, हिटलर, मुसोलिनी, नेपोलियन आदि का विजित साम्राज्य कुछ भी तो नहीं बचा। बल्कि इनका अंत अत्यंत दुःखद ही हुआ। सिकंदर रास्ते में ही मर गया। हिटलर आत्महत्या करने को मजबूर हो गया। नेपोलियन हेलना पहाड़ी पर कैद होकर वहीं एकांत में मरा। मुसोलिनी को मारकर चौराहे पर उल्टा लटकाया गया था। ब्रिटेन भी तो अपने पूर्ववत स्थिति में पहुँच गया। जो चीज प्रेम द्वारा अर्जित होती है, वह बिना किसी विशेष प्रयास के भी एकबद्ध रहती है। भारतीय राजा-महाराजा, नवाब व राज्यों का विलय प्रेम के वशीभूत होकर हुआ है। इसीलिए एकता के लिए किसी विशेष प्रयास की आवश्यकता नहीं पड़ती है।

हजारों निर्दोष सत्याग्रहियों को बंद रखने की ताकत दक्षिण अफ्रीकी सरकार में नहीं रह गई थी। दक्षिण अफ्रीका में रेलवे का बहुत बड़ा आन्दोलन उठ खड़ा हुआ था। भारत में भी भारतीयों के समर्थन में अपार सहानुभूति पैदा हो गयी थी। जनरल स्मट्स भारतीयों के आन्दोलन को समाप्त करने के लिए विवश हो गये थे। इसलिए उन्होंने तीन सदस्यीय कमेटी का गठन किया। भारतीयों ने शर्त रखी—

1- सब सत्याग्रहियों को जेल से मुक्त कर दिया जाये।

2- कमीशन में कम से कम एक हिन्दुस्तानी सदस्य होना चाहिए।

अगर उक्त शर्तें पूरी नहीं की गईं, तो हिन्दुस्तानी कमीशन का बहिष्कार करेंगे। पहली शर्त सरकार ने मान ली। दूसरी शर्त के बारे में कमीशन की नियुक्ति किसी पक्ष के लिए नहीं की गई, बल्कि सरकार के संतोष के लिए है। कमीशन में सदस्यों की वृद्धि या उनके स्थान पर किसी हिन्दुस्तानी की नियुक्ति नहीं हो सकती, क्योंकि उससे सरकार का महत्त्व घटेगा और मैं जो सुधार करना चाहता हूँ, वह मैं नहीं कर सकूँगा।... हमारे अपने कष्ट इतने अधिक हैं कि हमें एक क्षण की फुरसत नहीं मिलती। इसलिए हम चाहते हैं कि आपका प्रश्न निपट जाये। आपकी जो माँगे हैं, उनको स्वीकार करने का हमने निर्णय कर लिया है। परन्तु कमीशन की सहमति के बिना हम उन्हें पूरा नहीं कर सकते।

कमीशन की रिपोर्ट नवजीवन में प्रकाशित हुई। उसके एक भाग का संबंध हिन्दुस्तानी स्त्री-पुरुषों के विवाहों से था। उसका आशय यह था कि जो विवाह हिन्दुस्तान में कानूनी माने जायँ, वे दक्षिण अफ्रीका में भी कानूनी माने जाने चाहिए। परन्तु एक से अधिक पत्नियाँ एक ही समय में किसी की भी कानूनी पत्नियाँ नहीं मानी जा सकतीं। बिल का दूसरा भाग तीन पौंड के उस कर को रद्द करता था, जो गिरमिट पूरी होने के बाद स्वतंत्र हिन्दुस्तानी के रूप में दक्षिण अफ्रीका में बसने की इच्छा रखने वाले प्रत्येक गिरमिटिया मजदूर को प्रतिवर्ष देना पड़ता था। बिल के तीसरे भाग में उन प्रमाण-पत्रों के महत्त्व पर प्रकाश डाला गया था, जो दक्षिण अफ्रीका में रहने वाले हिन्दुस्तानियों के पास ऐसे प्रमाण-पत्र हों, उनका दक्षिण अफ्रीका में रहने का अधिकार किस हद तक सिद्ध होता है, इस बिल पर यूनियन पार्लियामेंट में लम्बी और मीठी चर्चा हुई।

दूसरा, जिन बातों के लिए कानून बनाना जरूरी नहीं था, उन सबकी स्पष्टता जनरल स्मट्स और मेरे (गांधीजी के) बीच हुए पत्र-व्यवहार में निम्न बातों की स्पष्टता की गई थी—केप कॉलोनी में शिक्षित हिन्दुस्तानियों के प्रवेश अधिकार की रक्षा करना, खास इजाजत पाये हुए शिक्षित हिन्दुस्तानियों को दक्षिण अफ्रीका में प्रवेश करने देना, पिछले तीन वर्षों (1914 से पहले) में दक्षिण अफ्रीका में प्रवेश कर चुके शिक्षित हिन्दुस्तानियों का दर्जा तय करना और जिन हिन्दुस्तानियों ने एक से अधिक स्त्रियों से विवाह किया हो, उन्हें अपनी दूसरी पत्नियों को दक्षिण अफ्रीका में लाने की इजाजत देना। इन सब प्रश्नों से संबंध रखने वाले जनरल स्मट्स के पत्र में एक और बात भी जोड़ दी गई थी—''मौजूदा कानूनों के बारे में यूनियन सरकार ने हमेशा यह चाहा है और आज भी वह चाहती है कि इन कानूनों का अमल न्यायपूर्ण ढंग से और आज जो अधिकार भोगे जा रहे हैं, उनकी रक्षा करके ही हो।'' यह पत्र 30 जून 1914 को मुझे (गांधीजी को) लिखा गया था। उसी दिन मैंने जनरल स्मट्स को जो पत्र लिखा, उसका आशय इस प्रकार था—

''आज की तारीख का आपका पत्र मुझे मिला है। आपने धैर्य और सौजन्य के साथ मेरी बातें सुनीं, इसके लिए मैं आपका कृतज्ञ हूँ। हिन्दुस्तानियों को राहत देने वाले कानून (इंडियन रिलीफ बिल) से और हमारे बीच के इस पत्र-व्यवहार से सत्याग्रह की लड़ाई का अंत होता है।''

गांधी और सुभाष

51वें कांग्रेस के अध्यक्ष की चर्चा हेतु गांधी, नेहरू, पटेल, राजेन्द्र प्रसाद, मौलाना आजाद आदि बैठे हुए थे। गांधीजी ने अपना मंतव्य दिया कि सुभाष को अध्यक्ष बनाया जाए। गांधीजी के इस मंतव्य के अनुसार सुभाषचन्द्र बोस को सर्वसम्मति से कांग्रेस का अध्यक्ष बना दिया गया।

अध्यक्ष चुने जाने के समय बोस जी वियना में थे। इस खबर के बाद बोस जी भारत आए। उनका भव्य स्वागत हुआ। 19 फरवरी 1938 को गुजरात के हरिपुरा में कांग्रेस के अधिवेशन में बोस जी अध्यक्ष चुने गये। 51वां अधिवेशन

होने के कारण बोस जी के स्वागत में 51 द्वार बनाये गये, 51 राष्ट्रीय ध्वज लगाये गये, 51 सफेद बैलों से सुसज्जित रथ की सवारी निकाली गई। 51 बार राष्ट्रगान गाया गया।

'तुम मुझे खून दो, मैं तुम्हें आजादी दूँगा।' 'जय हिन्द', 'दिल्ली चलो' का नारा बुलंद करने वाले नेताजी 1920 में आई. सी. एस. की परीक्षा में चौथा स्थान हासिल किये थे। मई 1921 में बोसजी नौकरी छोड़ दिये और देशभक्ति की भावना से ओतप्रोत होते हुए स्वदेश लौट आये। आई. सी. एस. की नौकरी युवाओं के लिए स्वप्न जैसी बात होती थी। इस नौकरी के त्याग के कारण बोसजी युवा पीढ़ी में अच्छे खासे लोकप्रिय हो गये।

अगले वर्ष 1939 में कांग्रेस के अध्यक्ष का चुनाव होना था। इसके संबंध में बारदोली में बैठक हुई। विभिन्न प्रांतों से सुभाष, मौलाना आजाद, सरदार पटेल और पट्टाभि सीतारमैया का नाम प्रस्तावित हुआ।

गांधीजी मौलाना आजाद को अध्यक्ष बनाना चाहते थे। वे मौलाना आजाद को कांग्रेस का अध्यक्ष इसलिए बनाना चाहते थे कि हिन्दू-मुसलमानों के बीच बढ़ती हुई दूरी को कम किया जा सके। मौलाना आजाद का नाम आने पर सरदार पटेल ने अपना नाम वापस ले लिया। परन्तु बाद में स्वास्थ्य कारणों का हवाला देते हुए मौलाना आजाद ने भी अपना नाम वापस ले लिया और पट्टाभि सीतारमैया के नाम का समर्थन किया। अब सिर्फ दो नाम शेष बचे थे—बोस जी और सीतारमैया जी का। इससे पहले नेहरूजी दो बार कांग्रेस के अध्यक्ष रह चुके थे। इसलिए बोस जी का कहना था कि उनका भी दो बार अध्यक्ष बनना उचित है। कांग्रेस के कई पुराने नेता नेहरू, पटेल आदि ने भी सुभाषचन्द्र बोस को अध्यक्ष पद से अपना नाम वापस लेने की अपील की। परन्तु सहमति न बनी और 29 जनवरी 1939 को कांग्रेस अध्यक्ष का चुनाव हुआ। सुभाष जी को 1580 मत और सीतारमैया जी को 1375 मत प्राप्त हुए। बोस जी चुनाव जीत गये।

चूंकि सीतारमैया जी को गांधीजी का समर्थन प्राप्त था। 31 जनवरी 1939 को महात्मा गांधी ने बारदोली से जारी एक वक्तव्य में कहा कि ''डॉ. पट्टाभि की हार, उनकी हार की अपेक्षा कहीं अधिक मेरी हार है।''आगे उन्होंने कहा कि ''सुभाष चुनाव लड़ने के बाद अध्यक्ष चुने गये हैं। इसलिए उन्हें अपनी

कार्यसमिति चुननी चाहिए और अपने कार्यक्रमों को बिना किसी बाधा के लागू करना चाहिए।''

सुभाष जी ने गांधीजी को उत्तर दिया कि ''मुझे यह जानकर आन्तरिक दुःख हुआ कि महात्मा गांधीजी ने इसे अपनी व्यक्तिगत पराजय के तौर पर लिया है...मेरे लिए यह दुःखद होगा कि मैं दूसरों का विश्वास तो जीतने में सफल रहूँ, लेकिन भारत के 'महानतम व्यक्ति' का विश्वास जीतने में असफल रहूँ।"

पुरानी कार्यसमिति के 15 सदस्यों में से सिर्फ शरतचन्द्र बोस और सुभाष बाबू को छोड़कर शेष 13 सदस्यों ने कार्यसमिति से इस्तीफा दे दिया।

त्रिपुरी कांग्रेस सम्मेलन 1939 में गोविन्द बल्लभ पंत ने एक प्रस्ताव कांग्रेस की विशेष समिति में रखा था, जिसे पंत प्रस्ताव भी कहा जाता है। यह प्रस्ताव 135 के विरुद्ध 218 मतों से पास हुआ था। प्रस्ताव यह था कि समिति ... "अध्यक्ष (सुभाषचन्द्र बोस) से यह प्रार्थना करती है कि वे आगामी वर्ष के लिए गांधीजी की इच्छा के अनुरूप कार्यसमिति मनोनीत करें।''

परन्तु, महात्मा गांधी ने सुभाष को लिखा—'मैं किसी भी प्रकार तुम्हारे आत्मदमन में भागीदार होने का अपराधी नहीं बनूँगा... तुम्हें समिति का स्वेच्छा से चुनाव करना चाहिए।' और गांधीजी ने कार्यसमिति के चयन से स्वयं को पृथक कर लिया। बोसजी ने गांधीजी को पत्र दिया कि यदि कोई समाधान न निकला तो कांग्रेस के अन्दर सिविल वार शुरू हो सकता है। इसके जवाब में गांधीजी ने सुभाष बाबू को उत्तर दिया कि ''मैं सिविल वार से नहीं डरता।''

गांधीजी के कार्यसमिति से पृथक होने के कारण एक महत्त्वपूर्ण परिवर्तन यह आया कि जिन लोगों ने सीतारमैया के खिलाफ सुभाष जी को वोट दिया था, उनका भी विश्वास गांधी के नेतृत्व में ही था। वे किसी भी कीमत पर गांधी को छोड़ने को तैयार नहीं थे। अध्यक्ष का यह चुनाव सुभाष बाबू और पट्टाभि सीतारमैया के बीच था, परन्तु गांधीजी के कार्यसमिति से अलग होने के कारण कार्यसमिति का चुनाव सुभाष और गांधीजी के मध्य खड़ा हो गया। सुभाष को मत देने वाले गांधीजी को छोड़ने को तैयार नहीं थे। उनकी श्रद्धा गांधीजी में ही रही। अन्ततः सुभाष बाबू ने 29 अप्रैल, 1939 को कांग्रेस के अध्यक्ष पद से इस्तीफा दे दिया।

इस्तीफा देते समय सुभाषचन्द्र बोस ने कहा—''मुझे अत्यन्त खेद है कि त्रिपुरी अधिवेशन के समय से ही मैं नयी कार्यकारिणी के सदस्यों की घोषणा करने में असमर्थ रहा हूँ। लेकिन यह उन परिस्थितियों के कारण हुआ, जो मेरे काबू से बाहर रही हैं। महात्माजी का सुझाव तो मुझको यह था कि पिछली कार्यकारिणी से इस्तीफा देने वाले सदस्यों को छोड़कर मुझे कार्यकारिणी का स्वयं गठन करना चाहिए, पर मैं इस सुझाव पर अनेक कारणों से अमल नहीं कर सका।''

मैंने महात्माजी से कहा कि वे जैसी भी कार्यकारिणी नियुक्त करेंगे, वह मुझे अनिवार्य रूप से मान्य होगी। दुर्भाग्यवश महात्मा गांधी ने कार्यकारिणी को नामजद करने में अपनी असमर्थता जाहिर की।

कार्यकारिणी का गठन कर सकूँ, इसके लिए मैंने अपना सर्वश्रेष्ठ प्रयास किया, पर सफल नहीं हो सका। महात्माजी ने मुझसे कहा कि पूर्व कार्यकारिणी के सभी सदस्य और मैं स्वयं अपने विचारों को इकट्ठा रख सकते हैं और इस तरह हम किसी समझौते पर पहुँच सकते हैं। मैं इससे सहमत हुआ और इसके लिए प्रयास भी किया।

चूंकि मैं महात्माजी के सुझाव पर अमल नहीं कर पाया, लिहाजा मैं अपने इस अनुरोध की पुनरावृत्ति मात्र कर पाया कि उन्हें उस जिम्मेदारी को खुद वहन करने में अपना कंधा देने को कृपापूर्वक तैयार होना चाहिए था और साथ ही कार्यकारिणी को भी उन्हें ही नामजद करना चाहिए था। पर, अब मैं यह महसूस करता हूँ कि अखिल भारतीय कांग्रेस कमेटी के लिए इस मसले का निपटारा करना तब शायद और भी आसान हो सकता है, जब उसके पास एक नया अध्यक्ष हो। इसलिए परिपक्व निश्चय के बाद और पूर्णतः सहयोगी भावना से भरकर मैं आपके हाथों में अपना त्यागपत्र प्रस्तुत कर रहा हूँ। सुभाषचन्द्र बोस के इस्तीफा देने के बाद उनके स्थान पर डॉ. राजेन्द्र प्रसाद कांग्रेस के अध्यक्ष बने।

गांधीजी, बोस को दुबारा कांग्रेस का अध्यक्ष क्यों नहीं बनाना चाहते थे? बोसजी कहते थे—'शत्रु का शत्रु मित्र है।' बोस जी ब्रिटिश सरकार के विरुद्ध खुला संघर्ष करना चाहते थे। उनका सैन्यवाद के प्रति प्रबल आकर्षण था। जर्मनी की नाजी कार्यशैली पसंद करते थे। कुछ गुप्तचर संस्थाओं की रिपोर्ट भी

बताती थी कि बोस जी धुरी राष्ट्रों से सम्पर्क साधने की कोशिश में लगे थे। बोसजी की आस्था गांधीजी में थी, परन्तु उनकी अहिंसा में नहीं थी। कालान्तर में गांधीजी की यह आशंका सही सिद्ध हुई, जब वे विदेश जाकर जर्मनी, इटली व जापान के सहयोग से भारत को आजाद कराने के लिए संघर्षरत हुए।

वर्ष 1938 के अंत तक विश्व में द्वितीय विश्व युद्ध का खतरा मंडराने लगा था। बोसजी चाहते थे कि इन परिस्थितियों का लाभ उठाना चाहिए और ब्रिटिश सरकार को चेतावनी दे देनी चाहिए कि वह भारत को स्वतंत्र कर दे अन्यथा उनके विरुद्ध सशस्त्र आंदोलन किया जायेगा, लेकिन गांधीजी उनसे सहमत नहीं थे। गांधीजी के अनुसार यह कांग्रेस की आदर्श अहिंसात्मक नीति का उल्लघंन था। उनके विरोध के कारण कांग्रेस सदस्यों ने यह प्रस्ताव अस्वीकार कर दिया। कांग्रेस के अन्दर गांधीजी और सुभाष के बीच विचारों का टकराव आरम्भ हो गया था।

बोस ने यह भी दावा किया कि 1939 में ही भारत के इतिहास से गांधी के कालखण्ड का अंत हो गया। उन्होंने गांधी के अहिंसा और सविनय अवज्ञा के प्रति गांधी की प्रतिबद्धता की आलोचना की और कहा कि इन तरीकों से अंग्रेजों को कभी देश से बाहर नहीं कर सकते।

बोस ने कहा कि गांधी को अतिकाय करना या उनकी बहुत अधिक प्रशंसा घातक भूल होगी, क्योंकि इसका परिणाम राजनीतिक आत्महत्या होगी। नेहरू, गांधी से भी ज्यादा बुरे हैं और आजाद गांधी के सिर्फ अंधानुगामी हैं। बोस जी के अन्दर गांधीजी को चुनौती देने का भाव हमेशा रहता था। वे उनकी (गांधीजी) नीति और कार्यप्रणाली पर सदैव शंकालु रहते थे।

सरदार बल्लभ भाई पटेल के बड़े भाई विट्ठल भाई पटेल की मृत्यु 1933 में वियना में हुई थी। विट्ठल भाई ने अपनी वसीयत में कुछ धन अपने रिश्तेदारों को बाँटने के बाद लगभग 1 लाख 20 हजार रुपये सुभाषचन्द्र बोस को दिया था। ताकि वे इस धन को भारत के राजनीतिक उत्थान तथा प्राथमिकता में भारत के हितों का अन्य देशों में प्रचार कार्यों में लगायें। उपयोग के संबंध में पटेल व बोस में मतभेद हो गया। पटेल को आशंका थी कि सुभाष इस धन का उपयोग कांग्रेस की अहिंसात्मक नीति के विपरीत वामपंथी या अन्य किसी गलत तरीके से कर सकते हैं। पटेल ने समस्त रिश्तेदारों से हस्ताक्षर करवा कर

एक बयान जारी कराया कि उन्हें वसीयत की राशि से एक पैसा भी नहीं चाहिए और गांधीजी से अनुरोध किया कि वह सुभाष को समझायें कि वह धन को उपयोग हेतु कांग्रेस कार्यसमिति को दे दें। गांधी और मौलाना आजाद ने सुभाष को समझाने की बहुत कोशिश की, पर सुभाष तैयार नहीं हुए। अन्ततः बाम्बे हाईकोर्ट में मुकदमा दाखिल हुआ, मुकदमे का फैसला सरदार पटेल के पक्ष में हुआ। मुकदमा जीतने के बाद पटेल ने यह धन कांग्रेस कार्यसमिति को दे दिया। पटेल और सुभाष के बीच इस मुकदमेबाजी के कारण सम्बन्धों में मधुरता कम हो गई थी।

3 मई 1939 को बोसजी ने 'फारवर्ड ब्लॉक' की स्थापना की। अखिल कांग्रेस कमेटी की ओर से सरदार पटेल ने एक प्रस्ताव रखा कि प्रदेश कांग्रेस समितियों की पूर्व अनुमति के बिना कांग्रेस का कोई भी सदस्य सविनय अवज्ञा में भाग नहीं ले सकता। बोसजी ने कांग्रेस कमेटी के इस प्रस्ताव के विरुद्ध 9 जुलाई 1939 को 'अखिल भारतीय विरोध दिवस' मनाने का फैसला किया। इस पर अखिल भारतीय कांग्रेस कमेटी ने सुभाषचन्द्र बोस के विरुद्ध अनुशासनात्मक कार्यवाही करते हुए 11 अगस्त 1939 को बंगाल कांग्रेस कमेटी के अध्यक्ष पद से हटा दिया और 3 वर्ष तक के लिए किसी भी कमेटी के लिए उन्हें अयोग्य घोषित कर दिया।

कांग्रेस कार्यसमिति द्वारा सुभाष पर अनुशासनात्मक कार्यवाही किये जाने के बाद सुभाष समर्थकों ने पटेल को स्वार्थी, ईर्ष्यालु, दुर्भावना प्रेरित, अलोकतांत्रिक शब्दों से सम्बोधित किया। पटेल ने भी उत्तर में कहा—'शेर जन्म से राजा होता है, न कि जंगल में चुनाव से'।

2 जुलाई 1940 को सुभाषचन्द्र बोस को गिरफ्तार कर लिया गया। गिरफ्तारी से पूर्व सुभाष जी ने महात्मा गांधी से सत्याग्रह शुरू करने की अपील की और कहा कि वर्तमान में अंग्रेजों का मनोबल गिरा हुआ है, यही सत्याग्रह करने का उपयुक्त समय है। इस पर गांधीजी ने कहा कि ''मेरी दृष्टि में देश संघर्ष के लिए तैयार नहीं है और इस समय यदि संघर्ष की नौबत लाई गई, तो लाभ की बजाय भारत को हानि अधिक उठानी पड़ेगी।''

गांधीजी ने बोस से कहा, ''यदि भारत को आजाद करने के तुम्हारे प्रयत्न सफल होते हैं, तो मैं तुम्हें बधाई का तार भेजने वाला सबसे पहला आदमी होऊँगा।''

बोसजी अन्य संगठनों से सम्पर्क साधने की कोशिश में मुस्लिम लीग के मो. अली जिन्ना व हिन्दू महासभा के अध्यक्ष वीर सावरकर से भी मिले, लेकिन इन लोगों पर बोसजी के संघर्ष छेड़ने की अपील का कोई असर नहीं पड़ा। जिन्ना पाकिस्तान की परिकल्पना मे खोये हुए थे। सावरकर के बारे में बोसजी ने कहा—''श्री सावरकर अंतर्राष्ट्रीय स्थिति से बिल्कुल अनभिज्ञ दिखाई देते थे और बस यही सोच रहे थे कि ब्रिटेन की भारत में जो सेना है, उसमें घुसकर हिन्दू किस प्रकार प्रशिक्षण प्राप्त करें।"

जेल से बाहर न निकल पाने का कोई उपाय न देख कर बोसजी ने अंग्रेजी सरकार को चेतावनी दिया कि उनके पास उन्हें जेल में रखने का वैधानिक अधिकार नहीं है। यदि उन्हें तुरन्त जेल से न छोड़ा गया, तो वे आमरण अनशन पर बैठ जायेंगे। 29 नवम्बर 1940 को सुभाष जी ने आमरण अनशन शुरू कर दिया। सुभाषचन्द्र जी का जेल के अन्दर देहांत न हो जाये, इस डर से उन्हें जेल से रिहा कर, उनको 5 दिसम्बर 1940 को उनके घर में ही नजरबन्द कर दिया गया।

नजरबंदी के दौरान बोस जी पुलिसकर्मियों को चकमा देकर पठान के भेष में मौलवी जियाउद्दीन नाम रख कर भागने में सफल हो गये। भाषा की परेशानी से निपटने के लिए पूरे रास्ते सुभाष जी गूंगे व्यक्ति की तरह पेश आये। 31 जनवरी 1941 को काबुल पहुँच गये। वहाँ से अपना नया नाम पासपोर्ट में साइग्नोर ओरलैंडों मैजोटा रख कर 2 अप्रैल 1941 को बर्लिन पहुँच गये।

सुभाष की हिटलर से मुलाकात जर्मनी पहुँचने के करीब 13 महीने बाद 20 मई 1942 को हुई। हिटलर ने मुलाकात के दौरान सुभाष से कहा—''भारत अभी 150 वर्षों तक स्वयं अपना शासन चलाने में सफल न हो सकेगा।''

जर्मनी में सूचना विभाग में विशेष विभाग 'इंडिया' बनाया गया। बोसजी ने 'इंडियन लीजियन' संगठन बनाया। जिसमें विभिन्न देशों में रहने वाले भारतीयों को भर्ती किया गया। धीरे-धीरे एक छोटी फौज बन गई। जिसका नाम 'भारतीय कमांडो' दल रखा गया। आजाद हिन्द रेडियो से प्रतिदिन प्रसारण की व्यवस्था की गयी।

बोसजी की योजना थी कि भारतीय कमांडो दल जर्मनी की सेना के साथ भारत की सीमा पर युद्ध लड़े। परन्तु बोसजी को निराशा ही हाथ लगी। बोसजी

के लिए स्थिति तब अत्यंत असहज हो गई, जब हिटलर ने भारतीय लोगों को रूस के विरुद्ध प्रयोग करने का प्रयास किया।

आजाद हिन्द फौज का नेतृत्व करने के लिए 2 जुलाई 1943 को बोसजी सिंगापुर पहुँचे। 4 जुलाई 1943 को नेताजी ने कैथे म्यूनिसिपल बिल्डिंग में दो हजार लोगों के सम्मुख 'इंडियन इंडिपेंडेन्स लीग' की सभा को सम्बोधित किया। सभा को तिरंगे झंडे और फूलों से सजाया गया तथा महात्मा गांधी का एक बड़ा चित्र लगाया गया था। आजाद हिन्द फौज की अलग-अलग ब्रिगेडों का नाम—गांधी ब्रिगेड, नेहरू ब्रिगेड, आजाद ब्रिगेड, सुभाष ब्रिगेड और झाँसी की रानी रेजिमेंट रखा गया था।

एक बार कैप्टन मोहन सिंह के यह पूछने पर कि इस दौर में ऐसे दो भारतीय नेता कौन से हैं, जिनका लोगों में सर्वाधिक प्रभाव है और वे अधिकाधिक लोकप्रिय हैं? बोसजी ने उत्तर दिया—''निःसंदेह एक तो महात्मा गांधी और दूसरा सुभाषचन्द्र बोस।'' जवाहरलाल सिर्फ गांधीजी के अनुयायी हैं।

जर्मनी में हिटलर द्वारा आत्महत्या कर लेने, इटली में मुसोलनी की हत्या हो जाने तथा जापान पर अमेरिका द्वारा बमबारी किये जाने से धुरी राष्ट्रों की द्वितीय विश्व युद्ध में हार हो गई। रंगून पर अंग्रेजों का कब्जा हो जाने से आजाद हिन्द फौज ने भी हथियार डाल दिये। नेताजी ने रूस में शरण लेने की कोशिश की, परन्तु सफलता नहीं मिली।

सुभाषचंद्र बोस ने स्वयं लिखा, ''ब्रिटिश समाचार एजेंसियों ने मार्च 1942 को दुनिया भर में यह खबर फैला दी कि टोकियो में एक महत्त्वपूर्ण सम्मेलन में भाग लेने जाते वक्त उनकी (बोस जी) मृत्यु हो गयी।"

पूरे भारत में भी यह समाचार फैल गया। महात्मा गांधी ने सुभाषचन्द्र बोस की माँ को एक तार भेजा—''संपूर्ण राष्ट्र अपने और आपके वीर पुत्र की मृत्यु पर आपके साथ शोकमग्न है। मैं आपके दुःख में पूरी तरह शरीक हूँ। ईश्वर आपको इस अप्रत्याशित क्षति को सहन करने का साहस दे।" लेकिन दूसरे ही दिन सूचना मिली कि खबर गलत है। महात्मा गांधी ने तुरंत उनकी माँ प्रभावती बोस को तार भेजा—''भगवान को लाख-लाख धन्यवाद कि जिस समाचार को बिल्कुल प्रामाणिक कहा जा रहा था, वह गलत साबित हुआ। आपको और राष्ट्र को हमारी बधाई।"

18 अगस्त 1945 को जब नेताजी की विमान दुर्घटना में मृत्यु हुई, तब भी गांधीजी को विश्वास नहीं हो रहा था। परन्तु, जब वह दुर्भाग्यपूर्ण घटना घटित हुई थी, उस समय कर्नल हबिबुर्रहमान नेताजी के साथ ही विमान में थे। उन्होंने दुर्घटना का सारा वर्णन सजीव रूप में गांधीजी के समक्ष किया—''नेताजी के हाथ और शरीर के दूसरे हिस्से बहुत ज्यादा जल गये थे। परन्तु इसकी परवाह न करके उन्होंने मुझसे पूछा कि मेरा क्या हाल है? मैंने उनसे कहा कि मैं बिल्कुल ठीक हूँ और मुझे लगता है कि मैं बच जाऊँगा। उन्होंने कहा कि मेरे बचने की आशा नहीं है। उन्होंने मुझे अपना संदेश दिया—'मैं तो जा रहा हूँ, परन्तु मेरे देशवासियों और तमाम सम्बन्धित लोगों से कह देना कि जब तक लक्ष्य सिद्ध न हो जाय, तब तक भारतीय स्वाधीनता की लड़ाई जारी रहनी चाहिए।' यह दुर्घटना 9 बजे प्रातःकाल हुई थी। तीसरे पहर 3 बजे उनका प्राणान्त हो गया। वे लगभग अन्त तक होश में रहे। अतिशय पीड़ा के बावजूद उनके मुँह से उफ् तक नहीं निकली।'' वर्णनकर्ता का हृदय बोलते-बोलते भर आया। गांधीजी ने दूसरे दिन अपनी प्रार्थना-सभा में यह घोषणा कर दी कि 'पहले तो मेरी मान्यता दूसरी थी, परन्तु अब मुझे विश्वास हो गया है कि नेताजी इस दुनिया में नहीं रहे।'

गांधीजी ने बोसजी की मृत्यु पर उनको 'देशभक्तों का राजकुमार', 'देशभक्तों का देशभक्त' व 'देशभक्तों का सिरमौर' आदि शब्दों से सम्बोधित किया। बोसजी ने भी गांधीजी को पवित्रतम व्यक्ति, महानतम व्यक्ति व राष्ट्रपिता जैसे शब्दों से नवाजा। गांधी व सुभाष के बीच पिता-पुत्र जैसे संबंध थे। पारस्परिक विरोधी विचारधारा के बावजूद गांधीजी ने सुभाष के परिवार, पत्नी, बेटी, यहाँ तक कि उनकी भतीजी तक का ध्यान रखा और यथासम्भव उनकी सहायता करते रहे।

आजाद हिन्द फौज के लोगों को गोली मारने, सजा देने के बारे में भी वे वायसराय से मिले, उन्हें पत्र लिखा और बताया कि आप आजाद हिन्द फौज के सैनिकों के साथ गलत कर रहे हैं।

नोआखली में भारत के सारे भागों से व्यक्तियों और संस्थाओं द्वारा ऐसी प्रार्थना की गई थी कि उन्हें नोआखली आने दिया जाय और उनके (गांधीजी के) मार्गदर्शन में सेवाकार्य करने दिया जाय। गांधीजी का तर्क यह था कि उनकी योजना का मुख्य आधार ईश्वर के प्रति सजीव श्रद्धा रखने से प्राप्त होने वाले

व्यक्तिगत साहस का परिचय देना है, इसलिए बड़ी संख्या न केवल अनावश्यक है, बल्कि सफलता में बाधक भी हो सकती है। इसलिए उन सबको नोआखली आने से गांधीजी ने रोक दिया। उन्होंने एकमात्र अपवाद आजाद हिन्द फौज के एक दल के लिए किया। सरदार पटेल, जो सदा गांधीजी की सुरक्षा के प्रति जागरूक रहते थे, नोआखली में खड़ी हो रही परिस्थिति को अधिकाधिक बेचैनी के साथ देख रहे थे। शायद उन्हें गांधीजी की व्यक्तिगत सुरक्षा की भी चिन्ता थी। इसलिए जब आजाद हिंद फौज के एक दल के नायक सरदार निरंजन सिंह गिल उनके पास यह प्रस्ताव लेकर पहुँचे कि वे गांधीजी के मातहत सेवाकार्य करने के लिए अपने आदमियों का दल लेकर नोआखली जाना चाहते हैं, तो सरदार ने उसका स्वागत किया। बहादुर, निहत्थे सिक्खों के उपद्रव-पीड़ित हिन्दू जनता के बीच रहने से उसमें अहिंसक साहस उत्पन्न होने की सम्भावना थी। आजाद हिंद फौज ने नेताजी सुभाषचन्द्र बोस के नेतृत्व में वीरता और देशभक्ति की एक सुन्दर परम्परा का निर्माण किया था।

जब वे फौज में थे, तब उन्होंने अपने भीतर से सम्प्रदायवाद को बिल्कुल निकाल फेंका था। उनके एक घोषणा पत्र में कहा गया था, ''हमने आजाद हिंद फौज में काम किया था और हमें यह कह सकने का आनन्द है कि हमने जाति, धर्म या प्रान्त का सारा भेदभाव भुला दिया था। हम सबके लिए 'जयहिन्द' एकमात्र सूत्र था। उन दिनों की याद अब तक बनी हुई है।'' उनके अन्तिम रूप से आत्म-समर्पण करने के पहले नेताजी ने उन्हें विदाई के संदेश के रूप में कहा था कि भारत लौटकर उन्हें अपने आपको अहिंसा का सिपाही बना लेना चाहिए और गांधीजी के आदेशों पर चलना चाहिए।

आजाद हिंद फौज के नायक ने 1000 व्यक्तियों के लिए व्यवस्था करने की माँग गांधीजी से की थी। गांधीजी ने उसे काटकर 100 कर दिया। उनकी वास्तविक संख्या 50 से अधिक कभी नहीं हुई। इस दल में पूर्व बंगाल का एक मुसलमान, पंजाब का एक मुसलमान और दक्षिण भारत का एक गैर-सिक्ख भी था। अन्त में आजाद हिंद फौज के अधिकांश आदमी वापस भेज दिए गये। एक छोटी-सी टोली कर्नल जीवन सिंह के मातहत गांधीजी के श्रीरामपुर शिविर को और उनको एक गाँव से दूसरे गाँव की पैदल यात्रा के दिनों में लगने वाले शिविर को सँभालती रही। जब मार्च 1947 में गांधीजी बिहार चले गये, तब इन

लोगों को वापस भेज दिया गया। अकेले जीवन सिंह गांधीजी के दल के लोगों के साथ नोआखली में काम करने के लिए रह गये।

आजाद हिन्द फौज के कैदियों को अतिशय गुप्तता से भारत लाया गया था। परन्तु सरदार पटेल की चतुर आँखों ने इसे भाँप लिया था। इस बात की सूचना उन्होंने गांधीजी को भी कर दी थी। कुछ कैदियों को फौजी अदालत में मुकदमा चला कर गोली मार दी गई थी। ज्यों ही गांधीजी को इसका पता चला, उन्होंने लॉर्ड वेवेल को लिखा—

''इस भय से मैं यह पत्र काँपते हुए लिख रहा हूँ कि कहीं मैं अपनी सीमा का उल्लंघन तो नहीं कर रहा हूँ। श्री सुभाषबाबू द्वारा खड़ी की गई सेना के सैनिकों पर चल रहे मुकदमे की कार्यवाही को मैं ध्यान से देख रहा हूँ। यद्यपि शस्त्र बल से किये जाने वाले किसी संरक्षण से मैं सहमत नहीं हो सकता, फिर भी शस्त्रधारी व्यक्तियों द्वारा अकसर जिस वीरता और देशभक्ति का परिचय दिया जाता है, उसके प्रति मैं अन्धा नहीं हूँ। ... जिन लोगों पर मुकदमा चल रहा है, उनकी भारत पूजा करता है। निःसन्देह सरकार के पास जबरदस्त शक्ति है। परन्तु यदि सर्वव्यापी भारतीय विरोध के बावजूद उस शक्ति का उपयोग किया गया, तो वह उस शक्ति का दुरुपयोग होगा। यह कहना मेरा काम नहीं कि उनके साथ कैसा व्यवहार होना चाहिए। मैं तो इतना ही कहूँगा कि जो कुछ किया जा रहा है, वह उचित नहीं है।''

इस बारे में गांधीजी भारत के प्रधान सेनापति जनरल ऑचिनलेक से भी मिले और उनसे आश्वस्त करने वाला उत्तर पाकर गांधीजी को प्रसन्नता हुई। यद्यपि गांधीजी ने आई. एन. ए. के अभियुक्तों के ध्येय को पूरी तरह अपना लिया था क्योंकि वे उनके प्राण बचाने को उत्सुक थे और वे यह भी चाहते थे कि शासक इसे अच्छी तरह समझ लें कि सारा भारत उन लोगों के पीछे है। परन्तु गांधीजी का यह भी दृढ़ विश्वास था कि भारत की आजादी, आजाद हिन्द फौज के मार्ग से नहीं आ सकती क्योंकि आजाद हिन्द फौज के उदाहरण से उन्हें अंतिम रूप से यह विश्वास हो गया था कि सशस्त्र युद्ध से अथवा विदेशी सत्ता की मदद से भारत की स्वतंत्रता प्राप्त करने का प्रयत्न व्यर्थ है।

कांग्रेस कार्यसमिति ने अपनी यह राय व्यक्त की थी कि ''यह सही और उचित भी है कि कांग्रेस, आजाद हिन्द फौज के सदस्यों का मुकदमे में

बचाव करे और संकट-ग्रस्तों को सहायता दे, फिर भी कांग्रेसियों को यह नहीं भूलना चाहिए कि इस समर्थन और सहानुभूति का अर्थ यह नहीं है कि कांग्रेस शांतिपूर्ण और उचित उपायों से स्वराज्य प्राप्त करने की अपनी नीति से किसी भी तरह विचलित हो गई है।"

गांधीजी सरदार पटेल के साथ इन कैदियों से दो बार मिलने गये। 'एक बार काबुल लाइन्स में और दूसरी बार लाल किले में।' उन लोगों ने गांधीजी से कहा कि जब हम सचमुच लड़ रहे थे, तब हमने नेताजी बोस के प्रेरक नेतृत्व में अपने बीच से सम्प्रदायवाद को सर्वथा तिलांजलि दे दी थी। वहाँ आजाद हिन्द फौज में हिन्दू-मुसलमानों के लिए अलग-अलग भोजनालय नहीं थे। यह सुनकर गांधीजी को प्रसन्नता हुई। परन्तु कैदियों ने शिकायत की कि युद्धबन्दी के रूप में भारत लौटने पर छावनी के अधिकारी फिर उन पर जबरदस्ती 'हिन्दू चाय' और 'मुस्लिम चाय' का अभिशाप लाद रहे हैं।

गांधीजी ने उनसे कहा कि ''आपको इसे बर्दाश्त नहीं करना चाहिए। आपको दोनों चाय आधी-आधी मिलाकर आपस में बाँटना चाहिए!'' सैनिकों ने उत्तर दिया, ''हम ठीक यही कर रहे हैं।"

छावनी के अंग्रेज अफसर पर भी इसका गहरा असर हुआ। विदाई के समय सैनिकों ने कंटीले तारों के पीछे गोलाकार खड़े होकर पूरी आवाज में अपने भाग्य के बारे में जरा भी भय अथवा चिन्ता दिखाये बिना, कविवर टैगोर का 'जन-गण-मन' राष्ट्रगान गाया। यह उसका हिन्दुस्तानी रूपान्तर था और इसी को गाते-गाते वे भारत की आजादी के लिए रणभूमि में मृत्यु का आलिंगन करने के लिए आगे बढ़े थे। उनका यह राष्ट्रगान अत्यन्त स्वाभाविक और अनुशासनबद्ध था। उनका अफसर बोल उठा, ''ये लोग बड़े अच्छे हैं। मुझे आशा है कि इनका मामला अच्छी तरह निपट जायेगा।''

बैरकों से चलकर गांधीजी जनरल मोहनसिंह से मिलने गये। ये आजाद हिन्द फौज के संस्थापक थे और भीतरी फूट के कारण वे दूसरों से अलग रहना पसन्द करते थे। वहाँ से गांधीजी फौजी अस्पताल में गये, जहाँ मेजर जनरल चटर्जी, मेजर जनरल लोकनाथन और कर्नल हबिबुर्रहमान थे।

आई. एन. ए. के एक सैनिक ने पूछा, यदि इस बार कोई निबटारा न हुआ,

तो हम क्या करेंगे? जहाँ तक हमारा संबंध है, हममें से एक-एक आदमी हमेशा मरने को तैयार रहेगा।

गांधीजी ने उत्तर दिया, ''हमारा मार्ग दूसरों को मारे बिना खुद मरने का है।'' गांधीजी के साथ जो सैनिक अफसर था, वह इस संवाद को ध्यान से सुन रहा था। वह बीच में ही बोल उठा, ''मारने और मरने की बात बहुत हो चुकी, हमें दोनों ही नहीं चाहिए।''

गांधीजी को एक पेशेवर सैनिक अफसर के मुँह से ऐसे भाव सुनकर सानंद आश्चर्य हुआ और वे बोल उठे, ''यह आप कहते हैं!'' आजाद हिंद फौज के मित्रों से गांधीजी ने कहा, ''मुझे यह कहने में कोई संकोच नहीं है कि मेरा मार्ग कहीं ज्यादा अच्छा है।''

आजाद हिन्द फौज की उस टुकड़ी का एक और सैनिक बोला, ''हमें न हताशा है और न निराशा है। अब जब सारे देश ने स्वतंत्रता-संग्राम को अपना लिया है, तो हमें लगता है कि हमारा काम पूरा हो गया। यह देखकर हमारे हृदय को प्रसन्नता होती है कि जिस ध्येय के लिए हमने कोशिश की थी, वह रक्तपात के बिना पूरा होने जा रहा है। इससे अच्छी और क्या बात हो सकती है?''

जैसा कि मेजर जनरल शाहनवाज ने गांधीजी से कहा था—अंग्रेजों के सामने अन्त में आत्म-समर्पण करने से पहले जुदा होते समय दी गई नेताजी सुभाषचंद्र बोस की सलाह में भी यही भावना थी। आजाद हिन्द फौज के एक और सैनिक ने गांधीजी से पूछा, ''हम राष्ट्र की सेवा कैसे कर सकते हैं?'' गांधीजी ने उत्तर दिया, ''मन-प्राण से रचनात्मक कार्य में ओतप्रोत होकर।'' रणभूमि में शत्रु से लड़ते-लड़ते जितने लोगों के प्राण गये, उससे अधिक प्राण जाने का खतरा देश पर मंडरा रहे अकाल के कारण आज पैदा हो गया है।

नेताजी सुभाषचंद्र बोस, गांधीजी के लिए पुत्र के समान थे। गांधीजी उनकी योग्यता, सच्चाई, त्याग, देशभक्ति और सूझबूझ की बड़ी तारीफ करते थे। परन्तु यह बात उन्होंने कभी नहीं छिपाई कि वे नेताजी की कार्यपद्धति से सहमत नहीं हो सके। उन्होंने आजाद हिन्द फौज की एक और टुकड़ी से कहा, ''हमने पिछले 25 वर्ष बर्बाद कर दिये, अब मारने और नाश करने के धंधे पर मुलम्मे की जो मोटी परत दीर्घकाल से चढ़ी हुई है, उसे हमको उतार फेंकना होगा।''

गांधीजी ने आजाद हिन्द फौज के सैनिकों की बहादुरी और भारत की स्वतंत्रता के खातिर मरने की उनकी तैयारी की खुले हृदय से प्रशंसा की। उन्होंने कहा कि इसमें मैं अपने स्थितप्रज्ञ के आदर्श को लेकर आपके साथ प्रतिस्पर्धा करने को तैयार हूँ, क्योंकि स्थितप्रज्ञ का आदर्श मनुष्य से निःशस्त्र होने पर भी उतने ही साहस के साथ मृत्यु का सामना करने की अपेक्षा रखता है। उन्होंने आजाद हिन्द फौज के लोगों से कहा—''सशस्त्र युद्ध में जिस साहस और देशभक्ति की जरूरत होती है, उससे कहीं ऊँचे साहस और देशभक्ति की आवश्यकता झाड़ू और बाल्टी उठाने तथा भंगी बनकर नीचे से नीचे मनुष्यों के साथ तादात्म्य सिद्ध करने में होती है। सब कोई आजाद हिन्द फौज के सैनिकों की शारीरिक वीरता की बराबरी नहीं कर सकते, परन्तु स्थितप्रज्ञ का आदर्श तो सबके लिए है—यहाँ तक कि एक भोला-भाला देहाती भी चाहे और प्रयत्न करे, तो गीता में वर्णित मानसिक संतुलन की स्थिति को प्राप्त कर सकता है। हम सब कभी-कभी अपना सयानापन खो देते हैं, भले ही हम इसे स्वीकार न करें। परन्तु स्थितप्रज्ञ के आदर्श का तकाजा है कि किसी बच्चे के साथ किये जाने वाले व्यवहार में भी मनुष्य धीरज न छोड़े या क्रोध अथवा गाली-गलौज न करे। मैंने धर्म को जिस रूप में समझा है, उस रूप में वह हमारे इसी जीवन में पालन करने की वस्तु है। हमारे इस जन्म के किसी भी कार्य से कोई सम्बन्ध न रखते हुए परलोक में श्रेय प्राप्ति का साधन धर्म नहीं बन सकता।''

गांधीजी ने कहा, इसलिए इस नाजुक मौके पर आजाद हिन्द फौज वालों का भारत के लिए यह संदेश है कि ''झगड़ों का निपटारा करने के लिए शस्त्रबल का आश्रय न लिया जाय, परन्तु अहिंसा, एकता, मेल-मिलाप और संगठन का विकास किया जाय।'' गांधीजी की दृष्टि में उनकी सबसे बड़ी सिद्धि यह थी कि उन्होंने भिन्न-भिन्न धर्मों और जातियों के लोगों को एक झंडे के नीचे एकत्र किया था और किसी भी साम्प्रदायिक अथवा प्रादेशिक भावना के बिना उनमें एकता की वृत्ति पैदा की थी। उन्होंने युद्ध के जादुई आकर्षण और उत्तेजना के वश होकर जो कुछ किया था, वह अब उन्हें सर्वथा भिन्न और कहीं अधिक कठिन परिस्थितियों में कर दिखाना है और दूसरों में भी यह भावना भरनी है। इसके अलावा, उन्हें दूसरों को मारे बिना मरना सीखना है, अर्थात् गीता में बताये गये स्थितप्रज्ञ के गुण अपने में पैदा करना है।

आजाद हिन्द फौज के दल ने गांधीजी को बताया कि हमने भी समझ लिया है कि अब हमें अहिंसा के सैनिक बनकर भारत की सेवा करनी होगी। यह बात उनमें से कुछ लोगों ने नोआखली और बिहार के संकटपूर्ण दिनों मे प्रशंसनीय ढंग से सिद्ध कर दिखाई थी।

सरदार पटेल (अध्यक्ष आजाद हिन्द फौज राहत सामग्री) द्वारा 'अमृत बाजार पत्रिका' के संपादक को निधि भेजने के लिए लिखा गया पत्र—

आजाद हिन्द फौज जाँच एवं राहत समिति

26 दिसम्बर, 1945

प्रिय महोदय,

मैं कलकत्ता में कार्य समिति द्वारा अपनी पिछली बैठक में आजाद हिंद फौज के जाँच एवं राहत के उद्देश्य से पास किए गए प्रस्ताव, जिसके द्वारा एक अखिल भारतीय समिति की नियुक्ति की गई, की एक प्रति आपको संलग्न कर रहा हूँ। संपूर्ण भारत में विभिन्न स्थानों पर एकत्र किए गए कोष का प्रभार केंद्रीय समिति के पास रहेगा। नीति की एकरूपता की दृष्टि से एवं निधि के उचित नियमन एवं वितरण हेतु यह आवश्यक समझा गया कि विभिन्न स्थानों पर एकत्र किए गए फंड के नियंत्रण और प्रबंधन का केंद्रीयकरण किया जाए।

मैं समझता हूँ कि आपने भी अपने प्रतिष्ठित समाचार-पत्र के माध्यम से इसी उद्देश्य के लिए एक फंड खोला है। अध्यक्ष और कोषाध्यक्ष होने के नाते मेरा आपसे निवेदन है कि फंड यथाशीघ्र भेज दिया जाए और भविष्य में जब भी फंड एकत्रित हो, उसे भेजते रहें।

भवदीय,
वल्लभ भाई पटेल
अध्यक्ष

संपादक
अमृत बाजार पत्रिका,
कलकत्ता

अनुलग्नक : (आजाद हिंद फौज जाँच एवं राहत समिति के विषय में कांग्रेस कार्य समिति का प्रस्ताव : 8 दिसंबर, 1945)

आजाद हिंद फौज के कर्मचारियों के रक्षा के संबंध में कानूनी और रक्षा

संबंधी अनेक कठिनाइयों के अतिरिक्त अन्य समस्याओं को ध्यान में रखते हुए एक समिति के गठन का निश्चय किया गया, जो पहले से गठित आजाद हिंद फौज रक्षा समिति से अलग होगी, ताकि सूचना एकत्र करके, जहाँ आवश्यक हो, इन कर्मचारियों को राहत प्रदान की जा सके। इस समिति को 'आजाद हिंद फौज जाँच एवं राहत कमेटी' के नाम से जाना जाएगा। कमेटी आजाद हिंद फौज की सेवा में मृत कर्मचारियों के आश्रितों के विषय में पूरी जानकारी एकत्र करने का प्रबंध करेगी। राहत पहुँचाने का तरीका, अत्यावश्यक और तुरंत सहायता के अतिरिक्त उत्पादक कार्य प्रदान भी करने होंगे।

निम्नलिखित लोग आजाद हिंद फौज जाँच एवं राहत समिति के सदस्य होंगे—

1. सरदार वल्लभ भाई पटेल (अध्यक्ष)
2. जवाहरलाल नेहरू
3. जे.बी. कृपलानी
4. शरतचंद्र बोस
5. रफी अहमद किदवई
6. एम. दाऊद गजनवी
7. श्री प्रकाश (सचिव)
8. रघुनंदन सरन
9. खुर्शीद नरौजी
10. राव साहब पटवर्धन
11. सरदार प्रताप सिंह
12. बंबई आजाद हिंद फौज समिति का एक प्रतिनिधि, जिसके पास अपनी संख्या बढ़ाने का अधिकार होगा।

अखिल भारतीय कांग्रेस कमेटी का कोषाध्यक्ष आजाद हिंद फौज जाँच एवं राहत कार्य के लिए एकत्र की गई निधि (फंड्स) का प्रभारी होगा।

8 फरवरी 1943 को बोसजी ने अपने भाई शरतचन्द्र बोस को एक पत्र लिखा—

''आज एक बार फिर खतरे के मार्ग पर चल पड़ा हूँ, किन्तु इस बार घर की ओर। सड़क का अंत शायद दिखलाई न दे। यदि ऐसा कोई खतरा मिला तो

संभवतः इस जीवन में आगे कोई समाचार न दे पाऊँ। मैंने यहाँ शादी कर ली है और मेरी एक बेटी भी है। मेरी अनुपस्थिति में कृपया मेरी पत्नी (एमिली) एवं बच्ची (अनीता बोस) को वही प्यार देना, जो जीवन भर आपने मुझे दिया है।"

सुभाष चंद्र बोस की पुत्री को आर्थिक मदद देने के बारे में सरदार पटेल द्वारा पं. नेहरू को लिखा पत्र

नई दिल्ली
21 जुलाई, 1948

प्रिय जवाहरलाल,

आजाद हिंद फौज के बजट के संबंध में आपका 15 जुलाई, 1948 का पत्र प्राप्त हुआ।

मैं आपकी इच्छानुसार 50 हजार रुपए की धनराशि जुलाई-सितंबर महीनों के खर्च के लिए और भेज रहा हूँ। मेरा सुझाव है कि 1 अक्टबूर को जो भी पैसा शेष रहता है, उसे सुभाष बाबू की पुत्री की मदद के लिए ट्रस्ट में डाल दिया जाए, जिसके बारे में कुछ समय पहले हमारे बीच पत्र-व्यवहार हुआ था। ऐसा नहीं लगता है कि शरत बाबू (शरतचंद बोस—सुभाष बाबू के बड़े भाई) उनकी कुछ मदद कर पाएँगे।

भवदीय,
वल्लभभाई पटेल

माननीय पं. जवाहरलाल नेहरू
नई दिल्ली।

सुभाष बाबू की पत्नी के लिए गुजारा-भत्ता तय करने हेतु पं. नेहरू द्वारा सरदार पटेल को लिखा पत्र

नई दिल्ली
15 अगस्त, 1950

प्रिय वल्लभभाई,

आपको याद होगा कि करीब दो वर्ष पूर्व मैंने आपको सुभाष बाबू की पत्नी और पुत्री के संबंध में लिखा था, जो वियना में हैं। मैंने तब सुझाव दिया था कि उन्हें कुछ धनराशि भेजी जानी चाहिए। मुझे याद आता है कि आपने

कुछ धन शायद 1 हजार रुपए नाथालाल के माध्यम से भेजे थे। मेरा इस संबंध में धीरू देसाई (स्विट्ज़रलैंड में भारत के तत्कालीन राजदूत) के साथ हाल ही में पत्र-व्यवहार हुआ है और उनके परामर्श से हमने तय किया है कि उस महिला को कुछ गुजारा-भत्ता दिया जाना चाहिए। यह रुपया 285.83 प्रतिमाह बनता है। हम छ: महीने का भत्ता 1,715 रुपये वियना में हमारे वाणिज्य दूत के माध्यम से भेजने का प्रबंध कर रहे हैं। वे हर माह उन्हें पैसा भुगतान कर सकते हैं।

मैं नहीं जानता कि आपकी आजाद हिंद फौज निधि की क्या स्थिति है और यदि आपके पास कुछ धन शेष है, तो आप इस धनराशि से 6 महीने या एक वर्ष का भुगतान कर सकते हैं। यदि ऐसा है तो क्या आप मुझे चेक भेज सकते हैं?

भवदीय,
जवाहरलाल

माननीय सरदार वल्लभभाई पटेल
नई दिल्ली

सुभाष बाबू के परिवार को गुजारा-भत्ता देने के संबंध में सरदार पटेल द्वारा पं. नेहरू को पत्र

नई दिल्ली
12 अगस्त, 1950

प्रिय जवाहरलाल,

सुभाष बाबू की पत्नी और पुत्री के संबंध में आपका 11 अगस्त, 1950 का पत्र मिला।

मैंने स्वयं धीरू को लिखा है कि मैं यहाँ उनके संबंधियों से संपर्क बनाए रखूँगा और देखूँगा कि उनका क्या कहना है। मैंने धीरू के पत्र की एक प्रति भेजते हुए अमिय बोस को लिखा है और पूछा है कि जैसी रिपोर्ट मिली है और इस मामले में शरत बाबू की रूचि जानकर, क्या परिवार उनके लिए कुछ करना चाहेगा। अमिय ने मुझे लिखा है कि वह सितंबर में यूरोप जाएँगे और सुभाष बाबू की पत्नी से संपर्क करेंगे, जिससे कुछ इंतजाम किया जा सके। मुझे आशा है कि उनके दौरे के फलस्वरूप, परिवार के पैसे से उनके लिए कुछ करना संभव होगा। यदि नहीं, तो हमें आजाद हिंद फौज की ओर से कुछ करना

होगा। इसलिए इस समय कुछ प्रबंध छ: महीने के लिए कर दिया जाए। अमिय के वापस आने के बाद हम कुछ स्थायी प्रबंध करने के विषय में विचार करेंगे।

मैं अंतरिम गुजारा-भत्ता के रूप में 1,715 रुपये का चेक संलग्न कर रहा हूँ।

भवदीय,

वल्लभ भाई

सुभाषचन्द्र बोस एक शानदार वक्ता थे और जैसा कि नीरद चौधरी ने टिप्पणी की थी कि बोस के पास एक ही बात को अलग-अलग तरीके से हजार बार कहने की क्षमता थी। हालांकि, बोस जी, गांधीजी से कुछ 'सार्वजनिक प्रश्नों' पर मतभेद रखते थे, लेकिन उनका कहना था कि वे 'गांधीजी के व्यक्तित्व के सम्मान की रक्षा के संबंध में किसी के सामने नहीं झुकेंगे।'

गांधीजी की 75वीं सालगिरह पर सुभाषचन्द्र बोस ने आजाद हिन्द फौज के साथ मनाते समय अपने भाषण में कहा—''1916 में अहिंसक सत्याग्रह का हथियार लेकर गांधी नहीं आये होते, तो भारत आज भी घुटनों के बल अंग्रेजों से करुणा की भीख माँगता दिखाई देता। भारत की आजादी के आंदोलन में उनकी भूमिका असाधारण और अभूतपूर्व है। इतनी प्रतिकूल परिस्थितियों में किसी भी व्यक्ति को अपनी जिन्दगी में इतनी बड़ी सफलताएं नहीं मिलतीं। 1920 के बाद गांधीजी के कारण ही भारतीयों को राष्ट्रीय स्वाभिमान और आत्मविश्वास क्या है, इसकी पहचान हुई।''

उपवास

देश-विभाजन के समय गांधीजी ने उपवास क्यों नहीं किया, इसका जवाब देते हुए गांधीजी ने कहा है कि "उपवास सिर्फ अपने प्रेमी के खिलाफ किया जा सकता है (यहाँ गांधी का मतलब था—वे लोग जिन्हें आप प्यार करते हैं)। अपना अधिकार जताने के लिए नहीं, बल्कि उनमें सुधार लाने के लिए। यह ठीक वैसे ही है, जैसे कोई बेटा अपने पिता की शराब की आदत के खिलाफ उपवास करता है। यानी वह बेटा अपने पिता से प्रेम करता है। लेकिन, मैं मिसाल के तौर पर जनरल डायर के खिलाफ उपवास नहीं करूँगा, क्योंकि जनरल डायर मुझसे प्रेम तो नहीं ही करता है, बल्कि खुद को मेरा दुश्मन

समझता है। इसलिए जो लोग उपवास करने वाले को अपना दुश्मन मानते हैं, उनके लिए उपवास नहीं किया जा सकता।''

उपवास को गांधीजी सत्याग्रह के शस्त्रागार का सबसे प्रबल अस्त्र कहते थे। अपने जीवन में उन्होंने विविध अवधियों में अनेक उपवास किये। इनमें से एक दक्षिण अफ्रीका में हुआ था, जब वे साढ़े चार महीने तक रोज एक ही बार अल्पाहार पर रह रहे थे। एक और उपवास, जो 1946 में नोआखली में किया था, जिसने उन्हें लगभग मरणासन्न की स्थिति में पहुँचा दिया था।

गांधीजी ने लिखा था—'मेरा धर्म मुझे सिखाता है कि जब ऐसा कोई दुःख आ पड़े, जो दूर न किया जा सके, तब मनुष्य को उपवास और प्रार्थना करनी चाहिए।'

गांधीजी के अनुसार, ''पूर्व तैयारी और पर्याप्त विचार किये बिना जो भूख-हड़तालें की जाती हैं, उनसे उनके उद्देश्य को हानि ही पहुँच सकती है और यदि यह प्रक्रिया बार-बार दोहराई जाय, तो इन भूख हड़तालों में जो थोड़ी-बहुत क्षमता शेष बची होगी, वह भी खत्म हो जायेगी और वे हास्यास्पद बन जायेगी।''

क्या आमरण उपवास दबाव का ही एक रूप नहीं हैं? क्या इससे बुद्धि का दमन नहीं होता और वह भावुकता के अधीन नहीं बना दी जाती? क्या आमरण उपवास से विरोधी को उस बात पर झुकने के लिए मजबूर नहीं किया जाता, जिस पर वह अन्य उपाय से झुकने को तैयार नहीं होगा?

गांधीजी इसका उत्तर जोरदार तरीके से 'नहीं' में देते हैं। कहते हैं प्रेम विवश करता है, दबाता नहीं है। इसी तरह सत्य भी विवश करता है और न्याय भी। प्रेम, सत्य या नैतिक दबाव के अभिभूत कर लेने वाले प्रभाव को मामूली अर्थ में समझा जाने वाला दबाव नहीं कहा जा सकता। उपवास शुद्ध-हृदय व्यक्तियों द्वारा, दूसरों द्वारा किये जाने वाले कष्ट-सहन से उन्हें दोषमुक्त करने का उपाय है।

गांधीजी स्वीकार करते हैं कि इससे इनकार नहीं किया जा सकता कि उपवास सचमुच दबाव डालने वाले भी हो सकते हैं। परन्तु यह तभी होता है, जब कोई मनुष्य किसी स्वार्थपूर्ण उद्देश्य की पूर्ति के लिए उपवास करता है। वे पूछते हैं कि क्या विरोधी को उदात्त भावनाओं से युक्त मानना और उपवास

के द्वारा उनका आवाहन करना दबाव है? और, जब कोई व्यक्ति अपने साथ हुए अन्याय को रोकने के लिए अपने शरीर को कष्ट देता है, तब उसे धमकी क्यों मानना चाहिए? दबाव का अर्थ तो यह है कि 'किसी ऐसे व्यक्ति के विरुद्ध हानिकारक बल का प्रयोग किया जाय, जिससे बल प्रयोग करने वाला व्यक्ति अपनी कोई वांछित वस्तु प्राप्त करने की आशा रखे।' उपवास केवल वही व्यक्ति कर सकता है, जिसका उस व्यक्ति के साथ संबंध हो, जिसके विरुद्ध उपवास किया जाय। इस दूसरे व्यक्ति का उस उद्देश्य के साथ प्रत्यक्ष संबंध होना चाहिए, जिसके लिए उपवास किया जाता है।

उपवास व्यक्तिगत लाभ के लिए नहीं, बल्कि केवल दूसरों की भलाई के लिए किया जाता है। जब कोई उपवास किसी स्वार्थ-साधन के लिए अथवा किसी अनुचित हेतु की सिद्धि के लिए किया जाता है, तो वह 'आतंक और धौंस' बन जाता है। उदाहरण के लिए किसी व्यक्ति से रुपया ऐंठने अथवा कर्ज वसूल करने के लिए किया जाने वाला उपवास ऐसा ही होगा।

अन्तिम आश्रय के रूप में उपवास का उपयोग करना चाहिए, जब भीतर से स्पष्ट पुकार उठे और जब 'न्यायप्राप्ति के अन्य सभी उपाय आजमाये जा चुके हों और वे बेकार साबित हो चुके हों।' श्रद्धा के बिना किये जाने वाले उपवास के विनाशकारी परिणाम हो सकते हैं। इसलिए उपवास का उद्देश्य स्पष्ट, निश्चित, समझ में आने लायक और संभव होना चाहिए।

उपवास में 'अल्पतम अधिकतम भी होता है।' क्रोध, हठ या अभिमान के कारण अथवा अल्पतम शर्तें पूरी हो जाने के बाद सफलता के नशे में उपवास को लम्बा खींचना, उसकी सफलता के लिए उतना ही हानिकारक हो सकता है, जितना कमजोरी या निर्णय शक्ति अथवा समझ के अभाव से उसको समय से पहले छोड़ देना हो सकता है।

गांधीजी के भूख-हड़ताल का पहला जिक्र 'सत्याग्रह इन साउथ अफ्रीका' में ट्रांसवाल की डेप्क्लूफ कन्विक्ट प्रिजन में एक क्रूर जेलर के दुर्व्यवहार के विरुद्ध कैदियों के अनशन के सन्दर्भ में आता है। वह कहते हैं, 'यह पूरी तरह से जायज हड़ताल थी....यह संघर्ष गरीबों द्वारा गरीब लोगों के आन्दोलन के रूप में किया गया था।' गांधी इसके प्रति सहानुभूति व्यक्त करते हैं, लेकिन इसे उपवास नहीं भूख-हड़ताल कहते हैं क्योंकि यह किसी सुधार के लिए नहीं,

बल्कि क्रूर व्यवहार के विरुद्ध प्रतिरोध के लिए किया गया था।

देश के विभाजन को कांग्रेस ने स्वीकार कर लिया, मुस्लिम लीग ने स्वीकार कर लिया, पूरे देश ने भी स्वीकार कर लिया। विभाजन के खिलाफ देश के चौराहों पर कोई आवाज नहीं उठी कि देश नहीं बँटने देंगे। किसी संगठन और समुदाय द्वारा भी कोई आवाज नहीं उठी। देश के कुछ अन्य हिस्सों में भी भारत और पाकिस्तान के रूप में देश विभाजन की माँग उठती रही। गांधीजी का कहना था कि जिस बिन्दु पर पूरा देश सहमत हो गया है, उस बिन्दु पर पूरे देश की इच्छा के विरुद्ध उपवास करना उचित नहीं है। देश की इच्छा के विरुद्ध उपवास करना देश को संकट में डालना ही होता।

जब तक देश आजाद नहीं हुआ था, तब तक गांधी आगे थे और देश पीछे था। लेकिन जैसे ही आजादी की सुगन्ध मिली, देश आगे हो गया और गांधी पीछे छूट गये। इतिहास की यह पहली ऐसी विजय थी, जिसमें सेनापति हार रहा था और सेना जीत रही थी। आजादी के बाद गांधीजी की सेना, गांधीजी को छोड़कर भाग चुकी थी। गांधीजी ने कहा कि यदि गैर मुस्लिम समुदाय भी मेरे साथ होता, तो मैं देश विभाजन रद्द करा सकता था। परन्तु आजादी के बाद गांधी की सुनने वाला कौन था?

गांधीजी का बड़ा बेटा हरिलाल कलकत्ता में आर्थिक तंगी से जूझ रहा था। उसने मणिलाल को लिखा, मैं परेशानी में हूँ, तुम ज्यादा से ज्यादा जो कुछ भेज सको, भेज दो। मणिलाल धर्मसंकट में फँस गया। आश्रमवासियों को बापू के स्पष्ट आदेश थे कि हरिलाल को कोई भी आश्रमवासी आर्थिक सहायता नहीं देगा। लेकिन मणिलाल ने तनख्वाह से बचाए रुपयों में से कुछ रुपए दक्षिण अफ्रीका से मनीऑर्डर कर दिये। उसे ध्यान नहीं रहा कि रसीद पर हरिलाल के हस्ताक्षर होंगे।

जब डाक आई, छँटाई के बाद रसीद बापू को ले जाकर दे दी गई। उन्होंने मणिलाल को तलब किया। पूछा, 'तुमने मेरे आदेशों का उल्लंघन करके हरिलाल को आश्रम के धन में से पैसे भेजे?' मणिलाल ने स्वीकार कर लिया। कोई भी सदस्य किसी भी रूप में व्यक्तिगत धन रखने का अधिकारी नहीं था।

बापू ने कहा, 'तुम्हें प्रायश्चित करना होगा।'

मणिलाल ने कहा, 'मैंने सोचा कि भाई का परिवार भूखा होगा।'

बापू ने पूछा, 'क्या तुम्हारे भेजे दस रुपए से उनकी भूख सदा के लिए समाप्त हो जाएगी? भूख को शान्त करने के लिए सतत् मेहनत करने की दरकार होती है। जो मेहनत नहीं करता, भूख उसे और उसके परिवार को नहीं पहचानती।' बापू ने फैसला सुनाया 'तुम्हारी इस अवज्ञा के लिए मैं सात दिन का उपवास करूँगा।'

मणिलाल रात-भर अनुनय-विनय करता रहा कि जिसने अपराध किया, उसे दंड मिलना चाहिए। सवेरे फैसला बदल दिया। 'ठीक है, प्रायश्चित उसे ही करना होगा, जिसने अपराध किया है।' और मणिलाल को मद्रास का टिकट पकड़ा दिया।

बापू ने अपने जीवन में 15 बार अनशन किये, जो इस प्रकार हैं—

1. सर्वप्रथम 1913 में; दक्षिण अफ्रीका की फीनिक्स आश्रम में....के नैतिक पतन के लिए गांधीजी ने 7 दिन का अनशन किया था।
2. सन् 1914 में; दूसरी बार फीनिक्स आश्रम....ने बापू को दिये हुए वचन को भंग किया और बापू से विश्वासघात किया। इसलिए उन्होंने 4 दिन का अनशन किया।
3. सन् 1918 में; अहमदाबाद में मजदूर हड़ताल के समय 3 दिनों का अनशन किया।
4. सन् 1921 में; जब प्रिंस ऑफ वेल्स भारत आये थे, तो उनके स्वागत और बहिष्कार को लेकर सहयोग-असहयोग का झगड़ा रोकने के लिए 4 दिनों का अनशन किया।
5. सन् 1924 में; हिन्दू-मुस्लिम संघर्ष होने पर प्रायश्चित, प्रार्थना और आत्म शांति के लिए दिल्ली में 21 दिनों का अनशन किया।
6. सन् 1924 में; साबरमती आश्रम में विद्यार्थियों के चारित्रिक दोष के लिए एक सप्ताह का अनशन किया।
7. सन् 1932 में; अप्पा साहब पटवर्धन ने यरवदा के सेंट्रल जेल में सफाईकर्मी का काम करने की माँग की। जेल अधिकारियों ने इसका विरोध किया। फलत: इन्होंने आमरण अनशन शुरू कर दिया। उनकी सहानुभूति में बापू ने 2 दिनों का अनशन किया।

8. सन् 1932 में; हरिजनों के लिए आमरण अनशन का संकल्प लिया। लेकिन सप्ताह भर में उनका निर्णय हो जाने से उसे रोक दिया।
9. सन् 1933 में; यरवदा जेल में 21 दिनों तक हरिजन आंदोलन और साथियों की आत्म-शुद्धि के लिए अनशन किया। लेकिन, बापू को जेल से रिहा कर दिये जाने के कारण पूना की पर्णकुटी में वे उपवास पूरे किये गये।
10. व्यक्तिगत सत्याग्रह करने के कारण बापू को यरवदा जेल में रखा गया। वहाँ उन्होंने केवल हरिजन कार्य करने की अनुमति माँगी, पर सरकार ने उन्हें इसकी अनुमति नहीं दी। इसलिए अनशन शुरू किया और सातवें दिन बापू को छोड़ दिया गया।
11. सन् 1934 में; हरिजन यात्रा के समय अजमेर की एक आम सभा में एक सनातनी ने हरिजन को मारा। इसके प्रायश्चित स्वरूप सेवाग्राम आश्रम में 7 दिनों का अनशन किया।
12. सन् 1934 में; राजकोट सत्याग्रह के समय अनशन किया। लेकिन, वायसराय की सफल मध्यस्थता के कारण 4 दिनों में यह अनशन समाप्त हो गया।
13. सन् 1942 में; आगा खां महल में 'भारत छोड़ो आंदोलन' के समय उचित न्याय पाने के लिए 21 दिनों का अनशन किया।
14. हिन्दू-मुस्लिम कटुता को समाप्त करने के लिए कलकत्ते के बेलियाघाट में 73 घण्टे का अनशन किया।
15. सन् 1948 में; दिल्ली में दिली दोस्ती करने या मरने के संकल्प के साथ अनशन किया।

यहाँ उल्लेख कर देना समीचीन होगा कि गांधीजी द्वारा वर्ष 1924 में 'हिन्दू मुस्लिम संघर्ष' के दौरान शांति के लिए, दिल्ली में 21 दिनों का, सन् 1932 हरिजनों के लिए, सन् 1942 में 'भारत छोड़ो आंदोलन' के दौरान आगा खां महल में 21 दिनों का, 1947 में कलकत्ता का तथा सन् 1948 में दिल्ली में किये गये उपवास ऐसे थे, जिसमें गांधीजी के प्राण बचने की संभावना न के बराबर थी। इनमें से तीन अनिश्चितकालीन थे, जिसका नारा था 'करेंगे या मरेंगे'। लेकिन देश ने गांधीजी की शर्तों को स्वीकार कर गांधीजी के प्राण बचा लिये।

बापू के मौन व्रत : गांधीजी सोमवार को मौन व्रत रखते थे। इस सम्बन्ध में गांधीजी ने लिखा है कि ''सोमवार को मौन रखने का व्रत लेते समय मैंने दो हालातों में उसे भंग कर देने की गुंजाइश रखी थी—

1. जब किसी उच्च पदाधिकारी से किसी आवश्यक समस्या के बारे में बात करनी हो।
2. जब किसी बीमार आदमी की देखभाल करनी हो।''

सोमवार को अत्यावश्यक वार्ता का कार्यक्रम होने पर वे कभी-कभी एक दिन पूर्व—रविवार को मौन रहते। सामान्यत: हर रविवार की शाम को वे मौन शुरू करते, जो सोमवार की शाम तक चलता। महादेव भाई की गंभीर बीमारी के समय बापू ने अपना मौन भंग कर दिया था। मगनलाल भाई के देहावसान के पश्चात् बापू ने सर्वप्रथम मौन तोड़ा था।

गांधी और 55 करोड़

कुछ आवाज आती हैं कि पाकिस्तान को 55 करोड़ दिलाने के कारण गांधीजी की हत्या हुई। जब देश का विभाजन हुआ तो 375 करोड़ रुपये में से 300 करोड़ रुपये भारत के हिस्से में आया और 75 करोड़ पाकिस्तान के हिस्से में। विभाजन के तत्काल बाद 20 करोड़ रुपये पाकिस्तान को दे दिया गया था, और 55 करोड़ बाद में देने की बात हुई थी।

यह करार माउण्टबेटन की अध्यक्षता में हुआ था। उस समय दोनों देशों (भारत और पाकिस्तान) के प्रतिनिधि उपस्थित थे। लियाकत अली तथा गुलाम मोहम्मद पाकिस्तान के प्रतिनिधि थे, भारत की ओर से नेहरू और पटेल थे।

दोनों देशों के प्रधानमंत्रियों के सामने माउण्टबेटन ने एक निवेदन पढ़ा, उसके अनुसार ''विभाजन से उत्पन्न सभी प्रश्नों के हल जब तक न मिल जायें, 55 करोड़ रुपये पाकिस्तान को देने का करार अंतिम नहीं माना जाये और उसे सार्वजनिक भी न किया जाये, ऐसा तय हुआ।''

लेकिन, जब पाकिस्तान ने जम्मू कश्मीर पर हमला कर दिया, तो भारत में आवाज उठी कि 55 करोड़ फिलहाल नहीं दिया जायेगा।

6 जनवरी 1948 को गांधीजी गवर्नर लार्ड माउण्टबेटन से मिले। लार्ड माउण्टबेटन ने अपनी बात को समझाते हुए गांधीजी से कहा कि ''समझौते के अनुसार पाकिस्तान को 55 करोड़ रुपये न दिये तो 'समझौते का पालन न करने वाला राष्ट्र' जैसी छवि सारी दुनिया में भारत की बनेगी। फलतः अन्य राष्ट्र भारत से कोई व्यवहार करने में हिचकिचायेंगे। वे भारत पर विश्वास नहीं करेंगे। दुनिया में भारत शब्द की कोई कीमत नहीं रह जाएगी। अतः ये पैसे रोक रखने से या दूसरे किसी काम में खर्च करने से भारत के मुँह पर कालिख लग जायेगी। साथ ही कानूनी रूप से भी ऐसा करना उचित नहीं होगा।''

गांधीजी ने कहा—''कानूनी बातों पर सोचने की मुझे आवश्यकता नहीं है, परन्तु यह नैतिकता की दृष्टि से भी गलत है। यह अब एक अंतर्राष्ट्रीय करार है, जो दो देशों के बीच हुआ है। पाकिस्तान के 75 करोड़ में से 20 करोड़ दिये जा चुके हैं और उसके अधिकार का 55 करोड़ अभी बाकी है। इस करार का गांधी से कोई संबंध नहीं है। यह करार नेहरू और पटेल ने किया था, उन्होंने ही सब तय किया था।''

फिर जब 15 जनवरी को इस मुद्दे पर कैबिनेट दुबारा बैठी, तो सभी इस बात पर सहमत हुए कि इस मामले में पैसा रोकना कानूनी तौर पर एक हार को आमंत्रित करेगा और दुबारा फैसला लिया गया कि पाकिस्तान को उसका बचा हुआ 55 करोड़ रुपये दे दिया जाय। यह फैसला सर्वसम्मति से हुआ था और इसमें पटेल भी शामिल थे तथा श्यामाप्रसाद मुखर्जी भी।

अत: 55 करोड़ के लिए गांधी हत्या हुई अथवा की गयी, यह तथ्य सही प्रतीत नहीं होता है। इस सम्बन्ध में निम्न अन्य तथ्य भी द्रष्टव्य हैं—

1. वर्ष 1944 में अग्रणी अखबार में छपे एक कार्टून से समझा जा सकता है, इस कार्टून में सावरकर और श्यामाप्रसाद मुखर्जी के हाथ में धनुष है और सामने गांधीजी को रावण के रूप में दिखाया गया है, उनके दस मुखों में सरदार वल्लभभाई पटेल, नेताजी सुभाषचन्द्र बोस, जवाहरलाल नेहरू, मौलाना आजाद, गोविन्द वल्लभ पंत, भगत सिंह और चन्द्रशेखर आजाद तथा अन्य प्रमुख कांग्रेस नेताओं के साथ डॉ. अम्बेडकर भी शामिल हैं।

2. जून 1934 में गांधीजी को सम्मानित करने के लिए आयोजित समारोह में जाते समय उनकी गाड़ी पर बम फेंका गया। बम अगली गाड़ी पर लगा। संयोगवश गांधीजी पिछली गाड़ी में थे।
3. जुलाई 1944 में गांधीजी जब पंचगनी में थे, तब एक दिन एक व्यक्ति ने छुरे से गांधीजी पर हमला किया।
4. वर्ष 1944 में जब गांधीजी मुहम्मद अली जिन्ना से वार्ता के लिए बम्बई जाने वाले थे, तब एक व्यक्ति को गिरफ्तार किया गया। उस गिरफ्तार व्यक्ति के पास से एक छुरा बरामद हुआ। उसने बताया कि यह छुरा उसने उस गाड़ी के टायर को फोड़ने के लिए रखा था, जिसमें गांधीजी जाने वाले थे।
5. 29 जून 1946 को चौथा प्रयत्न किया गया। गांधीजी एक विशेष रेलगाड़ी द्वारा बम्बई से पुणे जा रहे थे, तब नेरल एवं कर्जत स्टेशन के बीच रेलवे लाइन पर बड़े-बड़े पत्थर रखकर गाड़ी को गिराने का षड्यंत्र किया गया।
6. 20 जनवरी 1948 को बिड़ला भवन के प्रांगण में जब गांधीजी प्रार्थना प्रवचन कर रहे थे, तो वहाँ पर भी बम फेंककर गांधीजी की हत्या का असफल प्रयास किया गया।

7. इसी क्रम में 30 जनवरी 1948 को अंततः गांधीजी की हत्या करने में षड्यंत्रकारी सफल हो गये।

12 जनवरी 1948 के बाद हुई इन घटनाओं के प्रसंग में विभाजन और 55 करोड़ का मुद्दा उपस्थित हुआ था, इससे पहले यह मुद्दा कभी था ही नहीं।

गांधीजी ने कहा, ''पाकिस्तान देते समय हमने वचन दिया था कि 55 करोड़ रुपये हम देंगे, इस संबंध में जो मतभेद खड़ा हुआ है, उस कारण अगर हम मुकर जायँ, तो हमारा मूल्य ही क्या रहा? जिसे अपने वचन का मूल्य नहीं, वह दो कौड़ी का है, चाहे वह व्यक्ति हो या राष्ट्र।''

आजादी से पहले गांधी, नेहरू, पटेल, मौलाना आजाद के चित्र कट्टरपंथियों द्वारा अपने जूते के तलवे में रखा जाता था। यह भी उल्लेखनीय है कि चरमपंथियों द्वारा गांधी, नेहरू, पटेल के चित्रों को निशाना बनाकर पिस्तौल चलाना सिखाया जाता था।

सामान्य जन हर चीज को अपने लाभ-हानि से आंकते हैं, तदुपरांत न्याय की बात सोचते हैं। परन्तु गांधी जैसे लोग सिर्फ न्याय की बात करते हैं, उनके लिए लाभ-हानि कोई मायने नहीं रखता। वे अपनी कही बातों का मान रखते हैं। गांधी के लिए राष्ट्र का विकास, उसके चारित्रिक व नैतिक मूल्यों से होता है, न कि धोखाधड़ी और बेईमानी जैसे दुर्गुणों से। गांधीजी के अनुसार राष्ट्र यदि किसी बात का समझौता करता है, तो किसी भी परिस्थिति में मुकर नहीं सकता।

सब कुछ त्याग करके भी हमें अपने सत्य का मार्ग नहीं छोड़ना चाहिए। अगर अपने किये हुए वचनों का हम ही पालन न करें, तो हममें और दूसरों में अंतर ही क्या है?

गांधीजी तो रामराज्य की अवधारणा— 'प्राण जाय पर वचन न जाय'— का पालन करने वाले थे। गांधीजी ने कलकत्ता और दिल्ली अनशन में नारा दिया— 'करेंगे या मरेंगे'। इस अनशन को तोड़ने के लिए सभी संगठनों को शपथ पत्र पर हस्ताक्षर करने थे। आरएसएस और हिन्दू महासभा ने भी शपथ पत्र पर हस्ताक्षर कर गांधीजी का जीवन बचाने में सहयोग किया।

मजबूरी का नाम महात्मा गांधी!

लोकनायक जयप्रकाश नारायण ने एक बार कहा था कि ''महात्मा गांधी हम युवा समाजवादियों और मार्क्सवादियों के बौद्धिक मन को उस तरह नहीं छूते हैं, जिस तरह जवाहरलाल छूते हैं और ऐसा इसलिए था कि हम भी किताबों से निकले थे और जवाहरलाल भी। महात्मा गांधी किताबों से नहीं पैदा हुए थे, बल्कि किताबें उनसे पैदा होती थीं। वे इस हद तक मौलिक थे कि उनकी कही बातों-स्थापनाओं को समझने में मुझे वर्षों लगे हैं।''

नेहरू जी का कथन है कि ''जहाँ-जहाँ मैं हिन्दुस्तान के बाहर गया, चाहे यूरोप का देश हो या चीन या कोई और मुल्क, पहला सवाल मुझसे यही हुआ—'गांधीजी कैसे हैं, अब क्या करते हैं?' हर जगह गांधीजी का नाम पहुँचा था, गांधीजी की शोहरत पहुँची थी। गैरों के लिए गांधीजी हिन्दुस्तान थे और हिन्दुस्तान गांधी। हमारे देश की इज्जत बढ़ी, हैसियत बढ़ी। दुनिया ने तस्लीम किया कि एक अजीब ऊँचे दर्जे का आदमी हिन्दुस्तान में पैदा हुआ, फिर अंधेरे में रोशनी आयी। जो सवाल लाखों के दिल में थे और उनको परेशान करते थे, उनके जवाबों की कुछ झलक नजर आयी। आज उस जवाब पर अमल न हो, तो कल होगा। उस जवाब में और जवाब भी मिलेंगे और अंधेरे में भी रोशनी पड़ेगी, लेकिन वह बुनियाद पक्की है और उसी पर इमारत खड़ी होगी। किस प्रकार भारतीयों के मन से अंग्रेजी राज के भय को भगाने में उन्हें आशातीत सफलता मिली। जो निरीह ग्रामीण जनता लाल पगड़ी वाले सिपाहियों को देखते ही घर के कोने में दुबक जाती थी, वह निहत्थी होकर भी उनकी संगीनों के सामने छाती खोलकर खड़ी हो गयी।''

ऑक्सफोर्ड के प्रोफेसर गिलबर्ट मरे ने लिखा था—''गांधी से व्यवहार करने में सावधान रहो, क्योंकि यह न तो भोगों की तनिक भी परवाह करता है, न शरीर सुख की या प्रशंसा की वृद्धि की परवाह करता है, बल्कि यह तो वह काम करने में कटिबद्ध रहता है, जिसे वह ठीक समझता है। वह एक खतरनाक और परेशान करने वाला शत्रु है क्योंकि उसका शरीर, जिसे आप कभी भी जीत सकते हैं, अपनी आत्मा को जरा भी पकड़ में नहीं आने देता।''

ब्रिटेन के एक राजनेता ने कहा—''गांधी वह व्यक्ति हैं, जिसे शस्त्र से डराया नहीं जा सकता, धन से खरीदा नहीं जा सकता और जिसे किसी उर्वशी के मोहपाश में फँसाया नहीं जा सकता।''

एक सभा में गांधीजी भाषण देकर मंच से उतरे और एक आदमी उन्हें एक ओर ले गया। वे बातें करते हुए चलते-चलते कुछ दूर तक निकल गये। उसके बाद उस व्यक्ति ने गांधीजी के हाथ में एक पैकेट दिया और चला गया। मिली ने यह सब देखा और गांधीजी से पूछा कि यह व्यक्ति कौन था? गांधीजी ने शान्तिपूर्वक जवाब दिया, ''वह मुझे मारने आया था। हमारी बातचीत के बाद उसने अपना विचार बदल दिया।''

मिली (पोलक की पत्नी) ने पूछा कि वह पैकेट किस चीज का है? वह उसका रिवाल्वर है। यह सुनकर मिली के दिल की धड़कन तेज हो गई। उसने गांधीजी से कहा, आपने उसे पुलिस से पकड़वाया होता? गांधीजी हँसकर बोले, ''फिर वह कोई दूसरा अवसर खोजता। अब उसका विचार बदला है, तो उसके मित्र होने का अवसर ज्यादा है।''

गांधीजी लिखते हैं कि जोहान्सबर्ग में मि. मरे नामक पादरी के साथ मेरी हुई बात याद आती है। एक मित्र ने मेरा परिचय कराया था, इस हेतु से कि मैं ईसाई बन जाऊँ। हम सैर करने गये और वहाँ उस पादरी ने मुझसे अनेक प्रश्न पूछकर बहुत जिरह की। मुझसे प्रश्न पूछ-पूछ कर जब वह थक गया, तब कहा कि ''नहीं भाई, तुझे ईसाई नहीं बनाऊँगा। बल्कि मैं किसी को भी ईसाई नहीं बनाऊँगा।'' इस प्रकार से उसका हृदय परिवर्तन हो गया, जो मुझे बहुत प्रिय लगा। उसने ईसा के आदेश का जो मेरा अर्थ है, उसे स्वीकार भी कर लिया।

बाइबिल में से बोलते हुए मैंने उससे कहा था कि 'जुबान से प्रभु-प्रभु बोलने वाला मुक्ति नहीं पाता, परन्तु प्रभु की इच्छा के अधीन होने वाला, प्रभु का प्रिय काम करने वाला ही मुक्ति प्राप्त करता है। मुझे अपनी कमजोरियों का पता है। उन कमजोरियों के विरुद्ध मैं लड़ रहा हूँ, उस बल के द्वारा ही जो ईश्वर मुझे देता है। अपने बल के द्वारा नहीं। क्या आप चाहते हैं कि इस प्रकार ईश्वर के बल से लड़ने के बजाय मैं तोते की तरह बोलूँ कि ईसा ने मेरे पाप धो डाले हैं और मैं शुद्ध हो गया हूँ?' वह चौंक गया, मुझे रोका और बोला, 'तू कहता है, सो मैं समझा।'

कितनी शानदार मजबूरी है कि जो पादरी गांधीजी के पास इस आशा से आया था कि मैं गांधीजी को ईसाई धर्म में परिवर्तित कर लूँगा। सैर के समय रास्ते में बात करते-करते वह चौंका और कहा कि आज मैं समझ पाया कि—ईसा के संदेश क्या हैं, जब गांधीजी ने बताया।

11 मार्च 1891 को गांधीजी ने छगनलाल को एक पत्र लिखा—उन्होंने ऐसा सुना है कि जोहांसबर्ग में उनके ऊपर जानलेवा हमले की फिर से तैयारी की जा रही है। अगर ऐसा होता है, तो वह मेरे कार्यों का उचित और स्वागत योग्य अंत होगा।

गांधी ने इस बावत निर्देश दिये कि अगर उनकी मौत हो जाती है, तो ऐसी स्थिति में परिवार को क्या करना चाहिए? गांधी ने कहा कि ऐसी स्थिति में उन्हें एक किसान की भाँति अपने जीवन का निर्वाह करना चाहिए। गांधी को परिवार की पाँच विधवाओं की देखभाल करनी थी, जिसमें उनकी बहन, उनके दो मृत भाइयों की विधवाएँ और परिवार के दो अन्य सदस्य शामिल थे। उन्होंने कहा कि अगर उनके शत्रु उनकी हत्या कर देते हैं, तो प्राणजीवन मेहता से पैसा लिया जा सकता है। समय के साथ बेटों को, हरिलाल और कस्तूरबा के साथ अपनी विधवा माताओं की जिम्मेदारी उठा लेनी चाहिए।

29 जनवरी, 1909 को गांधीजी ने अपने भतीजे मगनलाल को लिखा कि हो सकता है कि दक्षिण अफ्रीका में अपने ही देशवासियों के हाथों मेरी मौत हो जाए। अगर ऐसा होता है, तो तुम्हें खुश होना चाहिए क्योंकि इससे हिन्दुओं और मुसलमानों में एकता की भावना आ जाएगी।....समुदाय के दुश्मन निरंतर इस तरह एकता के विरुद्ध काम कर रहे हैं। अब ऐसे में, इस तरह महान प्रयास के लिए किसी न किसी व्यक्ति को तो अपना बलिदान देना ही होगा। अगर मैं वो बलिदान दे देता हूँ, तो मैं खुद को और तुम सभी सहयोगियों को भी भाग्यशाली समझूँगा।

गांधीजी ने जब अनुभव किया कि दक्षिण अफ्रीका में अब मेरा काम समाप्त हो गया है, तो उन्होंने नेटाल के हिन्दुस्तानी मित्रों से अपने देश वापस जाने की इजाजत माँगी। उस वक्त जगह-जगह मानपत्र देने की सभाएं हुईं और हर जगह से कीमती भेंटें मिलीं। भेटों में सोने-चाँदी की चीजे तो थीं ही, हीरे की चीजें भी थीं।

गांधीजी ने सोचा कि इन सब चीजों को स्वीकार करने का मुझे क्या हक है? मैंने देश की सेवा या लोगों की सेवा पैसे के लिए नहीं की है। जिस शाम को ये भेंटे मिली थीं, वह रात मैंने जाग कर बिताई। अपने कमरे में चक्कर लगाता रहा। सैंकड़ों की कीमत की सौगात छोड़ना कठिन लग रहा था, रखना उससे भी ज्यादा कठिन लग रहा था। मैंने सबको सेवा की शिक्षा दी थी। हमेशा यही समझाया था कि सेवा के दाम नहीं हुआ करते हैं। अब इन जेवरों और जवाहरात का मैं क्या करूँ? आखिर में मैं इस निर्णय पर पहुँचा कि मैं इन चीजों को नहीं रख सकता। लड़के तो तुरन्त समझ गये। वे बोले, ''हमें इन जेवरों की जरूरत नहीं है। हमें इन सबको वापस ही कर देना चाहिए और अगर हमें इन चीजों की जरूरत हुई, तो हम खुद क्या नहीं खरीद सकेंगे?''

मैं खुश हुआ, ''अपनी माँ को समझाओगे न?'' मैंने लड़कों से पूछा।

''जरूर, जरूर। यह हमारा काम रहा। उसे कहाँ ये जेवर पहनने हैं? वह तो हम लोगों के लिए ही इन्हें रखना चाहती हैं। जब हमें नहीं चाहिए, तब वह क्यों जिद करेंगी?'' पर काम जितना आसान सोचा था, उससे ज्यादा मुश्किल निकला।

''भले ही मुझे न पहनने दो, पर मेरी बहुओं के लिए इसे रहने दो। इतने प्रेम से दी हुई चीजें लौटाई नहीं जा सकती। मेरे हार पर, जो मुझे भेंट में मिला है, उस पर आपका क्या हक है?'' कस्तूरबा ने आग्रहपूर्वक अपनी इच्छा जाहिर कीं।

मैंने पूछा, ''यह हार तुम्हारी सेवा के बदले में मिला है या मेरी सेवा के।'' गहने तो मुझे वापस करने ही थे। बहुत समझाने पर ही मैं उनको राजी कर पाया।

पारसी रूस्तम आदि को इन गहनों का ट्रस्ट बनाकर उनके नाम लिख देने का मसविदा बनाया और उसका लोकहित के लिए उपयोग मेरी इच्छा अथवा ट्रस्टियों की इच्छा के अनुसार किया जाय, इस शर्त के साथ भेंट में मिले वे सभी जेवरात आदि बैंक में रख दिये गये।

अपने इस कार्य पर मुझे कभी पछतावा नहीं हुआ और मैं इस निश्चय पर पहुँचा हूँ कि लोकसेवक के लिए निजी भेंटे निषिद्ध हैं।

गांधीजी ने जेल में रहते हुए अपने हाथ से एक जोड़ी चप्पल बनाये थे। दक्षिण अफ्रीका में इंडियन-रिलीफ-बिल संसद में पास कराने में जनरल स्मट्स ने जो श्रम और सहयोग किया था, उसके आभार और विदाई के उपहार स्वरूप

उस एक जोड़ी चप्पल को गांधीजी ने जनरल के पास अपनी पूर्व सेक्रेटरी सोजना शैलेसीन के हाथ भिजवायी थी। किन्तु कस्तूरबा का मानना था कि 'कोई उपहार में चप्पल देता है, सद्भावना चप्पलों से प्रकट नहीं होती।' जबकि गांधीजी का कहना था कि सद्भावना 'दिल और श्रम' में निहित होती है।'

1939 में गांधीजी के सत्तरवें जन्मदिन पर स्मट्स ने मित्रता के प्रतीक रूप उन चप्पलों को गांधीजी को लौटाते हुए लिखा कि ''तब से मैंने बहुत-सी गर्मियों में ये चप्पलें पहनी है, हालांकि मैं महसूस करता हूँ कि मैं ऐसे महापुरुषों के चप्पलों में खड़े होने के योग्य भी नहीं हूँ।'' जनरल स्मट्स ने 'गांधी अभिनन्दन ग्रन्थ' के अपने एक लेख में अपने को एक पीढ़ी पहले का गांधी का प्रतिद्वन्दी बताया और कहा कि ''महात्मा जैसे व्यक्ति हमें मायूसी और निष्फलता की भावना से बचाते हैं और भलाई करने में कभी न चूकने की प्रेरणा देते हैं।''

भारत छोड़ो आन्दोलन के समय गांधीजी की गिरफ्तारी के अगले दिन लंदन में इंग्लैण्ड की युद्ध मंत्रिपरिषद की बैठक हुई। उस बैठक में चर्चिल बेहद प्रसन्नचित्त थे, क्योंकि जैसा उन्होंने खुद कहा है कि 'उन्होंने गांधी को जेल भेज दिया है।' इस पर जनरल स्मट्स ने गंभीरता के साथ चर्चिल से कहा कि 'गांधी ईश्वर का भेजा हुआ आदमी है। हम और आप साधारण इंसान हैं। गांधीजी ने धर्म का आवाहन किया है। आपने ऐसा कभी नहीं किया है। यहीं आप नाकामयाब हो गये हैं।'

जनरल स्मट्स एवं उनके एक सचिव ने एक बार गांधीजी से कहा था कि ''मुझे आपके लोग बिलकुल अच्छे नहीं लगते। मैं उनकी जरा भी मदद नहीं करना चाहता। लेकिन हम उसका क्या करें, जो आप लोग संकट की स्थिति में हमारी सहायता करते हैं। आपको कैसे मारा जाए? मैं तो बहुत बार चाहता हूँ कि आप भी इन अंग्रेज हड़तालियों की तरह हुल्लड़ करें। वैसी स्थिति में तो हम तुरन्त आप लोगों को सीधा कर सकते हैं। लेकिन आप तो दुश्मनों को भी दुःखी नहीं करना चाहते। आप स्वयं ही दुःख सहन करके जीतना चाहते हैं। आप शिष्टता की मर्यादा कभी छोड़ते नहीं, इससे हम आपके सामने लाचार हो जाते हैं।''

'महात्मा गांधी के साथ सात मास' नामक पुस्तक में उसके लेखक श्रीकृष्णदास ने असम के एक गाँव की एक घटना का उल्लेख किया है—लोगों ने ठान लिया था कि यदि गांधीजी की ट्रेन उनके स्टेशन पर नहीं रोकी गयी, तो सब के सब पटरियों पर लेट जायेंगे और ट्रेन को आगे नहीं बढ़ने देंगे। उन्होंने कहा कि 'गांधीजी हमारे भगवान हैं और जब तक हम अपने भगवान के दर्शन नहीं कर लेंगे, तब तक यहाँ से नहीं हटेंगे। जैसे ही गाड़ी रुकी, सारा गाँव आधी रात के समय जलती मशालें लिए गांधीजी के डिब्बे में घुस गया और महात्मा गांधी की जय-जयकार से दिग्दिगंत को गुंजायमान कर दिया।

हिन्दुस्तान के गरीब से गरीब लोगों को जानने, उनकी समस्याओं को सुनने और उनको साथ लेकर चलने के उद्देश्य से गांधीजी ने तीसरे दर्जे में ट्रेन यात्रा करने का विचार किया। गोखले जी से गांधीजी ने कहा कि 'मेरी इच्छा है कि पूरे हिन्दुस्तान की एक छोटी-सी यात्रा रेलगाड़ी के तीसरे दर्जे में करके, उस दर्जे के यात्रियों का परिचय प्राप्त करूँ और उनके कष्ट जानूँ।' पहले तो उन्होंने हँसकर टाल दिया, पर जब मैंने इस यात्रा से देश को और देश के लोगों को नजदीक से जानने की अपनी इच्छा जाहिर की, तब उन्होंने प्रसन्नतापूर्वक मेरी योजना को स्वीकृति दे दी। यहाँ तक कि गोखले और डॉ. राय स्टेशन तक मुझे पहुँचाने भी आये। दोनों से मैंने कष्ट न करने की प्रार्थना की, पर दोनों ने आने का आग्रह किया। गोखले बोले—''आप पहले दर्जे में जाते तो शायद मैं न चलता, पर अब तो मुझे चलना ही है।''

बा के अत्यधिक बीमार हो जाने पर डॉ. वेस्ट ने सलाह दी कि गांधी जुर्माना भर कर कस्तूरबा की देखभाल के लिए आ जायें। गांधी ने इसका जवाब दिया कि यह असंभव है। उन्होंने कहा कि ''जब मैं संघर्ष में शामिल हुआ था, तो मैंने इसकी कीमत की गणना की थी। अगर श्रीमती गांधी मुझे बिना किसी उस सांत्वना के भी छोड़ कर चली जाती हैं, तो जितना एक स्त्री पत्नीव्रत पति पाने की हकदार होती है, उस हक की कस्तूरबा भी पूर्णत: हकदार हैं। ईश्वर करे ऐसा ही हो।''

अचानक बा जोर-जोर से रोने लगीं और कहने लगीं कि मैंने उसे मारने के लिए उसका सारा खाना बंद करवा दिया। उससे मैं ऊब चुका था और मैं चाहता

भी था कि वो मर जायें। मैं एक फनवाला साँप हूँ....वगैरह, वगैरह। जितना ज्यादा मैं बोलता गया, उतना ही ज्यादा वो आक्रामक होती गयी....हालाँकि आज वह बिल्कुल सामान्य है। लेकिन कल का सबक मेरी जिन्दगी का सबसे कठोर सबक है। उसने जो भी आरोप मेरे ऊपर लगाये हैं, निश्चय ही उसके मन में वह सारी बातें बैठी हैं। उसकी भावनाएँ मुझसे विपरीत हैं।

मैंने उसकी उसी तरह सेवा की है, जैसे एक बेटा अपनी माँ की सेवा करता है, लेकिन मेरा प्रेम उस हद तक गहन और नि:स्वार्थ नहीं हो पाया कि मैं उसका स्वभाव बदल सकूँ....हाँ, यह सही है कि किसी ऐसे व्यक्ति को, जो नि:स्पृह होकर दुनिया में काम करना चाहता है, शादी नहीं करनी चाहिए। मैं उसके बारे में शिकायत नहीं कर रहा हूँ कि वो एक खराब पत्नी है....बल्कि दूसरी तरफ शायद कोई अन्य स्त्री अपने पति के जीवन में इस तरह के बदलावों को बर्दाश्त नहीं करती।

कुल मिलाकर उसने मेरे कामों में किसी तरह से बाधा नहीं डाली है और वह एक मिसाल की तरह ही है। मेरा कहना यह है कि आप अपने आपको एक विशेष स्त्री से बाँधकर पूरी मानवता के लिए काम नहीं कर सकते। दोनों में कोई तालमेल नहीं है।

1942 के भारत छोड़ो आंदोलन में कस्तूरबा और सुशीला नैय्यर आर्थर रोड जेल में बंद थीं। गांधीजी आगाखां पैलेस में बंद थे। किन्हीं कारणवश कस्तूरबा और सुशीला नैय्यर को भी आगाखां पैलेस में गांधीजी के पास लाया गया, तो उनको देखकर गांधीजी की भौंहें तन गयीं। उन्होंने बा से पूछा—''तूने यहाँ आने की माँग की थी या वे ही तुझे ले आये?''

बापू की यह बात सुनकर बा बेचारी चुप रह गयीं। वह समझ ही न सकीं कि बापू क्या कह रहे हैं? तभी सुशीला नैय्यर ने उत्तर दिया—''पकड़ कर लाये हैं, बापू।'' तब कहीं बापू की चिंता मिटी।

1932 में बा की गिरफ्तारी पर गांधीजी ने नारायण गांधी को पत्र लिखा—''आज पढ़ा कि बा गिरफ्तार हो गयी है। खुशी हुई।'' गांधी ही ऐसे व्यक्ति हैं, जो पत्नी व परिवार की गिरफ्तारी पर खुशी का अनुभव करते हैं।

बिड़लाजी, गांधीजी के व्यक्तित्व से चमत्कृत रहते थे। उनको विश्वास

ही नहीं होता था कि गांधीजी जैसा कोई इंसान हो सकता है। वह गांधीजी को दैवीय पुरुष समझते थे। गांधीजी को ब्लैंक चेक दिये रहते थे और कहते थे कि हिसाब देने की कोई आवश्यकता नहीं है। गांधीजी फिर भी हिसाब बनाते थे और बिड़लाजी से मिलने पर हिसाब की प्रति देते थे। बिड़लाजी बिना हिसाब देखे उनके सामने ही प्रति को फाड़ कर फेंक देते थे।

गांधीजी कोचरब आश्रम के बाद दूसरा आश्रम बनाने के लिए जब जमीन की तलाश कर रहे थे, तब साबरमती पहुँचने पर वहाँ ऐसी जमीन मिली, जिसके एक तरफ जेल थी और दूसरी तरफ श्मशान घाट था। गांधीजी ने कहा कि आश्रम के लिए यही जगह उपयुक्त है। जब तक जिन्दा रहेंगे, जेल में आते-जाते रहेंगे और जब मर जायेंगे, तो श्मशान घाट चले जायेंगे।

गांधीजी सन् 1915 में दक्षिण अफ्रीका से भारत आये। यहाँ के वकीलों ने गांधीजी को गम्भीरता से नहीं लिया, लेकिन जब नील आन्दोलन के दौरान गांधीजी ने अदालत में कहा कि मुझे सारे अपराध स्वीकार हैं, कड़ी से कड़ी सजा दी जाय, तो लोग चौंक गये।

गांधी से पहले देश के सबसे बड़े राजनैतिक व्यक्तित्व तिलक ने अपने मुकदमों में अपने किसी जुर्म को स्वीकार नहीं किया था, बल्कि स्वयं को सही सिद्ध करने की दलीलें दी।

चम्पारण में आत्मविश्वास और नैतिक उत्साह से भरे किसानों के साथ ही पूरे देश ने भी पहली बार देखा कि अहिंसा और सत्याग्रह के अचूक हथियारों के साथ किस तरह से एक अकेला व्यक्ति ब्रिटिश सत्ता, उसकी अदालतें, जज, पुलिस की पूरी शक्ति को चुनौती दे सकता है। किस तरह उसके आतंक से भयमुक्त हो सकता है। जेल जाना गर्व की बात हो गयी थी!

देश का किसान व मजदूर पहली बार अपनी समस्याओं, अपने दुःखों को दूर किये जाने की माँग ब्रिटिश सरकार के सामने गिड़गिड़ा कर नहीं, बल्कि पूरी अस्मिता, अधिकार और हुंकार के साथ कर रहा था। यह भारतीय राजनीति का अभूतपूर्व दृश्य था। यह गांधी की अभूतपूर्व रणनीति थी। संघर्ष का यह अभूतपूर्व और उच्चतम नैतिक बोध था।

नील आन्दोलन के समय मि. मारशम सुपिरिटेंडेंट पुलिस ने अपनी

गोपनीय रिपोर्ट में दिनांक 12.09.1917 को मि. मौर्शेड को लिखा—

मि. गांधी का इस जिले में रहना यहाँ के सरकारी पदाधिकारियों के लिए अपमानजनक है। लोग खुले तौर से कहते हैं कि वह कलेक्टर और पुलिस से भी ऊपर हैं और वह अपना मुकदमा पहले उनके पास ले जाते हैं। गाँव वालों को यह भी कहा जाता है कि वे जेल जाने से नहीं डरें और यह कि गांधीजी स्वयं 21 बार जेल जा चुके हैं। ऐसी बातों को फैलाना खतरे से खाली नहीं है और कानून के विरुद्ध कार्यवाई करने के लिए उत्तेजित करना है।

मैं केवल इतना ही कहना चाहता हूँ कि उनके न रहने के समय बवाल-फसाद अधिक होने की संभावना है। इसमें संदेह नहीं कि मि. गांधी के कार्य से कुछ स्थाई रूप से भलाई भी हुई है, पर यह काम अब बंद हो जाना चाहिए। उनका काम आरंभ में स्थानीय विषयों और किसानों के संबंध में था, पर अब वह खुले तौर पर राजनीतिक तथा अंग्रेज़ों के विरुद्ध हो गया है और अब वह भी धीरे-धीरे होमरूल का आंदोलन होता जा रहा है।

नील आन्दोलन के समय (तारीख 9.11.1917 को) मोतिहारी के कलेक्टर मि. जे. एल. मेरीमैन ने अपनी गोपनीय रिपोर्ट में महात्मा गांधी के विषय में मि. मौर्शेड को इस प्रकार लिखा—

''मेरा अनुमान है कि मि. गांधी या तो आधी बात छिपाकर बोलते हैं या ऐसे मनुष्य हैं, जिनके समान मनुष्य मुझको इस मुल्क में आज तक नहीं मिला है।''

प्रारम्भ में चंपारण सत्याग्रह के सभी वकील मंडल के हर एक का अपना अलग-अलग रसोइयाँ था, सबकी अलग-अलग रसोई बनती थी। नौकरों को छुट्टी दे दी गयी। सामूहिक और सादा भोजन बनने लगा। सभी साथ भोजन करने लगे, कपड़ों की सफाई हो या बर्तन माँजना, सभी उसमें हाथ बँटाते थे। राजेन्द्र प्रसाद ने लिखा है कि 'उन्हें तीसरे दर्जे में सफर करना अब अपमानजनक नहीं लगता है।' यह गांधी के सानिध्य का ही परिणाम था।

नील आंदोलन के दौरान गांधीजी के बयान सुनकर अदालत थर्रा गयी और मजिस्ट्रेट की समझ में यही नहीं आया कि वे अब क्या करें? उन्होंने गांधीजी से बार-बार पूछा कि आप अपराध स्वीकार करते हैं या नहीं? गांधीजी

ने उत्तर दिया कि मुझे जो कहना था, मैंने अपने बयान में कह दिया। इस पर हाकिम ने कहा कि उसमें अपराध का साफ इकरार नहीं है। गांधीजी ने कहा कि "मैं अदालत का अधिक समय नष्ट करना नहीं चाहता, मैं अपराध स्वीकार कर लेता हूँ।" हाकिम और भी घबरा गये।

उन्होंने गांधीजी से कहा कि यदि आप अब भी जिला छोड़कर चले जायें और न आने का वादा करें, तो मुकदमा उठा लिया जायेगा। गांधीजी ने उत्तर दिया, "यह हो नहीं सकता। इस समय की कौन कहे, जेल से निकलने पर भी मैं चंपारण में ही अपना घर बना लूँगा।" हाकिम यह दृढ़ता देख अवाक् रह गये।

भारत में पहली बार एक राष्ट्र होने की प्रतीति गांधी के असहयोग आन्दोलन ने ही दी। गांधी ने पहली बार एक राष्ट्रीय दृष्टिकोण को विकसित किया और कांग्रेस के मंच व माध्यम से इसके लिए रणनीति तैयार की।

गांधीजी ने गीता से अपरिग्रह का आदर्श ग्रहण किया था। उस आदर्श के अनुसार तो 'आदमियों को चिड़ियों के समान होना चाहिए, जिनके पास न घर होता है, न कपड़े-लत्ते और न एक जून का खाना।' लेकिन जिस समाज में हम रहते हैं, उसमें तो इस स्थिति को पाना संभव नहीं है, इसलिए गांधीजी का कहना था कि मनुष्य को अपनी आवश्यकताएँ घटाकर कम-से-कम कर देनी चाहिए।

गोखले और तिलक की सार्वजनिक और राजनैतिक मामलों में कभी पटरी नहीं बैठती थी। हर समस्या और हर प्रश्न पर एक के विचार पूरब की ओर चलते थे, तो दूसरे की पश्चिम की ओर। दक्षिण अफ्रीका के प्रवासी भारतीयों की समस्या पर गांधीजी का भाषण सुनने के लिए दोनों पहली बार एक सार्वजनिक सभा का संयुक्त रूप से आयोजन करने को तैयार हुए, जो एक तरह से अनहोनी-सी ही बात थी।

एक बार अपने किसी साथी वकील की शिकायत पर कि मुवक्किल रविवार के दिन भी चैन नहीं लेने देते, गांधीजी ने जवाब दिया था, "दु:खियों के लिए तो रविवार को भी चैन नहीं हुआ करता।"

दांडी यात्रा में इकसठ वर्ष के गांधीजी जत्थे के आगे-आगे हाथ में लंबी लकड़ी लिए जवानों से भी तेज चाल से चल रहे थे। इतना चलने के बाद भी

थकावट का कोई चिन्ह नहीं था। प्रस्थान के समय गांधीजी ने यह ऐतिहासिक घोषणा की थी—'यदि स्वराज्य न मिला तो या तो मैं रास्ते में मर जाऊँगा या आश्रम के बाहर रहूँगा। नमक कर न उठा सका, तो आश्रम लौटने का भी इरादा नहीं है।'

गोलमेज परिषद में कांग्रेस की ओर से भाग लेने के लिए एकमात्र प्रतिनिधि गांधीजी ही गये थे।

वाइसराय 1 जुलाई, 1933 को भारत मंत्री के नाम लिखे अपने पत्र में लिखते हैं, ''गांधी के नेतृत्व को नरम और गरम दोनों ही पक्षों की ओर से खुली चुनौतियाँ दी जा रही हैं। उन पर यह आरोप लगाया जा रहा है कि पूरे चौदह वर्ष के सतत् संघर्ष के बाद उन्होंने कांग्रेस को विफलता की दलदल में फँसाया है। कांग्रेस की भावी नीति के संबंध में कांग्रेस जनों में तीव्र मतभेद हैं और साथ ही निराशा की गहरी भावना भी। अकेले गांधी ही सबको जोड़-बटोर कर साथ रख सकते हैं और निराशा से उबार सकते हैं।''

सितंबर 1940 में बंबई में कार्यसमिति की बैठक हुई और उसमें सरकारी प्रस्तावों को पूरी तरह नामंजूर कर दिया गया। युद्ध में सहायता पहुँचाने के लिए सरकार से सहयोग करने की बात ही खत्म हो गयी थी। इसलिए कांग्रेस ने पुनः गांधीजी से नेतृत्व ग्रहण करने के लिए कहा। युद्ध में सहयोग करना अहिंसा की नीति के प्रतिकूल था, इसलिए गांधीजी ने संबंध-विच्छेद कर लिया था। अब कांग्रेस फिर से सरकार की नीति का विरोध करना चाहती थी। इसलिए उसने गांधीजी का मार्गदर्शन पुनः स्वीकार कर लिया। उन्होंने 14 अक्टूबर 1940 को वर्धा (महाराष्ट्र) के समीप पवनार गाँव में युद्ध विरोधी भाषण करके सत्याग्रह का श्रीगणेश किया।

14 जुलाई 1942 को वर्धा की अपनी बैठक के बाद कांग्रेस कार्यसमिति ने घोषणा की कि भारत से ब्रिटिश राज्य का तुरंत अंत होना चाहिए। कार्यसमिति के अंत में भारत को संयुक्त प्रयत्न में बराबरी का हिस्सेदार बनाने के लिए देश को स्वतंत्र करने की माँग करते हुए समिति ने घोषणा की थी कि यदि ब्रिटिश राज्य को भारत से तुरंत हटा लेने के उसके अनुरोध पर ध्यान नहीं दिया गया, तो गांधीजी के नेतृत्व में सविनय अवज्ञा आंदोलन शुरू कर दिया जायेगा।

2 अक्टूबर 1947 को गांधीजी का जन्मदिन था। यह उनके जीवनकाल में मनाया जाने वाला अन्तिम जन्मदिन था। उनकी मण्डली के लोग प्रातःकाल ही उन्हें प्रणाम करने आ पहुँचे। उनमें से एक साथी ने कहा कि ''हमारे जन्मदिन पर हम दूसरों के पैर छूकर उनसे आशीर्वाद लेते हैं, परन्तु आपके मामले में उल्टी बात है। क्या यह न्याय है?''

गांधीजी ने हँस कर कहा कि ''महात्माओं की बातें दूसरी ही होती हैं! इसमें मेरा कसूर नहीं है। तुमने मुझे महात्मा बना दिया, यद्यपि झूठा महात्मा; इसलिए तुम्हें दण्ड भुगतना चाहिए।''

जार्ज मार्शल कहते हैं—'महात्मा गांधी सारी मानव जाति की अन्तरात्मा के प्रवक्ता थे।'

आईन्सटीन ने कहा—'गांधी ने सिद्ध कर दिया कि केवल प्रचलित राजनैतिक चालबाजियों और धोखाधड़ियों के मक्कारी भरे खेल के द्वारा ही नहीं, बल्कि जीवन के नैतिकतापूर्ण श्रेष्ठतर आचरण के प्रबल उदाहरण द्वारा भी मनुष्यों का एक बलशाली अनुगामी दल एकत्रित किया जा सकता है।'

उन्होंने आगे कहा—'आने वाली पीढ़ी आश्चर्य करेगी, वे विस्मयपूर्वक पूछेगी, क्या ऐसा कोई हाड़-मांस वाला व्यक्ति कभी किसी युग में इस धरती पर चलता-फिरता भी था? वे मुश्किल से यह विश्वास करेगी कि आदमी के ऐसे शरीर में देवता, संत अथवा देवदूत का होना कभी संभव हुआ।'

उल्लेखनीय है कि महान वैज्ञानिक *आइंस्टीन* के आवास में सिर्फ दो फोटो थीं, जिसमें एक महात्मा गांधी की थी। उन्होंने कहा—''महात्मा गांधी हमारे युग के सबसे महान व्यक्ति हैं और वे एक सर्वोच्च नैतिक कंपास हैं।'' जिस प्रकार मछली की योग्यता उसके पेड़ पर चढ़ने से नहीं मापी जा सकती, उसी प्रकार गांधीजी का मूल्यांकन जाति-धर्म के आधार पर नहीं किया जा सकता है।

लुई फिशर ने कहा—'गांधीजी इतने महान थे कि उनकी सफलता संभव नहीं थी। उनके लक्ष्य अत्यधिक ऊँचे थे, उनके अनुगामी अत्यधिक मानवीय तथा दुर्बल थे।'

'गांधीजी केवल भारत की ही संपत्ति नहीं थे। भारत में उनकी असफलताओं से संसार के लिए उनके संदेश तथा उसके अर्थ का महत्त्व कम नहीं होता। संभव है वह भारत में मर जाएँ और भारत के बाहर उत्कट रूप में जीवित रहें। अंत में जाकर शायद वह वहाँ भी जीवित रहें और यहाँ भी।'

'ईसा ने सोचा होगा कि ईश्वर ने उन्हें छोड़ दिया और गांधीजी ने सोचा होगा कि उनके लोगों ने उन्हें छोड़ दिया।'

गोखले ने कहा—'इसमें कोई शक नहीं कि गांधी उस धातु के बने हुए हैं, जिस धातु से महानायक और शहीदों का निर्माण होता है। बल्कि वे उससे भी ज्यादा हैं। उनके पास अपने आस-पास के लोगों को नायक और शहीदो में बदलने की अद्भुत आध्यात्मिक शक्ति है।'

प्राणजीवन मेहता ने कहा—'अगर गांधी 18वीं सदी में पैदा हुए होते तो अंग्रेज़ भारत को गुलाम नहीं बना पाते। दुनिया का कोई भौतिक आकर्षण उन्हें अपनी राह से डिगा नहीं सकता, कुछ भी उन्हें अपने चुने हुए पथ से विचलित नहीं कर सकता। यह कहना अतिशयोक्ति नहीं कि इस भौतिकतावादी युग में ऐसे किसी दूसरे व्यक्ति को पाना संभव नहीं है, जो उनकी तरह का आदर्श जीवन जीता हो।'

मार्टिन लूथर किंग ने कहा—'प्रतिरोध के तरीके मैंने महात्मा गांधी से सीखे थे। गांधी के विचारों को पढ़ने से पहले लूथर को जीसस की इस नसीहत पर भरोसा नहीं था कि एक गाल पर थप्पड़ मारने वाले के सामने दूसरा गाल बढ़ा देने से टकराव को टाला जा सकता है।'

मार्टिन लूथर किंग स्वयं को गांधीजी का आध्यात्मिक उत्तराधिकारी कहते थे। उनका कहना था कि जो सबके लिए, सब कुछ त्याग कर चुका है, वही सबका प्रतिनिधित्व कर सकता है। इस समय सारे संसार में ऐसा एक ही व्यक्ति है और वह हैं—'महात्मा गांधी'।

उन्होंने संसार के शोषितों, दलितों, भूखों, नंगों और दरिद्र लोगों के साथ स्वयं को एकाकार कर दिया। वह पूर्ण सद्भावना से जब शोषकों और अत्याचारियों से टकराता है, तब वे अपने को असहाय महसूस करते हैं। उनके भीतर का दानव निरूपाय हो जाता है।

मार्टिन लूथर किंग ने अपनी पुस्तक 'स्ट्राइड्स टुवर्ड्स फ्रीडम' में लिखा है कि "मैं कई महीनों से सामाजिक सुधार की जिस पद्धति की तलाश में था, वह मुझे प्रेम और अहिंसा पर गांधीवादी बलाघात में मिली। मुझे लगा कि दलितों के लिए, उनके मुक्ति संघर्ष के लिए, वही तरीका नैतिक और व्यावहारिक दृष्टि से ठीक है।"

अमेरिका के इस मसीहा के आवास में सिर्फ एक फोटो थी और वह महात्मा गांधी की थी। वे कहते हैं कि "मैं भारत में कभी भी पर्यटक बनकर नहीं आता, मैं गांधी के देश भारत में तीर्थाटन करने के लिए आता हूँ। गांधीजी की समाधि का दर्शन करने के लिए आता हूँ।"

दामिनिक लैपियर एण्ड गैरी कॉलिन्स ने कहा—'गांधी जहाँ-जहाँ जाते, वहीं भारत की राजधानी बन जाती थी।'

जीरोम डेविस, जो एक वामपंथी अन्तर्राष्ट्रीयतावादी मजदूर संगठनकर्ता थीं, उन्होंने सामाजिक कार्यकर्ता जेन एडम्स को लिखा कि—'दुनिया में गांधी जैसा कोई व्यक्ति नहीं है, जिसने इतनी गंभीरता और निरंतरता से अपनी आत्मा की आवाज और शांति के लिए सैन्यवाद और हथियारों के विरुद्ध काम किया है। इसलिए गांधीजी को नोबेल शांति पुरस्कार दिया जाय।'

महात्मा गांधी की मृत्यु के तुरन्त बाद ऑल इंडिया रेडियो पर बोलते हुए *सरदार वल्लभभाई पटेल* ने लोगों से कहा कि 'वे बदला लेने की बात न करें, बल्कि महात्मा जी के द्वारा दिए गए प्रेम और अहिंसा के संदेशों को ग्रहण करें। यह हमारे लिए शर्म की बात है कि दुनिया के सबसे महान आदमी को अपनी जान की कीमत उस पाप के लिए चुकानी पड़ी, जो पाप हमने किया है। जब वे जीवित थे, तब हमने उनकी बातों पर अमल नहीं किया। अब कम से कम उनके मरने के बाद हमें उनकी बातों पर अमल करना चाहिए।'

गांधीजी की चिता की राख गंगा में प्रवाहित करने के बाद इलाहाबाद में *पं. जवाहरलाल* नेहरू ने कहा कि—"हमने बहुत ही महँगे मूल्य पर अपना सबक सीखा है। क्या हमारे बीच कोई ऐसा है, जो गांधीजी की मृत्यु के बाद उनके मिशन को पूरा करने से इनकार करेगा।" नेहरू ने आगे कहा, "हिन्दुस्तानियों को एक होकर उस सांप्रदायिकता के भयानक जहर के खिलाफ लड़ाई लड़नी

है, जिसने हमारे युग के सबसे महान इंसान को हमसे छीन लिया है।''

नेल्सन मण्डेला कहते हैं कि ''मैं देश का राष्ट्रपति बना हूँ और लोगों से कहा कि मैं राष्ट्रपति की कुर्सी पर तब तक नहीं बैठूँगा, जब तक मैं भारत जाऊँगा नहीं, और गांधीजी के राजघाट की समाधि का दर्शन करूँगा नहीं।''

बराक ओबामा कहते हैं कि ''यदि गांधी डेढ़ सौ साल पहले नहीं होते और उन्होंने वंश और वर्ण के खिलाफ आवाज बुलंद नहीं की होती, तो अमेरिका का बराक ओबामा आज राष्ट्राध्यक्ष नहीं होता।''

मो. यूनुस कहते हैं कि ''मैं शान्ति के नोबल पुरस्कार के लिए गांधीजी की वजह से ही पात्र बना।''

यूसुफ मलाला जई कहती हैं कि ''देश और दुनिया को बदलने के लिए हजार-हजार गांधी पैदा होने चाहिए।''

महात्मा गांधी को दुनिया भर से पत्र आते थे, उन पत्रों पर गांधीजी के पता के रूप में बस '*महात्मा गांधी इंडिया*' लिखा रहता था तो कई पत्र ऐसे भी आते थे, जिन पर '*गांधीजी के चित्र बनाकर केवल इंडिया*' लिखा होता था। ये पत्र आज भी साबरमती आश्रम में संग्रहित कर रखे गये हैं। ऐसे कुछ पत्रों पर गांधीजी के पते के रूप में लिखे गये शब्द इस प्रकार हैं—

1. Mahatma Gandhiji,
   The Dictator of the Government of Wardhagunj, India
2. The King of India Mahatma Gandhi, P.O. Yerawada Jail
3. His Excellency Mahatma Gandhi Esqu., Calcutta India
   The Main Post-office is asked to derect this letter.
4. Mahatma Gandhi, New Delhi
5. Mahatma Gandhiji,
   The Superme President of the Indian National Congress

P.O. Sevagram, Wardhagunj, India

6. Excellence Monsieur Ie President Gandhi,
   Wardha, Bombay, India
7. Mohandas K. Gandhi,
   Leader in Indian National Congress, Wardha, India
8. Mahatma Gandhiji, Bar-at-Law
   Bhangi Colony, New Delhi
9. The Head of Congress Committee
   Wardha, C. Province, India
10. The Great Ahimsa Noble of India,
    Wardha Central Province, India
11. His Highness Mahatma Gandhi,
    Simla, India

महात्मा गांधी अपने समय के सर्वाधिक लोकप्रिय व प्रसिद्ध व्यक्ति थे। वे भारत के गौरव थे। गांधीजी देश के किस भाग में रह रहे हैं, यह देशवासियों को भलीभाँति ज्ञात होता था, जिसके कारण गांधीजी के पत्र उन्हें आसानी से और अवश्य मिल जाते थे।

अमेरिकी *राष्ट्रपति रूजवेल्ट ने विलियम फिलिप्स* को अपना निजी प्रतिनिधि बनाकर भारत के बारे में रिपोर्ट देने के लिए भारत भेजा था। 4 महीने भारत में रहने के बाद फिलिप्स ने राष्ट्रपति को रिपोर्ट किया कि ''गांधी के समर्थक उन्हें लगभग देवता की तरह देखते हैं और उनकी पूजा करते हैं। वे लाखों लोग जो उनके समर्थक नहीं भी हैं, वे उन्हें एक भारतीय की तरह देखते हैं और चूँकि उन्हें अपने बचाव में बात रखने का कोई अवसर नहीं मिला है, तो उन्हें लगता है कि यह एक बूढ़े आदमी का उत्पीड़न है, जिसने उस उद्देश्य के लिए सबसे अधिक तकलीफें झेली हैं, जो हर हिन्दुस्तानी के दिल में है—यानी भारत की स्वतंत्रता। ऐसे में गांधी उस संघर्ष से निकलकर एक बढ़ी हुई प्रतिष्ठा के साथ एक नैतिक शक्ति के रूप में सामने आते हैं।''

गांधी वांङ्मय 98 खण्डों में लिखा गया है। गांधीजी सभी जगहों में समान रूप से या ज्यादा ही सम्मान पाते हैं। याद किये जाते हैं। किताबें लिखी जाती हैं।

मूर्तियाँ बनाई और स्थापित की जाती हैं। विश्व का शायद ही कोई ऐसा व्यक्ति होगा, जिसको विश्व स्तर पर गांधी जैसा सम्मान मिला हो। क्या यह मजबूरी में संभव हो सकता है?

31 जुलाई 1920 को तिलक का देहावसान हुआ। तिलक के निधन की जानकारी मिलते ही गांधी उनके घर की ओर दौड़ते हैं।

गांधीजी तिलक के मृत शरीर को कंधा देने सामने आते हैं। कोई उन्हें रोकता है—''आप ब्राह्मण नहीं हैं, इसलिए कंधा न दें।'' गांधी रुकते हैं, थोड़ा असहज होते हैं। कुछ समय के लिए उनकी गर्दन नीचे झुक जाती है और कुछ सोचते हैं। फिर मन में निर्णय लेते हैं और तिलक के पार्थिव शरीर को कंधा देते हैं। रोकने वाले उस व्यक्ति को कहते हैं कि ''लोकसेवक की कोई जाति होती है, ऐसा मैं नहीं मानता।''

एक अखबार ने गांधी के राजनीतिक तौर-तरीकों के बारे में लिखा था कि इस तरह उस लड़ाई में न तो कोई तलवार खींची गई और न ही कोई गोली चली... श्री गांधी ने सिर्फ दक्षिण अफ्रीकी सरकार के अन्यायपूर्ण कानूनों का विरोध किया, उनको हटाने के लिए आंदोलन किया, जेल गये और जब जेल से छूटे तो फिर से अपने सत्याग्रह को शुरू कर दिया। इस तरह उन्होंने अन्याय और असमानता के खिलाफ आवाज उठाई और उन्हें सही रास्ते पर आने को मजबूर किया। या कहें कि उन्होंने बुराइयों की अंत्येष्टि ही कर दी।

इतिहास में सिकंदर जैसे महान किस्म के नायक भी हुए हैं, जिसकी प्रसिद्धि उसके द्वारा की गई विनाशलीला और उसके आतंक से थी, लेकिन श्री गांधी द्वारा प्रदर्शित की गई यह वीरता, जिसमें असमानता को पराजित किया गया है—इतिहास में अद्वितीय है।

भारत में 28 देशों का सम्मेलन हुआ और सभी राष्ट्राध्यक्ष गांधीजी की समाधि राजघाट पर ही तो गये। जीवन में समस्त प्रयास के उपरान्त जब कोई व्यक्ति या संस्था अपनी सफलता या बचाव का कोई मार्ग नहीं देख पाती है, तो वह अंत में अंतिम प्रयास के रूप में गांधीगिरी का ही सहारा लेता है। गांधीवाद ही विरोधशून्य जीवन जीने का तरीका बताता है। गांधीवादी का कोई विरोधी नहीं रह जाता है। इतना ही नहीं हमारा कोई व्यक्तिगत विरोधी न रहे, यह भी केवल गांधीगिरी से ही सम्भव है। इसलिए गांधी जरूरी हैं।

धरना, प्रदर्शन, अनशन, उपवास और प्रार्थना का उपयुक्त स्थान—गांधी प्रतिमा के समक्ष ही तो है।

गांधीजी की हत्या के बाद 2 फरवरी 1948 को उनकी स्मृति में ढाका में पूर्ण हड़ताल का आयोजन किया गया। उस दिन दुकानें, स्कूल, कार्यालय और कॉलेज सभी बंद रहे। दोपहर में पूरे शहर में हिन्दुओं और मुसलमानों ने महात्मा के आदमकद चित्र के साथ करीब एक मील लंबा मौन जुलूस निकाला गया, जिसका अंत एक प्रार्थना-सभा में हुआ, जिसमें कुरान, बाईबिल और गीता के श्लोकों का पाठ किया गया।

चीन के परराष्ट्र सचिव डॉ. *वांग शिह चीह* ने अपने तार में कहा है कि "भारत का एक महान नेता और विश्व का एक शांति शिक्षक उठ गया।"

ब्रिटिश वायु सेना के मंत्री *आर्थर हेन्डर्सन* ने नेहरू जी के पास तार भेजते हुए कहा कि "गांधीजी की मृत्यु से मुझे व्यक्तिगत क्षति हुई है। उन्होंने अपनी भद्रता की जो छाया मेरे पर छोड़ी है, उसे मैं कभी भूल नहीं सकूँगा। आज से तीन सप्ताह पूर्व जब मैं दिल्ली में उनसे मिला था, तो मैंने यह महसूस किया था कि मैं महान आध्यात्मिक शक्ति रखने वाले किसी व्यक्ति के सामने उपस्थित हूँ।"

मुस्लिम लीग के सचिव ने गांधीजी की मृत्यु पर कहा कि—"महात्मा गांधी बीसवीं सदी के ईसा मसीह थे, जो हम मुसलमानों की सुरक्षा के लिए शहीद हो गये।"

कितनी शानदार मजबूरी है कि संसद में नागरिकता संशोधन अधिनियम (सी.ए.ए.बिल.) पास कराने के लिए गांधीजी का ही सहारा लिया गया। और कितनी शानदार मजबूरी है कि उक्त बिल का विरोध करते तथा बिल की प्रति को फाड़ते समय भी संसद में गाधीजी का ही सहारा लिया गया। वास्तव में ऐसी ही मजबूरी का नाम महात्मा गांधी है।

स्वतंत्रता आंदोलन का सबसे लोकप्रिय नारा था—'महात्मा गांधी की जय।'

'मेरा जीवन ही मेरा संदेश है'—की घोषणा करने वाले दुनिया में एक गांधी ही हैं, जिन्होंने पूरी मजबूती और साहस के साथ यह घोषणा की। विचार किया जाय तो यह स्पष्ट है कि ऐसी घोषणा कोई मजबूर व्यक्ति कर ही नहीं सकता, बल्कि यह साहस मजबूत व्यक्ति में ही हो सकती है। लोगों या व्यवस्था

के सामने जब कोई समस्या उत्पन्न होती थी और उसके समाधान का रास्ता उन्हें दिखता नहीं था, तो वे समाधान के लिए गांधी के पास जाने के लिए मजबूर हो जाते थे। वास्तव में इसी मजबूरी का नाम तो है महात्मा गांधी।

जलियाँवाला बाग

1919 में अमृतसर के बाद सारे पंजाब में दमन का जो नंगा नाच हुआ, राजनैतिक कार्यकर्ताओं को जो अमानवीय यातनाएँ दी गयीं, पढ़े-लिखे लोगों को जिस तरह सताया और अपमानित किया गया, उस सबके मूल में अंग्रेज़ अफसरों के मन पर छाया हुआ विद्रोह का आतंक ही काम कर रहा था। इसी आतंक से प्रेरित जनरल डायर ने, जिस जगह अंग्रेज़ महिला पर हमला किया गया था, उस सड़क पर भारतीयों को पेट के बल रेंगने के लिए मजबूर किया, नाक रगड़वाये। इसी आतंक से प्रेरित होकर उन लोगों को हुक्म दिया गया कि जो भी अंग्रेज़ सामने पड़ जाये, उसे सवारी में से उतरकर फौरन सलाम किया जाये।

इसी आतंक के कारण कई गाँवों पर मशीनगनों और हवाई जहाजों से गोलियाँ बरसायी गयीं। भारतीयों की सारी मोटरगाड़ियाँ छीन ली गयीं। कर्नल जॉनसन द्वारा लाहौर के सभी कॉलेजों के लगभग एक हजार विद्यार्थियों के लिए तीन सप्ताह तक मई की चिलचिलाती धूप में रोजाना 16 मील पैदल चलकर दिन में चार बार हाजिरी देने का नियम लागू किया गया। जब एक कॉलेज की बाहरी दीवार पर इस नियम से सम्बन्धित नोटिस फटा हुआ पाया गया, तो उस कॉलेज के सारे छात्रों, कर्मचारियों और अध्यापकों तक को गिरफ्तार कर लिया गया।

जलियाँवाला बाग कांड के बाद गांधीजी ने कहा—"पंजाबियों के बारे में मैंने सुना है कि वे बड़े उस्ताद और बहादुर होते हैं, परन्तु मुझे कहना चाहिए कि अप्रैल में तो वे डर गये, और ऐसा कहने के लिए मेरे पास ठीक-ठीक कारण हैं। मैं पूछता हूँ कि आप डर नहीं गये थे, तो किसलिए जमीन पर नाक रगड़ी थी? मैंने तो आपसे नहीं कहा था कि आप नाक से लकीर खींचना या साँप की तरह पेट के बल चलना। ऐसे हुक्म हुए, तब आप उनके सामने झुकने के बजाय मर क्यों नहीं गये? मेरा काम पेट के बल चलना नहीं, बल्कि मैं सारी दुनिया के

सामने छाती खोलकर खड़ा रहूँगा।''

''अवश्य ही पंजाबी डर गये। परन्तु इस समय मैं पंजाब पर दोष लगाने खड़ा नहीं हुआ हूँ। जिस मिट्टी से पंजाब बना है, उसी से मैं भी बना हूँ। ऐसे हालात में मैं भी वही अपराध नहीं करूँगा, यह मैं कैसे कह सकता हूँ? मैं तो प्रार्थना करता हूँ कि मेरी गर्दन कट जाय, परन्तु मैं ऐसा कभी न करूँ। आपके लिए भी मैं यही प्रार्थना करता हूँ।''

''पंजाब पर सितम ढाए गये हैं और यह समझ लीजिये कि जिस दिन एक भी पंजाबी को पेट के बल चलना पड़ा, उस दिन सारा भारत पेट के बल चला। हमें यह कलंक का टीका मिटा ही डालना होगा। इन दो जुल्मों का न्याय कराने के लिए हम महीनों से जूझ रहे हैं, परन्तु अभी तक हम ब्रिटिश सरकार को रास्ते पर नहीं ला सके। क्या लोग इतना सब कुछ करने के बाद, इतना जोश और भाव प्रकट करने के बाद केवल अपने क्रोध की भावना का थोथा प्रदर्शन करके ही बैठे रहना पसंद करेंगे?''

पंजाब का किस्सा सर्वविदित है। जो बेगुनाह जलियाँवाला बाग में मरे, वे तो मरे, परन्तु जिन दूसरों से अंग्रेज़ अफसरों ने नाक रगड़वाई, उन्हें पेट के बल चलाया, उनसे सलामी करायी और हजार तरह से बेइज्जत किया, यह सब किसलिए? आपको बता देने के लिए कि तुम गुलाम हो और हम मालिक हैं। हमारे दिल पर यह जमा देने के लिए कि हम मनुष्य के नाम के योग्य नहीं, हम जानवरों से बेहतर नहीं। इस नौकरशाही से उसके कुकर्मों की तौबा कराने के लिए हम क्या करेंगे? इनका मुकाबला करने के तमाम साधन इस नौकरशाही ने हमसे छीन लिये हैं। उन्होंने अपने विरुद्ध होने के लायक हमें किसी तरह नहीं रहने दिया। फिर भी ईश्वर ने एक हथियार अभी तक हमारे हाथ में रखा है, वह है 'आत्मबल'।

गीता में जो अभेद-बुद्धि कही गयी है, उसका क्या अर्थ है? पंजाब के पुरुषों पर जो अत्याचार हुआ, उन्हें बेइज्जत करने के उद्देश्य से पेट के बल चलाया गया और उनसे नाक रगड़वाई गयी, इसके अलावा विद्यार्थियों पर जो अत्याचार हुए, यह सब अत्याचार जब तक आपको अपने पर ही हुए, ऐसा महसूस नहीं हो जाता, तब तक आपको अभेद-बुद्धि प्राप्त नहीं हुई।

हमारे एक पंजाबी भाई को जिस दिन अमृतसर की उस गंदी गली में

पेट के बल चलना पड़ा, उस दिन सारा भारत पेट के बल चला। जिस दिन मियाँवाला की एक निर्दोष स्त्री का घूँघट एक उद्दत अंग्रेज़ अफसर के हाथों उठाया गया, उसी दिन भारत की तमाम स्त्रियों की इज्जत पर हाथ डाला गया। जिस दिन नाजुक उम्र के कोमल बालकों को पंजाब में मार्शल लॉ के तहत दिन में चार-चार बार दुपहरी में यूनियन जैक को सलामी देने के लिए पैदल चलने के लिए विवश किया गया और जिसके परिणामस्वरूप सात-सात वर्ष के दो बच्चों ने प्राण छोड़े, उसी दिन समस्त हिन्दुस्तान के बच्चों पर अत्याचार हुआ।

मेरे लिए जब तक सरकार इन सब पापों का प्रायश्चित न करे, तब तक उसके आश्रय में चलने वाले स्कूल-कॉलेजों में पढ़ना नरक की यातनाएँ भोगने के समान हैं। हममें स्वाभिमान जैसी कोई चीज हो, तो जिन सरकारी अदालतों में पंजाब के सैकड़ों निर्दोष मनुष्यों को कैद और फाँसी की सजाएँ हुई हैं, उनका हम मुँह न देखें। ऐसी सरकार को स्वेच्छा से सहायता देने या उसकी तरफ की मदद स्वीकार करने में हम उसके अपराधों और पापों में हिस्सेदार बनते हैं।

मैं अंग्रेज़ों का दुश्मन नहीं हूँ, परन्तु मैं मानता हूँ कि इस हुकूमत में शैतानी हवा फैली हुई है। मैं यकीन रखता हूँ कि मुझे खुदा ताकत देगा, तो इस सल्तनत को मैं मिटाऊँगा और सुधारूँगा। यह मेरा परम धर्म है। इस सल्तनत को मिटाये बिना मैं न तो चैन से बैठ सकता हूँ और न ही आपको बैठने दूँगा। मैं राजद्रोह का कानून तोड़कर फेंक देने को तैयार हो गया हूँ, क्योंकि मैं शुद्ध हूँ। अपने दिल में जो है, वही कहता हूँ। मैं अंग्रेज़ों की रैयत नहीं, परन्तु उनका शरीफ व वफादार मित्र हूँ, इसलिए उन्हें इस प्रकार सुना रहा हूँ।

उक्त घटनाओं और जलियाँवाला बाग काण्ड से द्रवित होकर गांधीजी ने कहा कि यह हमारे देश के लोगों का अपमान है और यह अपमान बर्दाश्त नहीं किया जायेगा। अंग्रेज़ों को देश छोड़कर जाना होगा। उन्होंने 'यंग इंडिया' के 15 दिसंबर 1921 के अंक में लिखा— 'लार्ड रीडिंग को यह बात समझ लेनी चाहिए कि असहयोग करने वाले लोग सरकार से जंगी लड़ाई लड़ रहे हैं और उन्होंने सरकार के खिलाफ बगावत कर दी है। सरकार को यह बात अच्छी तरह समझ लेनी चाहिए कि हम असहयोगी सरकार के साथ संग्राम कर रहे हैं।'

गांधीजी ने यह भी कहा—''मैं शांतिप्रिय व्यक्ति हूँ। मेरा शांति में विश्वास है, पर मैं शांति हर मूल्य पर नहीं चाहता। मैं उस तरह की शांति नहीं चाहता,

जो हमें पत्थरों में मिलती है। मैं उस तरह की शांति नहीं चाहता, जो हमें कब्रों में मिलती है।''

इंग्लैंड के एक उदारवादी राबर्ट ब्रूस गांधीजी के बारे में टिप्पणी की थी— ''वह विद्रोह करते भारत की आत्मा हैं। भारतीय असंतोष की मूल प्रेरणा हैं, पश्चिम के साथ पूरब की समानता के प्रबल पैरोकार हैं और भारत में सबसे शक्तिशाली और रहस्यमय व्यक्ति हैं।''

गांधी ने जलियाँवाला बाग को राष्ट्रीय स्मारक बनाने का कार्य शुरू किया और इस कार्य के लिए धनसंग्रह किया। 5,60,000 में जमीन खरीदी गई और ट्रस्ट बनाया गया, लेकिन कुछ लोगों ने गांधी के इस प्रयास की आलोचना की तो गांधी ने 18 फरवरी, 1920 को 'यंग इंडिया' में जो उत्तर दिया, वह अवश्य ही राष्ट्रीय स्मारक की स्थापना के तर्क को समझा देता है।

गांधी ने लिखा, ''इस जलियाँवाला बाग को न खरीदना राष्ट्र के लिए लज्जा की बात होगी। क्या हम उन पाँच सौ या इससे भी अधिक लोगों को भूल सकते हैं, जो नैतिक और कानूनी दोनों दृष्टियों से निरपराध होने पर भी मार डाले गए थे। अगर उन्होंने जानबूझ कर स्वेच्छा से मृत्यु स्वीकार की होती, तो जिस समय उन पर पचास राइफलों से गोलियों की बौछार की जा रही थी, उस समय अगर उन्होंने अपनी जगह डटे रहकर उनको झेला होता, तो इतिहास में उनका नाम संतों, शूरवीरों और देशभक्तों के रूप में लिखा जाता, लेकिन जिस रूप में यह दुर्घटना घटी, उस रूप में भी यह सर्वाधिक राष्ट्रीय महत्त्व की बात है।

वेदना और कष्टों से ही राष्ट्र प्रसूत हुआ करते हैं। जो लोग हमारी राजनीतिक स्वतंत्रता की लड़ाई में बिना किसी अपराध के या दूसरों के अपराधों के चलते अपने प्राण गँवा बैठे या अन्य कष्ट झेले, यदि हम उनकी स्मृति को सम्मान से सँजोकर नहीं रखते हैं, तो हमें एक राष्ट्र माने जाने का कोई अधिकार नहीं है। जब हमारे असहाय देश-भाइयों का निर्ममतापूर्वक कत्लेआम किया जा रहा था, उस समय हम उनकी रक्षा नहीं कर सके। अगर हम चाहें तो इस अन्याय का बदला लेने से इंकार करेंगे या कह सकते हैं कि उनके दुःख से हम भी दुःखी हैं। ऐसा करने का तरीका होगा—एक राष्ट्रीय स्मारक स्तंभ खड़ा करके दुनिया को यह बात बता देना कि इन लोगों की मृत्यु के रूप में हम सभी ने अपने कुटुंबियों

को ही खोया है। यदि राष्ट्रीय चेतना में बंधुत्व की इतनी भावना भी न हो, तो मेरे लिए वह कोई अर्थ नहीं रखता।''

देश विभाजन और गांधी

गांधीजी ने कहा था—''भारत के टुकड़े करने से पहले मेरे शरीर के टुकड़े करने होंगे।'' गांधीजी ने यह भी कहा था कि ''तैंतीस करोड़ हिन्दू-मुसलमान दोनों अपने-अपने धर्म में पक्के हैं। वे खुदा का नाम लेने वाले हैं, ईश्वर के नाम पर मर मिटने वाले हैं। एक गाय की हत्या पर एक हजार हिन्दू खून लेने वाले और अपना खून बहाने वाले तैयार हैं। एक मुसलमान के अपमान की खातिर अनेक मुसलमान अपना खून देने और खून लेने को तैयार हैं। जब तक देश में ऐसे हिन्दू और मुसलमान मौजूद हैं, तब तक मैं कभी नहीं कहूँगा कि हिन्दुस्तान के लिए स्वराज्य लेना असम्भव है।''

एक पत्र लेखक ने गांधीजी की शिकायत की कि गांधीजी ने पहले ये घोषणा की थी कि भारत के टुकड़े होने से पहले उनके शरीर के टुकड़े करने होंगे। लेकिन अब वे कमजोर पड़ गये हैं।

अपने प्रार्थना-प्रवचन में गांधीजी ने इसका उत्तर देते हुए कहा था कि ''जब मैंने वह घोषणा की थी, तब मेरा विश्वास था कि लोकमत मेरे साथ है। लेकिन जब लोकमत मेरे विरुद्ध है, तब क्या मैं उसे दबाऊँ?''

गांधीजी ने अपनी मन की बात को प्रकट करते हुए कहा कि ''मेरे न चाहने पर भी भारत का विभाजन हो गया। इससे मुझे गहरी चोट लगी है। परन्तु जिस ढंग से विभाजन हुआ, उसके कारण मुझे और अधिक चोट लगी है। मैंने प्रतिज्ञा की है कि आज की आग को बुझाने के प्रयत्न में या तो कुछ कर जाऊँगा या मर जाऊँगा। मैं जितना अपने देशवासियों से प्रेम करता हूँ, उतना ही समस्त मानव जाति से प्रेम करता हूँ क्योंकि ईश्वर सभी मानव प्राणियों के हृदयों में निवास करता है और मैं मानव जाति की सेवा द्वारा जीवन के सर्वोच्च स्थिति को प्राप्त करने की आकांक्षा रखता हूँ।''

गांधी के अतिरिक्त किसी ने यह नहीं कहा कि भारत के टुकड़े करने

से पहले मेरे शरीर के टुकड़े करने होंगे। गांधीजी की इस आवाज में देश के लोग शामिल हो गये होते, तो शायद परिणाम कुछ भिन्न ही होता। लेकिन, उनकी पीड़ा को न तो कोई समझा और न ही कोई उनका समर्थन किया। सिर्फ विभाजन का दोष गांधीजी पर मढ़ दिया।

देश तो सबका था, उत्तरदायित्व भी सभी का था। फिर प्रश्न अकेले गांधीजी से क्यों? कांग्रेस ने विभाजन को स्वीकार कर लिया। गांधीजी कांग्रेस के साथ ही समस्त आन्दोलनों का नेतृत्व करते रहे। कांग्रेस की सहमति के बाद विभाजन के प्रश्न पर आन्दोलन करने का आशय यह होता कि कांग्रेस के विरुद्ध भी आन्दोलन करना होता। अन्य कोई संगठन गांधीजी के समर्थन में पहले भी नहीं था। जब तक देश आज़ाद नहीं था, तब तक गांधीजी आगे थे और देश उनके पीछे था और जैसे ही देश आज़ाद हुआ, देश की आजादी के लिए जेल जाने, लड़ने, संघर्ष करने और मरने के लिए तैयार रहने वाले लोग माउंटबेटन के प्रभाव और पद की दौड़ में गांधी को पीछे छोड़, खुद आगे निकल गये।

विभाजन के सम्बन्ध में दिसम्बर 1945 में पेंडरेल मून की एक टिप्पणी उल्लेखनीय है—'हिन्दुओं से देश के बँटवारे पर सहमति ले लेना आसान है, लेकिन मुसलमानों से देश की एकता का आश्वासन पाना आसान नहीं है।' अंग्रेजी सरकार के दृष्टिकोण से बिना ताकत इस्तेमाल किए, मुसलमानों की इच्छा के खिलाफ हिन्दुस्तान को एक करके रखना मुमकिन नहीं था। लेकिन हिन्दुओं की इच्छा के खिलाफ इस देश के बँटवारे में जरूरी नहीं था कि ताकत का इस्तेमाल करना ही पड़े या अगर ऐसा जरूरी भी हुआ तो बहुत कम ताकत का इस्तेमाल करना पड़ेगा। मद्रास, बंबई, यूपी और सेंट्रल प्रोविंस के हिन्दू भले ही पंजाब और बंगाल की अपनी बिरादरियों के इस सुर का समर्थन करते हों कि भारत माता के दो टुकड़े नहीं होने चाहिए, लेकिन एक धर्मयुद्ध की स्थिति में उनके पास शायद ही ये इच्छाशक्ति या ताकत हो कि वे अपने उन भाइयों के साथ कंधे से कंधा मिलाकर लड़ सकें।'

देश कैसे बनता? देश को बनाने वाले लोग कहाँ थे? जब देश की आजादी की बात आयी तो सभी राजाओं ने भी अपना एक संगठन बना लिया था और अंग्रेजों से कहा कि हम सब आपके अधीन रहे हैं। आप जा रहे हैं तो हम सबको स्वतंत्र करके जाइए। सारे राजा स्वतंत्रता की माँग कर रहे थे, परन्तु उन्हें स्वतंत्रता नहीं मिली।

मुसलमानों ने कहा कि अंग्रेजों के आने के पूर्व हमारा साम्राज्य था। हमसे हमारा साम्राज्य छीनकर अंग्रेजों ने यहाँ शासन किया। जब अंग्रेज वापस जा रहे हैं, तो हमारा साम्राज्य हमें वापस करके जायें। देश-विभाजन के लिए ऐसी कई विचारधाराएँ, समस्याएँ, परिस्थितियाँ जिम्मेदार रहीं, न कि गांधीजी। राजा, नवाब, जमींदार सभी तो देश विभाजन की बात कर रहे थे। पूर्वी भारत के लोग अपने हिसाब से माँग रहे थे, दक्षिण भारत के लोग अपने हिसाब से माँग रहे थे, सिक्ख लोग अपने हिसाब से माँग रहे थे, मुस्लिम लोग भी अलग देश की माँग कर रहे थे। पूना पैक्ट भी कुछ हद तक सामाजिक विभाजन की ही बात कर रहा था।

गोलमेज सम्मेलन में गांधीजी को छोड़कर कोई भी नेता देश की बात नहीं कर रहा था। सब अपनी-अपनी जाति व धर्म की बात कर रहे थे। ध्यान देने योग्य बात यह है कि देश विभाजन के समय किसी भी गली, मुहल्ले या चौराहे पर यह नारा नहीं लगा कि देश नहीं बँटने देंगे।

कश्मीर के महाराजा व हैदराबाद के निजाम, भोपाल के नवाब, जूनागढ़ के नवाब, त्रावणकोर आदि रियासतों ने अपने स्वतंत्र होने की पूर्ण कोशिश की। परन्तु सरदार पटेल आदि नेताओं के संयुक्त प्रयास से ही इनका विलय भारतीय संघ में हो पाया। गोवा का विलय सन् 1961 में हुआ। सिक्किम का विलय सन् 1975 में हुआ। हैदराबाद का भी संघर्ष के बाद ही भारत में विलय हुआ। कश्मीर भी संघर्ष के तहत भारत में सम्मिलित हुआ।

मुस्लिम लीग पाकिस्तान कहाँ बना पायी? कांग्रेस बंगाल और पंजाब छोड़कर पूरे देश में जीती। गांधी, नेहरू, पटेल की कांग्रेस बंगाल और पंजाब में कमजोर रह गयी। जिन राज्यों ने गांधी और नेहरू के विचारों को नकारा, उन्होंने पाकिस्तान होने की दिशा में कदम आगे बढ़ा दिए। पाकिस्तान का प्रस्ताव पास होता है, देश में साम्प्रदायिक जहर घुलना शुरू होता है। 1941 के चुनाव में इन इलाकों में कांग्रेस फिर पिछड़ती है। मुस्लिम लीग और हिन्दू महासभा हाथ मिलाते हैं और कांग्रेस को सत्ता से दूर कर देते हैं। 1945 का चुनाव होता है। बंगाल, खैबर, सिंध में पिछली बार हिन्दू महासभा को सीढ़ी बनाकर सत्ता में आई मुस्लिम लीग खुद के बूते सत्ता में आती है। यही तीनों प्रांत पाकिस्तान के रूप में माँगें जाने लगे। और, अंततः पाकिस्तान बना।

जिस जमीन ने गांधी, नेहरू, पटेल की सोच को नकारा। जिस जमीन ने हिन्दू, मुस्लिम या जातीय दल (पंजाब) को प्राथमिकता दी, वहीं पाकिस्तान बना।

9 जून को अपने एक लिखित संदेश में गांधीजी ने कहा कि ''हिन्दुस्तान के दो भाग नहीं होने चाहिए, तो उस वक्त मुझे विश्वास था कि आम जनता की राय मेरे पक्ष में है; लेकिन जब आम राय मेरे साथ न हो तो क्या मुझे अपनी राय जबरदस्ती लोगों के गले मढ़नी चाहिए? आज मैं दावे के साथ कह सकता हूँ कि अगर तमाम गैर-मुस्लिम लोग मेरे साथ हों, तो मैं हिन्दुस्तान के दो टुकड़े नहीं होने दूँगा। लेकिन, आज मुझे स्वीकार करना पड़ता है कि आम राय मेरे साथ नहीं हैं और इस कारण मुझे पीछे हटकर बैठना चाहिए।''

उन्होंने लोगों से बार-बार और लगातार इस बात की गुजारिश की कि जमीन का बँटवारा होने के बावजूद वे अपने दिलों का बँटवारा न होने दें। यदि आज किसी मजबूरी में विभाजन को स्वीकार भी करना पड़ रहा है, तो वे अपने दिलों में दूसरे पक्ष के लिए इतना प्यार और सद्भावना रखें कि एक दिन उन्हें इस विभाजन की व्यर्थता का एहसास हो। लेकिन हुआ इसके ठीक उलट। जैसे ही विभाजन की स्वीकृति की खबर देश में फैली, पूरे देश में खासकर पंजाब, सिंध, बिहार और बंगाल में बड़े पैमाने पर दंगे भड़क उठे। प्यार की ताकत के सहारे विभाजन को बेमानी बना देने की गांधी की सीख की जगह न सिर्फ जमीन पर, बल्कि दिलों में भी लोगों के खून से विभाजन की लकीरें खींच दी गई। जब पूरा देश हिंसा की चपेट में धू-धू करके जल रहा था, तब गांधी किसके खिलाफ अनशन करते? यदि जनमत उनके अनुकूल होता, तो वे किसी की भी परवाह न करके विभाजन के खिलाफ पूरी ताकत से लड़ाई लड़ते। मगर ऐसा था नहीं।

ऐसे में गांधीजी ने वही किया, जो वे ऐसी स्थिति में सर्वोत्तम ढंग से कर सकते थे। अपनी पूरी क्षमता के साथ जितना संभव हो, आपसी द्वेष और घृणा की इस आग को अपने सत्य और अहिंसा के तपबल से बुझाने की कोशिश की। पहले नोआखली, फिर बिहार, कलकत्ता और अंत में दिल्ली। गांधीजी हर जगह सत्य और अहिंसा पर अपनी असंदिग्ध निष्ठा के सहारे स्थितियों को नियंत्रण में लाने का प्रयास करते रहे। आश्चर्य नहीं कि जिन इलाकों में हिंसा और दंगों पर काबू पाने में सेना और पुलिस पूरी तरह से असफल साबित हुई,

वहाँ गांधीजी के प्रेम, सद्भाव और निश्छलता ने अपना असर दिखाया।

आजादी से पूर्व पंजाब के मुख्यमंत्री मलिक खिजर हयात खान थे। मुस्लिम लीग वैधानिक तरीके से इनके ऊपर दबाव नहीं बना पा रही थी, तो उसने हिंसा का आश्रय लिया। मुस्लिम लीग ने प्रांतीय संघर्ष समिति बनायी और सेना को बेकार समझकर बेच दी जाने वाली फौलाद की वर्दियां खरीद कर दीं। वर्दियां पहनाकर फौजी कवायद सिखायी गयी। बहुतों को तमंचों और बन्दूकें भी दी गयीं। राष्ट्रीय स्वयं सेवक संघ ने भी सैनिक ढंग का अपना संगठन शुरू किया।

इन गैर सरकारी संगठनों के अनैतिक कार्यों को देखते हुए सरकार ने दोनों संगठनों (मुस्लिम लीग और राष्ट्रीय स्वयं सेवक संघ) को अवैध घोषित कर दिया। राष्ट्रीय स्वयं सेवक संघ ने उक्त आदेश का पालन करते हुए अपनी गतिविधि बन्द कर दी। जबकि मुस्लिम लीग ने पुलिस को तलाशी लेने से मना कर दिया और अपनी गतिविधियों में संलिप्त रही। मुस्लिम लीग ने पंजाब में भयंकर आन्दोलन शुरू कर दिया। फरवरी के अंतिम सप्ताह में पंजाब सरकार और मुस्लिम लीग के बीच समझौता हो जाने के कारण प्रतिबन्ध हटा लिया गया।

मुस्लिम लीग की तरफ से कानून की खुली अवज्ञा की जाती रही। लीगी गुंडागिरी को मजबूती से दबा देने की मिश्रित सरकार की असमर्थता ने पंजाब की गैर-मुस्लिम जनता में इतनी कटुता पैदा कर दी थी कि मंत्रिमंडल के यूनियनिस्ट मुस्लिमों और हिन्दू सिक्ख समर्थकों में फूट पड़ गई। लीग यही चाहती थी। चार दिन बाद पंजाब के मुख्यमंत्री ने लीग के बढ़ते हुए दबाव का प्रतिकार न कर सकने के कारण और शायद इस डर से कि अब उनका मंत्रिमंडल हिन्दू और सिक्ख समर्थन पर भरोसा नहीं रख सकता, 2 मार्च को त्यागपत्र दे दिया। लीग ने इस अवसर पर रोशनी करके खुशियाँ मनायी।

3 मार्च को पंजाब के गवर्नर सर इवान जैन्किन्स ने पंजाब विधानसभा में मुस्लिम लीगी दल के नेता ममदोत खां को सरकार बनाने के लिए आमंत्रित किया। उन्होंने आमंत्रण स्वीकार कर लिया। एक ऐसे दल के द्वारा जिसने बल पूर्वक पाकिस्तान की स्थापना करने का इरादा खुले तौर पर जाहिर कर दिया था, पंजाब में सरकार बनाने की संभावना से पंजाब के गैर मुस्लिम वर्गों में आतंक फैल गया। परिणाम स्वरूप पंथिक अकालीदल ने एक प्रस्ताव पारित किया कि

जब तक मुस्लिम लीग का उद्देश्य सिक्खों की मातृभूमि पंजाब पर मुसलमानों का प्रभुत्व या पाकिस्तान स्थापित करना है, तब तक प्रांत में मुस्लिम लीगी सरकार की स्थापना का 'तमाम संभव साधनों द्वारा प्रतिकार' किया जाए।

4 मार्च को हिन्दू और सिक्खों ने लाहौर में पाकिस्तान विरोधी दिवस मनाया। निषेधाज्ञा तोड़ कर गैर मुस्लिम विद्यार्थियों ने जुलूस निकाला। पुलिस ने उन पर गोली चलायी और परिणाम स्वरूप अनेक लोग हताहत हुए।

5 मार्च को मलिक खिजरहयात खान की सरकार ने इस्तीफा दे दिया। मुस्लिम लीग अब भी सदन में आवश्यक बहुमत नहीं बना सकी, इसलिए गवर्नर ने भारतीय शासन-विधान की 93वीं धारा लागू कर दी। विधान सभा की बैठक अनिश्चित काल के लिए स्थगित कर दी और प्रांत के शासन की बागडोर स्वयं संभाल ली। इसने अमृतसर, रावलपिंडी और मुल्तान शहर में, पंजाब के रावलपिंडी, मुल्तान और झेलम के ग्रामीण भागों में और उत्तर पश्चिम सीमाप्रान्त के एबोटाबाद जिले में भी मुसलमानों की तरफ से व्यापक दंगे छेड़ दिये जाने के संकेत देने का काम किया। दंगाइयों ने इन सब स्थानों में एक ही तरह की पद्धति अपनाई, इससे भी पता चलता था कि उसके पीछे कोई सुनिश्चित और सुनियोजित योजना थी।

पंजाब सरकार के मुख्य सचिव श्री मैकडॉनल्ड के वक्तव्य के अनुसार 19 मार्च 1947 की दोपहर तक मुस्लिम लीग की छेड़ी हुई मुहिम ने 2049 हिन्दुओं और सिक्खों को मौत के घाट उतार दिया था और 1103 लोगों को बुरी तरह घायल कर दिया।

यह सब देखकर पंडित नेहरू ने कहा कि इन दुःखद घटनाओं ने इस बात का प्रत्यक्ष प्रमाण दे दिया है कि हिंसा और दबाव से पंजाब की समस्या का निपटारा नहीं हो सकता और दबाव पर आधारित कोई व्यवस्था स्थाई नहीं हो सकती। इसलिए कोई ऐसा रास्ता निकालना जरूरी है, जिसमें जबरदस्ती की मात्रा कम से कम हो। इसके लिए पंजाब को दो प्रांतो में बाँट देने की जरूरत होगी। ताकि मुख्यतः मुस्लिम भाग को मुख्यतः गैर मुस्लिम भाग से अलग किया जा सके।

इस तरह कांग्रेस की तरफ से पंजाब के विभाजन की माँग की गयी। कांग्रेस को उम्मीद थी कि इस माँग से लीग के सामने ''कटे-छटे, कीड़ों के खाये

हुए जैसे'' पाकिस्तान के मिलने की ही सम्भावना खड़ी होगी, जिसके बारे में कांग्रेस यह मानकर चल रही थी कि मुस्लिम लीग पाकिस्तान की माँग पर जोर नहीं देगी। संयोगवश कांग्रेस कार्य समिति द्वारा किया गया स्थिति का अध्ययन बिल्कुल गलत निकला।

पंजाब में जो कार्य पद्धति इतनी सफल सिद्ध हुई, वही उत्तर पश्चिम सीमा प्रान्त में भी काम में ली गई और वहाँ भी वह उतनी ही सफल सिद्ध हुई।

जब नोआखली में दंगा हुआ, तो पश्चिम बंगाल के हिन्दुओं ने सोचा कि पूरा पश्चिम बंगाल बांग्लादेश में चला जायेगा। पश्चिम बंगाल में कलकत्ता के लोगों ने कहा कि हम बांग्लादेश नहीं जायेंगे। हम तो भारत में ही रहेंगे। इसलिए इसका विभाजन हो।

फरवरी 1947 के अंतिम सप्ताह में नोआखली में हिन्दू-मुस्लिम एकता के लिए काम कर रहे गांधीजी का ध्यान डॉ. अमिय चक्रवर्ती ने बंगाल विभाजन योजना की ओर दिलाया। बंगाल विभाजन की बात सुनकर गांधीजी को अत्यधिक दुःख हुआ। जो बात अभी तक कानाफूसी तक सीमित थी, उसकी अब लोग खुलेआम चर्चा कर रहे थे।

4 अप्रैल को केन्द्रीय विधानसभा के बंगाली हिन्दू सदस्यों के हस्ताक्षर से एक निवेदन वायसराय के सामने प्रस्तुत किया गया। उसमें भारतीय संघ (इण्डियन यूनियन) के भीतर पश्चिम बंगाल का एक अलग स्वायत्त प्रांत बनाने की माँग की गयी। इसके अनुसार बंगाल के जो भाग भारतीय संघ के भीतर रहना चाहते हैं, उन्हें वहीं रहने देना चाहिए और भारतीय संघ के भीतर उनका एक अलग प्रांत बना देना चाहिए।

गांधीजी और बादशाह खान अंग्रेजों की छत्रछाया में किसी भी तरह के विभाजन के विरोधी थे। गांधीजी के अनुसार अगर कांग्रेस, पंजाब और बंगाल का विभाजन करने के लिए अंग्रेजों का सहारा लेती है, तो यह हार स्वीकार करने के समान होगा।

गांधीजी को विभाजन का कोई भी तर्क स्वीकार्य नहीं था। उनका कहना था कि विभाजन से हमारी कठिनाइयाँ हल नहीं होंगी। बल्कि पहले से मौजूद कठिनाइयाँ तो बढ़ेंगी ही, साथ ही और नई पैदा हो जायेंगी। परन्तु न तो गांधीजी इस बात को कांग्रेस कार्यकारिणी को समझा सके और न ही कांग्रेस

कार्यकारिणी गांधीजी को समझा सकी।

गांधीजी ने वायसराय को सूचना दे दी कि कांग्रेस कार्यकारिणी को अपने मत के अनुसार बनाने में मुझे सफलता नहीं मिली है। उनका (गांधी) और उनके साथियों का मार्ग अलग-अलग होने का समय आ गया है। इस संबन्ध में गांधीजी ने लार्ड माउंटबेटन को पत्र लिखा—

गांधीजी का पत्र लॉर्ड माउंटबेटन को

11 अप्रैल 1947

‘‘पंडित नेहरू के साथ थोड़ी-थोड़ी देर के लिए कई बार और एक बार एक घंटे तक मेरी अकेले में बातें हुई हैं और फिर कल रात को कांग्रेस कार्यसमिति के कई सदस्यों के साथ उस योजना के बारे में मेरी चर्चा हुई, जिसकी रूपरेखा मैंने आपके सामने रखी थी और जिसके समस्त गूढ़ार्थ मैंने उन्हें समझा दिये थे। मुझे अफसोस के साथ कहना पड़ रहा है कि बादशाह खान के सिवा मैं उनमें से किसी को भी अपनी बात समझाने में सफल नहीं हुआ।”

13 अप्रैल को गांधीजी ने चलती गाड़ी में से सरदार पटेल को पत्र लिखा—

‘‘मैं आपसे एक बात पूछना चाहता था, परन्तु समय न होने के कारण नहीं पूछ सका। मैं देखता हूँ कि हमारे विचारों में व्यापक और बार-बार मतभेद पैदा होता है, ऐसी स्थिति में क्या यह उचित है कि मैं अपनी व्यक्तिगत हैसियत में भी वायसराय से मिलूँ?

इस पर अनासक्त होकर आप विचार करें और अपने सामने देश का हित ही रखें। चाहें तो दूसरों से भी इस बारे में चर्चा कर लें। आपके मन में इस बात की जरा भी शंका नहीं होनी चाहिए कि मैं कोई शिकायत कर रहा हूँ। मैं तो यही सोचता हूँ कि देश के सर्वोच्च कल्याण की दृष्टि से मेरा क्या कर्तव्य है। संभव है कि करोड़ों लोगों के कामकाज की व्यवस्था करते हुए आप वह चीज देख सके हों, जो मैं नहीं देख पाता। मैं आपकी जगह होऊँ तो शायद मैं भी वही करूँ और कहूँ जो आप करते और कहते हैं।’’

कांग्रेस वर्किंग कमेटी ने गांधीजी से सलाह लिये बिना मार्च 1947 के पहले सप्ताह में पंजाब को मुस्लिम बहुमत वाले और हिन्दू बहुमत वाले क्षेत्रों में बाँट देने का अपना प्रस्ताव पास किया। बिहार में हिन्दू-मुस्लिम एकता के लिए

प्रयास कर रहे गांधीजी को पंजाब विभाजन की सूचना अखबारों के माध्यम से मिली, तो उन्हें ऐसा लगा कि उनके पाँव तले से जमीन खिसक गई हो।

प्रस्ताव पास होने के लगभग एक पखवाड़े तक कांग्रेस के वरिष्ठ नेताओं की ओर से कोई समाचार नहीं आया। 20 मार्च को एक पत्र में गांधीजी ने पं. नेहरू को लिखा—''मैं बहुत दिनों से तुम्हें पत्र लिखकर पूछना चाह रहा था कि पंजाब के विभाजन पर कार्यसमिति के प्रस्ताव का क्या हुआ? मैं उसके पीछे का कारण जानना चाहता हूँ।''

पंडित नेहरू ने गांधीजी को उत्तर देते हुए पत्र लिखा—''हमें तुरन्त इस विभाजन पर जोर देना चाहिए, ताकि मुस्लिम लीग की वास्तविकता सामने आ जाये। असल में जिन्ना के माँगे हुए विभाजन का यही एकमात्र उत्तर है। पंजाब में मुसलमानों के सिवा सब लोग इस प्रस्ताव के अनुकूल हैं। अभी तो कानून में कोई परिवर्तन किये बिना यह एक प्रशासनिक निर्णय है।''

ऐसी बात की पहले के जमाने में तो कभी कल्पना ही नहीं की जा सकती थी। जब गांधीजी भारत के एक सिरे से दूसरे सिरे तक यात्रा कर रहे होते, तब भी कांग्रेसी नेता कोई महत्वपूर्ण निर्णय करने से पहले गांधीजी की सलाह लिये बिना नहीं रहते थे।

इस प्रकार माउंटबेटन, कांग्रेस कार्य समिति और मुस्लिम लीग—सब अलग-अलग कारणों से और एक-दूसरे से मतभेद रखते हुए भी, सब मिलकर एक ही नारा (विभाजन) लगाने लगे और ''राष्ट्र की आवाज'' गांधीजी की जन्मभूमि की ऊँची राजनीति के पटांगण में ''अरण्य की आवाज'' बन गई।

क्रांति के बलबूते अगर इस देश को आजादी मिलती, तो यह देश कम से कम बीस खंडों में बँटा होता। एक गांधी ही थे, जिन्होंने पूरे देश को एक सूत्र में तथा एक आंदोलन में बांध लिया। गांधी नहीं होते, तो जो-जो प्रांत जहाँ-जहाँ बगावत कर रहे थे, वहाँ-वहाँ अपना देश बनाकर रहते। जैसे यूरोप में छोटे-छोटे देश हैं, वैसे ही भारत में अलग-अलग, छोटे-छोटे देश होते।

गांधीजी का मानना था कि अंग्रेजों को भारत का विभाजन करने का कोई अधिकार नहीं है। उनके अनुसार दो भाइयों की लड़ाई में तीसरे को निर्णायक बनाना आत्मघाती है। उन्हें उम्मीद थी कि यदि एक बार देश स्वतंत्र हो गया, तो उसके बाद विभाजन का मुद्दा धीरे-धीरे अपनी धार खो देगा। लेकिन मुस्लिम

लीग विभाजन पर अड़ी हुई थी। केन्द्र की मिलीजुली सरकार में मुस्लिम लीग के मंत्रियों के अड़ियल और असहयोगात्मक रवैये के कारण कांग्रेस के नेता बुरी तरह से परेशान थे। उन्हें लगता था कि इस परेशानी से हमेशा के लिए छुटकारा पाने का एकमात्र उपाय विभाजन ही है।

सरदार पटेल ने अपने एक भाषण में कहा था कि ''हमने हिंदुस्तान के टुकड़े किए जाना कबूल कर लिया। कई लोग कहते हैं कि हमने ऐसा क्यों किया, यह गलती थी। मैं अभी तक नहीं मानता कि हमने कोई गलती की। साथ ही यह मानता हूँ कि अगर हमने हिंदुस्तान के टुकड़े मंजूर नहीं किए होते तो आज जो हालत है, उससे भी बहुत बुरी हालत होने वाली थी। तब हिंदुस्तान के दो टुकड़े नहीं, बल्कि अनेक टुकड़े हो जाने वाले थे। मैं आपको इस बात की गहराई में नहीं ले जाना चाहता हूँ, लेकिन यह बात मैं अनुभव के आधार पर बताना चाहता हूँ। मेरे सामने वह सारी तस्वीर है कि हम किस तरह एक साल सरकार चला पाए थे और अगर हमने यह चीज कबूल न की होती तो क्या होता?''

आप इतना भरोसा रखें कि जब मैंने और मेरे भाई पं. नेहरू ने यह कबूल किया कि अच्छा ठीक है, अगर बँटवारा जरूरी है और इसके बिना मुसलमान नहीं मानते, तो हम इसके लिए भी तैयार हैं। जब तक हम परदेशियों को न हटा दें, विदेशी हुकूमत न हटा दें, तब तक रोजाना ऐसी हालत होती जाती थी। हमें साफ तौर से दिखाई पड़ रहा था कि हिंदुस्तान का भविष्य नहीं रहेगा और परिस्थिति काबू से बाहर चली जाएगी। इसलिए हमने सोचा कि अभी दो टुकड़े करने से काम ठीक हो जाता है, तो वैसा ही कर लो।

हमने मान लिया कि ठीक है, अगर अलग घर लेकर ही अपना भाई शांत हो जाता है और अपना घर संभाल लेता है, तो हम भी अपना घर संभाल लेंगे। हमने यह बात इसी उम्मीद से मानी थी कि हम शांति से अपना काम करेंगे। उसमें हमारी गलती हुई। मैं यह नहीं कहता कि टुकड़े करने में हमारी गलती हुई, गलती इसमें हुई कि टुकड़े करने के बाद हमने वह काम किया, जो नहीं करना था। आजादी के बाद दुनिया में हमारी इज्जत बढ़ी थी और 15 अगस्त के बाद दुनिया में हमारी एक जगह बन गई थी।

दूसरे देशों के लोग यह शक करने लगे कि हम लोग हुकूमत करने के लायक भी हैं या नहीं? कई अंग्रेज ऐसे भी थे, जो समझते थे कि जब वे हिन्दुस्तान का किनारा छोड़कर जाएँगे, तो मुंबई (तब बंबई) के बंदरगाह पर लोग आएँगे और कहेंगे कि तुम इस देश से मत जाओ, यहीं रहो। वे मानते थे कि हम अपना राज नहीं चला सकेंगे। हमने एक तरह से तो हिन्दुस्तान को ठीक कर लिया।

जब बंगाल अलग हुआ, तो बंगाल में गांधीजी बैठे थे, इसलिए उन्होंने वहाँ की हालत को संभाल लिया। उम्मीद से भी कहीं अच्छी तरह संभाला। उससे दुनिया पर बहुत असर पड़ा। हम पर भी असर पड़ा। लेकिन पंजाब में जो हुआ, वह बहुत ही बुरा हुआ। पंजाब और उत्तर पश्चिम के सरहदी प्रांत में जो अत्याचार हुआ, उसे बयान करने में दिल फट जाता है। पंजाब तो हिन्दुस्तान का सिर है। इस तरह जख्मी देश को उठाने के लिए हम सबने बहुत कोशिश की और हिन्दुस्तान को संगठित कर लिया।

जब तक हिन्दुस्तान का पूरी तरह से हृदय परिवर्तन न हो जाए और जैसे देश को काम करना चाहिए वैसे वह न करे, तब तक हमारा काम पूरा नहीं होगा। तब तक गांधीजी को चैन नहीं आएगा, वह बेचैन हैं। उनको दिल्ली में छोड़कर आया हूँ, तो मुझे भी बहुत दर्द हुआ है। (उन दिनों गांधीजी दिल्ली में अपने जीवन का अंतिम उपवास कर रहे थे।) लेकिन यहाँ न आता, तो भी मुसीबत थी। जो बात दिल से निकलनी चाहिए, जल्दी से वह निकलती भी नहीं, उसमें इतना दर्द भरा है।

गांधीजी की अवस्था देश विभाजन के समय 79 वर्ष की थी। इस अवस्था में पूरे देश के विरुद्ध बिना किसी सहयोग से लड़ने की परिकल्पना करना बेमानी है। इस अवस्था में तो लोग ठीक से चल फिर भी नहीं पाते और गांधीजी से लोग पूरे देश के विरुद्ध आन्दोलन करने की उम्मीद कर रहे थे। जबकि उनकी निगाह में गांधीजी की योग्यता कुछ थी ही नहीं।

सरदार पटेल ने पं. नेहरू की बात का समर्थन किया और कहा कि हमें विभाजन स्वीकार करना पड़ा, क्योंकि हमारे सामने प्रशासन के भीतर अंग्रेजों और मुस्लिम लीग के गुट की अड़ंगेबाजी से छुटकारा पाने का कोई और रास्ता

नहीं रह गया था। यह गुट देश के तोड़फोड़ की धमकी दे रहा था। मैं अपने सिंधी भाइयों के डर को पूरी तरह समझता हूँ।

भारत का विभाजन किसी को पसन्द नहीं है और मुझे इसके लिए गहरा दुःख है। परन्तु हमारे सामने स्पष्ट वास्तविकताएँ थीं, जिन पर हमें ध्यान देना पड़ा। हमें यह चुनाव करना था कि भारत का एक ही विभाजन हो या अनेक हो। कांग्रेस के लिए तथ्यों का सामना करना जरूरी था। वह भावुकता में नहीं बह सकती थी। उसे पक्ष और विपक्ष की बातों का ठंडे दिमाग से हिसाब लगा कर किसी निर्णय पर पहुँचना था।

सरदार पटेल ने इस बात से इनकार किया कि कांग्रेस कार्यसमिति ने डर के मारे इस योजना को स्वीकार किया है। डर तो हमने कभी जाना ही नहीं। परन्तु मुझे एक बात का डर है और वह यह कि हमारा इतने वर्षों का परिश्रम और कार्य कहीं व्यर्थ न हो जाये या असफल सिद्ध न हो। हमने स्वाधीनता के लिए काम किया है और हमें यह देखना चाहिए कि देश का अधिक से अधिक और बड़ा भाग स्वतंत्र और बलवान बने।

स्पष्ट है कि कांग्रेस ने बिना गांधी को बताये पंजाब, बंगाल व भारत के विभाजन का प्रस्ताव पास किया। कांग्रेस ने इस प्रस्ताव को पास करने से पहले गांधीजी से कोई राय नहीं ली, बल्कि तथ्यों को छुपाकर व अँधेरे में रखकर कांग्रेस कार्य समिति ने विभाजन का प्रस्ताव पास किया, जिसकी सूचना गांधीजी को समाचार पत्रों के माध्यम से मिली। विभाजन की सूचना पर गांधीजी अत्यंत व्यथित हुए। विभाजन के विरुद्ध देश की भावनाओं को दृष्टिगत रखते हुए अंततः निराश होकर गांधीजी शांत हो गये। देश विभाजन के लिए जिम्मेदार गांधीजी नहीं हैं।

गांधीजी के संपूर्ण जीवन में कोई ऐसा वक्तव्य या कार्य नहीं ढूँढ़ा जा सकता, जो दो व्यक्तियों, समाज, धर्म और देश में विभाजन की बात किया हो। गांधीजी के जीवन में एक भी शब्द ऐसा नहीं मिलता, जो देश विभाजन की उनकी इच्छा को इंगित करता हो। गांधीजी तो संपूर्ण मानव जाति के कल्याण के लिए आजीवन संघर्षरत और प्रयत्नशील रहे। सही मायने में विचार किया जाय तो शायद विभाजन शब्द उनके स्वभाव के बिल्कुल विपरीत शब्द है।

कुछ आवाज आती है कि गांधीजी की हत्या देश-विभाजन के कारण हुई

है। यह असत्य प्रतीत होता है। अगर देश-विभाजन से दु:खी होकर किसी की हत्या करनी थी, तो जिन्ना या मुस्लिम लीग के किसी नेता की करते, जो इसके लिए मुख्य रूप से जिम्मेदार थे। देश विभाजन से दु:खी थे, तो उसके खिलाफ लड़ना चाहिए था? वास्तव में, गांधीजी तो विभाजन के किसी फ्रेम में नहीं थे। वे तो विभाजन के सख्त खिलाफ थे। 80 वर्ष के वृद्ध गांधी को हत्या के लिए क्यों चुना? गांधी तो कोई सुरक्षा भी नहीं लेते थे, वे मानते थे कि उनका रखवाला राम है। अंग्रेज तो गांधी को नहीं मार पाये, उन्हें हमने मारा। मारा ही नहीं अट्टाहास भी किया। मारने के बाद खुशियाँ मनायी, मिठाइयाँ बाँटी। यह बात सत्य है कि गांधी विभाजन नहीं रोक पाये। देश विभाजन रोकने में कोई उनका सहयोग भी नहीं किया। उन्हें मारे जाने का किसी को अपराधबोध तक नहीं है।

नोआखली

मुस्लिम लीग ने 16 अगस्त 1946 को 'सीधी कार्यवाही का दिन' घोषित किया, जिसके परिणामस्वरूप नोआखली में भीषण साम्प्रदायिक दंगे हुए। गांधीजी उस समय सेवाग्राम आश्रम में थे। अखबारों के माध्यम से गांधीजी तक इसकी सूचना पहुँची। गांधीजी बहुत दु:खी हुए। उन्होंने पीड़ितों को राहत, सांत्वना देने और दु:ख-दर्द दूर करने के लिए उनके बीच जाने का निश्चय किया।

किसी ने गांधीजी से पूछा कि इतनी साम्प्रदायिक हिंसा और तनाव के बीच पूरे नोआखली में आपको घूमने की क्या जरूरत है? तो गांधीजी ने कहा—''मेरा उद्देश्य लोगों को यह विश्वास दिलाना है कि मेरे मन में किसी के प्रति वैरभाव या दुर्भावना नहीं है। यह विश्वास मैं लोगों को तभी दिला सकता हूँ, जब मैं उन लोगों के बीच रहूँ और घुमूँ-फिरूँ, जो मुझ पर अविश्वास करते हैं।''

गांधीजी ने यह भी कहा कि ''यह त्रस्त नारीत्व की पुकार है, जो मुझे बरबस नोआखली बुला रही है। जब तक झगड़े की अंतिम चिनगारी बुझ न जाए, तब तक मैं बंगाल छोड़कर नहीं जाऊँगा। यदि जरूरत पड़े, तो मैं यहाँ मर जाऊँगा, परन्तु असफलता स्वीकार नही करूँगा।''

जब गांधीजी नोआखली के लिए दिल्ली से चले, तो गांधीजी और उनके दल को, लोगों ने यह चेतावनी दी कि कलकत्ता में इस समय भीषण

साम्प्रदायिक दंगा हो रहा है, वहाँ पहुँचने पर रेल से उतरने के बाद उनकी मोटर की खिड़कियों पर तेजाब के गोले फेंके जा सकते हैं। क्या आपके लिए ऐसा खतरा उठाना ठीक है? नोआखली में आपकी निःशस्त्र उपस्थिति से दंगे के शिकार बने हुए लोगों की क्या रक्षा हो सकती है?

गांधीजी ने कहा—''मैं नहीं जानता कि मैं वहाँ क्या कर सकूँगा? परन्तु मैं इतना तो अवश्य जानता हूँ कि जब तक मैं वहाँ नहीं जाऊँगा, तब तक मुझे आन्तरिक शान्ति नहीं मिलेगी। मैं वहाँ पर किसी का न्यायाधीश बनकर नहीं जा रहा हूँ। मैं वहाँ ईश्वर का सेवक बनकर जा रहा हूँ और जो ईश्वर का सेवक है, उसे ईश्वर की सारी सृष्टि का सेवक बनना पड़ता है।''

जिला मजिस्ट्रेट श्री मैकनर्नी ने दत्तापाड़ा में निराश्रितों के साथ गांधीजी की पहली मुलाकात के समय कहा था कि प्राकृतिक अथवा मानवकृत भयंकर उत्पात के बाद भोजन, वस्त्र, मकान और डॉक्टरी राहत बेशक पहली और प्रारम्भिक आवश्यकताएं हैं। परन्तु इनसे भी अधिक महत्वपूर्ण है साहस। इसलिए नोआखली में इस नाजुक मौके पर गांधीजी की उपस्थिति से अधिक उपयुक्त कोई बात हो ही नहीं सकती। निराश्रितों ने जो कुछ गँवाया है, उसे गांधीजी वापस नहीं ला सकते। परन्तु वे जीवन के उतार-चढ़ाव का सामना साहस, श्रद्धा और आशा के साथ करने का बल उन्हें अवश्य दे सकते हैं।

'एकला चलो' गीत गुनगुनाते हुए गांधीजी नोआखली के गाँवों में नंगे पैरों घूमते रहे। दामिनिक लैपियर एवं लॉरिक कॉलिन्स ने अपनी पुस्तक 'आधी रात को आजादी' में लिखा है कि 'भारत के भाग्य विधाता' गांधीजी नोआखली में डेरा डाले हुए हैं।'

नोआखली की गलियों में पैदल चलने के कारण, जब गांधीजी चाँदपुर पहुँचे, तो उनके पैरों में घाव हो गये थे। परन्तु उन्होंने निश्चय कर लिया कि वे अपनी शेष यात्रा में चप्पल नहीं पहनेंगे क्योंकि उनका कहना था कि जो भूमि गरीब पुरुषों और स्त्रियों के निर्दोष कष्ट सहन से पवित्र हो चुकी थी, उस पर चप्पल पहनकर चलना, उसका अनादर करना होगा।

गांधीजी ने अपने प्रार्थना प्रवचन में कहा—मैं सदैव इस बात की सावधानी रखता हूँ कि मेरे किसी भाव या व्यवहार से अनावश्यक रूप से

किसी की भावनाओं को ठेस नहीं पहुँचे। मैं मुसलमानों के बीच में रहकर तथा उनकी सेवा करके उनके प्रति अपने मित्र भाव का प्रत्यक्ष प्रमाण देने के लिए ही नोआखली आया हूँ।

ईश्वर एक ही है। उसको अलग-अलग नामों से लोग पूजते हैं। साथ ही, मैं हिन्दुओं को भी चेतावनी देता हूँ कि राम नाम को आक्रामक वृत्ति से दूसरे समुदाय को चिढ़ाने के लिए या झूठी बहादुरी दिखाने के लिए नहीं गाना चाहिए।

दंगों के शिकार बने एक भाई के घर जब गांधीजी गये, तो घर के मालिक ने उनका यह कह कर स्वागत किया कि अब तक हमने पत्थर की मूर्तियाँ पूजी हैं, परन्तु अब हम मानव के रूप में देवता का दर्शन कर रहे हैं। गांधीजी किसी भी रूप में मनुष्य को देवता के रूप में पूजा जाना पसन्द नहीं करते थे। इसलिए उन्होंने उस भाई को हल्का-सा उलाहना देते हुए कहा, पत्थर के देवता मनुष्य से हमेशा अच्छे होते हैं, क्योंकि कम से कम वे कोई दुष्टता तो नहीं करते।

नोआखली में शांति समिति के कुछ सदस्यों ने स्वेच्छा से गांधीजी के आगमन का ख्याल करके, फिर से समाधियों को मूल रूप देने का वचन दिया। बाद में वे लोग गांधीजी से उस समय मिले, जब कुल-मंदिर में गांधीजी ने मूर्ति की पुनर्स्थापना का संस्कार किया। गांधीजी के सामने ही उन्होंने अपनी यह प्रतिज्ञा दोहराई कि भविष्य में अपने प्राण देकर भी वे अपने हिन्दू भाइयों के प्राणों, उनके सम्मान और धर्म की रक्षा करेंगे। दंगों के बाद नोआखली में इस प्रकार की यह पहली ही घटना थी।

गांधीजी जिन रास्तों से होकर गुजरते थे, उन रास्तों पर कुछ उपद्रवी लोगों ने काँच के टुकड़े, काँटे, गोबर व मल डालकर गंदा कर दिया था। जब गांधीजी का ध्यान इस ओर दिलाया गया, तो वे बोले, ''मुझे यह अच्छा लगता है। इससे मेरी कोई हानि नहीं होती और उन लोगों को अपने मन का गुबार निकालने का मौका मिलता है।'' गांधीजी के जाने के रास्तों में लोग पेड़ पर लिखकर टाँग देते थे कि 'गांधी आओगे, तो मारे जाओगे।' गांधीजी की यात्रा में अक्सर इसी प्रकार का 'स्वागत' उनके भाग्य में लिखा होता था।

गांधीजी की दृष्टि से भारत में ही नहीं, बल्कि सारी दुनिया में समस्या यह थी कि लोग सूत्रों और नारों के प्रवाह में अपने को बह जाने देते हैं। विभिन्न

वादों के प्रचलित भ्रम में फँसकर वे छाया के लिए आपस में लड़ते हैं और मूल वस्तु को अपने हाथ से निकल जाने देते हैं। उन्होंने कहा, यदि नोआखली मे मैं प्रत्यक्ष रूप में यह प्रमाणित कर सकूँ कि आखिर में तो पाकिस्तान हो अथवा अखंड हिन्दुस्तान, जीवन की दैनिक बातें ही अधिक महत्व रखती हैं। आम लोग अपने लिए संतोषजनक ढंग से उन्हें हल कर सकते हैं और अपनी ही मेहनत, बुद्धि, मेलजोल की शक्ति और आपसी सहयोग से किसी वाद की परवाह किये बिना वे अपने भाग्य के विधाता स्वयं बन सकते हैं। उसका प्रभाव न सिर्फ नोआखली में बल्कि सारे हिन्दुस्तान में अनुभव किया जायेगा और संभव है कि वह दुनिया की भावी शांति के लिए भी मार्ग दिखा सके।

एक बार एक मुसलमान मित्र आये और गांधीजी से पूछने लगे—''आप नोआखली क्यों जाना चाहते हैं? बम्बई, अहमदाबाद और छपरा तो आप नहीं गये?''

नोआखली आप क्या इसीलिए जाना चाहते हैं कि इन दूसरे स्थानों पर पीड़ित लोग मुसलमान हैं, जबकि नोआखली में हिन्दू हैं? क्या ऐसी हालत में आपके नोआखली जाने से भारत के हिन्दू और मुसलमानों का मौजूदा तनाव ज्यादा नहीं बढ़ेगा?

गांधीजी ने उत्तर दिया—आपके बताये हुए किसी भी स्थान पर मैं अवश्य जाता, यदि नोआखली जैसी भीषण घटनाएँ वहाँ हुई होतीं और मुझे यह लगता कि घटना स्थल पर उपस्थित हुए बिना मैं उन लोगों के लिए कुछ नहीं कर सकता। मैंने निश्चय कर लिया है कि जब तक उपद्रव की अन्तिम आग बुझ न जायेगी, तब तक मैं बंगाल नहीं छोड़ूँगा। नोआखली में मैं यहाँ के लोगों के बीच रहने, उनके सुख-दुःख में हिस्सेदार बनने तथा दोनों (हिन्दू-मुसलमान) को मिलाने के लिए अथवा इस प्रयत्न में मर मिटने के लिए यहाँ आया हूँ। मैं यहाँ पूरे वर्ष या इससे भी अधिक ठहर सकता हूँ। आवश्यक हुआ तो मैं यहीं मरूँगा, परन्तु मैं हार नहीं मानूँगा।

मैंने दक्षिण अफ्रीका में वहाँ की सरकार के विरुद्ध 20 वर्ष तक और पिछले 30 वर्ष तक भारत में विदेशी सरकार के विरुद्ध घोर लड़ाई लड़ी है। परन्तु भाई-भाई की लड़ाई, जो आप लोग लड़ रहे हैं, वह मेरे अनुभव में सबसे

भयंकर लड़ाई है। इससे मैं किंकर्तव्यविमूढ़ हो गया हूँ, परन्तु मैं बंगाल से खाली हाथ न जाने का निश्चय कर चुका हूँ। मेरे शब्दकोष में 'निराशावाद' शब्द कहीं नहीं है।

यदि कोई दल बुरा काम करे, तो उसके विरोधी दल को वैसा ही बुरा काम करने का अधिकार नहीं मिल जाता। यदि आप लोग बदले की भावना के शिकार हो जायेंगे, तो हिंसा की आग उन सबको भी जलाकर भस्म कर देगी, जो उसे सुलगायेंगे।

गांधीजी ने अपने लिखित संदेश में कहा कि ''जहाँ कांग्रेस सत्तारूढ़ है, वहाँ यदि कांग्रेस जन मुसलमानों की रक्षा न कर सके, तो कांग्रेस सरकार के होने से क्या लाभ? इसी प्रकार यदि किसी मुस्लिम प्रान्त में मुस्लिम मुख्यमंत्री हिन्दुओं की रक्षा न कर सके, तो उनका वहाँ रहना व्यर्थ है।

यदि दोनों में से कोई एक अथवा दोनों अपने-अपने प्रान्तों में मुस्लिम या हिन्दू अल्पसंख्यकों की रक्षा करने के लिए सेना की सहायता लेने के लिए मजबूर होता है, तो इसका मतलब यह हुआ कि उनमें से किसी को भी संकट के समय सामान्य गहराई और गम्भीरता से चिन्तन-मनन करना चाहिए।''

जिस समय गांधीजी नोआखली में—जहाँ हिन्दू दंगों के शिकार हुए थे—अपना शान्ति मिशन पूरी शक्ति लगाकर चला रहे थे, उस समय भी उनका हृदय बिहार के मुसलमानों के लिए कम दुःखी नहीं था। गांधीजी की पूछताछ के उत्तर में बिहार सरकार ने उन्हें बिहार की स्थिति की जानकारी देने के लिए बिहार के एक मंत्री और कई प्रतिनिधि अधिकारियों को भेजा। नोआखली के साम्प्रदायिक तनाव के सम्बन्ध में मुसलमानों की एक मंडली ने गांधीजी से वाद-विवाद करने की कोशिश की, परन्तु उन्होंने यह चुनौती स्वीकार करने से इनकार कर दिया। और, कहा कि नोआखली में मेरा उद्देश्य शब्दों की अपेक्षा कार्यों के द्वारा बोलने का है। जब तक मैं अपने सेवा कार्यों में अटल रह सकता हूँ, तब तक मुझे तर्क में पराजय स्वीकार करने की परवाह नहीं है। सेवा काल में मैं कभी हार नहीं मानूँगा।

एक बार जब गांधीजी आताकोरा गये, तो उन्हें पता चला कि एक अत्यन्त बूढ़े पति-पत्नी गांधीजी से मिलने के लिए बहुत उत्सुक हैं, तो उन्होंने कहा कि

मैं खुद उनकी झोपड़ी में जाकर उनसे मिलूँगा। शाम को गांधीजी दोनों से मिलने गये। जब बूढ़ा आदमी माला लेकर गांधीजी के पास आया, तो गांधीजी ने उसके हाथ से माला लेकर बूढ़े आदमी के गले में डाल दी, क्योंकि वह उम्र में उनसे बड़ा था। फिर बूढ़ी स्त्री आयी, उसने माला गांधीजी के गले में पहनाई।

गांधीजी के दोनों हाथ अपने हाथों में लेकर बूढ़ी स्त्री ने पूजा के भाव से अपनी आँखों पर, चेहरे पर और सारे शरीर पर उनके आशीर्वाद के लिए लगाया। जब बूढ़ी स्त्री ऐसा कर रही थी, उस समय उसके खुरदरे हाथ और सारा शरीर आनन्द से काँप रहा था। गांधीजी अत्यन्त प्रसन्न हो गये। उनकी आँखें भर आईं और उनका मुख मंडल कोमल स्नेह से चमक उठा। वे बोले—"जब अपने जैसे आदमी मिल जाते हैं, तब अनोखा आनन्द होता है।"

एक बार की घटना उल्लेखनीय है—मुरायम में जिस मौलवी के घर में गांधीजी ठहरे थे, वह उन्हें अपने घर के भीतर ले गया और घर की महिलाओं का उनसे परिचय कराया। उन्होंने गहरी भक्ति से गांधीजी का स्वागत किया। यह देखकर कि उनमें से कुछ स्त्रियाँ गांधीजी के सामने संकोच कर रही हैं और पर्दा रख रहीं हैं। मौलवी जी ने उन्हें हल्का-सा उलाहना देकर कहा—"यह हमारा सौभाग्य है कि गांधीजी जैसा फरिश्ता आज हमारे यहाँ आया है। इनकी पवित्र करने वाली उपस्थिति में पर्दा करना उचित नहीं है।"

हिन्दू और मुसलमान दोनों ही बड़ी श्रद्धा-भक्ति से उनके भाषण सुनने को जमा होते थे। यहाँ तक कि पर्दानशीन मुस्लिम महिलाएँ भी आग्रहपूर्वक गांधीजी की सभाओं में जाने लगीं। गांधीजी को इतना पाक, नेक और साफ दिल समझा जाता था कि उनकी आँखों पर पट्टी बाँधने की जरूरत ही नहीं महसूस की गयी। यह सब देखकर गांधीजी को भी हिन्दू-मुस्लिम एकता की अपनी मनोभिलाषा पूरी होने का विश्वास होने लगा।

शाम की प्रार्थना में सारे हिन्दुओं और मुसलमानों ने मिलकर रामधुन गायी। गांधीजी बोले—"इसका सारा श्रेय मौलवी जी को जाता है। इससे मेरे इस विचार की पुष्टि होती है कि एक व्यक्ति भी यदि सच्चा और शुद्ध हृदय का हो, तो वह अपने आसपास के वायुमंडल को बदल देने के लिए काफी है।"

नोआखली में गांधीजी की यात्रा से धीरे-धीरे अव्यवस्था में से व्यवस्था का जन्म होने लगा। गांधीजी की नोआखली की यात्रा में बंगाल सरकार ने

उनकी रक्षा के लिए सुरक्षा के लम्बे-चौड़े उपाय किये थे। जीपों, सशस्त्र मोटरों और ट्रकों के साथ सशस्त्र पुलिस और सेना के आ जाने से स्थानीय मुसलमानों में आतंक पैदा हो गया। बाजार में अफवाहें फैलने लगीं। उनमें से एक अफवाह यह भी थी कि गांधीजी 'गुंडों' की एक फौज लेकर आ रहे हैं। नोआखली में जिसे भी लोग नापसन्द करते हों, उसके लिए 'गुंडा' शब्द का प्रयोग किया जाता है! गांधीजी के चौमुहानी पहुँचने पर कई प्रमुख स्थानीय मुस्लिम लोग उनसे मिले। उनको आश्चर्य के साथ प्रसन्नता हुई, जब गांधीजी ने उनसे कहा कि आपकी तरह मुझे भी पुलिस और सेना का मोह नहीं है।

नोआखली मे गांधीजी ने प्रस्ताव रखा कि हर गाँव मे एक भला हिन्दू और एक भला मुसलमान अपने घरों को लौटने वाले शरणार्थियों की रक्षा की जिम्मेदारी ले। वे शपथपूर्वक यह घोषणा करें कि वापस आने वालों के साथ हम कोई बुरा व्यवहार नहीं होने देंगे। इसके बदले वे अपना बलिदान भी करने के लिए तैयार रहेंगे। जब यह गारंटी मिल जायेगी, तो लोग अपने घरों को लौट जायेंगे। गांधीजी के प्रस्ताव से सब चकित हो गये। सबसे अधिक आश्चर्य दंगे के शिकार बने लोगों के प्रतिनिधियों को हुआ। उन्हें तो यह आशा थी कि गांधीजी के पहुँचने पर अधिक पुलिस और अधिक सेना आ जायेगी। शायद फौजी कानून घोषित हो जायेगा और समाज-विरोधी तत्वों को, खास तौर पर उनके सरदारों को सबक सिखाने के लिए कठोर उपायों का प्रयोग किया जायेगा।

13 दिसम्बर को श्रीरामपुर के आस-पास के गाँवों से लगभग 100 कार्यकर्ता गांधीजी से सलाह लेने आये। वे अपना एक 'रक्षीदल' संगठित करना चाहते थे। गांधीजी को रक्षीदल नाम नहीं जंचा। दूसरे का 'रक्षक' बनने का दावा कौन कर सकता है? कोई 10 वर्ष का बच्चा हो, नौजवान लड़की हो या वयस्क पुरुष हो, सबको अपनी-अपनी रक्षा की कला सीखनी होगी। यदि आपका यह ख्याल हो कि आप केवल हिंसा के द्वारा ही अपनी और दूसरों की रक्षा कर सकते हैं, तो आपको युद्ध की कला और शस्त्रों का प्रयोग सीख लेना चाहिए। परन्तु ऐसे साहस में मैं आपकी कोई सहायता नहीं कर सकता। इतना ही नहीं, यह मेरा सदा का अनुभव रहा है कि जो लोग तलवार से दूसरों की रक्षा करने चले थे, वे अन्त में स्वयं अत्याचारी बन गये।

मेरी योजना में अनेक लोगों से थोड़ों की रक्षा करने के लिए एक गाँव में बहुत आदमियों की जरूरत नहीं होती। एक-दो आदमी काफी हो सकते हैं। यदि वे अपने कर्तव्य पालन से विचलित न हों और हृदयों में रोष नहीं रखकर अपने प्राण न्यौछावर कर दें, तो कदाचित् उनके उदाहरण से दूसरों को भी अहिंसक साहस दिखाने की प्रेरणा मिलेगी; और इस प्रकार वे या तो अपने उत्पीड़कों के हृदय पिघला देंगे या अहिंसक ढंग से अपने स्वाभिमान और प्रतिष्ठा की रक्षा करते हुए मर जायेंगे। इसलिए कार्यकर्ताओं को मेरी सलाह है कि वे 'रक्षक' न बनकर लोगों के 'सेवक' बन जायें।

गांधीजी ने कार्यकर्ताओं से कहा, जिन लोगों ने अपराध किये हैं, उनके सामने दो ही रास्ते हैं, वे अपराध स्वीकार करके इस आधार पर अपने आचरण को उचित बता सकते हैं कि जो कुछ उन्होंने किया, वह दूसरों की सलाह से केवल पाकिस्तान की स्थापना के लिए किया। उसके पीछे उनका कोई निजी हेतु नहीं था और इसका परिणाम वे भुगत लें। अथवा वे पश्चाताप करें और प्रायश्चित के तौर पर कानून की सजा को स्वीकार करें। परन्तु यह कहना तो निरर्थक है कि दोनों कौमों के बीच फिर से अच्छे संबंध स्थापित होने की सुविधा पैदा करने के लिए 'समझौते' के तौर पर मुकदमे वापस ले लिए जायें। केवल सजा से बचने के लिए अपने दुष्कृत्यों को स्वीकार करना, कोई स्वीकार करना नहीं है। उसमें कोई पश्चाताप नहीं है।

यदि उन्हें वास्तव में अपने किये का पश्चाताप है, तो साहसपूर्वक दंड का सामना करना चाहिए। ''मैं जानता हूँ कि यदि मुकदमे आगे बढ़ाये गये, तो आप लोगों को मुसीबतों का सामना करना होगा। फिर से आगजनी और हत्याकांड का आरम्भ हो सकता है और मुकदमों के अन्त में अपराधियों को निर्दोष सिद्ध करके मुक्त भी कर दिया जा सकता है। इससे प्रतिशोध की वृत्ति भी शायद भड़क सकती है। परन्तु कार्यकर्ताओं को इन सब बातों का सामना करने के लिए तैयार रहना चाहिए। डरकर कोई समझौता नहीं होना चाहिए। आपका काम ग्रामवासियों को वीर और साहसी बनाना है, न कि कायर बनाना। आप उनकी जान भले न बचा सकें, परन्तु अहिंसक ढंग से अपनी जान देकर आप उन्हें यह तो सिखा ही सकते हैं कि अपनी प्रतिष्ठा और अपने धर्म की रक्षा कैसे की जाती है। उस सूरत में लोग यदि अहिंसक ढंग से अपनी रक्षा न कर सकें,

तो दूसरों को मार कर वे मर सकते हैं। परन्तु, कार्यकर्ता तो अपना कर्तव्य पूरा कर चुके होंगे।''

बंगाल में मुसलमानों ने हिन्दुओं की हत्या और उससे भी बुरी बातें की हैं। और, बिहार में हिन्दुओं ने मुसलमानों की हत्या की है। जब दोनों पक्ष दुष्टता करते हैं, तब तुलना करने से या यह कहने से कि कौन किससे कम दुष्ट है या किसने उत्पात आरम्भ किया, कोई लाभ नहीं होता।

अगर आप बदला लेना चाहते हैं, तो यह कला मुझसे सीखिए। मैं भी बदला लेता हूँ, लेकिन वह दूसरी किस्म का होता है। मैंने बचपन में एक गुजराती कविता पढ़ी थी, जिसमें कहा गया था कि ''जो तुम्हें एक प्याला पानी दे, उसे दो प्याले पानी देने में कोई गुण नहीं है। असली गुण तो बुराई के बदले भलाई करने में है।'' उत्तम प्रतिशोध की मेरी यह कल्पना है।

गांधीजी के शान्ति मिशन के प्रभाव से थोड़े ही समय में समस्त नोआखली जिले में जबरदस्ती मुसलमान बनाया हुआ कोई भी व्यक्ति ऐसा न रहा, जो अपने मूल धर्म में वापस न आ गया हो।

नोआखली में गांधीजी का शान्ति मिशन साम्प्रदायिक सद्भाव एवं मानवता का अद्भुत मिसाल रहा। भारतीय इतिहास में गांधीजी का यह कार्य उत्कृष्ट कोटि का रहा। मानव कल्याण के लिए अनुकरणीय भी है। यह भी उल्लेखनीय है कि गांधीजी की हत्या के बाद लगभग 10 वर्षों तक देश में कोई साम्प्रदायिक हिंसा नहीं हुई। सभी लोग गांधीजी की हत्या के लिए स्वयं को जिम्मेदार मानते रहे।

विभाजन के बाद नोआखली के मुसलमानों में हिन्दुओं के प्रति सद्भावना की बाढ़-सी आ गई थी। उपद्रव ग्रस्त भागों के दौरे में सतीश दास गुप्त ने राजनीतिक विचार के मुसलमानों के रवैये में हार्दिकता व भाईचारे की स्पष्ट झलक देखी।

गांधीजी के नोआखली से चले जाने के बहुत दिन बाद एक गरीब बूढ़ा मुसलमान एक दिन सतीशचन्द्र दास गुप्त से उनकी सुबह की सैर के समय मिला। उसने सलाम करके उनसे पूछा, ''गांधी बाबा, नोआखली कब वापस आयेंगे?'' सतीशबाबू ने उत्तर दिया—''किसी समय वे जरूर आयेंगे।''

उसने कहा— ''अच्छा।''

उस मुसलमान जिज्ञासु ने फिर पूछा, ''लेकिन कब आयेंगे?'' और फिर निःश्वास लेकर कहा, ''वे यहाँ होते, तो कम से कम वे हमारी चिन्ता जरूर करते। हमारे दुःखों को अनुभव करने वाला दूसरा यहाँ कौन है!''

गांधीजी नोआखली की यात्रा में 49 गाँवों में गये। सुबह 4 बजे उठते थे। तीन-चार मील नंगे पाँव चलकर एक गाँव में पहुँचते, वहाँ लोगों के साथ बातचीत तथा निरंतर प्रार्थना करते हुए, एक-दो या तीन दिन ठहरते, फिर अगले गाँव को चल पड़ते। गाँव में पहुँचकर, वह किसी ग्रामीण की झोपड़ी में और हो सकता तो किसी मुसलमान की झोपड़ी में जाते और कहते कि वह उनको तथा उनके साथियों को अपने यहाँ ठहरा लें। दुत्कारे जाने पर वह आगे की झोपड़ी में कोशिश करते थे। वह स्थानीय फलों तथा सब्जियों पर और मिल जाता, तो बकरी के दूध पर निर्वाह करते थे। 7 नवंबर 1946 से 2 मार्च 1947 तक उनका यही जीवन रहा।

मनु, गांधीजी की पोती थी और उनके प्रति समर्पित भी थी। उन्होंने नोआखली की पदयात्राओं का वर्णन करते हुए लिखा है—गांधीजी के पैर में छाले पड़ गये और जब मैं उसे साफ कर रही थी, तो मेरी आँखों में आँसू आ गये। मैंने उस दिन अपनी डायरी में लिखा, 'मैंने उन घावों में घी के लेप लगाये। उनके पैर के अँगूठे के जोड़ के नीचे एक बड़ा छाला है। इस उम्र में बापू ने कितनी बड़ी तपस्या का प्रण ले लिया है। भारतीय जनता की तकलीफ कितनी दु:खदायी होगी, अगर वह इस महान आत्मा को नहीं समझ पाती है। क्या असाधारण रूप से भले लोगों के लिए ईश्वर ने यही नियति तय कर रखी है? इसीलिए रामचंद्रजी ने चौदह साल स्वेच्छा से उन खतरनाक जंगलों में अकेले भ्रमण किया और इसलिए उन्हें आज भगवान के रूप में पूजा जाता है।'

दिल्ली अनशन

कलकत्ता के उपवास की चमत्कारिक सफलता के बाद गांधीजी पंजाब में शांति की स्थापना के लिए कलकत्ता से निकले। 9 सितम्बर 1947 को गांधीजी जब दिल्ली पहुँचे, तो रेलवे स्टेशन पर सरदार पटेल गांधीजी से मिले। उन्होंने

गांधीजी को बताया कि दिल्ली मुर्दों का शहर बन गया है। पंजाब की सीमा के दोनों ओर अल्पसंख्यकों का जीवन लगभग असम्भव हो गया है।

उच्चाधिकारियों का मानना है कि साम्प्रदायिकता का जहर पुलिस, फौज व अन्य अधिकारियों तथा कर्मचारियों में भी घुस गया है। मुसलमान, मुसलमान पर गोली नहीं चलाते, न हिन्दू, हिन्दू पर और न सिक्ख, सिक्ख पर।

दिल्ली में एक आपातकालीन बैठक बुलाई गयी, जिसमें माउण्टबेटन ने कहा कि अगर हम दिल्ली में पराजित हो गये, तो हम खत्म हो जायेंगे। इस समय गांधीजी दिल्ली में थे। इसलिए लोगों की आशाएँ गांधीजी पर टिक गईं।

उपस्थित नेताओं से गांधीजी ने कहा कि दिल्ली, कलकत्ता नहीं है। दिल्ली में मुझे कोई ऐसा नहीं मिलता, जो मेरे साथ चलकर मुसलमानों को नियंत्रण में रख सके। सिक्खों में या राष्ट्रीय स्वयं सेवक संघ में भी कोई ऐसा आदमी नहीं है। मैं यह नहीं जान पा रहा हूँ कि मैं दिल्ली में क्या कर पाऊँगा? इतना अवश्य है कि मुझे पहले दिल्ली को शांत करना होगा। जब तक दिल्ली शांत नहीं हो जायेगी, तब तक पंजाब के लिए दिल्ली नहीं छोड़ सकता। गांधीजी के यह कहते ही कि दिल्ली में जब तक शांति नहीं हो जाती, तब तक इस स्थान को नहीं छोड़ सकता—वहाँ उपस्थित नेताओं के चेहरे का तनाव कम हो गया और उन्हें आशा की किरण दिखाई देने लगी।

गांधीजी ने कहा—अहिंसा का पुजारी समाज के किसी अन्याय के सामने विरोध प्रकट करने के लिए उपवास करने पर मजबूर हो जाता है। वह ऐसा तभी करता है, जब अहिंसा के पुजारी की हैसियत से उसके सामने दूसरा कोई रास्ता खुला नहीं रह जाता। वैसा ही मौका मेरे लिए आ गया है। मानव प्रयत्न के रूप में मेरे सारे साधन समाप्त हो गये, तब मैंने अपना सिर ईश्वर की गोद में रख दिया। ईश्वर ने मेरे लिए उपवास भेजा। 'मेरा अनशन भारत और पाकिस्तान में रहने वालों से उनका पागलपन छुड़वाने के लिए है।' गांधीजी ने नारा दिया—'करेंगे या मरेंगे।'

''जब तक सारे हिन्दुस्तान और सारे पाकिस्तान में शांति नहीं होगी, तो मुझे जिन्दा रहने में कोई दिलचस्पी नहीं है, यही मेरे उपवास का अर्थ है।'' गांधीजी ने अपनी प्रार्थना सभा का आरंभ करते हुए लोगों से कहा, ''अनशन,

भगवान से इस बात की प्रार्थना है कि वह सबको एक समान कर दे। हिन्दू, सिख और मुसलमान सब मिलकर यह ठान लें कि वे भाई-भाई की तरह मिलजुल कर रहेंगे। हिन्दुस्तान और पाकिस्तान दोनों तरफ के लोग यह समझ लें कि उपवास का अच्छे से अच्छा जवाब यही है कि दोनों देशों में ऐसी दोस्ती पैदा हो कि हर धर्म के लोग दोनों तरफ बिना किसी खतरे के आ और जा सकें तथा निर्भय होकर रह सकें।''

गांधीजी ने अनुरोध किया कि जो लोग हत्या, आगजनी या लूटपाट के गलत कार्यों में लगे हुए हैं, वे अपने कार्य तुरन्त बंद कर दें। गांधीजी ने अपने प्रार्थना प्रवचन में कहा, 'मैं पाकिस्तान जाकर स्वयं जिन्ना साहब के दावों की सच्चाई की परीक्षा करने के लिए उत्सुक हूँ। उन्होंने घोषणा की है कि पाकिस्तान के हिन्दू हमारे भाई हैं। हम उनकी भाइयों जैसी ही संभाल रखेंगे और पहले उन्हें खिलाकर, बाद में खुद खायेंगे। क्या ये वीरतापूर्ण उद्गार दुनिया के कानों को अच्छे लगने के लिए ही हैं? परन्तु दिल्ली के उपद्रवों के कारण मैं वहाँ नहीं जा सकता। दोनों ही राज्यों की लाचारी बताकर यह कहने से काम नहीं चलेगा कि यह सब बदमाशों का काम है। प्रत्येक राज्य को अपने निवासियों के कार्यों की पूरी जिम्मेदारी स्वीकार करनी होगी।'

एक प्रमुख मुस्लिम नेता अपने मुस्लिम मित्रों के साथ गांधीजी से मिलने आये। वे बोले—''आप ही शहर को बचा सकते हैं।''

दिल्ली में साम्प्रदायिक शांति बहाल करने के लिए उपवास शुरू करते हुए गांधीजी ने कहा—''उपवास का समय अनिश्चित है। जब मुझे यकीन हो जायेगा कि सब कौमों के दिल मिल गये हैं और वह बाहर के दबाव के कारण नहीं बल्कि अपना-अपना धर्म समझने के कारण, तब मेरा उपवास छूटेगा।''

''मेरे उपवास की खबर सुनकर लोग दौड़ते हुए मेरे पास न आएँ। अपने आस-पास का वातावरण सुधारने का प्रयत्न करें, तो काफी है। मेरा यह अनशन सिर्फ हिन्दू-मुसलमानों के लिए ही नहीं है, बल्कि सभी जैसे हैं, वैसे नहीं दिखते, इसके लिए भी है। ऐसे लोग जो अपनी आत्मा को, मुझे और समाज को भी ठग रहे हैं, उन्हीं के सम्मुख मेरा यह अनशन है। इन्हीं गंदगियों के कारण भाई-भाई के बीच मार-काट का रोग फैल गया है।''

13 जनवरी 1948 को मंगलवार की सुबह 11:55 बजे दिल्ली में दिली दोस्ती करने या मरने के संकल्प के साथ गांधीजी के जीवन का अंतिम आमरण अनशन आरम्भ हुआ। लोग बड़ी उलझन में पड़ गये कि बापू ने अचानक अनशन क्यों शुरू कर दिया क्योंकि ऐसा कोई हिंसा का विस्फोट दिल्ली में नहीं हुआ था। दिल्ली में तनाव जरूर था, लेकिन शहर में साम्प्रदायिक हिंसा की अग्नि भड़कनी बंद हो गयी थी।

सभी एक ही सवाल पूछते हैं—''अभी तो कुछ हुआ ही नहीं, फिर बापू ने अनशन क्यों शुरू किया?''

पाकिस्तान के मुसलमान तार भेजकर पूछ रहे हैं कि—''गांधीजी का अनशन छुड़वाने के लिए हम लोग क्या करें?''

गांधीजी ने चेतावनी दी—''मेरी माँग बस इतनी है कि हिन्दुस्तान या पाकिस्तान में कितनी ही मार-काट क्यों न हो, पर दिल्ली के लोग अपने कर्तव्यपथ से विचलित न हों।'' सभी सम्प्रदाय और सभी हिन्दुस्तानी एक बार फिर 'अपने दिलों में से दरिंदगी निकाल कर उसकी जगह मानवता पैदा करें और सच्चे हिन्दुस्तानी बन जायें।' यदि वे ऐसा नहीं कर सकते, तो मेरा जीवन व्यर्थ है। अनशन शुरू होने के दो दिन बाद गांधीजी ने अपनी शर्तों में यह भी जोड़ दिया कि जब तक पाकिस्तान को उसके 55 करोड़ रुपयों का भुगतान नहीं कर दिया जायेगा, तब तक बापू अनशन भंग नहीं करेंगे।

इस तरह की चर्चा जब चली, तो बहुत से लोग बेहद नाराज हो गये। भारत सरकार में भी मतभेद पैदा हो गया। उनके अनशन के बारे में और उसे तोड़ने की शर्तों के बारे में भारतीय जनता की प्रतिक्रियाएँ मिली-जुली थीं। कुछ लोगों की समझ में ठीक से नहीं आ रहा था, तो कुछ लोग चिन्तित थे और कुछ लोग उन्हें खुलकर भला-बुरा कह रहे थे।

जब लोगों को पता चला कि गांधीजी ने पाकिस्तान को 55 करोड़ दिये जाने की माँग का समर्थन किया है, तो लोगों को बहुत क्रोध आया। मंत्रिमंडल के अधिकांश सदस्य गांधीजी के पास आये और गांधीजी के चारों ओर बैठ गये। 55 करोड़ की माँग से सरदार पटेल बहुत क्रोधित हुए और पटेल जी 55 करोड़ के विषय की अपनी बात पर लगातार जोर देते रहे। तब बहुत दुःखी होकर और आँखों में आँसू भरकर गांधीजी कोहनियों के बल उठे और भर्राए

हुए क्षीण स्वर में कहा कि ''तुम वह सरदार नहीं हो, जिसे किसी युग में मैं जानता था।''

पहली बार ऐसा हुआ था कि उनके अनशन के कारण बहुत से देशवासियों के मन में सक्रिय रूप से गुस्सा पैदा हो रहा था। नयी दिल्ली के कनॉट सर्कल में, पुरानी दिल्ली के चाँदनी चौक में हर जगह इसी अनशन की चर्चा हो रही थी। लेकिन कांग्रेस के पदाधिकारी गंगानारायण सिंह को यह देखकर बहुत आघात पहुँचा कि उन लोगों में गांधी की जान बचाने की कोई उत्कट इच्छा नहीं थी। उनमें बहुत से लोग तो यह भी समझते थे कि उनका आमरण अनशन मुसलमानों की सहायता करने की एक चाल है।

दिल्ली के बाजारों में जो प्रश्न सबसे ज्यादा पूछा जा रहा था, वह यह नहीं था कि गांधी की जान कैसे बचायी जाये, बल्कि यह था कि इस बुड्ढे से हमारा पिंड कब छूटेगा?

बहुत चिन्तित होकर उनकी डॉक्टर सुशीला नैय्यर ने गांधीजी को समझाने की कोशिश की—''बापू आपकी हालत बेहद गंभीर है और शायद इस बार आपका स्वास्थ्य इतना बिगड़ जाये कि आप फिर कभी ठीक न हो पायें।'' पर वह भला कब सुनने वाले थे? उन्होंने अस्फुट स्वर में कहा कि ''इसका अर्थ है कि राम में मेरी आस्था की कमी है।''

अनशन के बारे में लोगों की उदासीनता देखकर मनु को डर लगने लगा कि कहीं राजधानी सचमुच ही गांधीजी को मर न जाने दे।

शाम को जानी-पहचानी आवाज बिड़ला हाउस की ओर आती सुनायी दे रही थी। अंदर उस अँधेरे में भी जहाँ गांधीजी लेटे हुए थे, आवाज धीरे-धीरे निकट आती हुई सुनाई दी। कमजोरी और चक्कर आने की वजह से गांधीजी चारपाई पर लेटे हुए ऊँघ रहे थे। अंततः जब जुलूस फाटक पर पहुँचा, तो उनके नारों की गूँज कमरे के अंदर भी सुनाई देने लगी। गांधीजी ने अपने सचिव प्यारे लाल को संकेत से अपने पास बुलाया।

'क्या हो रहा है?' उन्होंने पूछा।

'शरणार्थियों का जुलूस है।' प्यारेलाल ने बताया।

एक क्षण तक गांधीजी सुनते रहे और उनके गूँजते नारों को समझने का प्रयास करते रहे।

'क्या कह रहे हैं ये लोग?' उन्होंने पूछा।

प्यारेलाल ने जवाब देने से पहले कुछ सोचा और फिर सकुचाते हुए कहा, 'गांधी को मर जाने दो।'

देश के अधिकांश भागों में आवाज आयी कि—'55 करोड़ बचाओ। गांधी को मरने दो।'

बापू के अनशन के कई दिन बीत जाने पर एक दिन जवाहरलाल जी आये हुए थे। बापू की (मन और शरीर की) बेचैनी देख उनकी आँखों से आँसुओं की धाराएँ बह पड़ीं। चुपके से दूसरी ओर मुँह करके उन्होंने अपने आँसुओं को छुपा लिया और पोंछ लिया। जिनकी छत्रछाया में हिन्द में आजादी आयी, ऐसे बापू की यह दशा देखना उनके लिए असहज और विचलित करने जैसी थी। वातावरण इतना करुण था कि उसके लिखने के लिए शब्द ही नहीं हैं।

गांधीजी की हालत अत्यधिक बिगड़ जाने पर उनकी डॉक्टर सुशीला ने बड़े दुःखी मन से कागज-पेंसिल लेकर गांधीजी के स्वास्थ्य के बारे में उस दिन पहला बुलेटिन लिखा। उन्होंने लिखा, ''यदि बापू को शीघ्र ही इस यातना से मुक्त नहीं किया गया, तो उनका शरीर जीवन भर के लिए अपंग हो जायेगा।''

एक बार फिर बिड़ला हाउस से वही चमत्कारी लहर बह चली, जो भारत की करोड़ों जनता को उनके महात्मा से जोड़ने वाली कड़ी थी। सुशीला नैय्यर का बुलेटिन पढ़े बिना ही शुक्रवार की सुबह भारतीयों ने यह समझ लिया था कि गांधीजी के प्राण खतरे में है। सारे भारत में एक भी मस्जिद ऐसी नहीं थी, जिसमें उस दिन शुक्रवार की नमाज में गांधीजी के लिए दुआएँ न माँगी गयी हो। बम्बई के अछूतों ने गांधीजी को एक बहुत ही मर्मस्पर्शी तार भेजा—'आपके प्राण हमारे हैं।'

लाहौर से गांधीजी के नाम पर एक तार आया था, जिसमें कहा गया था— 'यहाँ पर हर व्यक्ति एक ही प्रश्न पूछता है कि हम गांधीजी की जान बचाने में क्या सहायता कर सकते हैं?' उस नये राष्ट्र के एक सिरे से दूसरे सिरे तक मुस्लिम नेता अपने अचानक सबसे पुराने शत्रु को 'भाईचारे का फरिश्ता' कहकर उसकी प्रशंसा करने लगे। सारे देश की मस्जिदों में उनकी जान बचाने की दुआएँ माँगी जाने लगीं। पाकिस्तान के मुसलमान तार भेजकर पूछ रहे थे कि गांधीजी का अनशन छुड़वाने के लिए हम लोग क्या करें?

16 जनवरी, 1948 को शाम 7 बजे सिक्खों का एक प्रतिनिधि मंडल लेकर गोस्वामी गणेशदत्त जी आये थे, उनके साथ निम्नलिखित बातें हुईं—

गोस्वामी जी ने कहा—"जो दो दिनों में वातावरण में फर्क हो गया है, वह केवल आपकी तपश्चर्या है। ये सब आपकी सेवा में हाजिर हैं। सबका कहना है कि हम वाणी और कर्म से ईश्वर को साक्षी करके कहते हैं कि हम मिलकर रहेंगे, किसी प्रकार की अशांति नहीं होने देंगे। करोलबाग के आरएसएस के नेता भी आये हुए हैं। अब आप व्रत पूर्ण कीजिये।"

गांधीजी ने कहा—"आप जो कहते हैं, वह लिख दें और दस्तखत दे दें, इतना ही कहूँगा।"

19 जनवरी, 1948 के दिन पश्चिमी पंजाब के मुख्यमंत्री ने तार भेजकर कहा कि "पश्चिमी पंजाब का मंत्रिमंडल महत्त्वपूर्ण लक्ष्य के प्रसार के लिए आपके बड़े कदम की सराहना और प्रशंसा करता है। हमारा मंत्रिमंडल अल्पसंख्यकों के जीवन, सम्मान और संपत्ति की रक्षा करने के लिए और उन्हें नागरिकता के समान अधिकार प्रदान करने के लिए सदा ही प्रयत्नशील रहा है। हम आपको विश्वास दिलाते हैं कि हमारा मंत्रिमंडल इस नीति के पालन में अब पहले से भी दूनी शक्ति लगायेगा। हम इस बात के लिए उत्सुक हैं कि सारे भारतवर्ष की स्थिति में तत्काल सुधार होगा, जिससे आप अपना अनशन भंग कर सकें। इस प्रांत में आप सरीखे अमूल्य जीवन की रक्षा करने के लिए कोई भी उपाय उठा नहीं रखा जायेगा।"

एक सिक्ख भाई आत्मा सिंह ने कहा—"हमारी खुशकिस्मती है कि आपका जन्म हमारे यहाँ हुआ है। अगर हमारे मुल्क में कुछ भी हो जाये और हमें अपनी जिन्दगी भी देनी पड़े, तो भी इस कलंक को नहीं लगने देंगे। जो सेवा आप माँगेंगे, हम देंगे।"

दिन भर मुसलमान, हिन्दू और सिख नेता गांधीजी की चारपाई के पास आ आकर उनसे अनशन तोड़ने का अनुरोध करते रहे। उनकी चिंता का कारण यह था कि उन्हें एक ऐसी बात का पता था, जो गांधीजी के साथ बिड़ला हाउस की चारदीवारी के अंदर रहने वाले लोग नहीं जानते थे कि बाहर के लोगों को गांधीजी की जान बचाने में कोई रुचि नहीं है।

दर्जनों भारतीय और विदेशी पत्रकार बिड़ला हाउस के फाटक पर

गांधीजी के स्वास्थ्य के बारे में जानने के लिए जमा हो गये। देश के हर शहर और कस्बे के सैकड़ों मैदानों में लोग झंडे लेकर जमा होने लगे और नारे लगाने लगे—'हिन्दू-मुस्लिम भाई-भाई। हिन्दू-मुस्लिम एक हों। 55 करोड़ जाने दो। गांधीजी की जान बचाओ।'

गांधीजी ने प्रार्थना सभा में चिन्तित श्रोताओं से कहा कि ''मुझे कोई शीघ्रता नहीं है। मैं कोई काम अधूरा नहीं छोड़ना चाहता।'' अपने प्रत्येक शब्द पर उन्होंने हाँफते हुए कहा—''यदि हमारे चारों ओर पूरे भारत में और पूरे पाकिस्तान में शांति स्थापित न हुई, तो मुझे जिन्दा रहने में कोई दिलचस्पी नहीं रह जायेगी। इस बलिदान का यही अर्थ है।''

गांधीजी के आमरण अनशन का दिल्ली पर कुछ-कुछ असर दिखायी देने लगा। परिणामस्वरूप दस हजार लोग लाल किले पर नेहरू का भाषण सुनने आये। अपने भाषण में उन्होंने कहा—''अगर गांधीजी के प्राण चले गये, तो भारत की आत्मा मिट जायेगी।''

सांप्रदायिक शांति के नारे लगाते हुए बहुत से जुलूस भी दिल्ली की सड़कों पर दिखायी देने लगे।

नई दिल्ली में गांधीजी का आमरण अनशन तोड़ने की प्रार्थना करने वाले लाखों लोगों का तीन मील लंबा जुलूस अल्बुकर्क रोड से होता हुआ बाढ़ के पानी की तरह बिड़ला हाउस की ओर चला आ रहा था। जहाँ कुछ दिन पहले लोग यह नारा लगा रहे थे कि '55 करोड़ बचाओ, गांधी को मरने दो।' उसी जगह लाखों लोगों की भीड़ को जब पता चला कि गांधीजी की जान खतरे में है, तो हर गली-चौराहों पर नारा लगा कि 'गांधी बचाओ, 55 करोड़ जाने दो।' इस नारे की गूँज 'गांधीजी को मर जाने दो' के नारे की गूँज से 10 हजार गुना अधिक थी।

गांधीजी ने प्यारेलाल को सात शर्तें लिख कर दीं, जिनके पूरा होने पर ही वह अपना अनशन तोड़ने को तैयार थे। जब दिल्ली के सभी राजनीतिक संगठनों के नेता भी उन शर्तों पर हस्ताक्षर कर देंगे, तभी वे मानेंगे कि उनकी बात पूरी हुई। प्यारेलाल उन शर्तों को लेकर भागे-भागे गांधीजी की जान बचाने के लिए बनायी गयी शांति समिति के पास गये। कनाट प्लेस से लेकर शहर के दूर से दूर कोने तक हर गली कूचे में जनता के बीच एक नये उत्साह की लहर

दौड़ गयी। जामा मस्जिद के सामने हर धर्म और हर जाति के लगभग एक लाख लोगों की एक बड़ी बैठक हुई, जिसमें नेताओं से माँग की गयी कि वे गांधीजी की शर्तों को मान लें।

हिन्दू व्यापारियों ने बिड़ला हाउस जाकर गांधीजी को बताया कि बापू, हमने अपने मुसलमान भाइयों का बायकाट समाप्त कर दिया है। इन लोगों की भावनाओं को समझकर और यह महसूस करके कि गांधीजी की कोशिशें शायद अब कामयाब होने लगी हैं, नेहरू जी स्वयं उस माइक्रोफोन पर आ गये, जिस पर गांधीजी की प्रार्थना सभा के समय भारतीयों के सामने वे बोलते थे।

नेहरू जी ने भाव-विह्वल होकर कहा—''हमारे देश की इस भूमि में कोई ऐसा महान गुण और शक्ति है कि उसमें गांधीजी जैसा व्यक्ति पैदा हुआ। बापू की जान बचाने के लिए जो भी बलिदान दिया जाये, वह कम है क्योंकि यही हमें हमारी उम्मीदों को झूठी सुबह के बजाय हमें अपने सही लक्ष्य तक पहुँचा सकते हैं।''

रात होते-होते प्यारेलाल भागे हुए बिड़ला हाउस आये। जब प्यारेलाल कमरे में आये, उस समय गांधीजी सो रहे थे। उन्होंने गांधीजी को कंधे से पकड़कर हिलाया और एक कागज निकाल कर दिखाया। प्यारेलाल ने बताया कि शांति समिति के सभी सदस्यों ने अपने हस्ताक्षर करके सभी संप्रदायों के लोगों के बीच शांति, सद्भावना और भाईचारा स्थापित करने का वचन दिया है।

गांधीजी ने पूछा, ''क्या शहर के सारे नेताओं ने उस पर हस्ताक्षर कर दिये हैं?''

प्यारेलाल ने स्वीकार किया, 'इस पर अभी दो हस्ताक्षर होना शेष है।'

'कौन?'

'हिन्दू महासभा और राष्ट्रीय स्वयंसेवक संघ के नेताओं के हस्ताक्षर होने शेष हैं।'

'कब करेंगे?'

'वे भी कल हस्ताक्षर कर देंगे और सारी शर्तें मान लेंगे।'

18 जनवरी, रविवार का दिन था। दिन के 11 बजे थे। लगभग एक घंटे से गांधीजी की हालत ऐसी थी कि किसी भी समय वह बेहोश हो सकते थे। राजेन्द्र बाबू के चेहरे पर हवाइयाँ उड़ रही थीं। वे बापू की चारपाई के पास घुटनों

के बल बैठे हुए थे। उन्होंने गांधीजी को बताया, ''बापू, आपकी सारी शर्तों पर अब उन सभी नेताओं ने हस्ताक्षर कर दिये हैं, जिनके नाम आपने बताये थे। वे सभी हृदय से चाहते हैं कि आप अब अनशन तोड़ दें।'' एक-एक करके गांधीजी की चारपाई के चारों ओर खड़े हुए लोगों ने राजेन्द्र बाबू की बात की पुष्टि की, 'हाँ बापू, बाबूजी ठीक कह रहे हैं।' उनकी बातें सुनकर गांधीजी के चेहरे पर शांति की लहर दौड़ गयी।

गांधीजी ने सबसे मुखातिब होते हुए कहा—''मेरी हार्दिक इच्छा सुनने के बाद भी यदि आप चाहें, तो मैं अपना अनशन तोड़ दूँगा। लेकिन यदि देश की हालत नहीं सुधरी, तो इसका अर्थ यही होगा कि आप लोगों ने जो कुछ कहा है, वह मात्र दिखावा है। उसके बाद मेरे पास मर जाने के अलावा और कोई चारा नहीं रह जायेगा।''

चारों ओर संतोष की लहर दौड़ गयी। जो लोग वहाँ उपस्थित थे, उन्होंने बारी-बारी से गांधीजी की चारपाई के पास आकर उनको विश्वास दिलाया। सभी नेताओं ने गांधीजी को वचन दिया—''हम वचन देते हैं कि हम आपके आदेशों का पूरी तरह पालन करेंगे।''

जब सब वचन दे चुके, तो गांधीजी ने मनु को अपने पास बुलाया और उससे लिखवाया—''मैं अपना अनशन तोड़ूँगा। भगवान की जैसी इच्छा।''

गांधीजी ने चेतावनी दी, ''इन लोगों ने दिल्ली में जो हिन्दू-मुस्लिम एकता का कार्य किया है, वही अब उन्हें सारे देश में पूरा करने की कोशिश करनी चाहिए। अगर वे दिल्ली में शांति बनाये रखने का वचन देते हैं, लेकिन दूसरी जगहों में होने वाली हिंसा की ओर कोई ध्यान नहीं देते हैं, तो उनका यह वायदा व्यर्थ होगा और ऐसी हालत में मेरे लिए अनशन तोड़ना गलत होगा।''

उन्होंने बात जारी रखी, ''यह सोचने से ज्यादा मूर्खतापूर्ण और कुछ नहीं हो सकता कि हिन्दुस्तान केवल हिन्दुओं के लिए रहे और पाकिस्तान सिर्फ मुसलमानों के लिए है। सारे हिन्दुस्तान और पाकिस्तान को सुधारना कठिनाई भरा काम है, लेकिन हम यदि कोई बात अपने मन में ठान लें, तो उसे पूरी होने से भला कौन रोक सकता है।''

भावावेग से काँपते हुए मौलाना आज़ाद और जवाहरलाल नेहरू ने संतरे के रस का गिलास अपने हाथों में लेकर गांधीजी के होठों से लगा दिया।

गांधीजी के पहला घूंट लेते ही कमरे में कई कैमरों के बल्ब एक साथ जलने से चकाचौंध कर देने वाली रोशनी हो गई। दोपहर के 12:45 बजे गांधीजी ने 121 घंटे 30 मिनट बाद सिर्फ गुनगुने पानी में सोडा मिलाकर पिया और अपना अनशन तोड़ा।

महापुरुषों का योग

''एक आश्चर्य की बात है कि संसार के सभी धर्मों के लोग मुझे (गांधीजी को) अपना समझते हैं। जैनी मुझे जैन मानते हैं। कुछ बौद्ध लोग मुझे बौद्ध मानते हैं। ऐसे सैकड़ों ईसाई हैं, जो यह मानते हैं कि मैं ईसाई हूं और कुछ ईसाई मित्र तो यह भी कहते हैं कि हम जानते हैं आप ईसाई हैं, परन्तु डर के मारे आप यह स्वीकार नहीं करते। आप खुल्लमखुल्ला क्यों नहीं कहते हैं कि 'मैं ईसाई हूं और प्रभु ईसा का साम्राज्य स्वीकार करता हूँ?' बहुत से मुसलमान भाई मुझे मुसलमान मानते हैं। इतना ही नहीं कम से कम मैं मुसलमान बनने की तैयारी में हूँ, ऐसा लोग कहते हैं।''

गांधीजी कहते हैं कि मैं मूर्तिपूजक भी हूं और मूर्तिभंजक भी। मनुष्य की कल्पना का ईश्वर मूर्तिमान ही होता है, भले ही वह मूर्ति उसकी कल्पना में ही रहे। इस अर्थ में मैं मूर्तिपूजक हूँ। लेकिन किसी भी रूप या आकृति की, परमेश्वर की तरह पूजा करने पर मेरा मन कभी राजी नहीं हुआ। वहाँ तो मेरे मन में 'नेति, नेति' का ही स्वर उच्चरित होता है। इसीलिए मैंने अपने को मूर्तिभंजक भी माना है।

मेरे मन में हमेशा यही ख्याल रहा है कि हमें आश्रम में मंदिर नहीं बनाना चाहिए। इसीलिए, प्रार्थना के लिए भी हमने मकान नहीं बनवाया। हम आकाश की छत और दिशाओं की दीवार बनाकर उसी में बैठते हैं। यदि हमें सभी धर्मों के प्रति समभाव रखना हो, तो हमारी स्थिति यही होनी चाहिए। इसलिए मुझे लगता है कि हम एक संस्था के रूप में बिना मंदिर के ही रहें, तो अच्छा।

भक्तिमार्ग, योगमार्ग, निष्कामकर्म, स्थितप्रज्ञ का सम्पूर्ण प्रतिरूप गांधी में पाया जाता है। गीता के रचनाकार अगर आज जीवित होते, तो गांधी को

देखकर अत्यन्त प्रफुल्लित होते कि मेरी रचनाओं एवं परिकल्पनाओं का कोई मूर्त रूप है, तो वह गांधी हैं। गांधीजी गीता को अपनी माँ मानते थे, और उन्होंने '*गीता की महिमा*' नामक पुस्तक भी लिखी है। गांधीजी बार-बार हर मंच से अपने को सनातनी हिन्दू कहते थे और यह भी कहते थे कि सनातनी हिन्दू होने पर मुझे गर्व है। राम उनका सबसे प्रिय शब्द था।'*रामनाम की महिमा*' नामक पुस्तक भी उन्होंने लिखी है।

एक बार गांधीजी ने बीमा करा लिया था, एक किस्त जमा करने के बाद उन्हें एहसास हुआ कि उन्हें राम पर विश्वास कम हो गया, इस कारण उन्होंने बीमा निरस्त करा दिया। कभी उन्होंने जीवन में सुरक्षा इसलिए नहीं ली कि कहीं राम पर उनका विश्वास कम न हो जाए। यह कथन—*अंत काल मुख निकसत नाहीं*—को झुठलाते हुए मृत्यु के समय जो आखिरी शब्द गांधी के मुख से निकला, वह था—'हे राम'। कुछ लोग गांधी को 'कलियुग का राम' भी कहते थे। लोग उन्हें ऋषि-मुनि समझने लगे थे। श्रीकृष्ण के रूप में उनकी तस्वीरें बनायी जाने लगी, जिसका उन्होंने जून 1921 में 'यंग इंडिया' में विरोध किया था। गांधी ने कहा—हर संकट से मैंने रामनाम जप कर ही मुक्ति पायी है। हिन्दी 'नवजीवन' के 30 अप्रैल 1925 के अंक में उन्होंने जनता को संबोधित करते हुए कहा—यदि आप अपने को दु:खी और पतित मानते हो, तो सुबह-शाम सोते समय रामनाम का रटन करो और पवित्र हो जाओ।

गांधीजी ने सन् 1927 में सतारा (महाराष्ट्र) में हनुमानजी की प्रतिमा के प्राण-प्रतिष्ठा के अवसर पर कहा—"मैं भी मारुति अथवा हनुमानजी की तरह राम-भक्त हूँ। मेरे रोम-रोम में राम हैं, मुझमें हनुमान जैसी सामर्थ्य तो नहीं है कि मैं अपना सीना चीरकर तुम्हें दिखा सकूँ, मगर यदि तुममें से कोई चाकू से मेरा सीना चीरे तो तुम्हें यहाँ राम-राम लिखा मिलेगा और जब कभी मुझे गोली मारी जायेगी तो मेरे भीतर से राम ही बाहर आयेगा।"

रामनाथ सुमन ने कहा था—बापू परम भागवत थे।

एक भाई ने बापू की सायंकालीन प्रार्थना-सभा का बहुत मार्मिक चित्रण इन शब्दों में किया था—प्रार्थना के समय विशाल क्षेत्र के खुले प्रांगण में, वर्तुलाकार रेती पर जनसाधारण और आश्रम-निवासियों के बीच, एक छोटे-से

लकड़ी के पटरे के सहारे बैठे बापू ऐसे मालूम होते, मानो ग्रंथों में वर्णित वैदिक युग का कोई ऋषि अपनी शिष्य-मंडली के साथ आसीन हो। प्रार्थना की घंटी बजते ही जब अपने-अपने कार्यों में दक्ष, भिन्न-भिन्न प्रदेश, जाति और देश के लोग प्रार्थना-स्थल की ओर दौड़ते, तब ऐसा प्रतीत होता, मानो कोई महामानव सबको अपने में मिला लेने का आह्लाद कर रहा हो। मानो रवीन्द्रनाथ टैगोर के शब्दों में कह रहा हो—ऐ हिन्दू, मुस्लिम, बौद्ध, पारसी, ईसाई और अंग्रेज—तुम सब आओ। मनुष्यों का महासागर भारत तुम सबका स्वागत करता है और फिर रात्रि की निस्तब्धता में साथ लाई हुई लालटेनों का प्रकाश भी जब मद्धिम कर दिया जाता, तब सचमुच रूप और रंग से परे उस मनुष्यों के समुदाय में अपने अधखुले बदन पर श्वेत खादी वस्त्रों के बीच, सत्य और शांति के आशीर्वाद दाता की तरह, पलथी मारे शांत, अडिग, ध्यानस्थ और स्थितप्रज्ञ बापू ऐसे लगते, मानो साक्षात् बुद्ध हों।

कांग्रेस पार्टी के एक नौजवान सदस्य ने टाइम्स ऑफ इंडिया के संपादक स्टेनली रीड से शिकायत की कि, ''गांधी हरिजन आंदोलन में फँस गये हैं। उन्हें हमारे जीने या मरने की तनिक भी चिन्ता नहीं है। उन्हें इसकी चिन्ता नहीं है कि हम गुलाम हैं या आजाद।'' एक ने तो यहाँ तक कहा कि गांधी छुआछूत उन्मूलन का कार्य हाथ में लेकर कांग्रेस की हत्या कर रहे हैं। एक धर्माचार्य ने कहा कि, 'गांधी सभी धर्मों के दुश्मन हैं।' गांधी छद्मवेश में एक ईसाई हैं, जो ईसाइयत फैलाना चाहते हैं और हिन्दू धर्म के प्रति उनका समर्पण एक दिखावा मात्र है।

नारायण भास्कर खरे ने तो यहाँ तक कहा कि—''गांधी औरंगजेब के अवतार थे। हिन्दुओं का सर्वनाश करने का औरंगजेब का उद्देश्य सफल नहीं हो पाया, इसलिए उस कार्य को हिन्दू बनकर करना जरूरी था। यही सोचकर औरंगजेब ने गांधी का जन्म लिया।''

मुस्लिम लीग के नेता 'जेड सुलेरी' अपनी पुस्तक 'माई लीडर' में लिखते हैं—''गांधी का उद्देश्य मुसलमानों का हिन्दूकरण करना है।''

विश्व की एक ही ऐसी समाधि है, जिस पर 'हे राम' लिखा है। पूरे विश्व में गांधी की पहचान हिन्दू के रूप में रही। फिर भी कट्टरपंथी हिन्दू उनको

हिन्दुओं का दुश्मन मानते रहे। 'मौलाना गांधी' और 'मुहम्मद गांधी' कहकर भी सम्बोधित करने में संकोच नहीं किये। जिन्ना और मुस्लिम लीग की दृष्टि में गांधीजी की छवि हमेशा हिन्दू नेता के रूप में रही। अंत में कट्टरपंथियों द्वारा ही गांधीजी का प्राणांत हुआ।

यह भी विडम्बना है कि गांधीजी जीवन भर छुआछूत, अस्पृश्यता उन्मूलन, मंदिरो में हरिजनों के प्रवेश आदि को लेकर संघर्ष करते रहे। जीवन भर हरिजनों के लिए चन्दा इकट्ठा करते रहे। फिर भी दलित उन्हें सवर्णों का नेता मानते रहे। सवर्ण गांधीजी को दलितों का नेता मानते रहे। हरिजनों के लिए कल्याणकारी कार्यों के संदर्भ में गांधीजी ने 1932 में 'हरिजन सेवक संघ' की स्थापना की और 1933 में 'साप्ताहिक हरिजन' का प्रकाशन किया।

17 नवम्बर 1933 को गांधीजी ने अस्पृश्यता विरोधी हरिजन दौरा शुरू किया, जो 2 अगस्त 1934 को समाप्त हुआ। वे निरंतर 10 महीने चले। इस दौरे में गांधीजी ने 12,500 मील की यात्रा की और हरिजन कल्याण के लिए 8 लाख रुपये जमा किये।

मायावरम में दिये अपने एक भाषण में गांधीजी ने कहा कि ''वास्तविक हिन्दू धर्म का ऐसा कोई हिस्सा नहीं है, जिसमें मैं एक बड़ी आबादी को 'अछूत' कह कर पुकार सकूँ। अगर मेरे सामने यह साबित किया जा सके कि यह हिन्दू धर्म का आवश्यक अंग है, तो मैं खुद हिन्दू धर्म के खिलाफ खुला विद्रोह कर दूँगा।''

गांधीजी अस्पृश्यता को हिन्दू धर्म की लज्जा मानते थे। वे लिखते हैं कि ''मैं पुनर्जन्म नहीं चाहता, लेकिन अगर मुझे फिर जन्म लेना ही पड़े, तो मैं अस्पृश्यों के घर में ही जन्म लूँ, ताकि उनके अपमान का हिस्सेदार बन सकूँ और उनकी मुक्ति के लिए काम कर सकूँ।''

अस्पृश्यों और हरिजनों पर हुए अत्याचार को देखकर गांधीजी ने कहा था कि उनकी पीड़ा और उनके दुःखों को देखकर मुझे ऐसा लगता है कि अगर वे मेरे एक गाल पर थप्पड़ मारें, तो मैं दूसरा गाल उनके सामने कर दूँ। अस्पृश्यता हिन्दू धर्म में महापाप है।

जैनधर्म का एकादश व्रत—अहिंसा, अस्तेय, अपरिग्रह, ब्रह्मचर्य आदि

का जीवन्त उदाहरण गांधी हैं। गांधीजी में भीष्म पितामह की तरह ब्रह्मचर्य की दृढ़ता का दर्शन होता है।

बुद्ध और ईसा की करुणा और उनके संदेश का असीम दर्शन गांधी में परिलक्षित होता है। माउंटबेटन ने गांधीजी की मृत्यु पर उन्हें श्रद्धांजलि देते हुए कहा था—'इतिहास में महात्मा गांधी का नाम उसी श्रद्धा के साथ लिया जायेगा, जैसे बुद्ध और ईसा का लिया जाता है।'

श्री होम्स ने गांधीजी को केवल विश्व का महानतम व्यक्ति ही नहीं बताया, उनकी तुलना भी महात्मा ईसा से की थी। गांधीजी का व्यक्तित्व सरल और पवित्र है। आगे उन्होंने कहा कि जब मैं गांधीजी के बारे में सोचता हूँ, तो मेरे मन में मसीह आते हैं। गांधी ईसा की तरह जाने जाते हैं। उनकी भाषा बोलते हैं, पीड़ा सहते हैं और कर्मरत रहते हैं।

गांधी के पचासवें जन्मदिन की सबसे उल्लेखनीय प्रशंसा एक काव्यमय स्वरूप में सामने आई, जो लगभग 400 पंक्तियों की थी। यह कविता 'गुजरात के संत' शीर्षक के नाम से गुजराती में नानलाल डी. कवि ने लिखी थी, जिसका हिन्दी अनुवाद इस तरह से है—

''एक ब्राह्मण संत, जो जीवन के रहस्यों की खोज में लगा है,
एक योद्धा क्षत्रिय, जो युद्ध के मैदान में डटा है,
एक महान बुद्धिमान वैश्य, जो नीतियों को तय कर रहा है,
एक सम्पूर्ण निष्ठावान शूद्र, जो समाज की सेवा में लगा है,
सभी वर्ण उस एक व्यक्तित्व में समाहित हैं....
आधुनिक से आधुनिक
वे पारंपरिक से भी पारंपरिक है,
सत्य ही उसका सिद्धांत है,
संतत्व उसका हथियार है,
ब्रह्मचर्य उसका झंडा है, उसमें संतत्व की कटोरी है,
उसके पास अथाह क्षमारूपी जलराशि है,
वह सहनशीलता और धैर्य की प्रतिमूर्ति है,
एक शाश्वत योगी परिवार के योग का वह उत्तराधिकारी है,
वह करुणा की भावना से परिपूर्ण है,
वह गुजरात का संत है,
वह महान आत्मा महात्मा गांधी है।''

10 सितम्बर 1947 को गांधीजी के प्रार्थना प्रवचन का एक उल्लेखनीय प्रसंग है—आज दिन में एक सिक्ख दोस्त मुझसे मिले थे। उन्होंने कहा कि वे जन्म से तो सिक्ख हैं, लेकिन ग्रंथ साहब की दृष्टि से वे सच्चे सिक्ख होने का दावा नहीं कर सकते। मैंने उस भाई से पूछा कि आपकी नजर में कोई ऐसा सिक्ख है? वे एक भी ऐसा सिक्ख नहीं बता सके। तब मैंने नरमी से कहा कि मैं ऐसा सिक्ख होने का दावा करता हूँ। मैं ग्रंथ साहब के मायनों में सच्चे सिक्ख का जीवन बिताने की कोशिश कर रहा हूँ। एक समय था, जब ननकाना साहब में मुझे सिक्खों का सच्चा दोस्त करार दिया गया था। गुरु नानक, मुसलमान और हिन्दू में कोई भेद नहीं मानते थे। उनके लिए सारी दुनिया एक थी। मेरा सनातन हिन्दू-धर्म भी ऐसा ही है। सच्चा हिन्दू होने के नाते मैं सच्चा मुसलमान होने का दावा भी करता हूँ। मैं हमेशा मुसलमानों की महान प्रार्थना गाता हूँ, जिसमें कहा गया है कि खुदा एक है और वह दिन-रात सारी दुनिया की हिफाजत करता है।

बिहार में एक भयंकर अपराधी सुधरने और प्रायश्चित करने के लिए गांधीजी के शरण में गया, तो गांधीजी ने स्नेहतुल्य व्यवहार किया। इस घटना की जानकारी होने पर खान अब्दुल गफ्फार खान ने मनु से कहा—''महात्मा जी को पहचानना बहुत कठिन है। इंसान होते हुए भी वे हमारे कुरान शरीफ के मुहम्मद पैगम्बर साहब के जैसे ही 'फकीर' हैं। उनको जो पहचानेगा, वह कभी दुःखी नहीं होगा।''

30 जुलाई को गांधीजी दिल्ली से कश्मीर के लिए रवाना हुए और बादशाह खान अपने प्रान्त को लौट गये। गांधीजी ने उनसे कहा—'आपका कर्तव्य वहीं जाकर पाकिस्तान को सचमुच पाक बनाना है।' जब बादशाह खान विदा होने लगे, तो गांधीजी की मंडली के सदस्यों से बोले—'महात्मा जी ने हमें सच्चा मार्ग दिखा दिया है। जब हम नहीं रहेंगे, तब दीर्घकाल के बाद हिन्दुओं की भावी पीढ़ियाँ उन्हें भगवान कृष्ण की तरह अवतार मानेंगी, मुसलमान खुदा का पैगम्बर समझेंगे और ईसाई उन्हें दूसरे ईसामसीह मानेंगे। वह दिन भारत के लिए गौरवशाली होगा। ईश्वर उन्हें दीर्घायु दे, ताकि वे हमें अन्त तक सत्य और न्याय के लिए लड़ने की प्रेरणा और शक्ति देते रहें।'

गांधीजी ने सत्यवादी हरिश्चन्द्र के जैसे ही सत्य का प्रयोग किया। गांधीजी की आत्मकथा इसका अद्भुत उदाहरण है। गांधीजी ने ऐसे-ऐसे सत्यों का

उद्घाटन किया है, जो गांधी के सिवा किसी और से किया जाना संभव नहीं होता। गांधीजी ने देश के साथ वह भक्ति दिखायी, जिस प्रकार हनुमान ने भगवान राम के प्रति भक्ति दिखायी थी। गांधीजी में पौराणिक नायक के गुण पाये जाते हैं। दक्षिण अफ्रीका में जब गांधीजी आंदोलन करते थे, तो वहाँ 'अयोध्या के राजा श्रीरामचन्द्र की जय' व 'वंदेमातरम' के नारों के साथ जुलूस निकलता था। दक्षिण अफ्रीका में आंदोलन के दौरान दक्षिण भारत में नाटकों का मंचन किया जाता था, तो नाटक के दौरान अंत में गांधी के रूप में नायक का प्रादुर्भाव होता था और नाटक में उत्पन्न की गयी समस्याओं का समाधान करने वाले नायक के रूप में गांधी को दिखाया जाता था। गोखले जी कहा करते थे कि इसमें कोई शक नहीं कि गांधी उस धातु के बने हुए हैं, जिस धातु से महानायक और शहीदों का निर्माण होता है। बल्कि वे उससे भी ज्यादा हैं। उनके पास अपने आसपास के लोगों को नायक और शहीदों में बदलने की अद्भुत आध्यात्मिक शक्ति है।

गांधीजी की तरह मदर टेरेसा में भी सेवाभावना पायी जाती है। इतिहास में यह पहला और संभवत: अंतिम उदाहरण होगा कि गांधीजी ने कुष्ठ रोगी को अपने घर में रखकर खुद के परिवार जैसा व्यवहार किया। वे उसका मल-मूत्र तक साफ करते थे। इलाज करते थे। आश्रम में गांधीजी ने परचुरे शास्त्री जी की उसी मनोभाव से सेवा-शुश्रुषा की। गांधीजी में ईसा के गुण पाये जाते हैं। मार्टिन लूथर ने अपनी पुस्तक में लिखा है कि 'गांधी को पढ़ने से पहले मुझे ईसा के इस उक्ति पर विश्वास नहीं था कि एक गाल पर थप्पड़ मारने से दूसरा गाल आगे कर देने पर टकराव को टाला जा सकता है। ईसा के इस कथन को दुश्मनों से प्रेम करो, गांधी से बेहतरीन कोई उदाहरण नहीं पाया जाता।' रोमा रोलां ने गांधीजी को 'संत पाल' कहा।

हमारे वेद, शास्त्र, पुराण, उपनिषद जिस एक व्यक्ति की नैतिक रूप से अपेक्षा करते थे, वही तो गांधी थे। कबीरदास जैसी बेबाक सत्य का उद्घाटन गांधी के जीवन में दृश्यमान होते हैं। बनारस की सभा में गांधीजी का सत्य व समाजपरक बेबाक भाषण सुनकर मंच पर उपस्थित अध्यक्ष, मुख्य अतिथि आदि ही मंच छोड़कर चले गये। कबीरदास की जीविका का साधन चरखा था। गांधीजी ने चरखे को पूरे देश की जीविका का साधन बना दिया।

महादेव देसाई ने लिखा है कि ''बिहार की भीड़ों का जो अनुभव हो रहा है, वह देश में कहीं और नहीं होता। हमारी इस यात्रा के दौरान बहुत से स्थानों में तो 25 से 30 हजार तक की भीड़ थी। ये लोग जब गांधीजी के चरण-स्पर्श करने के लिए पागल होकर टूट पड़ते थे, तब गांधीजी क्या, सामान्य रूप में मजबूत शरीर का आदमी भी डगमगा जाता। ये लोग न तो रात देखते थे, न मध्य रात्रि और न ही प्रभात। गांधीजी सो रहे हों, तो उनकी आँखों के पास लालटेन लाकर रख देते थे। अकेले जा रहे हों, तो उनके पैर इतनी जोर से पकड़ते थे कि अक्सर गांधीजी गिरते-गिरते बचते थे। वे सचमुच ही मानते थे कि महात्मा को नींद नहीं चाहिए, आहार नहीं चाहिए, आराम नहीं चाहिए। महात्मा का काम तो बस दर्शन देना है।

नारायण गुरु स्वामी ने गांधीजी के बारे में उनकी स्तुति करते हुए बताया कि उनमें ''ईसा की त्यागशीलता, पार्थसारथी का धर्मरक्षानैपुण्य, शाक्यदेव की हिंसा-रहिता, श्रीमद्शंकराचर्य की बुद्धिमत्ता, रन्तिदेव का कारुण्य और मुहम्मद पैगम्बर का स्थैर्य'' है।

स्विटजरलैंड के लिवलिंग पॉविस गांधीजी के बारे में लिखते हैं—''कभी अपमानित हुए, धक्के-मुक्के दिये गये, कभी धमकियाँ दी गयीं, कभी पीटे गये और एक बार तो डरबन में गोरों के गिरोह ने पत्थर मारते-मारते उनका दम-सा निकाल दिया। परन्तु वे कभी खीझे नहीं, बल्कि अपने दृढ़ और अटल कदमों से अपनी स्वर्गीय कल्पनाओं की ओर बढ़ते चले जा रहे हैं।''

''गांधीजी का व्यक्तिगत गौरव इतना सर्वोपरि है कि वह प्राणघातक शारीरिक अपमानों को भी बिना अशांत और क्षुब्ध हुए सह सकते हैं। कभी यहाँ तो कभी वहाँ सताये जाने में, कभी खचाखच भरी रेलगाड़ी की खिड़की से खींचे जाने में, तो कभी रीढ़ झुकाये हुए मजदूरों का पाखाना साफ करने में और कभी अछूतों की सेवा करने में (मानो वे उनके निकट से निकट संबंधी हों) उनकी पूर्ण सरलता और पूर्ण सज्जनता में कत्तई कुछ भी फर्क नहीं आया। उनमें आध्यात्मिकता का वह मिथ्याभिमान नहीं पाया जाता, जो हमारे यहाँ के आदर्शवादियों में पाया जाता है। चाहे वे पारमार्थिक हों या सांसारिक। अगर कभी किसी ने ईसा का संदेश व्यवहार में ला दिखाया है, तो वह इस हिन्दू ऋषि ने किया है।''

गांधीजी अतीत युगों के तमाम महापुरुषों में भी महान हैं। राष्ट्रीय नेता के रूप में अल्फ्रेड, वालेस, वाशिंगटन, कोसियस्को, लफाइती की कोटि में आते हैं। गुलामों के त्राता के रूप में वह क्लार्कसन, विल्बरफोर्स, गैरीजन, लिंकन आदि की भांति महान हैं। ईसाई धर्मग्रंथों में जिसे 'अप्रतिरोध' और इससे भी सुंदर शब्द 'अमोघ प्रेम' कहा है, उसकी शिक्षा देने वाले के रूप में वह संत फ्रांसिस, थोरो और टॉलस्टॉय की श्रेणी में आते हैं। युग-युगांतरों के महान धार्मिक पैगम्बरों के रूप में वह लाओत्से, बुद्ध, जरथुस्ट्र और ईसा के समकक्ष हैं। सर्वश्रेष्ठ रूप में वह मानव हैं।

गांधीजी में सभी महापुरुषों के गुण समाहित हैं। महापुरुषों का योग अर्थात् महात्मा गांधी।

❐

संदर्भ सूची

1. ‘सम्पूर्ण गांधी वाङ्मय’
2. ‘सत्य के प्रयोग अथवा आत्मकथा’, *महात्मा गांधी*
3. ‘बापू कुटी-सेवाग्राम आश्रम’, भाग 1 व 2, *संकलन-संपादन : कनकमल गांधी*
4. ‘साबरमती का संत’, *यशपाल जैन*
5. ‘गांधी : भारत से पहले’, *रामचन्द्र गुहा*
6. ‘गांधी 1914-31’, खण्ड-1, *रामचन्द्र गुहा*
7. ‘गांधी 1931-48’, खण्ड-2, *रामचन्द्र गुहा*
8. ‘महात्मा गांधी के आश्रम और संस्थाएं’, *प्रो. मनोज कुमार व डॉ. मुकेश कुमार*
9. ‘महात्मा गांधी के विचार’, *आर. के. प्रभु व यू. आर. राव*
10. ‘गांधीजी की अपेक्षा’, *हरिप्रसाद*
11. ‘मोहनदास करमचंद गांधी जीवनी’, *पेट्रिसिया सी. मार्सेलो*
12. ‘मेरे जेल के अनुभव’, *महात्मा गांधी*
13. ‘महात्मा गांधी साहित्यकारों की दृष्टि में’, *डॉ. आरसु*
14. ‘महात्मा बनाम गांधी’, *दिनकर जोशी*
15. ‘गांधी मेरे भीतर’, *राजकिशोर*
16. ‘कुली बैरिस्टर’, *राजेन्द्र मोहन भटनागर*
17. ‘गांधी की कहानी’, *लुई फिशर*
18. ‘बापू की कारावास कहानी’, *सुशीला नैयर*
19. ‘बापू की अन्तिम झाँकी’, *मनुबहन गांधी*
20. ‘आजादी आधी रात को’, *डोमिनीक लापिएर लैरी कॉलिन्स*
21. ‘हिन्द स्वराज’, *महात्मा गांधी*
22. ‘गांधी और अम्बेडकर’, *श्रीभगवान सिंह*
23. ‘गांधीजी के साथ पचीस वर्ष’, (खण्ड 1 से 10), *महादेव देसाई*
24. ‘प्रेरक प्रसंग’, *दीनानाथ झुनझुनवाला*
25. ‘गांधी जलियांवाला बाग विचार-कोश’, *कमल किशोर गोयनका*
26. ‘गांधी : एक जीवनी’, *कृष्ण कृपलानी*
27. ‘आधुनिक भारत का इतिहास’, *विपिन चन्द्र*

28. 'गांधी क्यों नहीं मरते!', *चन्द्रकान्त वानखेड़े*
29. 'मेरे गांधी', *नारायण देसाई*
30. 'महात्मा और कवि', *सव्यसाचि भट्टाचार्य*
31. 'गांधीवाद रहे ना रहे', *राजीव रंजन गिरि*
32. 'महात्मा गांधी : पूर्णाहुति' (खण्ड 1 से 4), *प्यारेलाल*
33. 'गांधी हत्या', *तुषार गांधी*
34. 'प्यारे बापू', *ऐलेनी सेमिओ*
35. 'बापू के चरणों में', *विनोबा*
36. 'अंहिसा की ताकत', *महात्मा गांधी*
37. 'नेती जी सुभाषचन्द्र बोस', *प्रवीण भल्ला*
38. 'सुभाषचन्द्र बोस की अधूरी आत्मकथा', *शिशिर कुमार बोस एवं सुगत बोस*
39. 'सुभाषचन्द्र बोस और आजाद हिन्द फौज', *डॉ. अशोक तिवारी*
40. 'गांधी और सुभाष', *सुजाता*
41. 'सरदार पटेल गांधी, नेहरू एवं सुभाष', *पी.एन.चोपड़ा एवं प्रभा चोपड़ा*
42. 'महात्मा गांधी एक जीवनी', *बी. आर. नन्दा*
43. 'गांधीजी की देन', *डॉ. राजेन्द्र प्रसाद*
44. 'चंपारन में महात्मा गांधी', *डॉ. राजेन्द्र प्रसाद*
45. 'मार्टिन लूथर किंग', *दिनकर कुमार*
46. 'गांधीजी और उनके सपने', *वियोगी हरि*
47. 'गांधी की मृत्यु', *नेमेथ लास्लो*
48. 'गांधी : एक अध्ययन', *अनिल दत्त मिश्र*
49. 'हमारा कलंक', *महात्मा गांधी*
50. 'गांधीजी क्या चाहते थे', *निर्मल कुमार बसु*
51. 'सुभाषचन्द्र बोस की आत्मकथा', *सुभाषचन्द्र बोस*
52. 'सर्वोदय', *महात्मा गांधी*
53. 'हमारे राष्ट्र निर्माता', *डॉ. बैजनाथ सिंह*
54. 'गांधी अर्थ-विचार', *डॉ. जे. सी. कुमारप्पा*
55. 'आजादी और औरत', *महात्मा गांधी*
56. 'बापू और उनकी दिनचर्या', *गौरीशंकर गुप्त*
57. 'महात्मा की छाया में', *इला रमेश भट्ट*
58. 'गांधी का साहित्य और भाषा चिन्तन', *श्रीभगवान सिंह*
59. 'महात्मा गांधी के पत्र जवाहरलाल नेहरू के नाम', *कृष्णदत्त पालीवाल*
60. 'सत्य ही ईश्वर है', *महात्मा गांधी*
61. 'बापू-कथा', *हरिभाऊ उपाध्याय*
62. 'उसने गांधी को क्यों मारा', *अशोक कुमार पांडेय*
63. 'गांधी अभिनंदन ग्रंथ', *सर सर्वपल्ली राधाकृष्णन*

64. 'चम्पारण का सत्याग्रह', *सुजाता*
65. 'गांधी की हत्या (सत्य का वध)', *रमेश ओझा*
66. 'महात्मा गांधी जीवन और दर्शन', *रोमां रोलां*
67. 'गांधी कथा', *राम पुनियानी*
68. 'गांधी नेहरू टैगोर तथा अम्बेडकर', *डॉ. एम. सी. जोशी*
69. 'महात्मा गांधी (अहिंसा के पुजारी एक संत राजनीतिज्ञ की जीवन गाथा)', *धरम बारिया*
70. 'समग्र सर्वोदय दर्शन (खण्ड 1 से 4)', *दादा धर्माधिकारी*
71. 'क्या देश का विभाजन अनिवार्य ही था', *भवानीप्रसाद चट्टोपाध्याय*
72. 'पंचायत राज', *गांधीजी*
73. '1000 गांधी प्रश्नोत्तरी', *ए. एन. अग्रवाल*
74. 'अहिंसा के पुजारी महात्मा गांधी', *मधुसूदन शर्मा*
75. 'धर्म तलवार है', *महात्मा गांधी*
76. 'चम्पारण सत्याग्रह के अनुभव', *श्री पुण्डलीकजी कातगडे*
77. 'गांधी अध्ययन', *मनोज सिन्हा*
78. 'दक्षिण अफ्रीका के सत्याग्रह का इतिहास', *गांधीजी*
79. 'गांधीः जैसा देखा-समझा विनोबा ने', *कान्तिशाह*
80. 'गांधीजी यदि पकिस्तान जा पाते तथा अन्य लेख', *विश्वनाथ टंडन*
81. 'गांधी-दर्शन (मेरा जीवन ही मेरा संदेश है)', *रामअवतार शर्मा*
82. 'गांधी की शहादत', *जगन फडणीस*
83. 'गांधी की दृष्टि', *दादा धर्माधिकारी*
84. 'गांधी-विमर्श', *सुधांशु शेखर*
85. 'भारतीय राजनीति के दो आख्यान', *प्रियंवद*
86. 'गांधी : समय, समाज और संस्कृति', *विष्णु प्रभाकर*
87. 'समाजवाद से सर्वोदय की ओर', *जयप्रकाश नारायण*
88. 'विभाजन भारत और पकिस्तान की उदय', *यास्मीन खान*
89. 'दिल में दरार', *नारायण देसाई*
90. 'सत्याग्रह', *महात्मा गांधी*
91. 'गीताजी', *महात्मा गांधी*
92. 'मैं कौन हूँ', *महात्मा गांधी*
93. 'महात्मा गांधी सहस्राब्द का महानायक', *विश्वनाथ प्रसाद तिवारी*
94. 'मेरे सपनों का भारत', *महात्मा गांधी*
95. 'गीता-बोध और मंगल-प्रभात', *महात्मा गांधी*
96. 'स्वदेशी की ललकार', *महात्मा गांधी*
97. 'राष्ट्रपिता', *जवाहरलाल नेहरू*
98. 'बापू और स्त्री', *सुजाता*

99. ‘गांधी-वाणी’, *रामनाथ ‘सुमन’*
100. ‘गांधी बनाम भगत एक संत, एक सैनिक’, *नवीन गुलिया*
101. ‘निहत्था पैगम्बर’, *सच्चिदानन्द सिन्हा*
102. ‘महात्मा गांधी और हिन्दी कविता’, *राजेन्द्र उपाध्याय*
103. ‘बापू की मीठी-मीठी बातें’, *साने गुरूजी*
104. ‘गांधी-विचार-दोहन’, *कि. घ. मशरूवाला*
105. ‘मोहन-माला’, *आर. के. प्रभु*
106. ‘स्वराज का अर्थ’, *महात्मा गांधी*
107. ‘गांधी जी ने कहा था’, *महात्मा गांधी*
108. ‘पुरुषार्थ, त्याग और स्वराज’, *डॉ. राजीव रंजन गिरि*
109. ‘बापू की गोद में’, *नारायण देसाई*
110. ‘गांधी : एक राजनैतिक अध्ययन’, *आचार्य जे. बी. कृपालानी*
111. ‘गांधी : एक सामजिक क्रांतिकारी’, *विल्फ्रेड वेलॉक*
112. ‘गांधीजी के सिद्धान्त’, *गुणवंत शाह*
113. ‘गांधी और भगत सिंह’, *सुजाता*
114. ‘गांधी की नैतिकता’, *सुजाता*
115. ‘भारत विभाजन के गुनहगार’, *राममनोहर लोहिया*
116. ‘गांधी की हत्या : क्या सच, क्या झूठ’, *चुनीभाई वैद्य*
117. ‘महात्मा गांधी’, *ठाकुरदास बंग*
118. ‘बापू की सीख’, *मो. क. गांधी*
119. ‘गांधी दर्शन’, *यशपाल जैन*
120. ‘गांधीजी की छत्रछाया में’, *घनश्यामदास बिड़ला*
121. ‘महात्मा का अध्यात्म’, *सुजाता*
122. ‘चम्पारण सत्याग्रह की कहानी’, *जयंत दिवाण*
123. ‘गांधी-दृष्टि युवा रचनात्मकता के आयाम’, *प्रो. मनोज कुमार, डॉ. अमित कु. विश्वास*
124. ‘प्रार्थना-प्रवचन’, (खण्ड 1 व 2)
125. ‘विभाजन की असली कहानी’, *नरेन्द्र सिंह सरीला*
126. ‘हमारी बा’, *वनमाला परीख एवं सुशीला नैयर*
127. ‘बा’, *गिरिराज किशोर*
128. ‘बा और बापू’, *मुकुलभाई कलार्थी*
129. ‘महात्मा गांधी की प्रेरक गाथाएं’, *रेनू सैनी*
130. ‘भारत : गांधी के बाद’, *रामचन्द्र गुहा*
131. ‘अन टू दिस लास्ट’, *जॉन रस्किन*
132. ‘असहयोग आंदोलन का इतिहास’, *पं. सत्यनारायण शर्मा*

❐